1960

山东省社会科学界联合会 编

守正·创新·发展

山东省社会科学界联合会60年

2020

图书在版编目（CIP）数据

守正·创新·发展——山东省社会科学界联合会60年：1960～2020 / 山东省社会科学界联合会编. -- 济南：山东大学出版社, 2020.8

ISBN 978-7-5607-6669-0

Ⅰ. ①守… Ⅱ. ①山… Ⅲ. ①社会科学－联合会－概况－山东－1960-2020 Ⅳ. ①C262.52

中国版本图书馆CIP数据核字（2020）第136928号

责任策划　李孝德
责任编辑　李孝德
封面设计　惠　岩

出版发行　山东大学出版社
社　　址　山东省济南市山大南路20号
邮政编码　250100
发行热线　（0531）88363008
经　　销　新华书店
印　　刷　山东黄氏印务有限公司
规　　格　787毫米×1092毫米　1/16
　　　　　22印张　383千字
版　　次　2020年8月第1版
印　　次　2020年8月第1次印刷
定　　价　98.00元

《守正·创新·发展——山东省社会科学界联合会60年》编委会

前　言

2020 年，是山东省社科联成立 60 周年。60 年来，在省委、省政府坚强领导和社会各界关心支持下，省社科联团结带领全省社科工作者高举旗帜、围绕中心，承齐鲁文脉、发思想先声，走过了一段不平凡的发展历程。

习近平总书记在庆祝中国共产党成立 95 周年大会上指出："一切向前走，都不能忘记走过的路；走得再远、走到再光辉的未来，也不能忘记走过的过去，不能忘记为什么出发。"站在新的起点上，面对构建中国特色、齐鲁风格哲学社会科学的使命和任务，在回顾总结中辨析方向，既是对历史的纪念，也是对未来的祝愿。

一、坚持马克思主义指导地位，是做好社科联工作的根本原则

2016 年，习近平总书记在哲学社会科学工作座谈会上强调："坚持以马克思主义为指导，是当代中国哲学社会科学区别于其他哲学社会科学的根本标志，必须旗帜鲜明加以坚持。"60 年来，历代山东省社科联人始终高举马克思主义和中国特色社会主义旗帜，在社会主义建设、改革的不同时期，先后组织开展了生产力标准大讨论、"社会主义劳动价值论"、邓小平理论与马克思主义中国化、"三个代表"与新时期党的建设、科学发展观与全面建设小康社会、改革开放 40 周年与山东发展、习近平新时代中国特色社会主义经济思想、"辉煌 70 年与山东走在前列"等重大理论研讨活动近 2000 场次，有力推动了马克思主义中国化、时代化、大众化，有力保证了山东社科工作旗帜鲜明、紧跟时代。实践充分证明：只有坚持高举旗帜，社科联才能当好举旗定向的"护旗手"，社科事业才能旗帜高昂、行稳致远。

理论创新每前进一步，理论武装就要跟进一步。站在新的历史方位，以马克思主义为指导，努力构建中国特色、齐鲁风格哲学社会科学，关键是以习近平新时代中国特色社会主义思想这一当代中国马克思主义、21 世纪马克思主义为指导，推动学习贯彻党的创新理论往深里走、往心里走、往实里走。这就要求社科联要发挥指导管理、组织联络、协调服务职能，

加快构筑评奖激励、课题引领、论坛推动、讲坛传播、期刊阐释、志愿服务等“全链条”衔接的社科理论矩阵，着力在讲清理论渊源、理论脉络、理论品质、理论内涵上下功夫，在增进政治认同、思想认同、理论认同、情感认同上做文章，凝聚万众一心朝前看、同频共振向前走的共识合力。

二、坚持党对哲学社会科学工作的领导，是做好社科联工作的根本保证

习近平总书记指出：“哲学社会科学事业是党和人民的重要事业，哲学社会科学战线是党和人民的重要战线。”60 年来，在党中央和省委坚强领导下，山东省社科联从无到有，历经成立奠基、恢复发展、创新提升三个阶段，紧跟新中国站起来、富起来、强起来的发展脉络。全省社科联系统从小到大，市级社科联实现全覆盖，县级和高校社科联分别达 105 家、71 家，省社科联团体会员社会组织达 180 家，机构覆盖位居全国前列，基本构建起上下贯通、左右衔接的组织体系。特别是党的十八大以来，习近平总书记就哲学社会科学工作创造性提出了“两个不可能”“两个不可替代”“五个迫切需要”等许多新论断、新要求，语重心长、饱含期望；山东省委、省政府出台了《关于加快构建中国特色哲学社会科学的实施意见》《加强哲学社会科学人才队伍建设若干措施》等一系列重要文件政策，给予支持，寄予重托，推动社科联的工作和全省社科事业迈入了守正创新的新阶段。实践充分证明：只有坚持党的领导，社科联才能当好正本清源的“先锋队”，社科事业才能厚植根基、枝繁叶茂。

新时代，努力构建中国特色、齐鲁风格的哲学社会科学，必须把加强和改善党对哲学社会科学工作的领导作为核心政治任务，需要社科联发挥“联”的功能、“合”的优势，牢固树立党建统领理念，落实新时代党的建设总要求，着力加强对哲学社会科学工作的政治领导和工作指导，引导全省广大哲学社会科学工作者努力成为先进思想的倡导者、学术研究的开拓者、社会风尚的引领者、党执政的坚定支持者，始终在政治立场、政治原则、政治方向、政治道路上同以习近平同志为核心的党中央保持高度一致，坚决做到一心一意听党话、心无旁骛跟党走。

三、坚持理论创新与实践发展相结合，是做好社科联工作的基本遵循

“理论来自实践，又指导实践。”60 年来，历代山东省社科联人始终坚持理论与实践相结合，紧扣社会主义初级阶段这个基本国情，立足山东、

挖掘素材，提炼观点、总结经验，累计评出省级优秀社科成果7438余项，评奖改革探索吸引20多个省区市社科联前来学习借鉴；举办山东社科论坛、山东社科智库沙龙等研讨活动370余场，研讨成果获省部级领导肯定性批示160余次；立项省人文社科课题1500余项，刊发高质量社科理论文章11000余篇，有力推动了齐鲁学术高歌猛进、捷报频传。实践充分证明：只有坚持实践观点，社科联才能当好能征善战的“排头兵”，社科事业才能乘风破浪、扬帆远航。

当前，中国特色社会主义进入了新时代、山东迈入了新时代现代化强省建设的新阶段,比以往任何时候都更需要社科界发挥好“思想库”“智囊团”作用，比以往任何时候都更需要社科界肩负起统一思想、凝聚力量的使命。这就要求社科联必须在当好党委、政府的参谋和助手上敢于担当，切实把工作重心转移到服务实践发展和推动社会进步上来，组织引导全省社科工作者聚焦“五位一体”总体布局、“四个全面”战略布局等重大理论和实践问题，以及山东“走在前列、全面开创”目标定位、“八大发展战略”“九大改革攻坚行动”“三圈一体化”等重要决策部署，加强学理辨析和路径研究，既要讲好“怎么看”，更要讲好“怎么办”，在传播党的创新理论中服务山东实践，在服务山东实践中丰富党的创新理论，真正把文章写在齐鲁大地上、写进时代课题中。

四、坚持以人民为中心的工作导向，是做好社科联工作的基本立场

“为谁创作、为谁立言的问题，是事关哲学社会科学发展的一个根本问题。”60年来，历代山东省社科联人始终坚持以人民为中心、为人民做学问，聚焦群众关心关切，累计举办齐鲁大讲坛200余场，办坛模式和《山东省社会科学普及条例》立法双双荣获省政府文化创新奖；组织省社科普及周活动3万余场，开展新时代文明实践社科普及志愿服务活动1800余场，评出省级社科普及教育基地241家；“线上讲坛”破题起势，单期观看累计突破1100万人次，“云科普”工作体系应时而生，“大科普”工作格局加速形成。实践充分证明：只有坚持人民立场，社科联才能当好服务群众的“贴心人”，社科事业才能扎根人民、厚植根基。

当前，面对我国社会主要矛盾已经转变为人民日益增长的美好生活需要和不平衡、不充分的发展之间的矛盾，社科联的工作使命光荣、任务艰巨、大有可为。必须进一步树牢群众观点，走好新时代党的群众路线，着力把满足群众对美好生活的向往作为奋斗目标，团结带领全省广大哲

学社会科学工作者坚持以人民为中心、以精品奉献人民、用明德引领风尚，聚焦教育、就业、医疗、养老、居住、环境、社保等民生热点，把理论和舆论融通起来，把道理和故事结合起来，把线上和线下嫁接起来，加快构建理论传播、政策解读、价值弘扬、文化涵育、文明倡树“五位一体”和坛、报、台、网、端“多线协同”的社科工作新格局，从群众的创新创造中汲取养分、探求真理，在群众的火热生活中书写新时代、讴歌新时代，真正把学问做出鲜活泥土味、做进群众心坎里。

五、坚持改革创新推动事业高质量发展，是做好社科联工作的必然路径

习近平总书记指出：“创新是哲学社会科学发展的永恒主题，也是社会发展、实践深化、历史前进对哲学社会科学的必然要求。”60年来，历代山东省社科联人始终秉持以改革为抓手、以创新为动力的理念，聚力打造特色社科品牌矩阵，为事业发展注入了接续不断的强劲动能。从编印《哲学通讯》到创办《山东社会科学》，从省社科优秀成果奖评选引入高考监督管理模式到实行专家接龙“背靠背”打分，从举办山东社科论坛到打造山东社科智库沙龙，从设立省人文社会科学课题到建立应急课题管理机制，从开设齐鲁讲坛到推出“线上讲坛”，从举办全省社科普及周到实施社科普及志愿服务行动……“改革创新”成为贯穿山东省社科联历史发展脉络最鲜明、最突出的一个关键词。实践充分证明：只有坚持改革创新，社科联才能当好攻坚克难的“改革家”，社科事业才能披荆斩棘、生机焕发。

当前，山东哲学社会科学事业正处于由大到强的转折阶段，既有立时代改革潮头、顺势而为的新机遇，也有补现实短板不足、逆水行舟的新挑战，既有追赶“标兵”的紧迫感，也有摆脱“追兵”的压力感，迫切要求社科联把握好时代大势，应对好各种挑战，对标中央部署、省委要求、群众期待、先进省份和事业要求“五个坐标”，以流程再造为抓手，深入推进党建业务深度融合改革攻坚、应用对策研究改革攻坚、社科普及提升改革攻坚、组织体系建设改革攻坚、信息平台整合改革攻坚、考核督查机制改革攻坚“六大行动”，在刀刃向内中革故鼎新，在面向未来中强基赋能，推动全省社科事业创新性提升、高质量发展。

六、坚持打造具有特色元素的社科品牌，是做好社科联工作的现实要求

习近平总书记指出："我们的哲学社会科学有没有中国特色，归根到底要看有没有主体性、原创性。"60年来，历代山东省社科联人立足当下、扎根齐鲁，依托山东优秀文化资源的丰厚滋养和全省各界干部群众的智慧创造，打造了由评奖、论坛、沙龙、课题、期刊、学术月"六大学术平台"和讲坛、科普周、志愿服务、科普基地"四大科普平台"构成的品牌矩阵，推出了《欣欣向荣的山东》《社会主义国家政党政治百年探索》《环渤海城市与经济区协调发展研究》《杜甫全集校注》等一批扛鼎之作，提炼了"沂蒙精神""胜利精神"等一批带有时代温度、彰显中国价值、具有齐鲁元素的文化符号，较好展示了齐鲁学术风采。实践充分证明：只有坚持品牌引领，社科联才能当好走在前列的"探路者"，社科事业才能平台广筑、厚积薄发。

当前，随着信息交互、资源共享、人才流动等因素影响，为避免同质化竞争、彰显本土化元素，进而提出具有主体性、原创性的理论观点，形成具有地域特色的比较优势。需要省社科联加强对学术研究方向的把握引导和与有关部门单位的沟通协作，进一步加强平台阵地建设，采取调整评奖赋分标准、组织专题研讨、精准选题策划、探索"揭榜挂帅"、举办"圆桌会议"、开设专题专栏、加强成果推介等多种手段，吸引省内外专家学者弘扬山东传统、关注山东发展、研究山东实践、书写山东故事。着力打造一批支撑有力、特色鲜明的工作品牌，推出一批务实创新、经世致用的精品力作，在加快构建中国特色哲学社会科学中唱响山东主旋律、发出时代最强音。

七、坚持培养造就一支高精尖人才队伍，是做好社科联工作的关键环节

习近平总书记指出："构建中国特色哲学社会科学，要从人抓起，久久为功。"60年来，山东省社科联始终把加强人才培养作为"筑基工程"，大力推动实施哲学社会科学人才工程，改革省社科优秀成果奖评选办法，548人次荣获一等奖，45岁以下获奖者占比提升到50%以上；组织突出贡献奖、学科新秀奖评选，累计评出125人；举办纪念改革开放40周年、庆祝新中国成立70周年——山东社科名家名作展，推选名家116人，德

才兼备、学贯中西的高端齐鲁社科人才队伍持续壮大。实践充分证明：只有坚持人才为先，社科联才能当好组织联络的“勤务员”，社科事业才能人才辈出、薪火相传。

当前，在建设“科技强国”、实施“人才强省”战略、区域招才引智日益现象化的背景下，加快构建种类齐全、梯队衔接的山东哲学社会科学人才体系时不我待、任重道远，迫切要求省社科联在服务人才、培养人才、延揽人才上求实创新、深耕细作，贯彻好党的知识分子政策，尊重劳动、尊重知识、尊重人才、尊重创造。进一步强化省社科优秀成果奖和突出贡献奖、学科新秀奖的人才评价作用，扩大山东社科名家名作展的宣传推介效应，综合用好论坛、讲坛、学术月、期刊等平台载体的人才培养功能。着力发现、培养、集聚一批有深厚马克思主义理论素养和学贯中西的大家名家、一批理论功底扎实和勇于开拓创新的学科带头人、一批年富力强和锐意进取的中青年学术骨干，加快推动形成人才引进“洼地”效应，聚力打造哲学社会科学人才齐鲁高地。

人事有代谢，往来成古今。省社科联60年来走过的每一步，无不得益于党的领导，无不来源于集体创造，镌刻的是时代丰碑、人民智慧，书写的是中国故事、齐鲁篇章。山高人为峰，海阔心是岸。在构建中国特色、齐鲁风格哲学社会科学的新征程上，我们坚信：“山再高，往上攀，总能登顶；路再长，走下去，定能到达！”

编　者

2020年7月

目　　录

齐鲁大地，钟灵毓秀，人文炳蔚，是百家争鸣的故地、学术繁荣的沃土。承齐鲁文脉，发思想先声。山东省社会科学界联合会自成立以来，在历届省委、省政府坚强领导和省委宣传部有力指导下，团结带领全省社科工作者，与时代同步伐，与发展齐进步，与人民共命运，历经一甲子耕耘跋涉，初心不改，矢志不渝，一路栉风沐雨，于求索中砥砺前行。以改革为抓手，以创新为动力，坚持一张蓝图绘到底，凝心聚力打造优势突出、特色鲜明的品牌矩阵，在全面加强全省社会科学指导管理、组织联络、学术研究、文明传承、普及应用、成果评价、人才培养、智库和阵地建设、成果转化、协调服务工作中发挥好桥梁和纽带作用，加快建设具有中国特色、山东气派、齐鲁风格的哲学社会科学，推动山东哲学社会科学事业在接力奋斗中逐浪前行，努力书写勇立时代潮头、建设社科强省的中国故事和齐鲁篇章。

山东省社会科学界第一次代表会议

第一章

高举旗帜 在时代浪潮中发展壮大

山东省社会科学界联合会（简称“山东省社科联”）是在中共山东省委领导下从事全省社会科学工作指导管理、组织联络、协调服务的学术性群体团体，是党和政府联系、团结、组织、领导广大社会科学工作者的桥梁和纽带，是发展社会科学事业的参谋和助手，是服务经济社会发展的思想库和智囊团，是促进全省社会科学事业繁荣发展的重要力量。山东省社科联是社会科学工作者自己的组织，是社会科学工作者之家，它要为更多社会科学工作者的成长和发挥作用创造条件。党性、学术性、群众性，是体现社科联功能、发挥社科联作用、开创社科联工作新局面的三个基本要素。党性是社科联工作的灵魂，学术性是社科联生命力之所在，群众性是社科联力量之源泉。光阴似箭，岁月如梭，俯仰之间山东省社科联已走过了风雨兼程的60年。60年来特别是改革开放40年来，山东省社科联始终坚持党的领导，坚持政治立会，在中共山东省委、山东省政府的正确领导和大力支持下，在省委宣传部的具体指导下，山东省社科联团结带领全省社科界广大理论工作者，不畏艰难，奋力拼搏，勇担重任，开拓创新，绘制出一幅全省社会科学事业繁荣发展的壮丽画卷。六十载砥砺耕耘，六十载成果丰硕。

◎要点推送

党对哲学社会科学工作的重视；繁荣发展哲学社会科学的政策措施；山东省社科联60年历程；机构设置；党组；代表大会；主席团；社科强省；山东社科联人的担当

要求

★举旗帜

“坚持以马克思主义为指导，是当代中国哲学社会科学区别于其他哲学社会科学的根本标志，必须旗帜鲜明加以坚持。”旗帜就是奋斗目标，指引着哲学社会科学发展事业砥砺前行。60年来特别是改革开放以来，社科联人始终高举中国特色社会主义伟大旗帜，坚持以马克思列宁主义、毛泽东思想、邓小平理论、“三个代表”重要思想、科学发展观、习近平新时代中国特色社会主义思想为指导，高举旗帜、引领导向，围绕中心、服务大局，开创了山东省社科联工作的一个又一个崭新篇章。

★明方向

60年来，社科联人坚持以马克思主义为指导，坚持以人民为中心的工作导向，把哲学社会科学事业作为人民的事业，为人民做学问，丰富人民群众的文化生活，用哲学社会科学的理论武装去实现好、维护好、发展好最广大人民的根本利益，满足人民群众对美好生活的向往；从人民群众的实践中汲取力量，团结带领全省广大社科工作者传承创新，构建中国特色、山东气派、齐鲁风格的哲学社会科学。

★讲政治

从事社科联工作要把讲政治摆在前面，把做好社科联工作当成一项政治责任、政治任务，因为这项工作关乎意识形态建设，是党的宣传思想工作的重要组成部分。社科联人只有充分认识到这项工作的重要性，站稳政治立场，端正政治态度，牢固树立“四个意识”，坚定“四个自信”，做到“两个维护”，提高政治鉴别力，保持政治敏锐性，把讲政治贯穿工作的全过程，牢牢把握意识形态工作领导权，才能保证在任何风浪面前，始终保持清醒的头脑，排除各种干扰，沿着正确的政治方向前进。

★重服务

60年来，社科联人坚持“二为”方向，践行群众路线，以优质的服务赢得了广大社会科学工作者的信任，使社科联真正成为全省10余万社科人之家。要充分发挥哲学社会科学认识世界、传承文明、创新理论、咨政育人、服务社会的作用，就需要社科联人搭好台，发挥好桥梁纽带作用，做好指导管理、组织联络、协调服务工作。社科联人要深入贯彻党的群团工作会议精神，进一步强化哲学社会科学的服务意识，提高自身服务能力，做好学术交流、社科普及、成果转化等工作，推动社科界多出人才、多出精品。

一、扬帆起航

山东省社科联在不平凡的60年里，历经五个发展阶段：第一阶段是20世纪50年代末到60年代中期的奠基创建时期，第二阶段是20世纪60年代中期到70年代后期的受挫停顿时期，第三阶段是20世纪80～90年代的恢复巩固时期，第四阶段是2000～2012年的快速发展时期，第五阶段是2012年至今的创新壮大时期。

哲学社会科学是人们认识世界、改造世界和服务社会的伟大思想武器，为经济社会的健康、平稳、有序发展提供强大的精神动力和智力支撑。我党历来重视社会科学工作，重视发挥社会科学工作者的作用。新中国成立后，以毛泽东同志为主要代表的中国共产党人高度重视哲学社会科学的繁荣发展。毛泽东同志充分认识到哲学社会科学的重要作用，明确强调："人们为着要在社会上得到自由，就要用社会科学来了解社会，改造社会，进行社会革命"，要"让哲学从哲学家的课堂上和书本里解放出来，变为群众手里的尖锐武器"。1956年4月28日，毛泽东同志在中共中央政治局扩大会议上提出了发展科学和繁荣文学艺术的"百花齐放""百家争鸣"方针。5月2日，在最高国务会议上他又明确提出了"双百"方针，"双百"方针的提出，符合哲学社会科学发展的基本规律，极大地鼓舞了哲学社会科学工作者的积极性。同年，中央制定了包含哲学社会科学研究工作在内的12年远景规划（1956～1967年），为哲学社会科学的发展提供了具体的、科学的规划指导。1957年6月，在《关于正确处理人民内部矛盾的问题》一文中，毛泽东同志进一步强调："百花齐放、百家争鸣的方针，是促进艺术发展和科学进步的方针，是促进我国的社会主义文化繁荣的方针。"

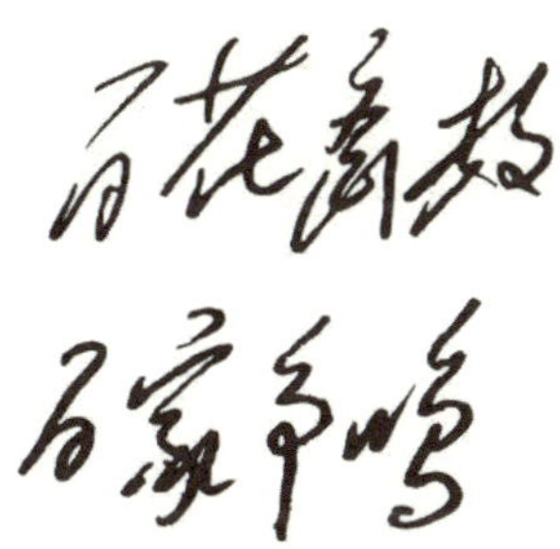
毛泽东题词

为了贯彻落实"双百"方针，山东省于1957年12月成立了山东社会科学工作委员会。1958年2月，以山东省委名义下发了《关于加强党对科学工作的领导和建立各级科学领导组织和研究机构的决定》等文件，推动着全省哲学社会科学事业稳步前进。1958年3月，中共中央通过了《关于在各省、自治区和专区建立科学研究机构和地质队伍的意见》。1958年10月，根据这一意见精神，山东省成立了中国科学院山东分院，设置自然科学部和社会科学部，其中社会科学部包括哲学、历史、经济、教育四个研究所。之后又分别建立了山东省哲学学会、山东省历史学会、山东省教育学会、山东省经济学会等哲学社会科学学术性群众团体。山东省委在《关于学习马克思列宁主义、学习毛泽东著作的决定》中提出，要尽快成立山东省哲学社会科学联合会，并责成省委宣传部做好筹备工作。当时，哲学学会、历史学会已经成立，省委宣传部在积极推进教育学会筹备会、经济学会筹备会加快工作进度的同时，也抓紧筹划山东省哲学社会科学联合会（简称“山东省社联”）的成立工作。

1960年6月，省委宣传部先向省委书记处和省委组织部报送了《关于建立哲学社会科学联合会办事机构的报告》，建议设立领导机构和相应的具体办事机构，如秘书组、资料组、编辑组等。1960年8月，山东省人民委员会

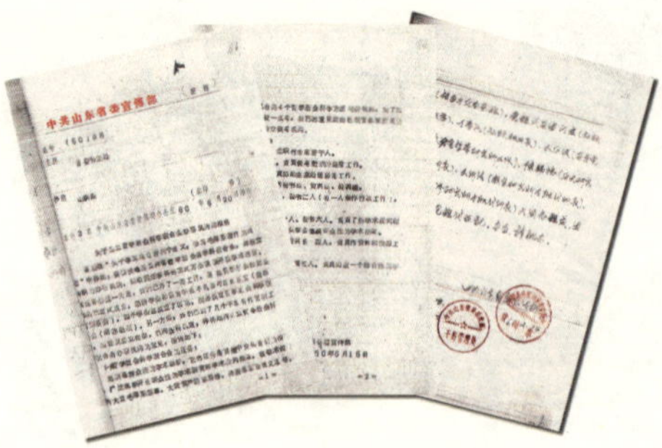

1960年6月，省委宣传部向省委书记处报送了《关于建立哲学社会科学联合会办事机构的报告》。

1960年8月，山东省人民委员会正式批准建立山东省哲学社会科学联合会。

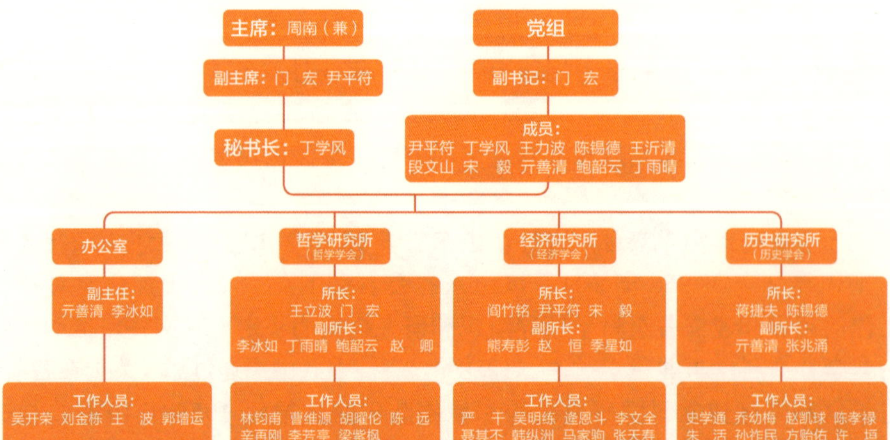

1960～1965年，山东省社联组织机构设置。

正式批准建立山东省哲学社会科学联合会，具体办事机构编制确定为 12 人。中共山东省委宣传部副部长周南兼任山东省社联主席，门宏、尹平符任专职副主席。当时的省社联是山东省哲学社会科学各学会的联合组织，是一个群众性的学术组织，主要负责各学会的统一领导工作。为进一步加强对省社联的组织领导，1961 年 4 月，省委决定在省社联建立党组（相当于厅局级党组），任命门宏为副书记，党组成员有丁学风、王历波、陈锡德、王沂清、段文山。因原有成员工作调动转任，先后有新成员进入党组。山东省社联成立后，中共山东省委决定将中国科学院山东分院哲学研究所、经济研究所、历史研究所交由山东省社联代管。这样，山东省社联既负责学会的组织、管理和领导工作，还负责研究所的科研管理工作，对外又称“山东省哲学社会科学学会联合会”。

随着形势的变化和任务的不断增加，研究机构不健全和力量薄弱的问题更加凸显出来。1964 年 10 月，山东省哲学社会科学学会联合会党组向省委和省委宣传部报送《关于调整加强我省哲学社会科学研究机构的报告》。1965 年 9 月，省委决定，将省社联与哲学、经济、历史三个研究所合并为“省哲学社会科学研究所”，与省委党校合署办公，对外保留社联的名义；省哲学社会科学研究所，下设哲学、经济、历史三个研究室，编制名额定为 35 人。1966 年 1 月，省委批准中共山东省委党校副校长李书厢兼任山东省哲学社会科学研究所所长，门宏任副所长。1966 年春，研究机构整合完成，成立了山东省哲学社会科学研究所（简称“省社科所”），属于事业编制。省社联的成立，开辟了山东省哲学社会科学事业发展兴旺的新局面。在其直接领导和管理下，山东社科界各学会和研究所开展了一系列理论学习研讨、调查研究、成果出版等学术活动，取得了一定的成绩，推动了全省哲学社会科学的发展。相关成绩见其他章节。

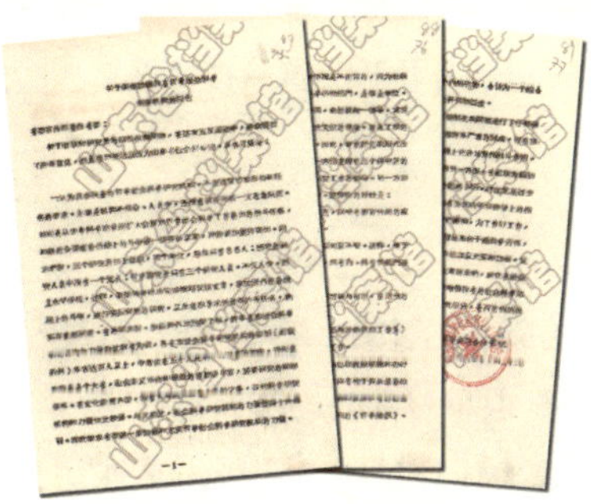

1964 年 10 月，省社联党组向省委和省委宣传部报送《关于调整加强我省哲学社会科学研究机构的报告》。

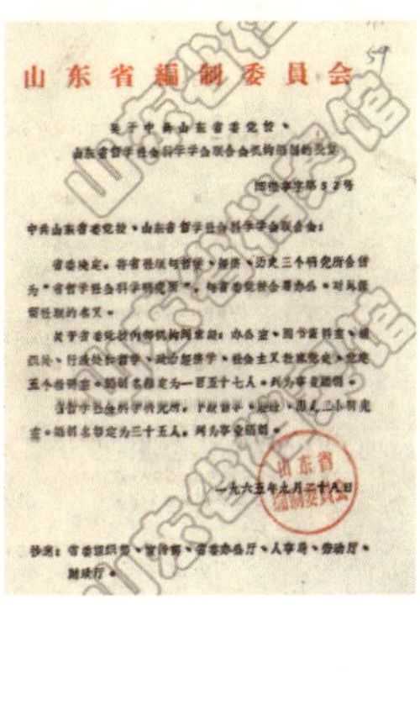

1965 年 9 月，山东省编制委员会关于中共山东省委党校、山东省哲学社会科学学会联合会机构编制的批复。

20世纪60年代，在省委党校办公的社联工作人员合影（自左至右：第一排：赵凯球、史学通、×××、赵拔奇、辛再刚、方贻佑、逢恩斗、史森钦。第二排：吴开荣、朱活、赵卿、亓善青、门宏、陈锡德、宋毅、鲍韶云、王波、陈孝录。第三排：李德征、乔幼梅、曹维源、马家驹、陈远、李文全、吴明练、林钧甫、严干、聂其丕、许垣、张天寿、郑桂莲、张兆涌、郭菊华、孙祚民）。

省社联成立后期的办公地点

省社联成立后期与省委党校合署办公

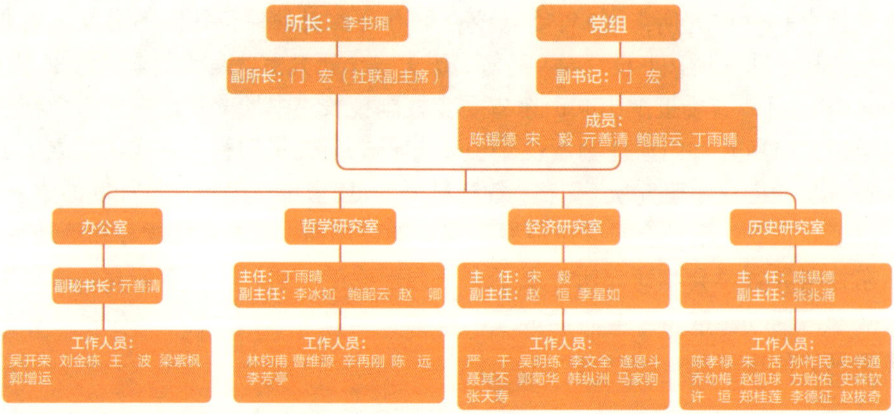

1966～1970年，山东省哲学社会科学研究所（省社联）组织机构设置。

二、受挫停顿

就在山东省社联完成机构调整、准备开始新的工作时，“文化大革命”爆发了。在社会秩序混乱、大批判之风横行、知识分子备受挤压甚至摧残的环境中，这一机构正常运转的节奏被打乱了。在这场内乱中，学校停课闹“革命”，教师被批斗，知识分子被打成“臭老九”，一些学者被戴上“资产阶级反动学术权威”的帽子而遭到批判，研究室、研究所及所属学会被迫解散，省社联大部分工作人员被送到“五七”干校劳动，研究所积累的材料也被遗弃殆尽。山东社会科学事业遭遇严重挫折，完全陷入停滞状态。1969 年冬，省社联全体人员回到单位参加“斗、批、改”运动。1970 年，省社联恢复党组织生活。1972 年年底，省社联人员全部分流，机构撤销。

省社联第一批恢复组织生活的中共党员

表 1-1　20 世纪六七十年代山东省社联组织机构一览表

时间	编制	党组成员	内部设置	刊物
60 年代	1960 年 8 月成立，编制 12 人；后代管三个研究所，共 35 人；1965 年与三所合并，编制 35 人，与省委党校合署办公	1961 年 4 月建立党组（相当于厅局级党组），门宏任副书记，成员有丁学风、王历波、陈锡德、王沂清、段文山；党组成员先后有 11 人	哲学、经济、历史三个研究所（学会）；1965 年后改为三个研究室	《哲学通讯》《经济学动态》《山东史学通讯》《山东省志资料》
70 年代	机构撤销		1972 年人员全部分流	

三、恢复巩固

1978 年 12 月，党的十一届三中全会胜利召开，拉开了我国改革开放和社会主义现代化建设的序幕，哲学社会科学事业也在历经“文革”沉浮之后迎来了重新发展的春天。以邓小平同志为主要代表的中国共产党人将科学和教育提升至治国理政的战略高度。邓小平同志明确指出，我们国家要赶上世界先进水平，要从科学和教育着手，科学当然包括社会科学。1981 年 6 月，党的十一届六中全会通过的《关于建国以来党的若干历史问题的决议》，加速推动着包括社会科学界在内的全国各领域的思想解放与拨乱反正。1982 年 11 月 22 日，中共中央以 48 号文件面向全党转发了《全国哲学社会科学规划

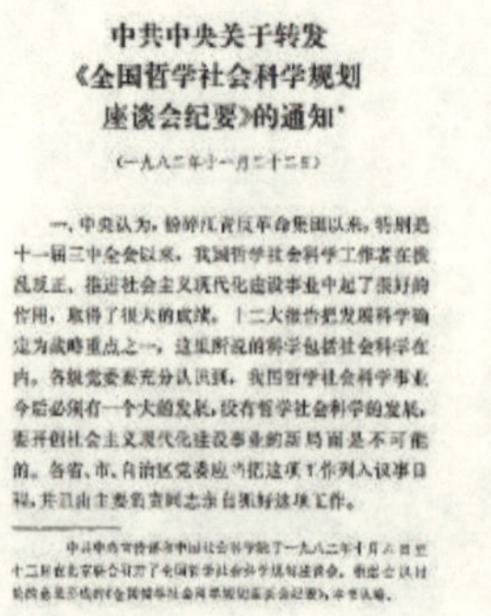

中共中央关于转发《全国哲学社会科学规划座谈会纪要》的通知*

（一九八二年十一月二十二日）

一、中央认为，粉碎江青反革命集团以来，特别是十一届三中全会以来，我国哲学社会科学工作者在拨乱反正、推进社会主义现代化建设事业中起了很好的作用，取得了很大的成绩。十二大报告把发展科学确定为战略重点之一，这里所说的科学包括社会科学在内。各级党委要充分认识到，我国哲学社会科学事业今后必须有一个大的发展，没有哲学社会科学的发展，要开创社会主义现代化建设事业的新局面是不可能的。各省、市、自治区党委应当把这项工作列入议事日程，并且由主要负责同志亲自抓好这项工作。

[illegible]

《中共中央关于转发〈全国哲学社会科学规划座谈会纪要〉的通知》

座谈会纪要》，强调“没有哲学社会科学的发展，要开创社会主义现代化建设事业的新局面是不可能的”；会议还提出成立全国社联并对其任务进行了明确，主要包括“领导和协调各个学会、研究会工作”“有领导、有计划地开展学术交流活动”“推动社会科学知识的普及工作”“组织社会科学优秀成果的评奖活动”等四项内容。

遵照中央的号召和部署，山东省委和全省哲学社会科学工作者也以实际行动支持着山东省哲学社会科学事业的复苏。在党的全会精神的指导下，山东省委着手推动了全省哲学社会科学的恢复发展。

沐浴着改革开放的春风，山东省社科界开始了新的征程。1978 年 2 月，山东省社会科学研究所恢复成立，并着手恢复原有的学会，筹建新的学会。1980 年 10 月，省委宣传部向省委请示成立山东省哲学社会科学学会联合会筹备委员会，并建议了筹备委员会的人选，提出筹备委员会办公室设在山东省社会科学研究所。1980 年 12 月，中共山东省委批准了这一请示报告的意见，指示山东省社会科学研究所党组具体负责筹建学会的工作。随后成立了由李书厢任主任、蒋捷夫和张文杰任副主任的山东省哲学社会科学学会联合会筹委会，成员有宋毅、袁驼、孟献村、王仲荦、殷孟伦、刘健飞、钱仲宜等；并成立了筹委会办公室，负责日常筹备工作，由韩纵洲、吕景华分别任正、副主任。同时，山东社会科学研究所进行改制，“改所为院”，称为“山东社会科学院”。

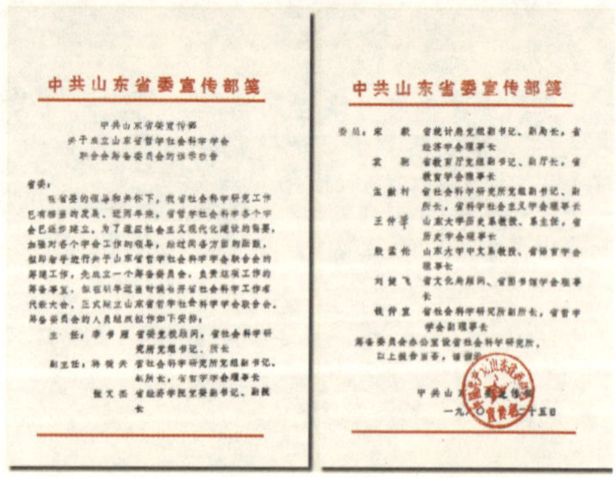

中共山东省委宣传部笺

[illegible]

中共山东省委宣传部笺

[illegible]

中共山东省委宣传部《关于成立山东省哲学社会科学学会联合会筹备委员会的请示报告》

这一时期，相继恢复了一批在“文革”期间遭受破坏、停滞的组织机构、学会和筹委会，同时还新建了一批学会和学会筹委会。截至 1981 年，恢复和新建学会 15 个、筹委会 5 个，已经恢复和建立起来的学会、筹委会不仅奠定了山东省社联正式恢复成立的组织基础，也开展了一系列促进全省哲学社会科学恢复发展的学术活动。据不完全统计，自 1979 年初到 1981 年 10 月，共举行讨论会、座谈会等150余次。

1981年10月，山东省委第679次常委会决定成立山东省社会科学联合会，编制名额为17人，列事业编制，任命李书厢为省社联主席兼党组书记，蒋捷夫、许森、徐杰、王海天、宋毅、袁驼、刘华南、孟方、田仲济、王仲荦、殷孟伦、于政辉、孟献村、张文杰、季星如、林江为副主席，省社联成立后与省社科院合署办公，对外挂两块牌子。同年12月3日，山东省社会科学界第一次代表大会在济南盛大开幕，历经曲折发展，山东省社会科学联合会（简称“省社联”）终于恢复成立了。

随着社联机构的正式建成与工作正常化，山东省哲学社会科学事业一些重要方面的管理规划逐渐步入正轨并不断发展。迎接着科学春天的到来，全省哲学社会科学学会在社联的指导推动下如雨后春笋般快速建立，从省社科界一大到三大的11年间，拥有省级学会、研究会、协会由18个增至120余个，会员人数由不足5000人增至15万余人，建立社联组织的地市达14个，充分巩固了各级社联和各个社团的活动阵地。1992年召开第三次代表大会时，“山东省社会科学联合会”改称为“山东省社会科学界联合会”，其中添加了一个“界”字，简称“省社科联”。在联合会《章程》的修改说明中，还指出了添加“界”字的意义，与会代表一致通过了这一名称改动。

在社科联的组织带动下，全省社科人以饱满的精神状态投身于哲学社会科学的研究和实践工作中，围绕党的总任务、总目标和改革开放的具体实践进行了大量的学术研究、宣传普及，并取得了一系列代表性研究成果与实践成效。例如，组织全省哲学社会科学工作者围绕学习党的十二大精神、十三大精神、社会主义商品经济、农村经济体制改革、社会主义精神文明建设、社会主义初级阶段、《邓小平文选》学习、建设中国特色社会主义等主题进

1983年4月，省社联与菏泽地区社联联合在菏泽召开农村经济体制改革研讨会。

时任省社联主席、党组书记李书厢，省社联副主席林江主持学术会议。

1983 年 7 月，省社联与《大众日报》、省电视台联合召开学习《邓小平文选》讨论会。

行理论研讨，特别是对诸城市农工商一体化、商品生产“大合唱”改革实践的深入研究引起了全国的强烈反响，总结概括的“沂蒙精神”受到省委、省政府的充分肯定，组织撰写的《伟大的祖国》等著作受到中央和省委领导的高度评价，举办的数百场学术讲座使数十万群众直接获益，有效推动了马克思主义大众化。为贯彻执行《中共中央关于转发〈全国哲学社会科学规划座谈会纪要〉的通知》，充分检视十一届三中全会以来全省哲学社会科学事业的新成就，山东省社联常委会研究决定开展社会科学优秀成果评奖活动，极大地调动了全省哲学社会科学工作者研究创作的积极性和主动性。首次评奖活动始于 1983 年，《学习马克思主义经典作家论党风与世界观》等一批成果的脱颖而出引起了政府和学界的高度重视。1987 年，山东省委、省政府办公厅正式下发《山东省社会科学优秀成果奖试行办法》，使这一奖项成为省级哲学社会科学成果的最高奖，对于激励引导山东哲学社会科学事业的发展具有重大意义。

为了贯彻落实中宣部和中央书记处研究室《关于加强爱国主义宣传教育的意见》，省社联邀请社会科学界的部分专家撰写了《伟大的祖国》一书。

党的十三届四中全会以来，我国加快了发展哲学社会科学事业的步伐。以江泽民同志为主要代表的中国共产党人高度重视哲学社会科学的重要作用。党的十四大站在精神文明建设的高度，指出应当“繁荣哲学社会科学，坚持和发展马克思主义”。党的十五大立足中国特色社会主义文化建设，明确肯定了哲学社会科学的重要性，指出“积极发展哲学社会科学，这对于坚持马克思主义在我国意识形态领域的指导地位，对于探索中国特色社会主义的发展规律，增强我们认识世界、改造世界的能力，有着重要意义”。

中共中央对哲学社会科学的高度重视推动着山东哲学社会科学事业乘势而上。为认真贯彻落实中共中央关于加强哲学社会科学工作的政策方针，山东省委下发了一系列发展哲学社会科学的指示文件。1996 年 11 月，山东省委办公厅、省政府办公厅联合印发《山东省哲学社会科学发展“九五”规划（1996 ～ 2000 年）》，这是全省第一个哲学社会科学事业发展规划；1998 年 4 月，山东省委宣传部下发《关于进一步深入学习党的十五大精神的安排意见》；1999 年 1 月，山东省宣传思想暨精神文明建设工作会议指出，要引导哲学社会科学工作者加大对世纪之交的重大理论与实践问题的研究攻关。

在中央和省委的指导下，山东省社科联机构建设日渐完善；在其指导和管理下，地市社科联实现全覆盖，一些国有企业和县市也建立了社科联。同时，山东省社科联紧密结合社会主义现代化建设的实际需要和山东实践，深入学习贯彻党的十四大、十五大精神和历次中央全会精神，持续深化邓小平理论研究，召开了纪念十一届三中全会召开 20 周年、邓小平理论与山东实践学术研讨会；开展了国有企业市场化改造、“海上山东”建设、黄河三角洲可持续发展等重大问题的研究；充分挖掘地方特色资源，对山东“沂蒙精神”“胜利精神”“孔繁森精神”深入挖掘并使其成为山东文化建设的亮丽品牌；多措并举以支持学会的建设与发展；建设社科联工作基地——齐鲁文化会馆，以增强社科工作者的归属感和使命感。所有这些举措都为山东省社会科学事业的快速发展奠定了基础。

表 1-2　20 世纪八九十年代山东省社科联组织机构一览表

时间	编制	党组成员	内部设置	刊物
80 年代	1981 年，机关编制 17 人；1986 年：杂志社编制 8 人	1981 ～ 1986 年，与社科院合署办公，李书厢兼党组书记；1986 年 6 月，单独成立党组；1987 年，党组 3 人，林江任书记，成员有梁自洁、周冀苍；1990 年，党组 4 人，梁自洁任书记，成员有刘蔚华、周冀苍、张联瑜	办公室（1981 年设立）、学会部（1982 年设立）、《山东社联通讯》编辑室（1983 年设立，1986 年撤销）、科普部（1985 年设立）、《山东社会科学》杂志社（1986 年设立）、研究室（1987 年设立）	《山东社联通讯》《山东社会科学》
90 年代	1996 年，机关编制 31 人，杂志社编制 18 人；1997 年，齐鲁文化会馆编制 15 人	1992 年，党组 5 人，赵锦良任书记，成员有刘蔚华（主席）、周冀苍、陶滋年；1995 年，林兆义任党组书记；1996 年，党组 6 人，林兆义任书记，成员有刘蔚华、周冀苍、陶滋年、刘德龙；1998 年，党组 4 人，林兆义任书记，成员有陶滋年、刘德龙、包心鉴；1999 年，党组 5 人，陶滋年任书记，成员有刘德龙、包心鉴、岳增瑞、李海萍	《领导科学报》编辑部（1991 年与《山东社会科学》杂志社合署办公，编制由 8 人增至 18 人）；山东社会科学咨询服务部（1991 年省科委批）；机关党委（1992 年设立）；山东社会科学进修学院（1992 年省教委批）；山东广联实业总公司（1993 年省经委批）；1996 年，经省编委核批，设办公室、学会管理部、科普部、组织联络部（机关党委）4 个部室；1997 年，省编办批复设置“齐鲁文化会馆”	《市场生活》（1996 年更名为《山东社科界》）、《孙子学刊》《山东社会科学》《领导科学报》

四、阔步新世纪

进入新世纪，我国哲学社会科学事业迎来新的发展机遇。江泽民同志聚焦哲学社会科学的三次重要讲话，进一步明确了哲学社会科学的发展目标与发展思路。2001年8月7日，在北戴河与部分国防科技和社会科学专家座谈时，他提出哲学社会科学与自然科学“四个同样重要”，即“在认识和改造世界的过程中，哲学社会科学与自然科学同样重要；培养高水平的哲学社会科学家，与培养高水平的自然科学家同样重要；提高全民族的哲学社会科学素质，与提高全民族的自然科学素质同样重要；任用好哲学社会科学人才并充分发挥他们的作用，与任用好自然科学人才并发挥他们的作用同样重要”。2002年4月28日，在中国人民大学考察时，他提出对哲学社会科学要做到“五个高度重视”，即“我们要始终高度重视哲学社会科学在治党治国和建设有中国特色社会主义事业中的巨大作用，高度重视哲学社会科学领域高等教育的改革和发展，高度重视改善哲学社会科学研究和人才培养的条件，高度重视哲学社会科学研究领域重大课题的攻关，高度重视为哲学社会科学发展作出杰出贡献的学者的成就和作用”。2002年7月16日，在中国社会科学院建院25周年座谈会上讲话时，他提出哲学社会科学具有“两个不可替代的作用”，即建设有中国特色社会主义，“哲学社会科学具有不可替代的重要作用，哲学社会科学工作者是一支不可替代的重要力量”；他还进一步概括了哲学社会科学的重要作用，强调“我国哲学社会科学界要努力担负起认识世界、传承文明、创新理论、咨政育人、服务社会的职责”。

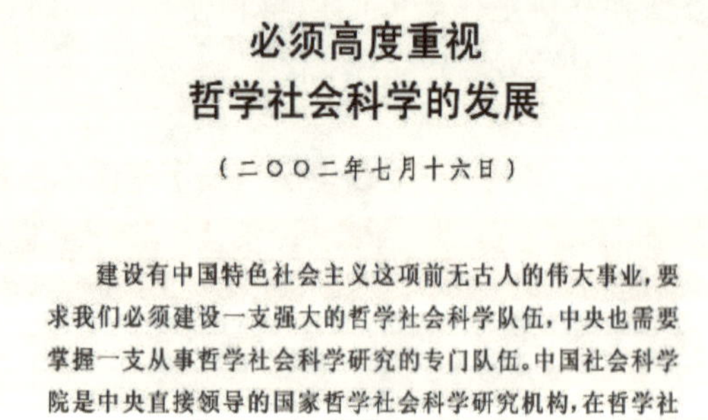
必须高度重视
哲学社会科学的发展
（二〇〇二年七月十六日）

建设有中国特色社会主义这项前无古人的伟大事业，要求我们必须建设一支强大的哲学社会科学队伍，中央也需要掌握一支从事哲学社会科学研究的专门队伍。中国社会科学院是中央直接领导的国家哲学社会科学研究机构，在哲学社

2002年7月16日，江泽民同志在中国社会科学院建院二十五周年座谈会上发表重要讲话。

党的十六大以来，以胡锦涛同志为主要代表的中国共产党人以实际行动推动着哲学社会科学事业不断前进。2004年1月5日，中共中央印发《中共中央关于进一步繁荣发展哲学社会科学的意见》，明确指出哲学社会科学具有不可替代的作用，繁荣发展哲学社会科学的总体目标是努力建设面向现代化、面向世界、面向未来以及具有中国特色的哲学社会科学；其中特别指出要实施马克思主义理论研究和建设工程，并使之成为新时期繁荣发展哲学社会科学事业的一项重要工作，具有全局性、决定性意义。2004年5月28日，胡锦涛同志在中共中央政治局第十三次集体学习时的讲话中指出："我们一定要从党和国家事业发展全局的战略高度，把繁荣发展哲学社会科学作为一项重大而紧迫的战略任务切实抓紧抓好，推动我国哲学社会科学有一个新的更大发展，为中国特色社会主义事业提供强有力的思想保证、精神动力和智力支持。"

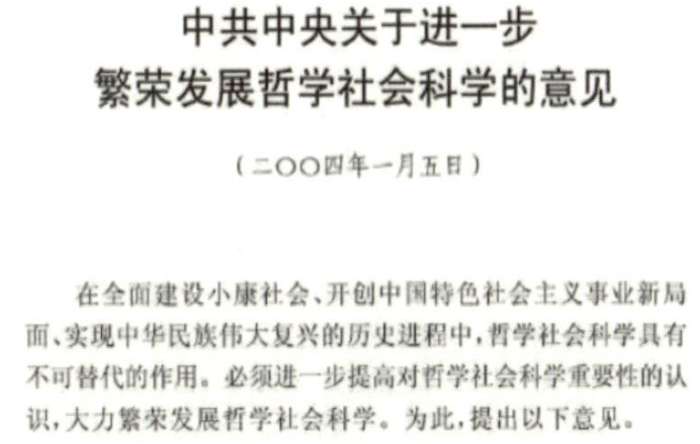
中共中央关于进一步繁荣发展哲学社会科学的意见

（二〇〇四年一月五日）

在全面建设小康社会、开创中国特色社会主义事业新局面、实现中华民族伟大复兴的历史进程中，哲学社会科学具有不可替代的作用。必须进一步提高对哲学社会科学重要性的认识，大力繁荣发展哲学社会科学。为此，提出以下意见。

2004 年 1 月 5 日，中共中央印发《中共中央关于进一步繁荣发展哲学社会科学的意见》。

2004 年 10 月 18 日，中共中央办公厅、国务院办公厅联合印发《关于加强民办社科研究机构管理工作的意见》，明确省级社科联为民办社科研究机构的业务主管单位。2005 年 11 月 25 日，胡锦涛同志在中央政治局第二十六次集体学习时进一步指出："中央决定实施马克思主义理论研究和建设工程，是推进中国特色社会主义事业的客观需要，是坚持和发展马克思主义的必然要求。" 2007 年 10 月 15 日，胡锦涛同志在党的十七大报告中指出："繁荣发展哲学社会科学，推进学科体系、学术观点、科研方法创新，鼓励哲学社会科学界为党和人民事业发挥思想库作用，推动我国哲学社会科学优秀成果和优秀人才走向世界。" 2011 年 10 月 18 日，党的十七届六中全会审议通过《中共中央关于深化文化体制改革 推动社会主义文化大发展大繁荣若干重大问题的决定》，提出实施哲学社会科学创新工程、加强哲学社会科学信息化建设等一系列繁荣发展哲学社会科学的重要举措。2012 年 11 月 8 日，胡锦涛同志在党的十八大报告中进一步明确提出："深入实施马克思主义理论研究和建设工程，建设哲学社会科学创新体系。"

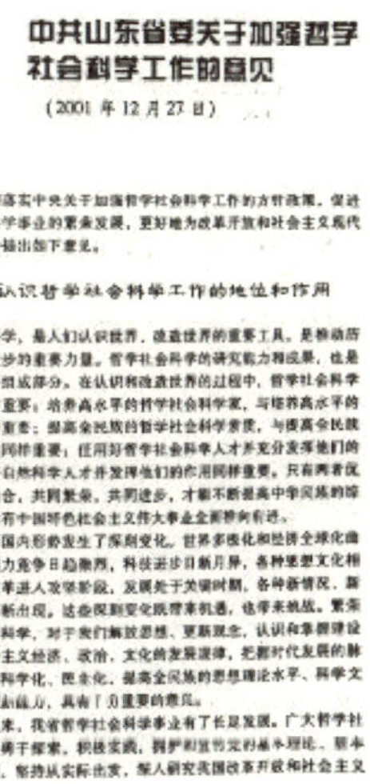
中共山东省委关于加强哲学社会科学工作的意见

（2001 年 12 月 27 日）

为认真贯彻落实中央关于加强哲学社会科学工作的方针政策，促进我省哲学社会科学事业的繁荣发展，更好地为改革开放和社会主义现代化建设服务，特提出如下意见。

一、充分认识哲学社会科学工作的地位和作用

哲学社会科学，是人们认识世界、改造世界的重要工具，是推动历史发展和社会进步的重要力量。哲学社会科学的研究能力和成果，也是综合国力的重要组成部分。在认识和改造世界的过程中，哲学社会科学与自然科学同样重要；培养高水平的哲学社会科学家，与培养高水平的自然科学家同样重要；提高全民族的哲学社会科学素质，与提高全民族的自然科学素质同样重要；任用好哲学社会科学人才并充分发挥他们的作用，与任用好自然科学人才并发挥他们的作用同样重要。只有两者优势互补，紧密结合，共同繁荣，共同进步，才能不断提高中华民族的综合素质，把建设有中国特色社会主义伟大事业全面推向前进。

当前，国际国内形势发生了深刻变化。世界多极化和经济全球化曲折发展，综合国力竞争日趋激烈，科技进步日新月异，各种思想文化相互激荡。我国改革进入攻坚阶段，发展处于关键时期，各种新情况、新问题、新矛盾不断出现，这些深刻变化既带来机遇，也带来挑战。繁荣和发展哲学社会科学，对于我们解放思想、更新观念，认识和掌握建设有中国特色社会主义经济、政治、文化的发展规律，把握时代发展的脉搏，促进决策的科学化、民主化，提高全民族的思想理论水平、科学文化素质和开拓创新能力，具有十分重要的意义。

改革开放以来，我省哲学社会科学事业有了长足发展。广大哲学社会科学工作者，勇于探索，积极实践，拥护和宣传党的基本理论、基本路线、基本纲领，坚持从实际出发，深入研究我国改革开放和社会主义

2001 年 12 月 27 日，山东省委印发《中共山东省委关于加强哲学社会科学工作的意见》。

为认真贯彻落实中央领导讲话和文件精神，2001 年 12 月，山东省委印发《中共山东省委关于加强哲学社会科学工作的意见》，指明了新时期哲学社会科学发展的指导思想和总体要求，并围绕哲学社会科学的体制机

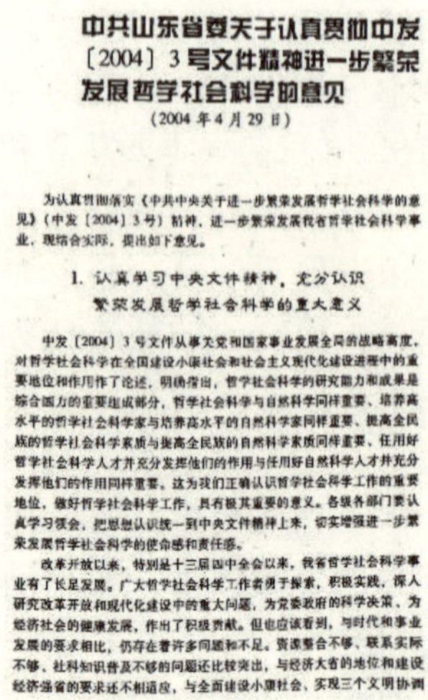

中共山东省委关于认真贯彻中发〔2004〕3号文件精神进一步繁荣发展哲学社会科学的意见

（2004年4月29日）

为认真贯彻落实《中共中央关于进一步繁荣发展哲学社会科学的意见》（中发〔2004〕3号）精神，进一步繁荣发展我省哲学社会科学事业，现结合实际，提出如下意见。

1. 认真学习中央文件精神，充分认识繁荣发展哲学社会科学的重大意义

中发〔2004〕3号文件从事关党和国家事业发展全局的战略高度，对哲学社会科学在全面建设小康社会和社会主义现代化建设进程中的重要地位和作用作了论述，明确指出，哲学社会科学的研究能力和成果是综合国力的重要组成部分，哲学社会科学与自然科学同样重要，培养高水平的哲学社会科学家与培养高水平的自然科学家同样重要，提高全民族的哲学社会科学素质与提高全民族的自然科学素质同样重要，任用好哲学社会科学人才并充分发挥他们的作用与任用好自然科学人才并充分发挥他们的作用同样重要。这为我们正确认识哲学社会科学工作的重要地位，做好哲学社会科学工作，具有极其重要的意义。各级各部门要认真学习领会，把思想认识统一到中央文件精神上来，切实增强进一步繁荣发展哲学社会科学的使命感和责任感。

改革开放以来，特别是十三届四中全会以来，我省哲学社会科学事业有了长足发展。广大哲学社会科学工作者勇于探索，积极实践，深人研究改革开放和现代化建设中的重大问题，为党委政府的科学决策、为经济社会的健康发展，作出了积极贡献。但也应该看到，与时代和事业发展的要求相比，仍存在着许多问题和不足。资源整合不够、联系实际不够、社科知识普及不够的问题还比较突出，与经济大省的地位和建设经济强省的要求还不相适应，与全面建设小康社会、实现三个文明协调

《中共山东省委关于认真贯彻中发〔2004〕3号文件精神进一步繁荣发展哲学社会科学的意见》

制建设、普及和应用、队伍建设、经费投入等内容提出具体意见。2004年4月，山东省委印发了《中共山东省委关于认真贯彻中发〔2004〕3号文件精神进一步繁荣发展哲学社会科学的意见》，结合山东实际进一步明确了今后一段时间内全省哲学社会科学事业的目标任务，对哲学社会科学管理体制改革、人才队伍建设、物质保障投入、组织领导等方面作出具体全面的要求和部署，指导推动全省哲学社会科学事业更好地助力全面建设小康社会，建设“大而强、富而美”的社会主义新山东。2004年5月，山东省要求以实施马克思主义理论研究和建设工程为重点，进一步繁荣发展哲学社会科学，充分发挥好工程的示范带动作用。2005年，山东省委印发《关于进一步做好意识形态领域工作的意见》，明确提出要实施马克思主义理论研究和建设工程，巩固马克思主义理论的指导地位，推动马克思主义理论的创新发展。2006年9月，山东省委又发布了《关于进一步加强和改进我省理论工作繁荣发展哲学社会科学的意见》，对加强和改进理论工作的长效机制建设、工程建设、阵地建设、学校教育、学风文风改进、管理体制改革、人才队伍建设、经费投入、组织领导提出指导意见。

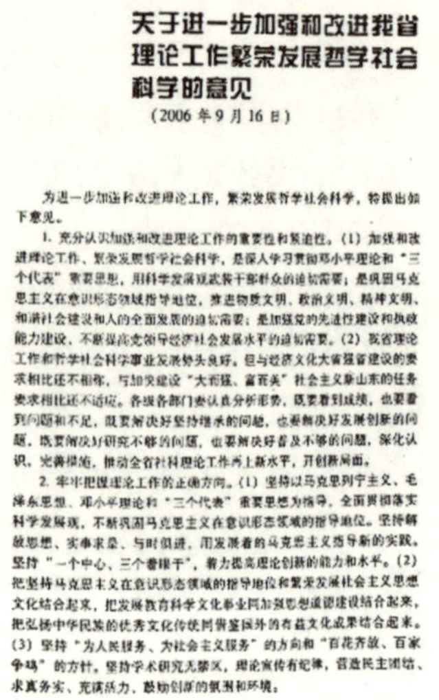

关于进一步加强和改进我省理论工作繁荣发展哲学社会科学的意见

（2006年9月16日）

为进一步加强和改进理论工作，繁荣发展哲学社会科学，特提出如下意见。

1. 充分认识加强和改进理论工作的重要性和紧迫性。（1）加强和改进理论工作、繁荣发展哲学社会科学，是深入学习贯彻邓小平理论和“三个代表”重要思想，用科学发展观武装干部群众的迫切需要；是巩固马克思主义在意识形态领域指导地位，推进物质文明、政治文明、精神文明、和谐社会建设和人的全面发展的迫切需要；是加强党的先进性建设和执政能力建设、不断提高党领导经济社会发展水平的迫切需要。（2）我省理论工作和哲学社会科学事业发展势头良好，但与经济文化大省强省建设的要求相比还不相称，与加快建设“大而强、富而美”社会主义新山东的任务要求相比还不适应。各级各部门要认真分析形势，既要看到成绩，也要看到问题和不足，既要解决好坚持继承的问题，也要解决好发展创新的问题，既要解决好研究不够的问题，也要解决好普及不够的问题，深化认识，完善措施，推动全省社科理论工作再上新水平，开创新局面。

2. 牢牢把握理论工作的正确方向。（1）坚持以马克思列宁主义、毛泽东思想、邓小平理论和“三个代表”重要思想为指导，全面贯彻落实科学发展观，不断巩固马克思主义在意识形态领域的指导地位。坚持解放思想、实事求是、与时俱进，用发展着的马克思主义指导新的实践。坚持“一个中心、三个着眼于”，着力提高理论创新的能力和水平。（2）把坚持马克思主义在意识形态领域的指导地位和繁荣发展社会主义思想文化结合起来，把发展教育科学文化事业同加强思想道德建设结合起来，把弘扬中华民族的优秀文化传统同借鉴国外的有益文化成果结合起来。（3）坚持“为人民服务、为社会主义服务”的方向和“百花齐放、百家争鸣”的方针。坚持学术研究无禁区，理论宣传有纪律，营造民主团结、求真务实、充满活力、鼓励创新的氛围和环境。

《关于进一步加强和改进我省理论工作繁荣发展哲学社会科学的意见》

这一时期，山东省社科联高举中国特色社会主义的伟大旗帜，紧紧围绕“三个代表”重要思想，贯彻落实科学发展观，组织开展系统的、全面的、深入的理论研究和宣传普及活动，密切关注追踪全省现代化建设过程中出现的重大理论和实践问题以及广大群众关心的热点问题，整合全省社会科学资源，牵头构建了包含高校、党校、社科院、党政调研和宣传系统“五路大军”在内的“大社科”工作格局。这种格局是针对省社科资源分散、研究水平低且重复研究现象多的情况在全国首次提出的，有利于充分发挥社科联的沟

举办学习贯彻十六届六中全会精神推进和谐社区建设理论研讨会。

举办社会主义荣辱观与和谐社会建设理论研讨会。

通、协调作用，依托基层社科联和社团整合社科资源，实现社科资源的优化配置。省社科联还统筹推进了哲学社会科学学术年会、社科咨询普及、成果评价和转化、理论阵地建设、理论人才培养“五大机制”建设；确立并实施了“四六八三”发展模式（“四”是指“坚持四项方针”，即政治立会、活动兴会、科研强会、外联壮会；“六”是指“完善六大机制”，即学术年会机制、社科普及机制、社团管理机制、成果评价机制、文化交流机制、阵地建设机制；“八”是指“落实八项要求”，即依靠党政领导，争取社会支持，服从服务中心，广泛开展活动，强化基层基础，密切联系学者，坚持民主办会，不断改革创新；“三”是指“争创三个一流”，即力争综合科研实力达到全国一流水平，一些重要学科达到全国领先水平，社科联系统的工作进入全国第一方阵），以推动山东省社科工作的跨越式发展；积极推动民办社科研究机构的管理创新，实现民办社科机构数量不断增多；围绕深化“三个代表”重要思想、贯彻落实科学发展观、构建社会主义和谐社会、加强党的执政能力和学习型政党建设，举行了学习党的十六大精神、“三个代表”与新时期党的建设伟大工程、党的十七大与中国特色社会主义理论与实践、实施马克思主义理论研究和建设工程、科学发展观与全面建设小康社会、学习贯彻《中共中央关于进一步繁荣发展哲学社会科学的意见》、经济文化

2010 年 7 月 3 日，由山东省社会科学界联合会、大众报业集团、山东财政学院主办，山东财政学院财税与公共管理学院承办的山东社科年会专题论坛——社会保障与就业政策研讨会在济南举行。

齐鲁大讲坛几乎场场爆满。这场关于家庭教育的讲座结束后，一位听众感触良多，说："这些话，我多么希望20年前就听到！"

强省建设等重大理论和实践问题研讨会，特别是2003年6月与山东省委宣传部联合召开的"三个代表"重要思想与全面建设小康社会理论研讨会，系统检阅、总结并深化了全省"三个代表"重要思想的研究工作；积极组织马克思主义理论研究工作者开展相关理论研究阐释，推动马克思主义大众化工作，以实际行动助力"马工程"在山东的建设和实践；同时，多措并举，完善了社科普及、学术年会等工作机制；创建了"山东社科论坛""齐鲁大讲坛""社科普及周""调研山东"等在省内外具有重要影响力的社科品牌；建立数量众多的社科普及教育基地，提高社科普及的质量和效益；通过建立健全评奖机制，创新评奖办法，重视基础应用研究和理论成果转化，引导评奖工作朝着科学性、规范性、制度性的方向发展；加强应用政策研究，为相关部门决策提供有益参考，一系列代表性的调研成果得到了上级领导的批示；认真贯彻落实文化强省战略，重视人才队伍建设，通过增设突出贡献奖、学科新秀奖等方式吸引、汇聚人才，促进青年人才成长。上述成绩的取得，深刻诠释了山东社科联"桥梁""纽带"定位和"思想库""智囊团"作用，标志着山东社科联已成为山东哲学社会科学事业发展的重要支柱，为山东省从社科大省迈向社科强省奠定了坚实的基础。

跨入新世纪的这十多年，我省社会科学事业迎来了蓬勃发展的可喜局面。山东省社科联系统发展异常迅速，规模日益扩大，截至2010年年底，拥有社团178个、会员20万余人；基层社科联更是获得了长足的发展，特别是基层社科联发展迅速，成为推动文化强省建设的中坚力量。

五、奋进新时代

党的十八大以来，以习近平同志为核心的党中央高度重视哲学社会科学工作，将其置于更加重要的位置进行系统谋划与统筹推进，制定政策、采取措施，大力推动哲学社会科学事业发展。2015 年 7 月 6 ～ 7 日，党的群团工作会议在北京召开，习近平总书记出席会议并发表重要讲话。这是党的历史上第一次由党中央召开的党的群团工作会议。会议分析研究新形势下党的群团工作面临的新情况、新问题，贯彻落实《中共中央关于加强和改进党的群团工作的意见》，总结成功经验，解决突出问题，推动改革创新，对开创党的群团工作新局面作出全面部署。2016 年 5 月 17 日，习近平总书记主持召开哲学社会科学工作座谈会并发表重要讲话，就加快构建中国特色哲学社会科学作出重要论述，就坚持马克思主义在哲学社会科学领域的指导地位，融

2015 年 7 月 6 ～ 7 日，党的群团工作会议在北京召开。

2016 年 5 月 17 日，哲学社会科学工作座谈会在北京召开。

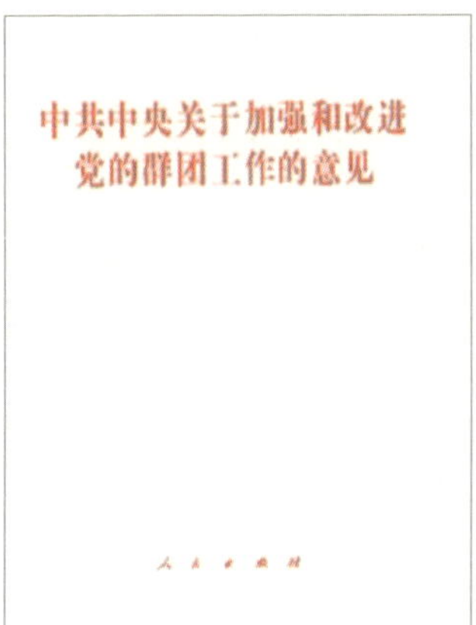

《中共中央关于加强和改进党的群团工作的意见》

《在哲学社会科学工作座谈会上的讲话》

《决胜全面建成小康社会夺取新时代中国特色社会主义伟大胜利》

通马克思主义、中华优秀传统文化、国外哲学社会科学三种资源，构建中国特色哲学社会科学学术体系、学科体系、话语体系，作出顶层设计和全面部署，为新时代哲学社会科学事业发展提供了重要指南和根本遵循。2017 年 3 月，中共中央印发《关于加快构建中国特色哲学社会科学的意见》，强调“坚持和发展中国特色社会主义，必须加快构建中国特色哲学社会科学。要高举中国特色社会主义伟大旗帜，深入贯彻习近平总书记系列重要讲话精神和治国理政新理念、新思想、新战略，坚持为人民服务、为社会主义服务，坚持百花齐放、百家争鸣，立足中国、借鉴国外，挖掘历史、把握当代，关怀人类、面向未来，充分体现继承性、民族性、原创性、时代性、系统性、专业性，创新发展哲学社会科学，为实现‘两个一百年’奋斗目标、实现中华民族伟大复兴的中国梦提供强大思想理论支撑”。2017 年 10 月 18 日，党的十九大报告提出：“深化马克思主义理论研究和建设，加快构建中国特色哲学社会科学，加强中国特色新型智库建设。”2019 年 3 月，习近平总书记在看望参加政协会议的文艺界、社科界委员时发表重要讲话，号召广大社科工作者牢记“培根铸魂”的职责，承担起“记录新时代，书写新时代，讴歌新时代”和“以文化人，以文育人，以文培元”的使命。

中共中央印发

《关于加快构建中国特色哲学社会科学的意见》

新华社北京5月16日电 近日，中共中央印发了《关于加快构建中国特色哲学社会科学的意见》（以下简称《意见》）。《意见》强调，坚持和发展中国特色社会主义，必须加快构建中国特色哲学社会科学。要高举中国特色社会主义伟大旗帜，深入贯彻习近平总书记系列重要讲话精神和治国理政新理念新思想新战略，坚持为人民服务、为社会主义服务，坚持百花齐放、百家争鸣，立足中国、借鉴国外，挖掘历史、把握当代，关怀人类、面向未来，充分体现继承性、民族性、原创性、时代性、系统性、专业性，创新发展哲学社会科学，为实现“两个一百年”奋斗目标、实现中华民族伟大复兴的中国梦提供强大思想理论支撑。

《意见》指出，站在新的历史起点上，更好进行具有许多新的历史特点的伟大斗争，推进中国特色社会主义伟大事业，需要充分发挥哲学社会科学的作用，需要哲学社会科学工作者立时代潮头、发思想先声，积极为党和人民述学立论、建言献策。（下转第九版）

2017 年 3 月，中共中央印发了《关于加快构建中国特色哲学社会科学的意见》。

特别指出的是，在推动哲学社会科学事业繁荣发展过程中，以习近平同志为核心的党中央高度重视优秀传统文化。2013 年 8 月，习近平总书记在全国宣传思想工作会议上提出“四个讲清楚”的重要论断，即要讲清楚每个国家和民族的历史传统、文化积淀、基本国情不同，其发展道路必然有着自己的特色；讲清楚

2013 年 11 月 26 日，习近平总书记到山东曲阜考察，中国孔子研究院有关专家学者参加座谈会。

中华文化积淀着中华民族最深沉的精神追求，是中华民族生生不息、发展壮大的丰厚滋养；讲清楚中华优秀传统文化是中华民族的突出优势，是我们最深厚的文化软实力；讲清楚中国特色社会主义植根于中华文化沃土、反映中国人民意愿、适应中国和时代发展进步要求，有着深厚历史渊源和广泛现实基础。同年 11 月，习近平总书记视察山东时，在曲阜孔子研究院座谈会上重申了“四个讲清楚”，提出“切实加强社会主义核心价值体系建设，弘扬中华优秀传统文化”。在视察临沂时就弘扬“沂蒙精神”发表重要论述，深刻揭示其“水乳交融，生死与共”的鲜明特质，强调“沂蒙精神与延安精神、井冈山精神、西柏坡精神一样，是党和国家的宝贵精神财富，要不断结合新的时代条件发扬光大”。同年 12 月，中共中央办公厅印发《关于培育和践行社会主义核心价值观的意见》，其中明确指出要“发挥优秀传统文化怡情养志、涵育文明的重要作用”。习近平总书记后又在 2014 年 11 月 14 日中共中央办公厅呈报的考察回访调研报告中批示：“要着力建设社会主义核心价值体系，用好齐鲁文化资源丰富的优势，加强对中华优秀传统文化的挖掘和阐发，为做好改革发展稳定各项工作提供强大精神力量。”2017 年 1 月，中共中央办公厅、国务院办公厅印发《关于实施中华优秀传统文化传承发展工程的意见》，并发出通知，要求各地区各部门结合实际认真贯彻落实。

山东省委积极响应，认真贯彻落实习近平总书记重要讲话、重要指示批示精神和党中央决策部署，切实推动中央精神的落实落地。在弘扬优秀传统文化、红色文化方面，山东省委认真贯彻落实中央部署要求，结合山东实际制定了《中共山东省委关于培育和践行社会主义核心价值观的实施意见》《山东省传承发展中华优秀传统文化工作方案》《关于大力弘扬沂蒙精神的意见》，确定了弘扬中华传统美德和齐鲁优秀文化、传承弘扬“沂蒙精神”、深化中国特色社会主义和中国梦宣传教育等工作任务，并作出部署安排。在推动哲学社会科学繁荣发展方面，2016 年 8 月 15 日，全省哲学社会科学工作座谈会召开，对认真贯彻落实习近平总书记重要讲话精神、推动山东哲学社会科学繁荣发展作出部署安排。会议明确提出了加快建设具有中国特色、山东气派、齐鲁风格的社科强省的目标任务，确定

000303

中共山东省委办公厅文件

鲁办发〔2017〕45 号

省委办公厅　省政府办公厅
关于印发《山东省传承发展中华优秀
传统文化工作方案》的通知

各市党委和人民政府，省委和省政府各部门（单位），各人民团体，各高等院校：

《山东省传承发展中华优秀传统文化工作方案》已经省委、省政府同意，现印发给你们，请认真贯彻落实。

中共山东省委办公厅
山东省人民政府办公厅
2017 年 9 月 7 日

（此件公开发布）

— 1 —

《省委办公厅、省政府办公厅关于印发〈山东省传承发展中华优秀传统文化工作方案〉的通知》

2016年8月15日，山东省哲学社会科学工作座谈会在济南召开。会议强调，要深入学习领会习近平总书记在哲学社会科学工作座谈会上的重要讲话精神，紧密结合山东实际，以高度的道路自信、理论自信、制度自信、文化自信，推动山东哲学社会科学繁荣发展，社科强省建设迈出新步伐。

了建设社科强省的思路举措。2017年6月13日，省委书记刘家义在山东省第十一次党代会上指出：要繁荣发展哲学社会科学，打造一批高水准的特色优势学科和高端新型智库。2019年3月6日，省委宣传部、省社科联共同组织召开全省社科界学习贯彻习近平总书记在看望参加政协会议的文艺界、社科界委员时的重要讲话精神座谈会，号召广大社科工作者努力彰显山东哲学社会科学的时代性、人民性、实践性、引领性，加快推进新时代社科强省建设。2019年5月16日，在习近平总书记哲学社会科学工作座谈会重要讲话发表3周年之际，山东省委与《求是》杂志社、光明日报社在济南举办学习习近平总书记关于哲学社会科学重要论述研讨会，省委书记刘家义主持会议并谈了学习体会，《求是》杂志社社长夏伟东、光明日报社总编辑张政出席并发言。此外，山东省先后下发《关于实施山东省理论建设工程推进“四大平台”建设的意见》《关于加强中国特色新型智库建设的实施意见》《中共山东省委关于加快构建中国特色哲学社会科学的实施意见》《加强哲学社会科学人才队伍建设若干措施》等一系列文件，提出了加强思想理论工作、繁荣发展哲学社会科学的指导思想、总体目标和基本思路，明确了其重点工程、管理体制、运行机制和组织领导，为繁荣发展山东哲学社会科学提供了政策保障。

2019年5月16日，在习近平总书记哲学社会科学工作座谈会重要讲话发表3周年之际，山东省委与《求是》杂志社、光明日报社在济南举办学习习近平总书记关于哲学社会科学重要论述研讨会。

党的十八大以来，山东省社科联作为省委领导下的学术性群众团体，坚持高举习近平新时代中国特色社会主义思想光辉旗帜，认真抓好习近平总书记关于哲学社会科学重要讲话精神的学习贯彻以及中央决策部署、省委工作要求的贯彻落实，遵循“一二三六”的工作思路，坚守主阵地、掌握主动权、打好主动仗，推动全省哲学社会科学事业沿着正确方向健康发展。

2019年3月6日，省委宣传部、省社科联共同组织召开全省社科界学习贯彻习近平总书记在看望参加政协会议的文艺界、社科界委员时的重要讲话精神座谈会。

（一）认真贯彻落实党的十八大、十九大和历次全会精神，推动党的理论创新成果深入人心

党的十八大以来，省社科联认真履行思想理论工作单位职责，把党的重大会议精神学习宣传作为重大政治任务，认真抓好贯彻落实。先后制定《关于深入学习研究贯彻党的十八大精神的通知》《学习贯彻十八大精神安排意见》《关于深入学习宣传研究贯彻党的十八届四中全会精神的通知》《关于认真学习宣传贯彻党的十九大精神的通知》《党的十九大精神研究宣传工作实施方案》等文件并举行系列学习贯彻活动：与省委宣传部联合召开山东省社科理论界学习贯彻党的十八大精神座谈会，举行学习贯彻习近平总书记关于哲学社会科学工作重要讲话精神座谈会，举行全省社科理论界学习贯彻党的十九大精神和习近平总书记视察山东重要讲话、重要指示批示精神座谈会，

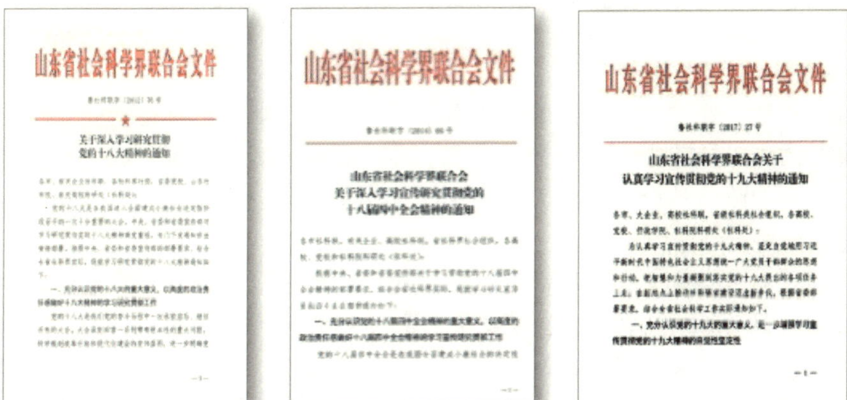

山东省社会科学界联合会文件

关于深入学习研究贯彻党的十八大精神的通知

山东省社会科学界联合会文件

山东省社会科学界联合会关于深入学习宣传研究贯彻党的十八届四中全会精神的通知

山东省社会科学界联合会文件

山东省社会科学界联合会关于认真学习宣传贯彻党的十九大精神的通知

党的十八大以来，省社科联制定《关于深入学习研究贯彻党的十八大精神的通知》等文件，举行系列学习活动。

2012 年 11 月 18 日，山东省委宣传部、省社科联在济南召开全省社科理论界学习贯彻党的十八大精神座谈会。

2012 年 11 月 19 日，省社科联召开学习贯彻党的十八大精神会议。

2017 年 10 月 27 日，省社科联组织召开党组理论学习中心组（扩大）会议，传达全省领导干部会议精神，对继续深入学习宣传贯彻党的十九大精神进行研究部署。

2017 年 11 月 28 日，在习近平总书记视察山东 4 周年之际，举行全省社科理论界学习贯彻党的十九大精神和习近平总书记视察山东重要讲话、重要指示批示精神座谈会。

举行全省社科界学习贯彻党的十九大精神培训班，举行全省社科联系统学习贯彻党的十九届四中全会精神培训班；等等。通过活动，着力加大对全省社科工作者的政治动员、政治引领力度，推动党的意志主张转化为全省社科工作者的自觉行动。

同时，围绕重大会议精神的贯彻落实，开展了一系列富有成效的理论研究和社科普及活动。先后举行“党中央治国理政新理念新思想新战略”“习近平总书记系列重要讲话学习与研究”“习近平新时代中国特色社会主义思想”等学术研讨会，以“党的十八届三中全会中的农业红利”“全面深化改革新进展”“法治中国建设”“党的十九大精神”“习近平新时代中国特色社会主

“齐鲁大讲坛——齐鲁文化视角看‘四个全面’”系列讲座分别就“全面从严治党与历史责任”“一带一路与全面深化改革”“儒家文明与全面建成小康社会”“中国传统文化与现代法治文明”“全面从严治党与制度自信”“齐鲁文化与全面深化改革”在东营黄河口、曲阜、泰山脚下、荣成等地开讲。

2017 年 12 月 8 日，由省社科联组织开展的“学习贯彻党的十九大精神百名社科专家基层宣讲”活动在淄博市举办专题报告会。

2017 年 12 月 27 日，全国政协文史和学习委员会副主任叶小文做客“齐鲁大讲坛”，主讲“为强起来聚合磅礴之力——学习十九大报告的体会”。

义思想”“齐鲁文化视角看‘四个全面’”为主题举办“齐鲁大讲坛”,举行“学习贯彻党的十九大精神百名社科专家基层宣讲”活动，推动党中央创新理论成果和重大决策部署落地生根、开花结果。

（二）传承弘扬优秀传统文化和“沂蒙精神”，培育践行社会主义核心价值观

文化兴则国运兴，文化强则民族强，文化是一个国家、一个民族的灵魂，于中国特色哲学社会科学而言，绵延几千年的中华文化是其成长发展的深厚基础。在这一时代语境中，省社科联积极响应部署和号召，以课题研究为载体，

2016年9月26～28日，由光明日报社、中共山东省委宣传部、山东省社会科学界联合会、中共山东省委党校、大众报业集团、山东社会科学院、山东广播电视台、中共济宁市委、曲阜师范大学主办，曲阜师范大学、济宁市社会科学界联合会承办的山东社科论坛——儒学与当代诚信体系建设学术研讨会在曲阜师范大学举行。图为会议期间举行的学术沙龙。

以论坛、讲坛为依托，以评奖为激励，统筹全省社科界充分发挥齐鲁文化资源的丰富优势，着力加强对优秀传统文化的挖掘和阐发，推动传统文化创造性转化、创新性发展，推动“沂蒙精神”在新时代发扬光大。省人文社会科学课题设立重大儒学研究专项、“沂蒙精神”研究专项，山东社科论坛举办全省性大型论坛——齐鲁文化传承与创新研讨会、儒学与当代诚信体系建设研讨会、齐文化与稷下学高峰论坛以及50余场学科论坛、专题论坛，不断加强优秀传统文化典籍整理、思想意蕴阐释辨析、时代价值研究阐发。《齐鲁文学演变与地域文化》《两汉〈尚书〉学研究》等著作获山东省社会科学优秀成果重大成果奖，代表了山东传统文化研究的最强音。

同时，省社科联还组织广大社科工作者投身优秀传统文化的普及教育，利用齐鲁大讲坛、社科普及周、社科专家基层行、新时代文明实践志愿服务等载体平台，深入解读阐释讲仁爱、重民本、守诚信、崇正义、尚和合、求大同等核心思想理念，弘扬自强不息、敬业乐群、扶危济困、见义勇为、孝老爱亲等中华传统美德，大力传承红色基因、弘扬“沂蒙精神”，有力提升了公民思想道德素质和全社会文明程度，为山东道德文化高地建设作出了社科层面贡献。

山东省社科联组织开展新时代文明实践社科普及志愿服务基层行活动。

(三) 贯彻落实哲学社会科学工作座谈会精神，构建中国特色哲学社会科学

2016 年 5 月 17 日，习近平总书记在哲学社会科学工作座谈会上发表重要讲话，就加快构建中国特色哲学社会科学作出重要部署。2016 年 5 月 25 日，山东省委召开常委会，传达贯彻习近平总书记在哲学社会科学工作座谈会上的重要讲话精神，研究贯彻落实意见。省社科联闻令而动、奋楫争先，在全省社科界迅速掀起贯彻落实重要讲话精神的高潮，先后多次举办全省性的研讨会和培训班，组织全省社科界学深悟透、弄懂做实习近平总书记重要讲话

2016 年 10 月 9 ~ 10 日，全省社科界深入学习贯彻习近平总书记重要讲话精神研讨班在南郊宾馆举行，会议的主题是：学习贯彻习近平总书记重要讲话精神特别是在哲学社会科学工作座谈会上的讲话精神，贯彻落实中央、省委哲学社会科学工作座谈会精神，总结前段工作，部署今后任务。

为深入学习习近平总书记重要讲话和中央、省委有关会议精神，2017 年 4 月 26 ~ 28 日，省社科联在青岛大学国际学术交流中心举办学习习近平总书记重要讲话精神培训班。

2019 年 6 月 17 ～ 19 日，全省社科联哲学社会科学工作专题培训班成功举办，此次培训班采用“专题讲座＋研讨交流＋实地教学”等方式分阶段开展。

精神；先后举办全省社科界学习贯彻习近平总书记重要讲话精神研讨班、深入学习习近平总书记重要讲话精神培训班、全省社科联哲学社会科学专题培训班，把思想和行动统一到习近平总书记讲话精神和省委部署要求上来。

2017 年初，《中共中央关于加快构建中国特色哲学社会科学的意见》印发后，山东在深入调研论证基础上，制定了《中共山东省委关于加快构建中国特色哲学社会科学的实施意见》。在文件制定和贯彻落实过程中，省社科联发挥团结、联合优势，多次组织开展调研论证工作。制定印发《中共山东省社会科学界联合会党组贯彻落实〈中共山东省委关于加快构建中国特色哲学社会科学的实施意见〉工作方案》，通过评奖、课题、研讨、调研等工作抓手，带领全省哲学社会科学界围绕构建中国特色哲学社会科学的总体目标，着眼建设特色鲜明和优势突出的学科体系、导向正确和权威规范的教材体系、立足山东和注重原创的学术体系、融通中外和传播山东声音的话语体系等重大任务，着力创新体制机制、打造工作品牌、优化学术环境，努力提升哲学社会科学发展整体水平和综合实力，推动山东在构建中国特色哲学社会科学进程中继续走在全国前列。

党的十八大以来，为着力构建中国特色、山东气派、齐鲁风格的哲学社会科学，山东省社科联坚持立足职能、发挥优势，抓住重点、精准发力。

第一，围绕“建立科学权威、公开透明的哲学社会科学成果评价体系”的要求，不断完善省社科优秀成果奖评选机制，借鉴高考管理监督模式，评出了一批有原创性、有时代价值和实践意义、有“鲁味”的优秀成果。

第二，围绕“建立优秀成果推介制度，把优秀研究成果真正评出来、推广开”，采取召开评奖发布会、省内外权威媒体和各类新媒体宣传报道等形式加强宣传推介；举办纪念改革开放 40 年山东社会科学名家名作展、庆祝新中国成立 70 周年山东社会科学名家名作展，首次在大型公共场馆面向公

2018 年 12 月 20 ~ 21 日，省社科联举办全省社科联工作创新发展研讨会。本次研讨会分集体学习、专家辅导、研讨交流和会议总结四个环节。会议深入学习贯彻习近平新时代中国特色社会主义思想和党的十九大精神，特别是习近平总书记视察山东重要讲话、重要指示批示精神，传达学习全国庆祝改革开放 40 周年大会精神和全省宣传思想工作会议精神，推动全省社科联工作在新起点上实现新发展。

众宣传推介社会科学优秀成果和人才。

第三，围绕“运用互联网和大数据技术，加强哲学社会科学图书文献、网络、数据库等基础设施和信息化建设”，推动省社科数据中心功能优化、内涵提升，建成省社科联独有的学术资源库；建设山东社科网和省社科联微信公众号，做实做强网上社科阵地；开展山东省哲学社会科学研究事业发展状况调研，摸清社科底数，完善数据资源。

第四，围绕“搭建哲学社会科学创新平台，全面推进哲学社会科学各领域创新”，加快推进高校、县市区社科联建设，举办全省社科联工作创新发展研讨会，开展社科工作创新提升年活动，大力推进理念创新、制度创新、

2019 年 10 月 22 日下午，为庆祝新中国成立 70 周年，省社科联举办山东社科学术沙龙，围绕“新时代社会科学工作者的使命和担当”进行研讨交流。

举措创新，加强课题、研讨、普及、调研平台建设，推动全省社科事业守正创新、加快发展。在新中国成立 70 年之际，举办“社科工作者的使命与担当”学术沙龙等活动，编写《山东社会科学 70 年》《山东社会科学名家》，引导广大社科工作者志存高远、见贤思齐、继往开来，为加快构建中国特色哲学社会科学作出新贡献。

新时代，新气象，新征程。如今，山东省县（市、区）社科联组织已有 105 个，高校社科联组织 71 个，省社科类社会组织 180 个，极大地夯实了社会科学事业发展的基础。在时代大潮中，山东省社会科学界联合会自身建设也不断得到加强，从创立之初的一个办公室，由小到大，从不完善到逐渐健全，发展到现在机构健全、功能完善、办公设施现代化的有规模、正规化的事业单位。其机构设置和主要工作分工如下：

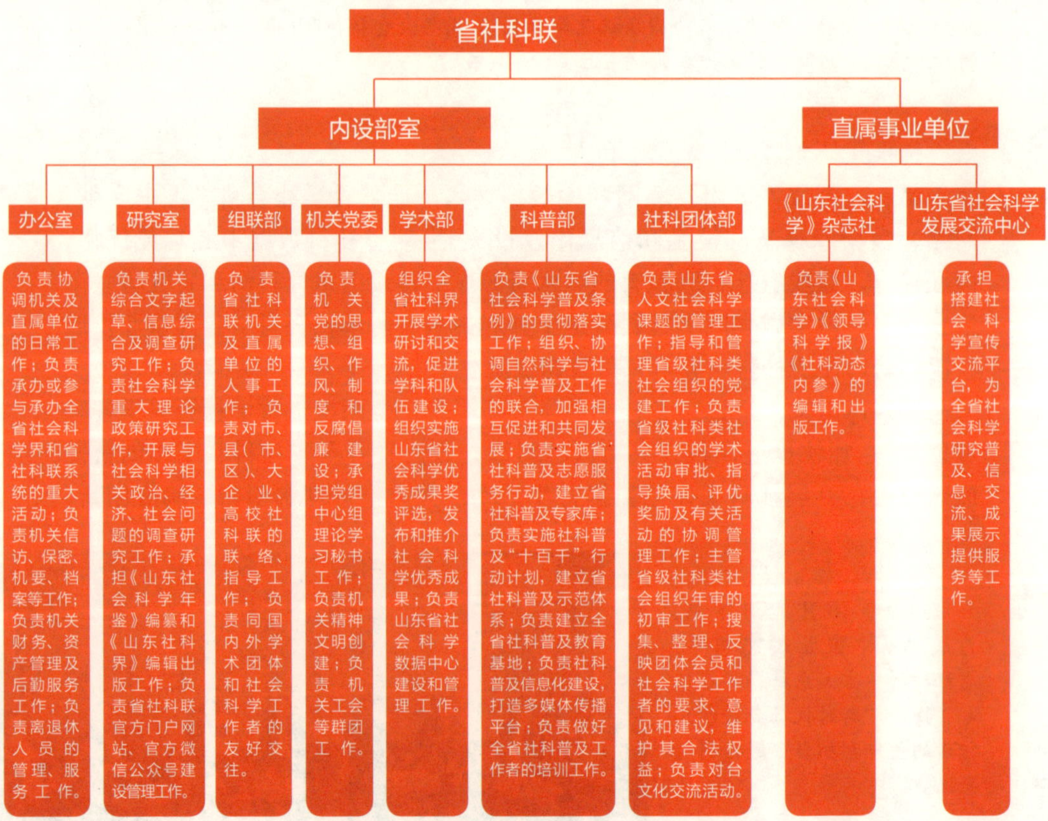

2020 年，山东省社科联机构设置和主要工作分工。

表 1-3　21 世纪初山东省社科联组织机构一览表

时间	编制	党组成员	内部设置	刊物
2001～2010 年	2008 年，机关编制 33 人，杂志社、会馆 27 人；2010 年，机关 39 人，杂志社、会馆 27 人	2003 年，党组 5 人，刘德龙任书记，成员有包心鉴（副书记）、岳增瑞、李海萍、陈秉山；2004 年，党组 6 人，刘德龙任书记，成员有包心鉴、岳增瑞、李海萍、陈秉山、薛庆国；2009 年，党组 5 人，刘德龙任书记，成员有李海萍、薛庆国、周忠高、高航	2002 年，省编委核准，设办公室、组织联络部、学会管理部、社会科学普及部 4 个部室；2008 年，省编办同意增设民办社科研究机构管理部；至 2008 年，组织机构为：办公室、组联部（机关党委）、学会管理部、科普部、民办社科研究机构管理部、《山东社会科学》杂志社、齐鲁文化会馆	《山东社会科学》《领导科学报》《山东社科界》《山东社科成果专报》《社科应用与普及》
2011～2020 年	2012 年，机关编制 41 人；2014 年，机关编制 39 人，杂志社 13 人，会馆 12 人；2015 年，机关编制 38 人，杂志社 13 人，中心 12 人	2011 年，党组 5 人，杨瑛任书记，成员有李海萍、薛庆国、周忠高、高航；2015 年，党组 6 人，林建宁任书记，成员有周忠高（副书记）、高航、张宏明、孙淑娜；2017 年，党组 5 人，刘致福任书记，成员有周忠高（副书记）、张宏明、孙淑娜	2012 年，省编办同意设立研究室；2015 年，省编办同意省齐鲁文化会馆更名为“省社会科学发展交流中心”，为公益一类事业单位；2017 年，省编办同意学会管理部更名为“学术部”，民办社科研究机构管理部更名为“社科团体部”；2018 年，省编办同意《山东社会科学》杂志社办公室为一类事业单位；2020 年组织机构为：办公室、研究室、组联部、机关党委、学术部、科普部、社科团体部、《山东社会科学》杂志社、山东省社会科学发展交流中心	

六、历次代表大会

1981 年 12 月 3～6 日，山东省社会科学界第一次代表会议召开。这是自新中国成立以来，山东省社会科学界的首次盛会。大会回顾总结了社联和学会成立 20 年来的发展历程，提出今后的工作要求，即认真学习、研究党的十一届六中全会精神，坚持四项基本原则，坚持马克思主义社会科学的研究工作，解放思想，实事求是，努力发展我省的社会科学研究工作，切实加强人才队伍和学术团体建设，完善学术交流机制，创办《山东社联通讯》。中共山东省委第一书记白如冰，省委书记、省长苏毅然和省委、省人大常委会、省政府、省政协的领导同志李振、高启云、王金山、王众音、徐雷健、赵峰、

时任省委书记高启云在会议开幕式上讲话

时任省社联筹委会主任李书厢向大会作工作报告

山东省社会科学界第一次代表大会

陈雷、张敬涛、丁方明、余修、李思静等出席会议开幕式。省委书记高启云代表省委在开幕式上讲话，省委常委、宣传部部长林萍出席会议闭幕式并讲话。山东省社会科学联合会筹委会主任李书厢向大会作工作报告。大会代表320人，选举委员73人，选举主席、副主席、秘书长17人。当时，省级学会有15个，会员近5000人。

1987年9月25～26日，山东省社联第二次代表大会召开。大会总结了省社联“一大”以来在社团发展、学术交流、社科普及、社科评奖等方面的成绩，明确了社联的四项任务，提出未来的发展要在学习研究和贯彻落实党的十三大精神上下功夫，要围绕我省经济社会发展有关的重大问题开展学术交流和学术研究，要办好学术刊物、发表科研成果、培养优秀人才。省委、省顾委、省纪委、省人大常委会、省政府、省政协的领导同志梁步庭、杨衍银、崔惟琳、苗枫林、王润斋、袁波、李振、许森、马连礼、周星夫等出席开幕式。省委常委、宣传部部长苗枫林在会上作《适应改革建设需要　发展社会科学事业》的讲话。省社联党组书记、副主席林江向大会作了题为《为繁荣和发展我省社会科学事业而奋斗》的工作报告。大会代表 400 人，选举委员 124 人，选举主席、副主席、秘书长 15 人。自第一次代表大会到第二次代表大会的 6 年期间，省社联及其所属学会和市地社联组织召开了 466 次学术讨论会，收到学术论文 8292 篇，参加会议的有 11088 人次。当时，省级学会、研究会、协会有 77 个，拥有会员 6 万多人。全省有 11 个市、地建立了社联组织，下属学会共有 229 个，会员 8 万多人。

时任省委常委、宣传部部长苗枫林在开幕式上讲话。

时任省社联党组书记、副主席林江作工作报告。

山东省社联第二次代表大会

1992 年 10 月 30 ～ 31 日，山东省社会科学界第三次代表大会召开。大会总结了“二大”以来面对复杂严峻的国内外形势取得的成绩和存在的不足，指出未来的发展要以党的十四大精神为指针，组织重大现实问题与理论问题的研究，尤其要加强改革开放理论与实践的研讨；加强学会建设，完善评奖工作，培养社科人才，组织理论队伍；面向社会，面向企业，面向各级决策层，充分发挥社会科学为社会服务的思想库作用；大力加强社会科学基础设施建设，为活跃理论研究、组织理论队伍创造必要的物质条件。省委、省顾委、省纪委、省人大、省政府、省政协的领导同志姜春云、赵志浩、马仲才、李春亭、谭福德、李文全、董凤基、刘鹏、苗枫林、陆懋曾、丁方明、吴富恒等出席了开幕式。中共山东省委书记姜春云作《社会科学工作者要深入学习、研究和宣传建设有中国特色社会主义理论》的讲话。省委常委、宣传部部长董凤基出席会议闭幕式并讲话。省社科联党组书记、副主席梁自洁向大会作了题为《面向改革开放实际，加强社会科学研究，努力为建设有中国特色社会主义提供理论支持和智力服务》的工作报告。大会代表 400 人，选举委员 73 人，选举主席、副主席、秘书长

时任省社科联党组书记、副主席梁自洁作工作报告。

山东省社会科学界第三次代表大会

16 人。自第二次代表大会到第三次代表大会的 5 年期间，共召开各类学术讨论会 800 多次，提交会议论文 3 万多篇，组织撰写各类著作 900 多部。当时，省级学会、研究会、协会有 120 多个，拥有会员 15 万多人。全省有 14 个市、地建立了社科联机构。省级学会和市、地社科联共创办各类刊物 80 多种。

1998 年 8 月 28 ～ 29 日，山东省社会科学界第四次代表大会召开。大会总结了自“三大”以来在学术活动、研究成果、学会改革、理论队伍建设、工作条件改善等方面取得的进步和不足之处，指出未来的工作要深入学习、研究和宣传邓小平理论，牢牢把握社会科学的主攻方向，进一步改革和完善社会科学发展机制，号召社会科学工作者要振奋精神，把充满生机和活力的山东社会科学界全面推向 21 世纪。省委、省人大常委会、省政府、省政协、省纪委的领导同志吴官正、赵志浩、赵春兰、王修智、姜大明、邵桂芳以及省直有关部门负责同志到会祝贺。省委书记吴官正作题为《坚持正确方向　繁荣社会科学》的讲话。省委常委、宣传部部长王修智致大会开幕词。省社科联主席刘蔚华向大会作了题为《高举邓小平理论伟大旗帜，进一步开创全省社会科学事业新局面》的工作报告。大会代表 448 人，选举委员 144 人，选举主席、副主席、秘书长 13 人。当时，省级学

时任省社科联三届委员会主席刘蔚华作工作报告。

山东省社会科学界第四次代表大会

会、研究会、协会有145个，全省17个市地都建立了社科联，一些大型国有企业和县（市、区）也陆续建立了社科联组织。

时任省社科联党组书记、副主席刘德龙作工作报告。

2003年11月23～25日，山东省社会科学界第五次代表大会召开。大会总结了自“四大”以来在学术活动、研究成果、组织建设、理论队伍、社科普及、改革等方面取得的重要成就和不足，提出在新世纪重要战略机遇期大有作为、大有可为，要深入研究“三个代表”重要思想的时代背景、实践基础、科学内涵、精神实质、历史地位和现实价值，进一步深化对重大理论与实践问题的研究，进一步推进社会科学发展体制的改革与创新。省委书记、省人大常委会主任张高丽，省委副书记、省长韩寓群，省委副书记王修智、姜大明，省委常委朱正昌、杨传升、刘伟、阎启俊，省政协副主席王久祜、王志民以及省人大原副主任苗枫林、郭长才出席会议。省委书记张高丽作了题为《坚持与时俱进　发展社会科学》的讲话。省委副书记王修智主持会议开幕式。省委常委、宣传部部长、省社科联主席朱正昌致大会开幕词，出席会议闭幕式并讲话。省社科联党组书记、副主席刘德龙向大会作了题为《以“三个代表”重要思想为指导，与时俱进开拓创新，为进一步繁荣发展全省社会科学事业努力奋斗》的工作报告。大会代表484人，选举委员157人，选举主席、副主席、秘书长16人。

山东省社会科学界第五次代表大会

2009年8月24～26日，山东省社会科学界第六次代表大会召开。大会总结了自

“五大”以来在创新发展方式、搭建研究平台、学术活动、社科普及品牌打造、评奖工作改革、文化研究和交流、科学管理与组织建设等方面取得的成绩和不足，指出全省社科联的工作已经从前些年的“争生存、求发展”，转变提升为“谋创新、促发展”，进入全国社科联系统第一方阵。未来要全面贯彻

时任省委常委、宣传部部长李群在大会开幕式上讲话。

时任省社科联第五届委员会主席朱正昌作工作报告。

落实党的十七大精神，坚持以邓小平理论和“三个代表”重要思想为指导，深入贯彻落实科学发展观，着力加强中国特色社会主义理论体系的研究普及，着力加强重大理论和现实问题的研究转化，着力加强社会科学工作制度化建设，着力加强保障社会科学繁荣发展的基础条件建设，打造一批品位高、覆盖广、影响大的社会科学知名品牌，建设一批结构合理、特色鲜明、全国领先的学科群，推出一批有深度、有价值、有水平的精品力作，培养一批政治强、业务精、作风正的学术人才，完善“大社科”工作格局，构建具有中国特色、山东特点、与经济文化强省建设相适应的社会科学体系，实现由社会科学大省向社会科学强省的新跨越。省委书记、省人大常委会主任姜异康，省委副书记、省长姜大明，省委

山东省社会科学界第六次代表大会

副书记刘伟，省委常委、省纪委书记杨传升，省委常委、宣传部部长李群，省政协副主席王志民、王乃静，省里的老同志王修智、苗枫林、林书香出席大会开幕式。省委常委、宣传部部长李群在开幕式上讲话。省社科联第五届委员会主席朱正昌向大会作了题为《高举旗帜、科学发展，努力实现由社会科学大省向社会科学强省新跨越》的工作报告。李群出席会议闭幕式并讲话。大会代表523人，选举委员157人，选举主席、副主席、秘书长16人。自第五次代表大会到第六次代表大会的6年期间，共举行较大规模的理论研讨会1000多场。当时，省社科联主管149个学术社团、15个民办社科研究机构，高等院校和县一级新成立社科联组织30多个。

2011年3月28日，山东省社科联成立50周年纪念大会在济南举行。大会高举中国特色社会主义伟大旗帜，以马列主义、毛泽东思想、邓小平理论和“三个代表”重要思想为指导，深入贯彻落实科学发展观，回顾省社科联成立50年来的发展历程，总结社会科学事业发展的基本经验，提出进一步推动全省社会科学繁荣发展的目标任务。省委常委、宣传部部长孙守刚出席会议并代表省委讲话。省人大常委会副主任尹慧敏，省政协副主席王新陆出席会议。会议为以下同志颁奖：省社科联筹委会同志，省社科联三届以上委员会委员，省社科联所属学会三届以上会长、秘书长、联系人，第4届社会科学突出贡献奖、学科新秀奖获得者，第24次山东省社会科学优秀成果奖获得者，首届十大优秀社科普及作品获奖代表。

2011年3月8日上午，山东省社科联成立50周年座谈会在齐鲁文化会馆召开。省社科联党组成员、纪检组组长高航主持会议，省社科联党组成员、副主席李海萍出席会议并致辞，社科联原办公室杜宝玉、吴开荣，原哲学所胡曜伦、曹维源、林钧甫，原经济所韩纵洲、郭菊华、吴明练、聂其丕，原历史所史学通等老同志参加会议并共同回顾了省社科联的发展历程。

2015 年 12 月 24 ~ 25 日，山东省社会科学界第七次代表大会召开。大会总结了自“六大”以来在基础理论研究和应用对策研究、学术研讨交流活动、社会科学普及工作、学科建设和人才队伍建设、社科阵地建设、社科联系统自身建设等方面所取得的成绩和不足，指出今后 5 年要深入贯彻习近平总书记系列重要讲话和视察山东重要讲话、重要批示精神，紧紧围绕加快建设社科强省这一目标，大力推进传承创新和大数据两大战略，努力完成繁荣社科成果、拓展社科阵地、壮大社科队伍三大任务，着力抓好社科研究、社科普及、社科平台、社科组织、智库体系和自身建设六大关键环节，按照“一二三六”的工作思路，真抓实干、务求实效，努力开创社科强省建设新局面。省委书记、省人大常委会主任姜异康，省委副书记、省长郭树清，省政协主席刘伟，省委常委、省纪委书记李法泉，省委常委、组织部部长高晓兵，省委常委、宣传部部长孙守刚，省委常委、秘书长于晓明，省人大常委会副主任宋远方出席大会开幕式。省委常委、宣传部部长孙守刚在开幕式上讲话。省社科联党组书记、副主席林建宁向大会作了题为《凝心聚力　开拓创新　全力谱写社科强省建设新篇章》的工作报告。孙守刚出席会议闭幕式并讲话。大会代表 472 人，选举委员 157 人，选举主席、副主席、秘书长 16 人。当时，全省社会科学工作者达 10 万余人，全省共有省级社科类社会组织 870 多家，其中省社科联团体会员 192 家；县市区社科联组织 96 个，高校社科联组织 36 个。

时任省委常委、宣传部部长孙守刚在大会开幕式上讲话。

时任省社科联党组书记、副主席林建宁作工作报告。

自第六次代表大会到第七次代表大会的 6 年间，全省社科界共完成国家社会科学基金项目 978 项、教育部人文社会科学研究项目 1232 项、省社会科学规划项目 3723 项、省人文社会科学课题 790 项；出版著作 3000 余部，发表论文 71600 余篇。入选国家哲学社会科学成果文库 22 项，获得教育部高校人文社科优秀成果奖 38 项、省社科优秀成果奖 1820 项。山东社科论坛共举

山东省社会科学界第七次代表大会

办研讨会 260 余场，参与者达 16000 余人次；举办社科普及讲座、讲坛、咨询服务等活动 2 万余场，组织编写社科普及著作 300 余部，建立省级社科普及教育基地 103 家。

高举旗帜、始终坚持正确的政治方向是繁荣发展哲学社会科学的根本要求。恩格斯说："一个民族要想站在科学的最高峰，就一刻也不能没有理论思维。"高度重视哲学社会科学是中国共产党的优良传统。山东省社科联成立 60 年来，特别是改革开放 40 年来，始终高举中国特色社会主义伟大旗帜，坚持以马克思列宁主义、毛泽东思想、邓小平理论、"三个代表"重要思想、科学发展观、习近平新时代中国特色社会主义思想为指导，在中共山东省委的正确领导下，在广大哲学社会科学工作者的共同努力下，解放思想、实事求是、与时俱进、求真务实、守正创新，团结带领广大哲学社会科学工作者，不忘初心、牢记使命、锐意进取、砥砺奋斗，推动了全省哲学社会科学事业的大发展、大繁荣，社科资源深度融合，社科活动蓬勃开展，社科普及扎实推进，社科组织不断健全，社科制度优势向治理效能的转换速度更快、效率更高，推动社科强省建设迈出新步伐、实现新跨越、取得新成效。

山东省社科联历任主席

李书厢

1981年12月至1987年9月
省社科联一届委员会主席

苗枫林

1987年9月至1992年10月
省社科联二届委员会主席

刘蔚华

1992年10月至1998年8月
省社科联三届委员会主席

王修智

1998年8月至2001年6月
省社科联四届委员会主席

陈光林

2001年6月至2002年9月
省社科联四届委员会主席

朱正昌

2002年9月至2009年8月
省社科联四、五届委员会主席

李　群

2009年8月至2011年3月
省社科联六届委员会主席

孙守刚

2011年3月至2017年11月
省社科联六、七届委员会主席

王清宪

2017年12月至2018年7月
省社科联七届委员会主席

关志鸥

2018年7月至2020年7月
省社科联七届委员会主席

于　杰

2020年8月至今
省社科联七届委员会主席

山东省社科联历任党组书记

李书厢

1981年10月至1987年1月
省社科联党组书记

林　江

1987年1月至1990年8月
省社科联党组书记

梁自洁

1990年8月至1992年8月
省社科联党组书记

赵锦良

1992年8月至1995年8月
省社科联党组书记

林兆义

1995年8月至1999年12月
省社科联党组书记

陶滋年

1999年12月至2003年4月
省社科联党组书记

刘德龙

2003年4月至2011年12月
省社科联党组书记

杨　瑛

2011年12月至2015年5月
省社科联党组书记

林建宁

2015年5月至2017年11月
省社科联党组书记

刘致福

2017年11月至今
省社科联党组书记

表 1-4 省社科联历届常委会（主席团）一览表

届次	主席	副主席（常委会、主席团）	党组书记	党组副书记	党组成员	秘书长	委员
一届常委会（1981年）17人	李书厢（省委党校）	蒋捷夫（山东社科院）、许森（省委研究室）、徐杰（省委宣传部）、王海天（省委党校）、宋毅（省计委）、袁驼（省教育厅）、刘华南（省科协）、孟方（原济南军区）、田仲济（山师）、王仲荦（山大）、殷孟伦（山大）、于政辉（省财政厅）、孟献村（山东社科院）、张文杰（山东经济学院）、季星如（省经研中心）、林江（驻会）、梁自洁（增补、驻会）、周冀苍（增补、驻会）	李书厢（1981.10～1987.1）林江（1987.1～）		梁自洁（1987.1）周冀苍（1987.1）	林江（1983.10）	75人（增补2人）
二届常委会（1987年）14人	苗枫林（省委常委、宣传部部长）	王欣（省计委）、王海天（省党史委）、刘蔚华（山东社科院）、张文杰（山东经济学院）、陈之安（山大）、陈龙飞（山师）、迟范民（省科委）、林江（驻会）、季星如（省经研中心）、周冀苍（驻会）、郭长才（省财政厅）、梁自洁（驻会）、黄澍霖（省委党校）、刘守璞（增补、省委宣传部）、赵锦良（增补、驻会）、张联瑜（增补、驻会）	林江（1987.1～1990.8）梁自洁（1990.8～1992.8）赵锦良（1992.8）		梁自洁 刘蔚华（1990.8～）周冀苍 张联瑜（1990.5～1991）	包心鉴	146人（增补22人）
三届常委会（1992年）15人	刘蔚华（驻会）	赵锦良（驻会）、梁自洁（驻会）、刘守璞（省委宣传部）、林书香（省计委）、黄可华（省财政厅）、钱友璋（省经研中心）、卢希悦（山东财政学院）、王礼训（山师）、迟范民（省科委）、周冀苍（驻会）、卢培琪（省委党校）、乔幼梅（山大）、陈建坤（山东社科院）、陶滋年（驻会）、林兆义（增补、驻会）、刘德龙（增补、驻会）	赵锦良（1992.8～1995.8）林兆义（1995.8～）		刘蔚华（1990.8～1998.9）周冀苍（1987.1～1995.8）刘德龙（1996.12～）陶滋年（1992～）	陶滋年（兼）	119人（增补2人）
四届常委会（1998年）13人	王修智（省委常委、宣传部部长，1998.8～2001.6）陈光林（2001.6～2002.9）朱正昌（省委常委、宣传部部长，2002.9～）	林兆义（驻会）、董昭和（省科委）、曾繁仁（山大）、卢培琪（山东社科院）、卢希悦（山东财政学院）、齐涛（省教育厅）、宋士昌（省委党校）、刘永铨（山师）、陶滋年（驻会）、刘德龙（驻会）、包心鉴（驻会）、岳增瑞（增补、驻会）	林兆义（1995.8～1999.12）陶滋年（1999.12～2003.4）刘德龙（2003.4～2003.11）		陶滋年 刘德龙 包心鉴 李海萍（1999.12～）岳增瑞（1999.12～）	李海萍	147人（增补3人）

续表

届次	主席	副主席（常委会、主席团）	党组书记	党组副书记	党组成员	秘书长	委员
五届常委会（2003年）17人	朱正昌（省委常委、宣传部部长）	刘德龙（驻会）、董国勋（省委组织部）、张全新（省委宣传部）、王泽厚（省委研究室）、齐涛（省教育厅）、翟鲁宁（省科委）、宋士昌（山东社科院）、宫志峰（山师）、商志晓（省委党校）、燕翔（省科协）、王琪珑（山大）、包心鉴（驻会，1998.8 ~ 2007.5）、岳增瑞（驻会，1999.12 ~ 2004.12）、李海萍（驻会）、薛庆国（增补、驻会） 纪检组长：陈秉山（驻会）	刘德龙	包心鉴（2007.5 ~ 2009.2）	包心鉴（1998.8 ~ 2009.2） 岳增瑞（1999.12 ~ 2004.12） 李海萍 陈秉山（2003.10 ~ 2009.7） 薛庆国（2004.10 ~）	高航	158人（增补1人）
六届常委会（2009年）17人	李群（省委常委、宣传部部长，2009.8 ~ 2011.3） 孙守刚（省委常委、宣传部部长，2011.3 ~ 2015.12）	刘德龙（驻会）、杨瑛（增补、驻会）、林建宁（增补、驻会）、徐向红（省委宣传部）、孙建生（省委研究室）、蒿峰（省政府办公厅）、张华（山东社科院）、郭建磊（省教育厅）、崔建海（省科委）、商志晓（省委党校）、林兆谦（省科协）、李海萍（驻会，2003.11 ~ 2014.7）、薛庆国（驻会，2004.10 ~ 2012.12）、周忠高（驻会）、陈炎（山大）、戚万学（山师）、张宏明（增补、驻会）、孙淑娜（增补、驻会） 纪检组长：高航（驻会）	刘德龙（2003.4 ~ 2011.12） 杨瑛（2011.12 ~ 2015.5） 林建宁（2015.5 ~）	周忠高（2015.5 ~）	李海萍（1999.12 ~ 2014.7） 薛庆国（2004.10 ~ 2012.12） 周忠高 高航（2009.8 ~） 张宏明（2012.12 ~） 孙淑娜（2014.7 ~）	孙淑娜（2009.8 ~ 2014.7） 张伟红（2014.8 ~ 2015.12）	157人
七届常委会	孙守刚（省委常委、宣传部部长，2015.12 ~ 2017.11） 王清宪（省委常委、宣传部部长，2017.12 ~ 2018.7） 关志鸥（省委常委、宣传部部长，2018.7 ~ 2020.7） 于杰（省委常委、宣传部部长，2020.8 ~）	林建宁（驻会）、刘致福（增补、驻会）、徐向红（省文化厅）、刘险峰（省政府研究室）、唐洲雁（山东社科院）、郭建磊（省教育厅）、赵强（省委党校）、郝宪印（省委研究室）、于书良（省科技厅）、于洪文（省科协）、周忠高（驻会）、张宏明（驻会）、孙淑娜（驻会）、胡金焱（山大）、张文新（山师）、李海萍（驻会，2015.12 ~ 2016.12）、张伟红（驻会，2017.6 ~）、 纪检组长：高航（驻会）	林建宁（2015.12 ~ 2017.11） 刘致福（2017.11 ~）	周忠高	高航（2009.8 ~ 2016.7） 张宏明 孙淑娜	张伟红（2015.12 ~ 2017.8） 徐青（2017.8 ~ 2019.12） 杨宗杰（2019.12 ~）	

山东省社联第二次代表大会

第二章

服务实践　学术研究成效显著

组织开展学术研讨活动是社科联的重要职能，是繁荣社科研究、服务实践发展的重要方式。蓬勃开展的学术活动是实现社会科学价值的主要载体，是社会科学事业繁荣兴旺的重要标志。省社科联举办学术活动总体来说经过了一个从零散到整体、从不固定到固定、从着重于学术研究到重点服务科学决策的过程。省社科联团结全省广大社科工作者，紧跟时代潮流和国家发展战略，面向服务山东经济文化强省的大局，以经济社会发展中的重大理论和现实问题为主攻方向，坚持以学术为本，通过研讨会、学术年会、社科论坛、智库沙龙、座谈会、调查研究、设立课题等多种形式深入开展基础理论研究和应用对策研究，取得了丰硕成果。

◎要点推送

学术研究和交流；21 世纪社会科学家论坛；山东省社科界学术年会；山东社科论坛；山东社科智库沙龙；山东省人文社会科学课题

功能

★悟精神 对于党的历次全国代表大会报告及历届中央全会报告、公报、决议，历年国务院政府工作报告，中央主要领导发表的重要讲话，中央及政府相关部门出台的重要文件，省社科联都会组织研讨、座谈，认真学习、研究、领悟其精神实质，向干部群众进行解读宣传，以保证各项工作科学有效地开展。

★明理论 省社科联历来重视马克思主义理论研究，把组织研究马克思主义中国化的重大理论创新成果放在工作首位。围绕毛泽东思想、邓小平理论、“三个代表”重要思想、科学发展观、习近平新时代中国特色社会主义思想及其各个方面，积极组织全省广大社科工作者开展理论研讨活动，对干部群众正确理解科学理论起到了重要作用。

★促研究 为促进全省学术交流和学科发展，省社科联围绕各领域各方面出现的理论问题和现实问题组织了不计其数的研讨会、座谈会，深化了各专业领域的学术研究与理论创新和方法创新，推动了我省学科体系的发展完善。先后创办的规模大、层次高的21世纪社会科学家论坛、山东省社会科学界学术年会、山东社科论坛，以及组织开展的“沂蒙精神”研究、齐鲁文化研究等富有地方特色的研究大都成为学术名牌和文化名牌。

★联实际 围绕党在社会主义建设和改革开放各个发展阶段的重要理论问题和现实问题，如生产责任制、经济管理体制改革、发展商品经济、深化价格改革、股份合作制、“三农”问题、经济全球化、率先实现全面小康社会、民营经济、城市化、社会主义新农村建设、积极应对全球金融危机、区域经济发展、大力发展服务业、新型工业化道路、转变经济发展方式、乡村振兴等，省社科联组织专家学者深入实际开展调查研究，这对于了解国情省情、收集鲜活的材料来充实理论研究、运用理论解决现实问题具有重要意义。

★推转化 把应用对策研究放到突出位置，积极服务于山东经济社会发展的大局也是省社科联的职责所在。省社科联组织专家深化对重大现实问题的对策研究，完成了黄河三角洲可持续发展研究、“海上山东”建设研究、山东扩大内需对策研究、农村剩余劳动力转移区域研究、建设文化大省研究、亮点战略研究、山东省城乡公共人文社会科学素养及需求状况调查研究、山东省做大做强旅游业的制约因素和解决对策研究、生态建设与环境保护的经济手段研究、山东省食品安全管理体制机制和政策法规体系研究等一大批有重要应用价值和良好社会效益的研究成果，并通过《山东社科成果专报》《社科应用与普及》《山东社科界》、山东社科智库沙龙积极推介，很多研究成果得到省主要领导批示并进入决策，实现了社科优秀成果的价值转化，有效发挥了社科理论工作者“思想库”“智囊团”的作用。

★解问题 为加大对社科研究的支持力度，省社科联设立了一系列资助项目，这些项目的实施对以下方面产生重要影响：解决山东经济社会发展中遇到的问题，助力山东经济、文化强省战略；引导学术研究，关注学术前沿问题和重大现实问题；普及社会科学知识、方法和精神，提高干部群众思想道德素质和人文素质。

一、发展概况

自 1960 年 8 月山东省社联成立之后，就开始组织召开研讨会、座谈会，开展调查研究，主要围绕过渡时期的阶级斗争、辩证唯物主义与历史唯物主义、国民经济有计划按比例发展与高速度、社会主义制度下的商品生产和价值规律、按劳分配与计件工资制、国民经济调整的八字方针、人民公社体制与按劳分配、义和团六十周年、辛亥革命五十周年、孔子的思想、山东党组织的建立和发展等学术问题和主题组织学术研讨会、座谈会 50 余次。省社联及学会组织社科理论工作者对农村人民公社农田基本建设进行调查研究，写出了关于劳动积累的调查报告；对全国农业战线先进单位黄县下丁家大队的集体经济经营管理等进行调研宣传并在全省推广其先进经验。组织编撰了《马克思主义哲学几个问题》《社会主义经济问题》《发展国民经济必须以农业为基础》《义和团运动六十周年纪念论文集》《辛亥革命五十周年纪念文集》《孔子讨论文集》《枣庄煤矿史》《胶济铁路史》等有学术价值的专著。

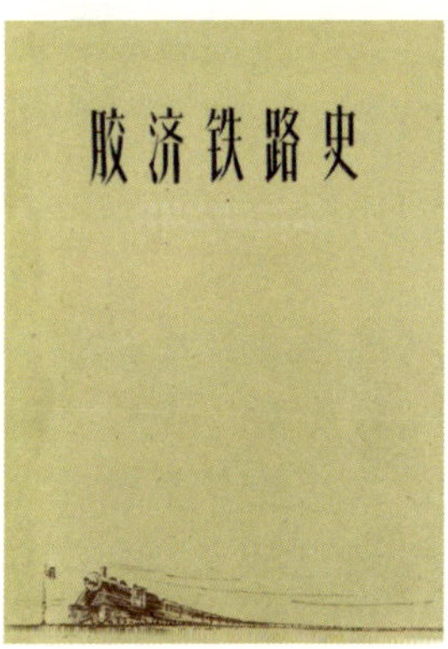

《胶济铁路史》是一本向铁路职工进行革命传统教育的教材，主要记述了胶济铁路修建的历史背景，德国、日本侵略者将其霸占之后对中国人剥削的情况，以及之后各个战争时期胶济铁路工人的斗争与生活状况，为研究山东近现代的历史提供了资料。

历史研究所和历史学会对枣庄的中兴煤矿公司、枣庄矿务局党委等有关单位的资料及访问工作人员得到的口述资料进行收集整理，出版了《枣庄煤矿史》，全书 17 余万字，叙述了枣庄煤矿从早期直到 1958 年的情况，为进一步研究枣庄煤矿史提供了宝贵的资料和依据。

“文革”时期，省社联活动陷入停滞状态。历经曲折的省社联伴随着改革开放的春风逐步恢复正常工作状态。在党中央和省委的领导关怀下，在广大社科工作者的共同努力下，1980 年之后社联日益发展壮大，迎来了自己的春天。

20 世纪 80 年代的省社联及其所属学会和地市社联焕发出青春活力，根据中央和省委的指示精神，围绕党在新时期的总目标、总任务，围绕改革开放和社会主义现代化建设的理论问题和实际问题，组织社会科学工作者进行理论研究、社会调查和学术交流活动，在重大时间节点（周年纪念日）召开专题纪念会议，这些学术活动主题包括“实践是检验真理的唯一标准”、纪念鲁迅诞辰 100 周年、学习贯彻十二大精神、纪念马克思逝世 100 周年、纪念毛泽东诞辰 90 周年、社会主义基本经济规律和社会主义生产目的、发展商品经济、农工商一体化、城市经济体制改革、对外开放、山东经济社会发展、农村体制改革、社会主义精神文明建设、反对资产阶级自由化、山东外向型经济、深化价格改革、沿黄省区经济社会发展理论、生产力标准、社会主义理论与实践、纪念抗日战争和世界反法西斯战争胜利 40 周年、纪念新中国成立 40 周年等，共举办学术讨论会逾 500 次，收到学术论文逾万篇，参加会议的有 1.2 万人次。北京、河南、陕西、湖南、湖北等全国 20 多个省市的一些专家学者也参加了相关会议，通过促进省内外社科界之间的学术交流，推动山东社会科学快速繁荣起来。这一时期也开始了与海外学术界的交流。1989 年，淄博市社联等单位在淄博市发起齐文化国际学术讨论会，来自日本的学者参加了此次会议。会议就齐文化与鲁文化的比较以及与秦、楚、三晋文化的比较进行了广泛的探讨。这一时期，面对我国农村改革和乡镇企业发展的大好形势，省社联组织百余人次的专家学者深入基层调查研究，为政府提供决策咨询。组织完成了省哲学社会科学七五规划重点研究项目“山东区域经济研究丛书”的编写任务，这套丛书包括《山

山东区域经济研究丛书（部分）

东城市区域经济研究》《山东海岛经济研究》《山东湖区经济研究》《黄河三角洲综合开发探索》《山东沿黄区域经济发展研究》《山东沿海开放城市发展的道路》《山区经济振兴的道路》《山东平原经济发展研究》《山东林业经济研究》《山东畜牧经济研究》《山东旅游经济研究》共 11 分册，对山东省区域经济的发展起到了指导作用。

90 年代的省社科联及其所属学会和地市社科联团结广大社科工作者紧密联系山东实际，积极探索加快改革开放步伐和现代化建设的新思路和新途径，开展邓小平理论研究，围绕当代社会主义与中国共产党、邓小平建设有中国特色社会主义与实践、纪念毛泽东诞辰 100 周年、社会主义市场经济理论和山东改革开放现实问题、建设海上山东、沿海开放带动战略、农业产业化和现代化、中国哲学与中华民族精神、中国精神、沂蒙精神、胜利精神、孔繁森精神、孙膑兵法、市场经济条件下的精神文明问题、黄河三角洲开发、区域经济社会发展、山东国有企业市场化改造、国有大中型企业科学化管理、股份合作制、基层政权建设与群众自治、抗日战争中的山东、邓小平理论与我国社会主义建设历史经验、纪念十一届三中全会 20 周年、邓小平理论与山东的实践、邓小平“一国两制”思想与香港回归、纪念真理标准讨论 20 周年、庆祝新中国成立 50 周年等主题组织了大量学术交流研讨活动和社会调查研究。1998 年组织到临沂市进行整体脱贫调研，形成的研究报告在《人民日报》上发表，并获得了全国“五个一”工程优秀论文奖。此外，省社科联还加强与其他省、市社科联的联系和交流。1995 年，省社科联组织召开了华东地区六省一市社科联年度协作会议，应邀参加会议的

人民日报
RENMIN RIBAO
我国今年国民经济增长目标基本实现
预计国内生产总值增长7.8%
依托市场经济走向共同富裕
——山东省临沂市实现整体脱贫的实践及启示

1998 年，临沂市整体脱贫调研报告在《人民日报》上发表。

20 世纪 90 年代，举办《孙子兵法》国际学术讨论会。

《台儿庄大战和中国抗战——台儿庄大战55周年国际学术研讨会论文集》书影

《甲午战争与近代中国和世界——甲午战争100周年国际学术讨论会文集》书影

《义和团运动与近代中国社会国际学术讨论会论文集》书影

还有黑龙江、湖北、甘肃、海南、天津等省、市社科联的人员。这一时期还举办了《孙子兵法》国际学术讨论会、台儿庄大战55周年国际学术研讨会、甲午战争100周年国际学术讨论会、义和团运动与近代中国社会国际学术讨论会等，参加会议的有来自美、日等十几个国家的专家学者。

进入21世纪的第一个十年，省社科联紧紧围绕深化“三个代表”重要思想开展研究，贯彻落实科学发展观，着力构建迈向21世纪的山东“大社科”工作格局。在迈进新世纪的第一年，省社科联就召开了“迈向21世纪的山东社会科学学术研讨会”，在系统总结山东省社会科学事业发展经验的基础上，研究面向新世纪山东社会科学发展的目标、任务和学科建设问题，谋划山东省社会科学发展蓝图，对促进全省社会科学事业发展起了重要推动作用。之后创办的21世纪社会科学家论坛及其后的山东省社会科学界学术年会进一步使学术交流活动规范化、规模化、常态化，逐步形成了山东社科界的学术交流品牌。省社科联还在重大节点以海上山东建设10周年、纪念中国共产党成立80周年、学习贯彻党的十六大精神和“三个代表”重要思想、纪念孔繁森逝世10周年、学习贯彻党的十七大精神和科学发展观、

《山东省纪念改革开放三十周年历史经验文集》书影

纪念改革开放 30 周年等为主题召开理论研讨会。

此外，省社科联还进一步加大了对外学术交流活动，积极与省外有关单位联合召开研讨会，与辽宁省丹东市社科联联合举办“科学发展观研讨班”，与中国辩证唯物主义研究会、内蒙古社科联等联合举办“纪念邓小平诞辰 100 周年理论研讨会”等；承办了 2010 年全国社科联工作会议暨华东地区社科联协作会议，来自全国 30 个省、市、自治区的社科联领导及有关专家学者参加了会议，相互借鉴办会经验，扩大学术交流范围，取得了较好效果。

2004 年 7 月 22 ~ 25 日，“纪念邓小平诞辰 100 周年理论研讨会”在内蒙古自治区呼伦贝尔市召开。该会由中国辩证唯物主义研究会、内蒙古社科联、山东省社科联等单位联合发起，60 余人参加会议。

这一时期的对外交流采取了“走出去”和“引进来”相结合的形式，如中韩文化交流活动、“齐鲁文化走出去”。省社科联还组织专家学者赴美国、加拿大、西欧等国家和地区访问交流，邀请外国专家学者来省社科联进行访问交流，与国外机构联合举办国际学术研讨会，进一步扩大了对外交流渠道。这一时期，省社科联还组织参与《江泽民党的组织建设理论研究》《党的十六大若干理论问题研究》《马克思主义中国化与当代中国全面发展》《关于为建设文化大省强省提供理论支持和智力服务的意见》《关于打造文化品牌的调查与思考》《全球化条件下科学继承传统文化的对策和措施》《山东省“亮点”战略研究》等多项重大理论和实践课题研究，组织编撰了《“三个代表”重要思想与全面建设小康社会》《与时俱进的科学理论》《地域文化与经济社会发展》《人文山东》《风情山东》《齐鲁十二圣文化现象研究与人物传略》以及年会学术文集等近 20 部（套）著作，研究成果产生较大社会反响。关

新世纪的第一个十年时期，省社科联组织编撰的部分图书。

于黄河三角洲可持续发展、“海上山东”建设十几年的持续研究成果，为国家和山东省重大发展规划的制定提供了参考依据。

进入新世纪的第二个十年，特别是党的十八大以来，省社科联围绕“五位一体”总体布局和“四个全面”战略布局，牢固树立和贯彻落实“五大发展理念”，坚持以习近平新时代中国特色社会主义思想为指导，遵照习近平总书记视察山东重要讲话、重要指示和批示，贯彻落实中共中央和省委一系列重大决策部署，以加快经济文化强省建设为主线，通过山东社科论坛、山东社科学术沙龙、学术活动月创造性地开展工作，连续组织了一系列高质量的大型论坛、学术年会、专题研讨会、学术报告会、学术讲座等形式多样的学术交流活动，涉及主题之多、活动规模之大都是前所未有的，形成了由山东社科论坛龙头带动，大型论坛驱动，专题论坛、学科论坛、学术沙龙相互补充、相互支撑的学术研讨机制，山东社科论坛也成了对外交流的载体，许多专题论坛都有来自外国的专家学者参加。

二、山东省社科界学术年会

山东省社会科学界学术年会是在“21世纪社会科学家论坛”的基础上发展起来的，旨在通过对学术前沿问题和重大现实问题的研讨，推进学科建设与理论创新。2002年9月，省社科联举行首次“21世纪社会科学家论坛”，以全球化为背景，以社会主义市场经济为切入点，重点讨论了全球化条件下我国市场经济面临的问题与未来发展方向、加入WTO之后山东省经济发展所面临的影响与挑战、全球化背景下当代经济学的振兴等与我省发展密切相关的问题，引起了广泛关注和积极响应。2004年9月，省社科联与青岛大学联合举办了以“政治文明与中国共产党执政能力建设”为主题的“21世纪社会科学家论坛”，论坛下设四个专题，分别是政治文明与政党文明、科学执政与执政方略、民主执政与执政基础、依法执政与制度建设，论坛影响开始扩大。

在举办了前两次论坛的基础上，2005 年省社科联以学术年会代替“21 世纪社会科学家论坛”，进一步规范学术活动的形式。山东省社科界学术年会是基于构建“大社科”工作格局的思路应运而生的，目的是整合资源，积聚力量，联合攻关，合理推进全省社科界的学科建设和学术研究。学术年会紧跟党中央的路线、方针、政策，围绕省委、省政府的中心工作，以我国特别是我省在经济社会发展过程中出现的重大理论与实践问题以及战略部署、发展对策等为研讨重点，每年设定一个主题，举办 2 ～ 4 场高层次、高水平、规模较大的学术研讨会，采取主题发言、专家点评和自由发言相结合的方式开展研讨。学术年会联合重点高校及有关部门共同举办，进一步提升了学术年会的影响力，得到社会各界的广泛关注和有力支持，成为山东社科界高层次、权威性、品牌化的交流平台。

2005 年山东省社会科学界联合会学术年会第二、三、四专题会场。

2005 年至 2009 年期间，举办了以“和谐 · 文明 · 发展 · 进步”“科学发展观：理论 · 模式 · 实践”“当代中国：科学发展 · 共创和谐”“中国特色社会主义：理论 · 道路 · 事业”“建设经济文化强省：挑战 · 机遇 · 对策”等为主题，同时下设与主题相关联的 2 ～ 4 个专题的学术年会，先后与省内部分高等院校、山东省委党校、山东社科院等单位举办了 33 场次规模大、层次高的学术研讨会，出版了 20 册论文集，收录了 2000 多篇论文，产生了广泛而积极的影响。

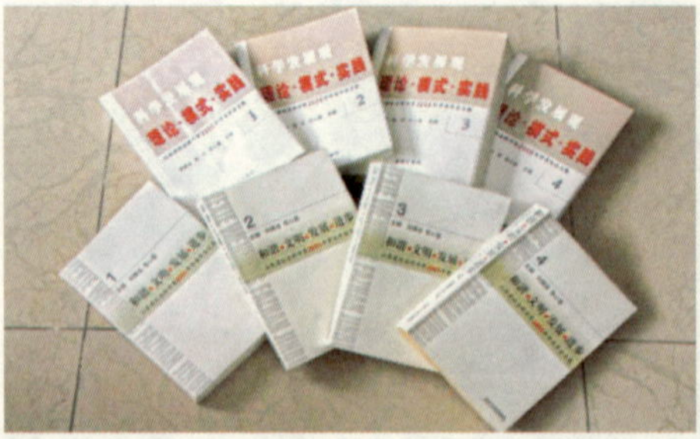

2005 ~ 2006 年，山东省社会科学界学术年会文集书影。

2006 年，山东省社会科学界学术年会第一专题会场。

表 2-1 学术年会一览表

年会时间	年会总主题	下设专题
2005 年	和谐·文明·发展·进步	和谐社会与文明山东；科学发展与生态山东；先进文化与人的发展；亮点战略与经济强省
2006 年	科学发展观：理论·模式·实践	科学发展观与中国现代化发展理论创新；科学发展观与转变经济增长方式；科学发展观与建设社会主义新农村；科学发展观与积极推进自主创新
2007 年	当代中国：科学发展·共创和谐	和谐文化与社会主义核心价值体系建设；和谐社会与经济社会又好又快发展
2008 年	中国特色社会主义：理论·道路·事业	文化大发展大繁荣与中国特色社会主义；改革开放三十年与中国特色社会主义
2009 年	建设经济文化强省：挑战·机遇·对策	应对金融危机与促进经济增长；整合文化资源与建设文化强省

“深入学习研究党的十七大精神理论研讨会暨山东省社会科学界 2007 年学术年会第二专题：和谐社会与经济社会又好又快发展”，于 12 月 17 日在山东科技大学召开。

“山东省社会科学界 2008 年学术年会第一专题：文化大发展大繁荣与中国特色社会主义”，于 5 月 31 日 ~ 6 月 2 日在济南大学举办。

山东省社会科学界2009年学术年会4月24～25日在山东财政学院召开。会议紧扣“应对金融危机与促进经济增长”这个主题，对金融危机的成因、影响、启示，对应对金融危机和促进经济发展的思路、措施等许多问题进行了研讨。

三、山东社科论坛

经过几年来的探索，为积极适应经济文化强省建设多领域的理论需求，2010年省社科联对学术年会进行改革，创设“山东社科论坛”。山东社科论坛采取学术年会与专题论坛相结合的形式，先分别举行多次专题论坛，再将发现的优秀专家学者和优秀成果汇聚到学术年会上交流，形成分散研讨和集中交流相互补充、相互促进的学术发展局面。

2010年12月5日，山东省社会科学界2010年学术年会在烟台举行，来自全省的100多名专家学者与会。

山东省社会科学界2010年学术年会主题为“经济文化强省建设：发展与转型”，以突出加快我省经济社会发展的转型升级和推动转方式与调结构等重大现实性、理论性问题进行深入研讨。一年内分别围绕培植山东财源对策、齐鲁文化产业品牌建设、社会保障与就业政策、提高自主创新能力、转方式与调结构、黄河三角洲高效生态经济区建设、文化体制改革与文化产业发展、低碳经济、山东半岛蓝色经济区建设、黄河三角洲环境与区域发展、媒体与低能源社会发展、马克思主义学习型政党建设等重大问题举办了12次专题论坛。在此基础上于12月5日在烟台召开学术年会，年会采取“主题报告、分组讨论、主题发言、专家点评与实地考察”相结合的形式对一年来的优秀研究成果进行集中交流。会议收到600多篇学术论文，在各论坛推荐的基础上评选出100篇优秀论文，对作者及22个全省社科“学术活动先进单位”进行了表彰奖励。

山东社科论坛是山东社科界高层次、常规性、社会化的大型公共学术交流平台。山东社科论坛在聚焦学术前沿、促进学科交流、推动理论创新、培

2014 年 12 月 23 日，山东社科论坛工作推进会在济南召开。

养社科人才、推出优秀成果、服务改革发展等方面发挥了重要作用，产生了广泛而积极的影响。论坛得到省委、省政府高度重视。省委九届十三次全会和省第十次党代会明确要求“办好山东社科论坛”。论坛列入省委工作要点和全省宣传文化工作要点。近年来，山东社科论坛坚持正确的政治方向和学术导向，紧紧围绕省委、省政府中心工作以及经济社会发展重大理论和现实问题、学科前沿问题开展研讨，逐步形成由全省性大型论坛带动，专题论坛、学科论坛、社科理论专家茶座和沙龙相互补充、相互支撑，学术年会总结表彰的研讨和激励机制。全省性大型论坛一般由光明日报社、省社科联、省委党校、大众报业集团、山东广播电视台、山东社科院主办，有关单位承办；专题论坛和学科论坛（学术沙龙）采取举办方申办的形式，由各市社科联、省级社科类社会组织，以及各高校、党校、社科研究机构和实际工作部门围绕研讨题目或范围提出书面申请，经批准后自主举办，统一命名为“山东社科论坛——××× 研讨会”。年终评选出“山东社科论坛十佳研讨会”“山东社科论坛优秀研讨会”“山东社科论坛优秀论文”“山东社科论坛组织工作先进个人”并进行表彰，给予一定资助。省社科联选择优秀论文通过《山东社科成果专报》向省领导和有关部门呈报，作为决策参考，或推荐至《人民日报》《光明日报》《中国社会科学报》、《大众日报》理论版、《社会科学报》《山东社会科学》等媒体摘要发表。出版《山东社科论坛》优秀论文集，进一步宣传推介。

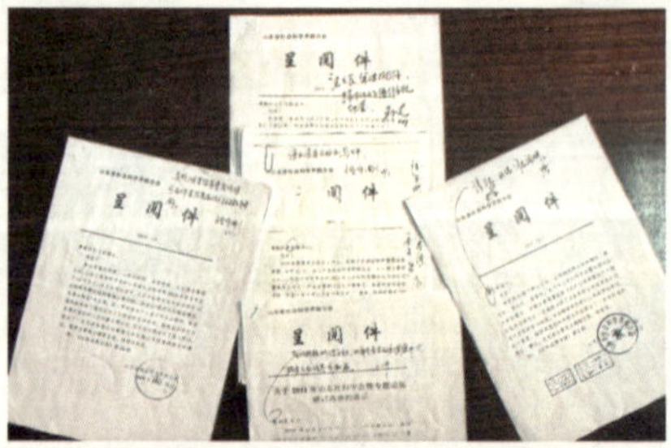

省社科联上报给省领导和有关部门的“呈阅件”（部分）

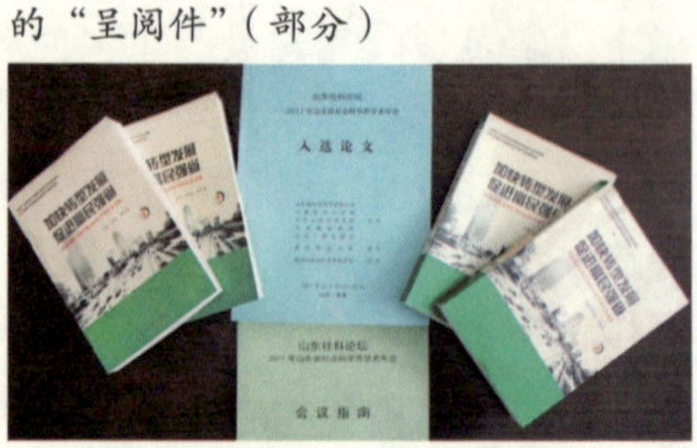

2010 年、2011 年社科论坛相关材料

2011 年的山东社科论坛以“繁荣社

会科学，助推‘十二五’开局”为总主题，组织社科界专家围绕28个重点问题进行深入研究，会同有关部门和单位举办山东社科专题论坛8次，其中，学术年会1次，举办专题讲座6次，收到论文600余篇，千余名专家学者和实际部门工作者参与论坛。研究成果通过《山东社科成果专报》报送省领导和有关部门参阅，得到省委、省政府领导批示13次。

表2-2　2011年山东社科论坛一览表

名　称	主要承办单位
服务业与文化产业发展研讨会	山东经济学院
文史哲与文化强省建设研讨会	山东大学
中国共产党执政与中华民族复兴研讨会	曲阜师范大学
人才与科学发展研讨会	临沂市委组织部
保障和改善民生问题研讨会	烟台市委宣传部、烟台市社科联
全球化背景下的城市发展研究研讨会	山东社科院
沂蒙精神理论研讨会	临沂市委

2011年5月25日，山东社科专题论坛——文史哲与文化强省建设研讨会在济南举行。

2011年7月26日，山东社科专题论坛——沂蒙精神理论研讨会在临沂举行。

2011年10月12日，山东社科专题论坛——全球化背景下的城市发展研究研讨会在济南举行。

2011年山东省社科界学术年会于12月21～22日在青岛举行。会议深入学习贯彻党的十七届六中全会精神和省委九届十三次全体会议精神，总结一年来山东社科论坛的工作，深化“繁荣社会科学，助推‘十二五’开局”总主题的研讨，推动社科事业繁荣发展。

2012年的山东社科论坛紧紧围绕“新机遇、新挑战、新视野——人文社会科学与经济文化强省”主题，从经济、政治、文化、社会、生态文明建设五个方面，组织开展7场专题论坛，参加论坛主题报告会的专家学者2000余人，全年共收到论文1210篇，评选出100篇优秀论文。

表2-3　2012年山东社科论坛一览表

名　称	主要承办单位
人文关怀与推动文化大发展大繁荣学术研讨会	山东师范大学
体制改革与社会管理研讨会	山东轻工业学院
转变经济发展方式与经济文化强省建设研讨会	聊城大学
公平正义与社会和谐研讨会	山东交通学院
生态山东：优美 · 自然 · 幸福研讨会	山东建筑大学
当代中国智库发展战略研讨会	山东省鲁南经济发展研究院
学习贯彻党的十八大精神研讨会暨2012年山东省社会科学界学术年会	德州学院

2012 年 5 月 5 日，山东社科论坛启动仪式暨人文关怀与推动文化大发展大繁荣学术研讨会在山东师范大学举办。

山东社科论坛——学习贯彻党的十八大精神研讨会暨 2012 年山东省社会科学界学术年会于 12 月 20 ~ 21 日在德州学院召开。

2013 年的山东社科论坛分为综合论坛、学科论坛和专题论坛。全省性大型综合论坛包括：由临沂大学承办的沂蒙精神与群众路线研讨会，由山东大学承办的城镇化发展研讨会。学科论坛主要由各高校、党校、社科院和省级社科界社团承办。专题论坛由各市、企业社科联和省级社科界社团等自己选择主题进行研讨。2013 年共举办了 50 多场论坛、2 次综合论坛，引起社会的广泛关注。全年有 5000 多名专家学者参加山东社科论坛，收到论文 2071 篇，评选出 109 篇优秀论文、10 个“十佳研讨会”、10 个“优秀研讨会”和 39 名“组织工作先进个人”。中宣部《宣传工作》介绍了山东社科论坛的经验和做法。

表 2-4　2013 年山东社科论坛一览表

沂蒙精神与群众路线研讨会	城镇化发展研讨会
中国特色社会主义道路与中国梦研讨会	理论创新与中国梦研讨会
提高大学生人文素质与实现中国梦研讨会	孙子兵法与中国梦研讨会
合作经济研讨会	转变经济发展方式的法治保障学术研讨会
生态文化与可持续发展研讨会	海洋强国战略与跨海通道建设研讨会

续表

社会性别意识下妇女生存与发展研讨会	全国沿海高校服务区域经济发展联盟研讨会
社会转型中的儒学重构研讨会	国民经济与海洋经济可持续发展学术研讨会
协商民主与参政党建设研讨会	公司金融研讨会
科学发展观指导下的山东建筑业管理创新研讨会	地方文化与区域发展研讨会
全面深化改革推动济南科学发展研讨会	中国特色社会主义道路自信、理论自信、制度自信学术研讨会
生态文明与黄蓝经济区建设理论研讨会	新农村服务体系建设研讨会
创优服务打造一流环境研讨会	坚持和发展中国特色社会主义研讨会
城市管理创新暨美丽山东城镇建设研讨会	加快转变对外经济发展方式研讨会
学习贯彻十八大精神建设美丽山东幸福城乡学术研讨会	金融支持城镇化（或海洋经济建设）研讨会
县域经济发展创新研讨会	幸福指数研讨会
宏观经济走向研讨会	山东预算绩效管理改革研讨会
山东省心理健康行业发展研讨会	济南跨河经济建设研讨会
山东服务业发展研讨会	全省人社系统行政争议应对化解研讨会
山东素质教育研讨会	现代大学生职业生涯规划教育研讨会

山东社科论坛——沂蒙精神与群众路线研讨会于2013年4月13～14日在临沂召开。论坛旨在研究探讨新的历史时期如何更好地学习沂蒙精神、宣传沂蒙精神、研究沂蒙精神，坚持党的群众路线，发扬党的优良传统和作风，推动党的建设。

山东社科论坛——城镇化发展研讨会于2013年9月14～15日在山东大学召开。论坛旨在准确把握城镇化发展规律，着力提升城镇化发展质量，探讨城镇化发展体制机制，结合山东实际推进城镇化发展。

2014年的山东社科论坛以“学习贯彻十八届三中全会精神——全面深化改革与全面建成小康”为总主题，共举办论坛82场，5300多名专家学者与会，收到论文2184篇，在聚焦学术前沿、推动理论创新等方面发挥了重要作用。

表2-5　2014年山东社科论坛一览表

全省性大型论坛——传统文化与美德山东建设研讨会	全省性大型论坛——生态山东建设研讨会
2014创新青岛城镇化发展研讨会	推动枣庄经济文化融合发展高地建设研讨会
泰山文化研讨会	孟子思想时代价值研讨会
加快济莱协作区建设研讨会	新型城镇化发展和城乡居民养老问题研讨会
构建开放型经济新体制研讨会	东夷文化论坛
山东财税体制改革研讨会	“营改增”政策实施与交通运输及现代服务业发展研讨会
农村金融改革与创新研讨会	社会组织评估与能力提升学术研讨会
邓小平诞辰110周年研讨会	儒家思想与礼仪山东研讨会
孙子兵法与中华传统文化研讨会	山东省第三届健康与长寿理论研讨会
美丽校园建设研讨会	企业知识产权保护研讨会
保障和改善山东民生问题研讨会	山东省幼儿园管理与发展研讨会
山东省休闲体育发展研讨会	传统文化与素质教育研讨会
社会生态建设与青少年发展研讨会	女性生存与发展国际学术研讨会
营商环境与山东中小企业发展研讨会	农村集体建设用地流转研讨会

续表

山东加速开放型经济发展研讨会	2014 营运资金管理研讨会
弘扬沂蒙精神与践行群众路线理论研讨会	习近平系列讲话学习与研究研讨会
山东城镇化与“三农”问题研讨会	文化产业与文化事业协调发展研讨会
传统文化与法治建设研讨会	城镇化与区域经济发展学术研讨会
三农智库建设研讨会	纪念邓小平诞辰 110 周年暨全面深化改革学术研讨会
弘扬沂蒙精神与践行群众路线理论研讨会	中国首届南太平洋岛国问题研究研讨会
山东社会治理体制创新研讨会	黄河三角洲文化与地方文献学术研讨会

山东社科论坛——传统文化与美德山东建设研讨会于 2014 年 5 月 18 日在山东师范大学召开。与会专家学者围绕“儒家修身文化的当代意义”“如何让传统文化成为实现中国梦的有力支撑”“传统文化与美德山东建设”等问题展开互动研讨，取得了许多有价值的观点和建议。这次论坛的一个亮点就是：在主持人的引导下，台上专家围绕研讨内容谈基本看法，与会代表可以随时打断专家发言提问，专家可以主动回答，也可以要求其他专家回答，还可由主持人指定专家回答；台下专家也可以主动要求回答。台上专家之间、台上专家和台下专家学者之间积极互动，大家踊跃发言，研讨非常热烈，碰撞出了许多有价值的观点和建议。

专题报告场景

互动研讨场景

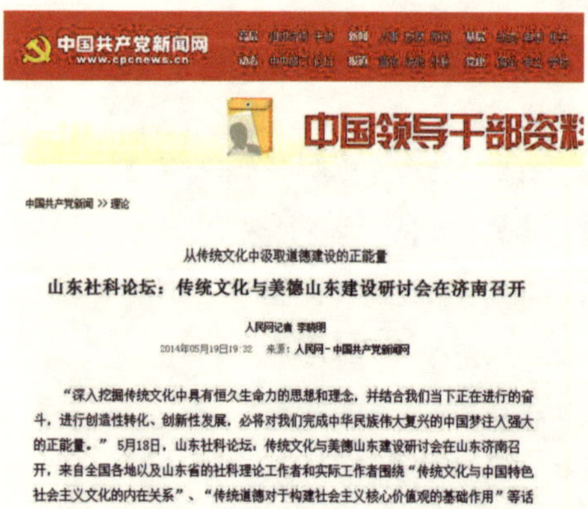
中国共产党新闻网
www.cpcnews.cn
中国领导干部资料

中国共产党新闻 >> 理论

从传统文化中汲取道德建设的正能量

山东社科论坛：传统文化与美德山东建设研讨会在济南召开

人民网记者 李晓明

2014年05月19日19:32 来源：人民网-中国共产党新闻网

“深入挖掘传统文化中具有恒久生命力的思想和理念，并结合我们当下正在进行的奋斗，进行创造性转化、创新性发展，必将对我们完成中华民族伟大复兴的中国梦注入强大的正能量。” 5月18日，山东社科论坛：传统文化与美德山东建设研讨会在山东济南召开，来自全国各地以及山东省的社科理论工作者和实际工作者围绕“传统文化与中国特色社会主义文化的内在关系”、“传统道德对于构建社会主义核心价值观的基础作用”等话

人民网—中国共产党新闻网报道“传统文化与美德山东建设研讨会”。

省社科联以“呈阅件”的形式将“传统文化与美德山东建设研讨会”上形成的观点和建议呈报给宣传部部长孙守刚同志。

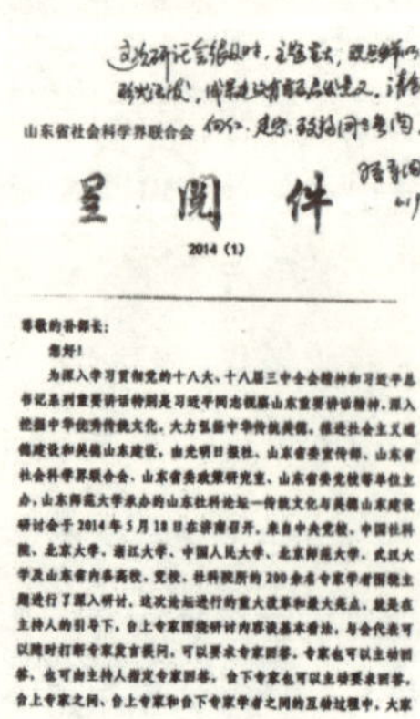
山东省社会科学界联合会

呈阅件

2014（1）

尊敬的孙部长：

您好！

为深入学习贯彻党的十八大、十八届三中全会精神和习近平总书记系列重要讲话特别是习近平同志视察山东重要讲话精神，深入挖掘中华优秀传统文化，大力弘扬中华传统美德，推进社会主义道德建设和美德山东建设，由光明日报社、山东省委宣传部、山东省社会科学界联合会、山东省委政策研究室、山东省委党校等单位主办，山东师范大学承办的山东社科论坛—传统文化与美德山东建设研讨会于 2014 年 5 月 18 日在济南召开。来自中央党校、中国社科院、北京大学、浙江大学、中国人民大学、北京师范大学、武汉大学及山东省内各高校、党校、社科院所的 200 余名专家学者围绕主题进行了深入研讨。这次论坛进行的重大改革和最大亮点，就是在主持人的引导下，台上专家围绕研讨内容谈基本看法，与会代表可以随时打断专家发言提问，可以要求专家回答，专家也可以主动回答，也可由主持人指定专家回答，台下专家也可以主动要求回答。台上专家之间、台上专家和台下专家学者之间的互动过程中，大家

传统文化与美德山东建设研讨会上专家发言

传统文化与美德山东建设研讨会上台下专家学者积极发言

山东社科论坛——生态山东建设研讨会于2014年9月14日在济南大学召开。论坛围绕生态山东建设的基本特征、发展趋向、关键环节、对策措施展开深入研讨。来自中国科学院、环境保护部（现为生态环境部）、北京大学、中国人民大学、中国社会科学院及全省高校、党校、社科院的专家学者和环保系统工作者200余人参加了会议。

08 2014年10月2日 星期四 论苑 光明日报

推进生态文明建设 实现经济社会可持续发展

——山东社科论坛：生态山东建设研讨会发言摘登

编者按

为深入学习贯彻习近平总书记系列重要讲话精神，推进生态文明和生态山东建设，由光明日报社、中共山东省委宣传部、山东省社会科学界联合会等单位主办，济南大学承办的山东社科论坛——生态山东建设研讨会于2014年9月14日在济南召开。来自环境保护部、中国科学院、中国社会科学院、北京大学、中国人民大学以及山东省内各高校、党校、社科院所的百余名专家学者围绕主题进行了深入研讨。会上发言互动踊跃、争鸣研讨气氛浓厚，提出了许多有价值有深度的观点和建议。现将研讨会的主要发言摘要刊发。

发展中地区环境保护挑战与策略

山东省环保厅厅长 张 波

当今国际经济秩序存在重要缺陷。资源消耗在发展中地区，污染排放在发展中地区，而清洁产品主要消费在发达地区，产品价格中并没有体现应有的生态成本，客观上形成了发达地区对发展中地区的“生态掠夺”。环境问题实质是局部与整体、眼前与长远的关系问题，说到底是经济问题、民生问题，发展下去也必然是政治问题。山东省情的环境特点决定了山东必须自觉地实行更加严格的环境管理制度，走发展循环经济，建设生态文明的道路。

当前，发展中地区环境保护面临科学性、统筹性、权威性、社会性的“四大不足”。“融”是解决环境问题的基本方法，就是把生态文明建设融入经济建设、政治建设、文化建设、社会建设各方面和全过程。发展中地区环境保护具有重要的经济意义：一是观测点作用，判断转变发展方式是否取得成效；二是着力点作用，倒逼污染行业调整结构、优化布局；三是增长点作用，以环境需求激发环保市场释放新的发展红利。

自2003年以来，山东水环境质量连续11年持续改善。2013年南水北调东线成功通水，标志着国内外广泛关注的南水北调东线治污难题得到基本解决。山东的流域治污给了我们重要启示：没有真正落后的行业，只有落后的观念、标准、技术和管理；科学实施积极的环保措施，不仅不会影响经济发展，反而是推动传统行业转方式调结构的重要手段。

用环境保护倒逼污染行业转方式调结构，应当遵循必要性、预见性、引导性和强制性有机结合的工作策略。必要性，就是把握大势，用维护公众健康安全的必要性和经济社会发展的必然规律统一思想；预见性，就是统筹经济社会与环境保护，提前科学确定若干年工作目标，明确努力方向；引导性，就是实施分阶段逐步加严的政策措施，引导工业企业调整结构优化布局；强制性，就是确定的政策措施必须依法坚决落实。

绿色善治促进社会进步

北京大学环境科学与工程学院教授 张世秋

图为滕州红荷湿地（左图）和济宁老

认识生态文明建设的紧迫性和必要性

环境保护部科学技术委员会委员 彭近新

从国内层面看。中国的环境问题实际上是一个结构性问题，涉及产业结构、能源结构等多个方面，当前中国的产业结构实际上是一种非优化、非低碳化的。我国东部地区工业化城镇化进展很快，但生态破坏也很严重。当前我国的能源生产仍然是以原煤为主，清洁能源的占比很低，能源结

暖，造成生物多样性减少，严重威胁人类生态安全。

生态文明建设的紧迫性和必要性促使人类反思：我们需要怎样的家园，需要走什么样的发展道路？现阶段，人们已经认识到，生态文明是对农业文明、工业文明的继承和创新，符合人类文明发展的方向。但我们应如何继

《光明日报》对生态山东建设研讨会进行报道

生态山东建设研讨会上专家发言

生态山东建设研讨会上台下专家学者积极发言

2015年的山东社科论坛以"'四个全面'战略布局与山东走在前列"为主题，全省性大型论坛2场，重点论坛20多场，还有其他论坛和学术沙龙。论坛坚持以"聚焦学术前沿，服务改革发展"为宗旨，经过不断完善和发展，已成为多层次、常规性、社会化的大型学术交流公共平台。

表2-6　2015年山东社科论坛一览表

名　称	主要承办单位
全省性大型论坛——齐鲁文化传承与创新研讨会	山东师范大学
全省性大型论坛——创新驱动与转型发展研讨会	山东财经大学
弘扬中华优秀传统文化与意识形态建设研讨会	济南市社科联
新型智库建设与决策咨询研讨会	山东社会科学院
低碳环保与生态宜居城市建设研讨会	山东行政学院、青岛市委党校
首届"家庭教育家庭服务家庭和谐"学术研讨会	山东女子学院
传承与创新：泰山区域历史文化资源的开发与利用	泰安市委宣传部、泰安市社科联
社会儒学与社会治理研讨会	山东社会科学院文化研究所
山东加速融入"一带一路"战略研讨会	山东省宏观经济研究院
首届泰山金融论坛	山东省宏观金融研究院
社会组织发展研讨会	山东省学校文化研究院
文化创意与相关产业融合发展研讨会	鲁东大学
民营经济与现代企业制度研讨会	山东协和学院
诸葛亮法治思想与依法治国研讨会	临沂市社科联、沂南县委
"水浒文化及其传承发展"学术沙龙	菏泽学院
首届鲁台劳动关系论坛	山东管理学院

续表

名　称	主要承办单位
山东省科技金融创新与发展研讨会	山东省金融学会
海盐文化与盐业民俗学术研讨会	潍坊学院
城镇化进程中的民族宗教事务治理研讨会	山东省民族宗教研究会
和谐医患关系和核心价值观研讨会	滨州医学院
抗战题材电影学术研讨会	山东省影视文化学会
生态文化与生态环境建设全国学术研讨会	滨州学院
高校应用型外语人才培养与齐鲁文化“走出去”战略学术研讨会	鲁东大学
统一战线与依法治国理论研讨会	山东省委统战部
美丽乡村建设：乡村旅游与传统文化研讨会	山东青年政治学院
大美新临沂视野下的生态经济建设研讨会	临沂大学
齐鲁文化与营商环境研讨会	山东商业职业技术学院
新业态与消费新格局学术沙龙	山东协和学院

山东社科论坛——齐鲁文化传承与创新研讨会于 2015 年 5 月 16 ~ 17 日在山东师范大学召开。来自海内外的 150 多名专家学者围绕如何深入研究齐鲁文化的丰富内涵和时代价值、如何对齐鲁文化进行有效挖掘和科学传承并实现其“创造性转化、创新性发展”，以及如何普及推广齐鲁文化等问题展开研讨。

山东社科论坛——创新驱动与转型发展研讨会于 2015 年 10 月 10 ~ 11 日在山东财经大学召开。来自省内外的 100 余位专家学者围绕经济发展新常态下如何通过创新驱动推动经济转型、结构调整、产业升级等重大问题展开研讨。

2016年的山东社科论坛以“开局之年谋发展：创新·绿色·协调·开放·共享”为主题，举办论坛50场，邀请省内外3600余名专家学者参加，收到论文2000余篇，其中，“以习近平同志为总书记的党中央治国理政新理念新思想新战略研讨会”“脱贫攻坚与革命老区创新发展研讨会”“儒学与当代诚信体系建设研讨会”3场全省性研讨会引起广泛反响。

表2-7　2016年山东社科论坛一览表

名　称	主要承办单位
全省性大型论坛——以习近平同志为总书记的党中央治国理政新理念新思想新战略研讨会	山东大学
全省性大型论坛——脱贫攻坚与革命老区创新发展研讨会	临沂大学
全省性大型论坛——儒学与当代诚信体系建设研讨会	曲阜师范大学
齐鲁兵学文化的传承与发展研讨会	山东孙子研究会
山东省科技金融服务创新驱动专题研讨会	齐鲁工业大学
儒学与中国传统文化研讨会	烟台大学
大数据与企业战略研讨会	山东英才学院
推进县乡人大工作完善发展研讨会	山东省人大工作理论研究会
互联网＋山东文化创意产业发展战略研究研讨会	山东省理论创新研究会
问题青少年教育矫正管理研讨会	鲁东大学
“21世纪海上丝绸之路”（南线）战略背景下的太平洋岛国研究——第二届太平洋岛国研究高层论坛	聊城大学
山东推进供给侧结构性改革研讨会	山东省宏观经济学会
大数据战略与青少年工作研讨会	山东青年政治学院
建设美丽宜居乡村研讨会	潍坊科技学院
健康中国的道德价值理论研讨会	泰安市社科联、泰山医学院
山东新兴业态发展研讨会	山东管理学院
高等教育转型发展及其供给侧改革学术研讨会	枣庄学院
中韩自贸与金融创新研讨会	山东省金融学会
资源型城市转型发展研讨会	东营市社科联、中共东营市委党校
全面康复理论下特殊教育发展研讨会	潍坊学院

山东社科论坛——以习近平同志为总书记的党中央治国理政新理念新思想新战略研讨会于2016年6月8日在山东大学召开。会议深刻阐述了对新理念、新思想、新战略的新理解、新认识，提出了许多解决理论和现实问题的新观点、新对策。

山东社科论坛——脱贫攻坚与革命老区创新发展研讨会于2016年6月18～20日在临沂大学召开。论坛采取主题报告、专题发言、专家茶座、实地考察扶贫点和红色教育基地相结合的办法进行。论坛通过了《脱贫攻坚与革命老区创新发展研讨会沂蒙共识》。

山东社科论坛——儒学与当代诚信体系建设学术研讨会于2016年9月26～28日在曲阜师范大学召开。

2017年的山东社科论坛紧紧围绕坚持和发展中国特色社会主义、实现中华民族伟大复兴中国梦这个主题，举办3场全省性大型论坛，分别由山东工商学院、山东师范大学、青岛科技大学等单位承办。举办20多场专题论坛、学科论坛。各高校、相关单位均以迎接、学习、宣传和贯彻党的十九大精神为主线，对重大理论问题与实践问题积极开展研讨。

表 2-8　2017 年山东社科论坛一览表

名　称	主要承办单位
全省性大型论坛——质量强省与品牌建设研讨会	山东工商学院
全省性大型论坛——习近平总书记系列重要讲话精神与治国理政新理念新思想新战略研讨会	山东师范大学
全省性大型论坛——环境治理供给侧改革与绿色发展研讨会	青岛科技大学、山东省宏观经济研究院
大数据战略与人才支撑体系建设研讨会	山东英才学院
传统建筑与非遗传承研讨会	山东建筑大学
中国传统文化与对外传播研讨会	枣庄学院
普惠金融与区域经济发展研讨会	山东省金融学会
特色小城镇与新型城镇化路径创新研讨会	临沂大学
山东省农业供给侧结构性改革研讨会	泰安市社科联、山东农业大学
山东仙境海岸康养旅游产业发展研讨会	烟台南山学院商学院
健康山东：社会风险预警与危机管理研讨会	潍坊医学院
第三届世界名山学术研讨暨第五届东亚山岳文化研究年会	泰山学院
区域创新与经济发展研讨会	山东省科技发展战略研究所
数字经济与商业发展研讨会	山东管理学院

山东社科论坛——质量强省与品牌建设研讨会于 2017 年 6 月 23 ~ 25 日在烟台召开。论坛对山东省质量发展、质量体系建设和工业品牌、农业品牌、文化品牌、城市品牌、旅游品牌等领域进行了系统梳理总结。

山东社科论坛——习近平总书记系列重要讲话精神与治国理政新理念新思想新战略研讨会于 2017 年 9 月 16 日在山东师范大学召开。

山东社科论坛——环境治理供给侧改革与绿色发展研讨会于2017年9月24～25日在青岛召开。这次研讨会对于深化对中央和省委关于生态文明建设战略部署的认识、促进新形势下环境保护工作具有积极意义，既是一次学术研讨会，也是一次实践推进会。

2018年的山东社科论坛以学习贯彻党的十九大精神为主线，紧扣重大时间节点和我省经济社会发展中全局性、战略性、前瞻性的重大理论和实践问题开展研讨。各高校及相关单位认真落实省第十一次党代会战略部署，充分发挥山东社科论坛在聚焦学术前沿、服务改革发展方面的龙头带动作用，紧跟党中央步伐，举办3场全省性大型论坛，以及20场专题论坛、学科论坛、学术沙龙。

表2-9　2018年山东社科论坛一览表

名称	主要承办单位
全省性大型论坛——习近平新时代中国特色社会主义思想研讨会	鲁东大学
全省性大型论坛——齐文化与稷下学高峰论坛（2018）	北京大学、淄博市人民政府
全省性大型论坛——改革开放40周年与山东发展研讨会	齐鲁工业大学
金融科技与新旧动能转换研讨会	山东省金融学会
纪念天福山起义80周年理论研讨会	威海市社科联、中共文登区委
新时代家风家训传承发展研讨会	济宁学院
优秀传统文化与中国共产党治国理政研讨会	曲阜师范大学
纪念马克思诞辰200周年暨马克思主义中国化理论研讨会	山东建筑大学
交通强省战略与经济转型升级研讨会	山东交通学院
新旧动能转换与管理创新研讨会	山东理工大学
乡村振兴高峰论坛	大众报业集团
当代中国话语与社会发展研讨会	山东师范大学
乡村振兴战略学术研讨会	山东农业大学
运河文化保护与开发研讨会	德州学院
新旧动能转换与体育产业发展研讨会	山东体育学院

续表

名称	主要承办单位
改革开放40年中国共产党建设理论的探索与发展研讨会	泰安市社会科学界联合会、中共泰安市委党校
工匠精神与职业诚信研讨会	日照市社会科学界联合会、日照职业技术学院
墨家思想与优秀传统文化传承创新研讨会	枣庄市社会科学界联合会、中共滕州市委
加快山东高质量发展研讨会	省宏观经济研究院、山东工商学院
经略海洋与海洋强省建设研讨会	青岛大学
红色基因传承研讨会	临沂大学

山东社科论坛——习近平新时代中国特色社会主义思想研讨会于2018年5月12日在烟台召开。与会专家学者围绕习近平新时代中国特色社会主义思想的时代背景、实践基础和理论渊源、重大意义，习近平新时代中国特色社会主义思想的理论创新、科学内涵和精神实质，习近平新时代中国特色社会主义思想与山东实践等议题展开交流。

山东社科论坛——齐文化与稷下学高峰论坛（2018）于2018年9月8～9日在淄博召开，由北京大学、省社科联、淄博市政府联合主办。与会专家就齐文化与治国理政、齐文化的海外传播、齐文化与文学、齐文化精神、齐国兵学研究等热点内容展开了研讨交流。

山东社科论坛——改革开放40周年与山东发展研讨会于2018年10月20日在济南召开。此次研讨会在深入学习贯彻习近平新时代中国特色社会主义思想和党的十九大精神的同时，回顾改革开放40年来党和国家发展的伟大历程，全面总结我省在强省之路上经历过的实践、形成的经验和取得的成就，为强省建设夯基垒台、积厚成势。

2019 年的山东社科论坛以深入学习贯彻习近平新时代中国特色社会主义思想和党的十九大精神、习近平总书记视察山东重要讲话和重要指示批示精神为主线，紧紧围绕山东省委、省政府“八大发展战略”，共召开了“习近平新时代中国特色社会主义经济思想”“打造对外开放新高地”“辉煌 70 年与山东走在前列，全面开创”等具有前沿性选题的 3 场全省性大型论坛和 23 场专题论坛、学科论坛。

表 2-10　2019 年山东社科论坛一览表

主题			主要承办单位
全省性大型论坛		打造对外开放新高地研讨会	山东社会科学院
		“辉煌 70 年与山东走在前列，全面开创”研讨会	中共山东省委党校
		习近平新时代中国特色社会主义经济思想研讨会	济南大学
专题、学科论坛	庆祝新中国成立 70 周年系列研讨会	七十年以来的马克思主义哲学：回顾与展望研讨会	山东大学
		新中国成立 70 年与党的理论创新研讨会	山东科技大学
		新中国成立 70 周年与马克思主义中国化研讨会	潍坊学院
		新中国妇女社会地位变迁学术研讨会	山东女子学院
	高质量发展系列研讨会	重大基础设施建设与城乡可持续发展研讨会	山东建筑大学
		经济高质量发展研讨会	山东理工大学
		防范金融风险研讨会	烟台大学
		经略海洋：高质量发展的海洋攻势专题研讨会	青岛大学
		新时代民营企业自主创新与品牌打造研讨会	山东省民营企业高质量发展服务队济南一队
		数字经济与山东创新发展研讨会	山东开创集团
	乡村振兴系列研讨会	打造乡村振兴的齐鲁样板专题研讨会	山东农业大学
		乡村振兴：产业振兴与人才振兴专题研讨会	鲁东大学
		金融服务乡村振兴建设研讨会	山东省金融学会
		乡村振兴：生态振兴专题研讨会	临沂市社会科学界联合会、中共沂南县委
	文化教育系列研讨会	“一带一路”倡议与对外话语体系建设研讨会	山东师范大学
		思想政治理论课改革创新研讨会	齐鲁师范学院
		弘扬优秀传统文化与家庭家教家风建设研讨会	曲阜师范大学
		儒墨文化传承发展研讨会	枣庄学院
		弘扬沂蒙精神与繁荣红色文学研讨会	临沂大学

续表

主题			主要承办单位
专题、学科论坛	文化教育系列研讨会	红色文化传承发展研讨会	潍坊市社会科学界联合会、中共临朐县委
		新时代文明实践志愿信用理论研讨会	威海市社科联、荣成市委宣传部
		健康中国战略与特殊教育发展研讨会	烟台市社会科学界联合会、滨州医学院

山东社科论坛——打造对外开放新高地研讨会于 2019 年 5 月 18 日在济南召开。与会专家学者就我国对外开放面临的新形势与新挑战、自由贸易试验区建设的进展与展望、山东打造对外开放新高地的内涵与路径、山东深度融入“一带一路”建设等问题展开了深入的交流和研讨。

山东社科论坛——“辉煌 70 年与山东走在前列，全面开创”研讨会于 2019 年 9 月 28 日在济南召开。专家学者探讨了山东经济社会发展的成就和经验，就奋力书写新时代山东答卷提出了很多有益建议。

山东社科论坛——习近平新时代中国特色社会主义经济思想研讨会于 2019 年 10 月 12 日在济南召开。论坛阐述了对习近平新时代中国特色社会主义经济思想的理解和认识，提出了许多有价值、有深度的观点和建议。

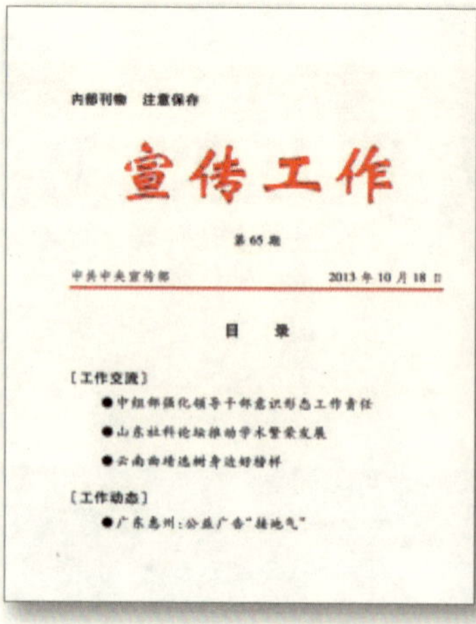
内部刊物　注意保存

宣传工作

第65期

中共中央宣传部　2013年10月18日

目　录

［工作交流］

●中组部强化领导干部意识形态工作责任

●山东社科论坛推动学术繁荣发展

●云南曲靖选树身边好榜样

［工作动态］

●广东惠州：公益广告"接地气"

中共中央宣传部《宣传工作》

10年来，山东社科论坛坚持正确的政治方向和学术导向，聚焦思想和学术前沿，紧紧围绕经济社会发展重大理论和现实问题，已成功举办360余场，参与者达30000余人次，共收到论文20000余篇次，出版《山东社会科学研究》文集8部。山东社科论坛得到省领导和全省社科界充分肯定和广泛好评。中央党校、中国社科院、中国科学院、北京大学等400多名省内外知名专家与会并作报告，近40个国家和地区专家参加研讨。其成果通过《山东社科成果专报》先后得到刘家义书记等省领导批示150余次，《光明日报》7次开辟专版刊发论坛创新观点，新华社、中央电视台、《人民日报》、人民网、新华网等中央和省内各大媒体对论坛给予报道。中宣部《宣传工作》、省委宣传部《山东宣传工作》都曾介绍过山东社科论坛的经验和做法。

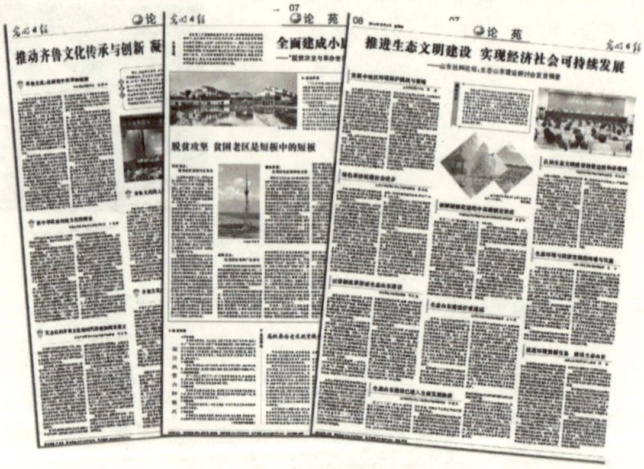

《光明日报》相关报道

出版的部分专辑

《山东社科成果专报》

表 2-11　2020 年山东社科论坛一览表

	主　题	承办单位
大型论坛	沿黄地区中心城市及城市群高质量发展研讨会	滨州学院 东营市社科联 滨州市社科联
	以习近平生态文明思想引领生态山东建设研讨会	山东师范大学 山东省社会科学发展交流中心
	推进山东城乡治理体系和治理能力现代化模式研讨会	中共山东省委党校 （山东行政学院）
专题、学科论坛	山东海洋经济发展与海洋治理研讨会	山东大学
	全面建成小康社会与巩固脱贫成果机制研讨会	临沂大学
	齐长城国家文化公园建设研讨会	济南大学
	推动互联网、人工智能和实体经济深度融合研讨会	山东理工大学
	山东创新型省份建设研讨会	齐鲁工业大学 （山东省科学院）
	胶东红色基因传承的时代价值	威海市社科联 中共威海市文登区委宣传部 威海市文登区社科联
	省会、胶东、鲁南三大经济圈一体化发展研讨会	山东省宏观经济研究院 山东农业大学
	青岛上合组织地方贸易合作示范区建设策略路径研究研讨会	青岛市社科联 中国石油大学（华东） 青岛滨海学院
	企业家精神与民营企业高质量发展研讨会	省民营企业高质量发展服务队济南一队
	社会工作与社区治理协同发展研讨会	山东青年政治学院 山东省社会科学发展交流中心
	齐文化与稷下学研讨会	齐文化研究院
	大运河山东段建设研讨会	中共聊城市委宣传部 聊城大学 中共临清市委 临清市人民政府 聊城市社科联

四、山东社科智库沙龙

山东社科智库沙龙是为贯彻落实省委宣传部关于社科研究要紧扣中心、服务大局以及服务省委、省政府重大决策部署的要求而创办的调研咨询型智库平台。山东社科学术沙龙创办于2019年9月，最初为山东社科论坛中穿插举办的小型研讨环节。这些小型研讨举办时间短，研讨范围有限，话题较为集中，举办具有随机性。同年12月，山东社科学术沙龙更名为“山东社科智库沙龙”，形式改为定期举办，每月1期，增加对话、提问、提交意见和建议等环节，时间适中，规模为8人左右，对话内容主要针对政策热点问题，先组织有关专家深入基层开展调研活动，掌握第一手资料，用数据、案例、事实说话，为研讨活动奠定基础。省社科联在沙龙研讨达成一致意见的基础上，第一时间通过《山东社科成果专报》，将成果报送有关领导参阅。

截至2019年年底，围绕“山东实施流程再造的策略路径”“黄河流域生态保护和高质量发展”“山东民营经济高质量发展”“‘十四五’期间山东经济发展应把握的重点问题及策略路径”等问题举办了5场调研、研讨、咨询活动，部分建议得到省领导批示，有的直接进入省委、省政府文件，发挥了很好的建言资政作用。

表2-12　2019年山东社科学术（智库）沙龙一览表

时间	主题	对策建议	批示
9月23日	山东实施流程再造的策略路径研究	1.《关于山东实施流程再造的九点建议》 2.《关于编制我省企业新旧动能转换评测指标体系的建议》	1.省委常委、秘书长孙立成批示
10月17日	黄河流域生态保护和高质量发展研究研讨活动	1.《黄河流域生态保护和高质量发展国家战略背景下山东的战略定位与实施路径》 2.《关于加强鲁豫合作推动黄河流域高质量发展的建议》	1.刘家义批示 2.刘家义批示
10月22日	新时代社会科学工作者的使命和担当		
12月17日	山东民营经济高质量发展专题研讨		
12月23日	“十四五”期间山东经济发展应把握的重点领域及策略路径	《“十四五”时期“山东省深耕华东地区、引领黄河流域”跨域发展战略的建议》	

2019 年 9 月 23 日，由省社科联主办的首场山东社科学术沙龙——山东实施流程再造的策略路径研究，在省社科联八楼会议室举行。邀请 8 名专家学者深入研讨交流，省社科联党组副书记、副主席周忠高主持沙龙。

2019 年 10 月 17 日，由山东省社科联和“学习强国”山东学习平台联合主办的山东社科学术沙龙——黄河流域生态保护和高质量发展研究研讨活动在省社科联八楼会议室举行。本次沙龙以习近平总书记在黄河流域生态保护和高质量发展座谈会上的重要讲话精神为指导，邀请 6 名专家学者围绕“黄河流域生态保护和高质量发展”战略下山东的机遇与选择、战略定位、建设思路与实施路径等问题进行了深入研讨交流。

2019 年 12 月 17 日，山东民营经济高质量发展专题研讨在济南举办。省民营企业高质量发展服务队济南一队部分成员，山东开创集团等民营企业代表，以及大众网、齐鲁网、齐鲁壹点等媒体共计 30 余人参加了本次沙龙。

2020 年，山东社科论坛暨山东社科智库沙龙选题咨询会在省社科联召开。省委宣传部、省委政研室、省委改革办、省委决策办、省政府研究室、青岛大学等有关专家学者应邀参加咨询会，在反复商讨的基础上最终形成了 40 多项选题。

2020年3月，山东社科智库沙龙又进行了重大改革，启动山东社科重大咨询调研项目，在面向全社会公开遴选的基础上组建具有实力的科研团队，在进行深入调研的前提下，形成更具科学性、前瞻性、精准性和可操作性的对策建议。智库沙龙可随时举办，参与主体包括团队成员和对话嘉宾，时间一般为半天。

改版后的山东社科智库沙龙，以前期调研为研究基础，以重大咨询项目为主体，以智库沙龙为发布方式，以内部专报为结项形式，逐步打造成为山东省社科领域重要的调研咨询型智库品牌。

选题酝酿	公开征集	签订协议	开展调研	中期评估	举办沙龙	项目验收
采取“基础选题”与“机动选题”相结合的方式，通过召开山东社科智库沙龙、山东社科论坛联合选题会，确定10个基础选题；机动选题则结合中央和省委、省政府新提出的战略部署，随时调整，超前研判，及时发声。	根据拟定的选题范围设立山东社科重大咨询项目，每年面向社会征集调研团队认领，遴选省内最具实力的团队作为备选研究小组。	与所选定的团队签订双方协议，对项目进度、经费使用与分配、结项要求等作出明确规定。协议一式三份，其中一份交由团队所在单位科研管理部门，共同对项目进程进行监督和管理。	每个团队预留2～6个月时间，通过充分准备和深入调研，留存调研记录并对调研数据进行分析和理论研究。	项目管理方与项目团队间保持日常沟通，监督项目进度，对已完成调研阶段的项目进行中期评估，以保证项目最终顺利进行。	通过中期评估且具备条件的项目以举办山东社科智库沙龙的方式择机推出。以团队介绍与嘉宾对话形式为主，每期沙龙邀请1~2名项目外专家学者，就调研项目提出修改意见，对调研项目进一步完善。	沙龙举办后一周内，由团队修改、交送对策性意见报告呈报稿，经省社科联学术部把关形成《山东社科成果专报》，上报省委、省政府领导参阅。项目验收形式为对策建议报告获得省委、省政府副省级以上领导批示，验收完成予以颁发项目结项证书。

社科智库沙龙选题立项、实施、结项的基本流程

2020年8月4日，为纪念省社科联成立60周年，山东社科智库沙龙·纪念山东省社科联成立60周年——“十四五”山东社科的打开模式研讨咨询会在济南召开。省社科联党组书记、副主席刘致福出席沙龙并讲话，山东省社科联党组副书记、副主席周忠高主持沙龙，山东省社科界20多名专家参加沙龙并积极建言献策。

五、重大典型研究

在中国革命、建设、改革的伟大历史进程中，山东人民都积极行动、奋勇争先，在不同的历史时期涌现出了可歌可泣的英勇壮举和典型人物，他们的事迹和精神被发扬光大，成为山东人民和全国人民的宝贵的精神财富，也成为山东社科界开展研究和宣传的丰厚资源。自 20 世纪 90 年代以来，省社科联就组织开展了对“沂蒙精神”“胜利精神”和“孔繁森精神”的研究和宣传工作。先是对“沂蒙精神”开展调查研究，1992 年邓小平发表南方谈话后，省社联又组队到胜利油田进行实地考察，并于 1992 年 4 月召开了“胜利精神”理论研讨会，会议以“南方讲话”为指针，对胜利精神的内涵、特点、培育胜利精神的经验以及胜利精神在深化国有大中型企业改革中的地位和作用等问题展开了深入研讨。 同年 11 月，在会议提交论文的基础上编辑出版了《胜利精神研究》一书。《山东社会科学》杂志围绕“胜利精神”还刊发了一系列文章，在社会上引起较大反响。

《胜利精神研究》书影

山东社会科学(双月刊)　　1995 年第 3 期(总第 49 期)

新时期领导干部的人生选择与价值取向

——孔繁森精神座谈会综述

省社科联学会部

在领导干部的楷模孔繁森大量感人肺腑、催人泪下的事迹中，深蕴着一种振聋发聩、发人深省的精神。孔繁森精神是继雷锋精神、焦裕禄精神之后又一种时代精神。孔繁森精神深刻折射着在改革开放新时期领导干部应当具有的人生选择与价值取向。为深入学习、研究、宣传孔繁森精神，山东省社会科学界联合会于 4 月 19 日召开了省社科界孔繁森精神座谈会。与会的理论工作者怀着对孔繁森同志的无限怀念、敬仰之情，重点就孔繁森精神的本质、特点、内涵和现实启迪进行了深入探讨。

一、孔繁森精神的本质、内涵和时代价值

赵锡良（省委宣传部副部长、省社科联党组书记、副主席、研究员）认为，孔繁森精神可以用四句话来加以概括：顾全大局；热爱人民；艰苦奋斗；无私奉献。这种精神，光彩照人，催人奋进。它启迪我们深思：什么样的人生最有价值？新时期党的领导干部应当具备什么样的精神品格？应当树立怎样的世界观、人生观、价值观？怎样对待权力和责任？这些重大问题，都可以从孔繁森精神中找到答案。梁自洁（省社科联副主席、研究员）认为，孔繁森精神所蕴含的一个极其重要而鲜明的内核，是彻底体现党的全心全意为人民服务宗旨的无私奉献精神。孔繁森同志终其一生的光辉事迹，无可辩驳地证明：无私奉献是时代精神的最崇高的境界。李光耀（省委党校哲学教研室主任、教授）说，孔繁森精神集中体现了我们党的性质和宗旨，或者说是党的性质和宗旨的人格化，这就是完全彻底地、全心全意地为人民服务。他的精神决不是他一个人的思想品德问题。郎景均（山东社科院社会学所所长、副研究员）认为，孔繁森精神具有丰富的内涵，包括：顾全大局、无私奉献的坚强党性；热爱人民、服务人民的公仆情怀；清正廉洁、克己奉公的高尚品德；艰苦奋斗、知难而进的拼搏精神；开拓进取、求真务实的优良作风。其中堪称本质的是他真心诚意地热爱人民、全心全意服务于人民的公仆精神。

刘蔚华（省社科联主席、研究员）指出，在当前发展社会主义市场经济条件下，深入学习、研究、宣传孔繁森精神，具有极其重大而深远的意义。他说，不少干部经不住考验，丢掉了理想，道德败坏，陷入了奢侈腐败的泥坑，为人民群众深恶痛绝。在这种情况下，宣传和弘扬孔繁森精神，对于提高干部素质，净化人们灵魂，保证改革大业成功，具有重要意义。无论对一个党来说，还是对一个国家来说，腐败必然衰亡，这是历史定律。孔繁森精神对全社会的震动，从另一个方面反映了人民群众对正义、良心的强烈呼唤，特别是对党风好转的迫切期待。邹广文（山东大学副教授、哲学博士）认为，改革开放以来，少数党员

孔繁森精神座谈会综述

1995 年 4 月，省社科联组织召开了孔繁森精神座谈会，对孔繁森精神的内涵和时代价值进行了深入探讨，推动了学界对孔繁森精神的研究。2004 年，省社科联又与聊城市委宣传部、孔繁森精神研究会等联合举办“纪念孔繁森逝世 10 周年暨弘扬孔繁森时代精神理论研讨会”。这些成果和活动凸显出鲜明的时代特征，得到了党委、政府和社会各界的高度认可和评价，对山东精神重要内容的挖掘、山东精神文明建设和文化建设起到了很好的推动作用。下面重点谈一下省社科联所组织的对“沂蒙精神”的研究和宣传活动。

“沂蒙精神”产生于革命战争时期的山东沂蒙老区，是沂蒙人民光荣革命传统的集中概括和生动体现，与“井冈山精神”“延安精神”一样，是我党宝贵的精神财富。在省社科联的积极组织参与下，“沂蒙精神”的研究和

《论沂蒙精神》(《山东社会科学》1991 年增刊）书影

交流活动快速开展起来，成为山东社会科学界的研究亮点。

1990 年 9 月，省社联同省委宣传部、临沂地委协商，将“沂蒙精神”研讨活动列为一项重大课题，并制定了相应的研究计划。同年底至 1991 年初，开始筹划并组织一些领域的专家学者赴临沂地区进行考察研究，并在各界征集论文，为召开理论讨论会做准备。考察组在认真调研的基础上将“沂蒙精神”提炼概括为“立场坚定，爱党爱军，艰苦奋斗，无私奉献”。这些组织活动得到了省委领导的充分肯定，省委在省社联《关于考察研究“沂蒙精神”的报告》批示中指出：将“沂蒙精神”研究列为我省社会科学研究的一项重大课题是十分必要的。1991 年 5 月 9 ～ 14 日，省委宣传部、省社联、临沂地委联合召开了“山东省首届沂蒙精神理论讨论会”。中共中央办公厅研究室、《求是》杂志社、新华社等单位以及省内的社科理论工作者 70 余人参加了会议，收到论文 50 多篇。新华社转发了会议消息，会议观点综述在《光明日报》《大众日报》等报刊发表，在社会上引起了较大反响。讨论会后，编辑出版了《论沂蒙精神》一书，使“沂蒙精神”在理论上得以概括和升华，为学术界深入研究“沂蒙精神”奠定了良好基础。

1992 年 7 月，江泽民到临沂视察工作，亲笔题词——“弘扬沂蒙精神，振兴临沂经济”，对沂蒙精神的现实意义和时代价值给予了充分肯定。1999 年 1 月，胡锦涛到临沂视察时指出：“在长期的革命斗争中，临沂人民为中国革命事业的胜利创立了光辉的业绩，做出了巨大贡献。解放后，临沂人民为改变贫穷落后面貌进行了不懈的努力。改革开放以来，把发扬革命传统同弘扬时代精神结合起来，形成了具有时代特征的沂蒙精神。”这都为研究和宣传“沂蒙精神”指明了方向。2002 年 7 月，省委宣传部、省社科联、临沂市委联合召开“弘扬沂蒙精神，实践‘三个代表’理论研讨会”。2004 年 6 月，省社科联组织一些专家学者去临沂进行“沂蒙精神”相关调研，围绕“沂蒙精神与市场经济”“沂蒙精神与科学发展

2004 年 7 月 28 ～ 30 日，沂蒙精神与全面建设小康社会理论研讨会在临沂召开。

观”“沂蒙精神与党的建设”“沂蒙精神与弘扬民族精神”“沂蒙精神与革命老区精神比较研究”等撰写了一批高质量的学术论文。同年 7 月 28 ～ 30 日，省社科联与省军区政治部、临沂市委共同举办的“沂蒙精神与全面建设小康社会理论研讨会”在临沂召开。开幕式当天，山东省沂蒙精神研究会正式宣

2013 年 4 月 13 日，由光明日报社、山东省委宣传部、山东省社科联等共同主办的“沂蒙精神与群众路线”研讨会在临沂大学隆重召开。中组部原部长张全景，时任教育部副部长李卫红，中共中央党校原副校长杨春贵、李君如，时任光明日报社总编辑何东平，时任山东省委常委、宣传部部长、省社科联主席孙守刚出席会议并讲话。论坛研讨氛围浓厚，成果丰硕，在社会上产生良好影响。《人民日报》刊发消息、综述和专家文章，《光明日报》刊发大篇幅消息并开辟专版刊登专家发言观点，《中国日报》《中国社会科学报》《社会科学报》、人民网、光明网、中国共产党新闻网、求是网、新浪网、搜狐网、网易、凤凰网等国内 20 多家重要媒体进行报道。

告成立，省社科联党组书记、副主席刘德龙讲话，希望各界加强联系和研究，共同打造好“沂蒙精神”这一品牌。

2014年4月26～27日，山东社科论坛——“弘扬沂蒙精神与践行群众路线理论研讨会”在临沂召开。

2013年11月，习近平总书记在临沂参观了沂蒙精神展并会见当地先进模范和当年支前模范后代代表，并指出:“沂蒙精神与延安精神、井冈山精神、西柏坡精神一样，是党和国家宝贵的精神财富，要不断结合新的时代条件发扬光大。”省社科联认真贯彻落实习近平总书记指示精神，组织开展了内容丰富的学术交流活动，此后每年的山东社科论坛都有关于“沂蒙精神”的学术研讨活动，持续推动学界加大“沂蒙精神”的研究势头，让社会各界把学习和传承“沂蒙精神”提升到新境界。

2019年11月23日，由省社科联主办、临沂大学承办的山东社科论坛——“弘扬沂蒙精神与繁荣红色文学研讨会”在临沂大学召开。

六、山东省人文社会科学课题

为提升社科类社团和地方高等院校为经济文化强省建设提供理论支持和智力服务的水平，组织和引导全省广大社会科学工作者对我省经济社会发展中的重大理论和现实问题进行研究，省社科联自2009年开始设立“山东省社科联科研课题”，课题设置方向为地域文化类、科研管理类和社团管理类。2009年省社科联重点科研课题立项40项，其中经费资助项目30项，经费自筹项目10项。2010年度省社科联科研课题主题为社团能力建设、科研管理

2011年7月20日，省社科联2011年度科研课题评审会议在齐鲁文化会馆召开。

创新、地域文化研究工程，共立项51项，资助30项，自筹21项。为了提高课题研究水平、保证研究质量，省社科联还举办了科研课题负责人培训班，邀请专家分别作了“关于社会科学规划与课题管理”“关于科研管理类课题研究”“关于地域文化类课题研究”“关于社团建设类课题研究”的辅导报告。培训班围绕课题研究中存在的共性与个性问题，采取专题辅导报告与研讨相结合的办法，重点解决课题承担者在课题选材、研究思路、研究方法、研究目标等方面存在的薄弱环节，这一创新性的做法取得了很好的效果。从2011年开始，山东省社科联科研课题分为政治类、经济类、社会类、文化类、教育类进行申报和立项，该年度共立项80项，其中资助课题40项，自筹课题40项。

2009～2010年度省社科联科研课题评优会议在济南召开。

结项课题经过评选，择优出版成果文集。

自设立省社科联科研课题以来，从立项、评审、监管，到成果评价和转化等管理工作不断走向规范化、制度化、科学化，形成了课题管理十项制度。在总结经验的基础上，山东省社科联科研课题更名为“山东省人文社会科学课题”（简称“省人文课题”），并制定了《山东省人文社会科学课题管理办法》，从课题规划与选题、课题类别与申报、课题评审与立项、课题管理、项目经费与使用、课题结项与成果转化等方面作了详细的规定和说明，并在省社科联社团管理部设立省人文课题管理办公室（简称“省人文课题办”），负责课

2012年7月2日，2012年度山东省人文社会科学课题评审会议在齐鲁文化会馆召开。经评委评审，2012年山东省人文社会科学课题拟立项102项，包括经济管理类、政治法律类、文化类、社会类和教育类，其中资助课题41项，自筹课题61项。

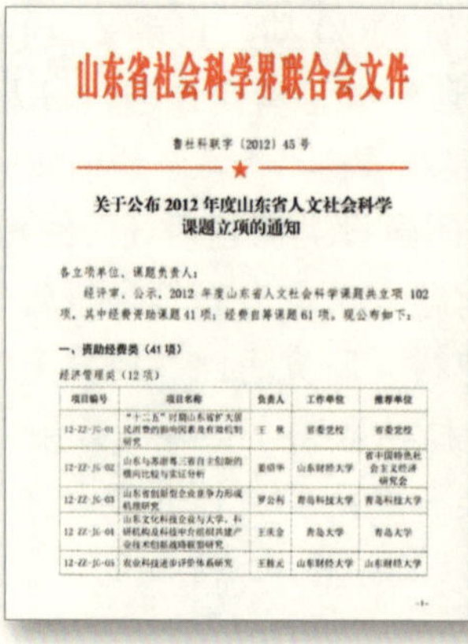

山东省社会科学界联合会文件

鲁社科联字〔2012〕45号

关于公布2012年度山东省人文社会科学课题立项的通知

各立项单位、课题负责人：

经评审、公示，2012年度山东省人文社会科学课题共立项102项，其中经费资助课题41项；经费自筹课题61项，现公布如下：

一、资助经费类（41项）

经济管理类（12项）

项目编号	项目名称	负责人	工作单位	推荐单位
12-ZZ-JG-01	"十二五"时期山东省扩大居民消费的影响因素及有效机制研究	王敏	省委党校	省委党校
12-ZZ-JG-02	山东与苏浙粤三省自主创新的横向比较与实证分析	姜绍华	山东财经大学	省中国特色社会主义经济研究会
12-ZZ-JG-03	山东省创新型企业竞争力形成机理研究	罗公利	青岛科技大学	青岛科技大学
12-ZZ-JG-04	山东文化科技企业与大学、科研机构及科技中介组织共建产业技术创新战略联盟研究	[illegible]	青岛大学	青岛大学
12-ZZ-JG-05	农业科技进步评价体系研究	[illegible]	山东财经大学	山东财经大学

-1-

《关于公布2012年度山东省人文社会科学课题立项的通知》

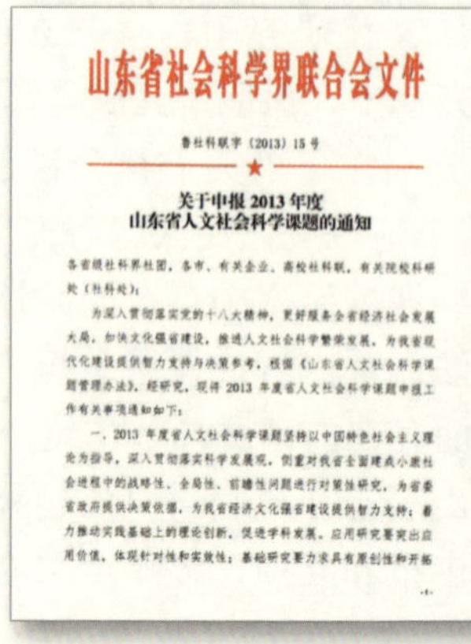

山东省社会科学界联合会文件

鲁社科联字〔2013〕15号

关于申报2013年度山东省人文社会科学课题的通知

各省级社科界社团，各市、有关企业、高校社科联，有关院校科研处（社科处）：

为深入贯彻落实党的十八大精神，更好服务全省经济社会发展大局，加快文化强省建设，推进人文社会科学繁荣发展，为我省现代化建设提供智力支持与决策参考，根据《山东省人文社会科学课题管理办法》，经研究，现将2013年度省人文社会科学课题申报工作有关事项通知如下：

一、2013年度省人文社会科学课题坚持以中国特色社会主义理论为指导，深入贯彻落实科学发展观，侧重对我省全面建成小康社会进程中的战略性、全局性、前瞻性问题进行对策性研究，为省委省政府提供决策依据，为我省经济文化强省建设提供智力支持；着力推动实践基础上的理论创新，促进学科发展。应用研究要突出应用价值，体现针对性和实效性；基础研究要力求具有原创性和开拓

-1-

《关于申报2013年度山东省人文社会科学课题的通知》

2013年7月24日，山东省人文社会科学课题评审会议在齐鲁文化会馆召开。经过评审专家认真评审，评选出立项课题120项，其中经费资助50项，经费自筹70项。

2014年，山东省人文社会科学课题在类型设置上进行了调整，开始设立重点课题和专项课题，重点课题全部为资助课题，一般课题和专项课题分资助和自筹两种。7月11日，2014年度山东省人文社会科学课题评审会议在省社科联三楼会议室召开。经过专家认真评审，评选出重点课题2项，一般课题120项（经费资助类50项，经费自筹类70项）。由省人文社会科学课题管理办公室与省青少年教育科学研究院共同组织专家评审，评出青少年教育科学研究专项课题40项（经费资助类16项，经费自筹类24项）。

题管理日常工作。从 2012 年开始根据《山东省人文社会科学课题管理办法》进行省人文社会科学课题的申报和评审工作。

2015 年度山东省人文社会科学课题分为三类：（1）新设立的山东经济社会发展课题、年度课题和专项课题。山东经济社会发展课题主要围绕全省经济社会发展中亟待解决的理论和现实问题，面向省直有关部门单位或省内高校等科研机构征集科研题目，组织专家团队，短时间内形成对策建议类成果，为有关部门提供决策参考。这类课题注重应用导向，可操作性、时效性强。（2）年度课题是省社科联根据当年社会科学研究部署和要求而设立的课题，通过省级社科类社会组织、市社科联和高校组织发动申报。（3）专项课题分为两类：一是由省社科联设立的专项课题，包括山东社科论坛专项课题、山东社科普及理论研究专项课题、市社科联申报的应用研究专项课题；二是省社科联与有关政府机关、科研单位、企事业单位或相关社会组织联合设立的课题，如统一战线理论研究专项课题、司法预防犯罪与改造研究专项课题，等等。经过专家认真评审，2015 年度山东省人文社会科学课题共立项 275 项，其中山东经济社会发展课题 20 项（重大课题 4 项，一般课题 16 项）；年度课题 180 项（经费资助 120 项，经费自筹 60 项），分为经济学、管理学、党史•党建、法学、马克思主义、哲学、政治学、社会学、文学 • 文化、教育学、图书情报学、体育学等；山东社科论坛研究专项课题 25 项；市社科联研究专项课题 10 项；社科普及研究专项课题 10 项；统一战线理论研究专项课题 15 项（经费资助 10 项，经费自筹 5 项）；司法预防犯罪与改造研究专项课题 10 项；社会科学工作专项调研课题 5 项。

2015 年，山东省人文社会科学课题评审会议召开。

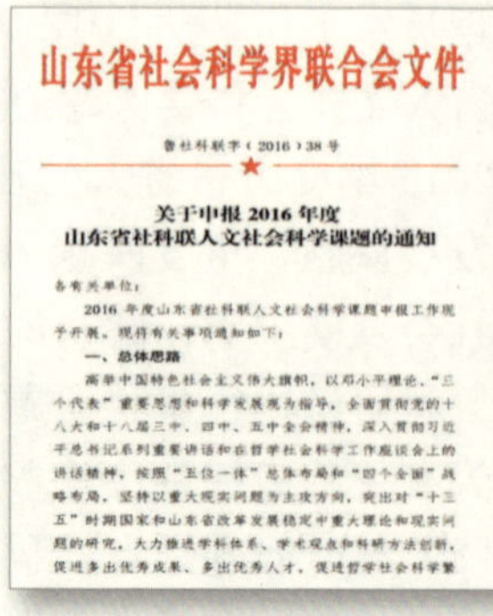
山东省社会科学界联合会文件

鲁社科联字〔2016〕38号

关于申报2016年度
山东省社科联人文社会科学课题的通知

各有关单位：

2016年度山东省社科联人文社会科学课题申报工作现予开展。现将有关事项通知如下：

一、总体思路

高举中国特色社会主义伟大旗帜，以邓小平理论、“三个代表”重要思想和科学发展观为指导，全面贯彻党的十八大和十八届三中、四中、五中全会精神，深入贯彻习近平总书记系列重要讲话和在哲学社会科学工作座谈会上的讲话精神，按照“五位一体”总体布局和“四个全面”战略布局，坚持以重大现实问题为主攻方向，突出对“十三五”时期国家和山东省改革发展稳定中重大理论和现实问题的研究，大力推进学科体系、学术观点和科研方法创新，促进多出优秀成果、多出优秀人才，促进哲学社会科学繁

《关于申报2016年度山东省社科联人文社会科学课题的通知》

2016年度山东省社科联人文社会科学课题共立项250项，其中，山东经济社会发展委托课题14项（重大课题4项，重点课题10项），山东省社科联年度课题130项（经费资助100项，经费自筹30项），山东社科论坛专项课题20项，社会科学工作专项调研课题5项，市社科联调研报告专项课题9项，高校思想政治教育专项课题30项（经费资助20项，经费自筹10项），工会工作和劳动关系专项课题5项，基础教育专项课题37项（经费资助27项，经费自筹10项）。

2016年度山东省社科规划青年学者重点培养计划专项课题

序号	学科	项目名称	负责人	主管单位	经费方式
1	经济学	基于居民电子健康档案的疾病风险评估与预测及对策研究	相 静	滨州医学院	资助
2	经济学	山东省文化产业供给侧改革研究	盛春媛	青岛大学	资助
3	管理学	演化博弈视野下环境集体抗争的行为逻辑及全过程阻断策略研究——以山东省为例	李凌汉	青岛大学	资助
4	管理学	供给侧改革视角下多主体参与的山东省产品质量监管机制研究	朱立龙	山东师范大学	资助
5	管理学	山东省产学研协同创新网络知识治理研究	刘 晓	青岛大学	资助
6	管理学	“大众创业、万众创新”背景下“互联网＋小微企业”发展模式研究	李晓磊	山东管理学院	资助
7	管理学	构建可持续人力资源管理系统——以山东省企业为例	唐贵瑶	山东大学	资助
8	政治学	互联网＋背景下我国居家养老服务智慧化的动力机制与发展路径研究	张 泉	中国石油大学（华东）	资助
9	政治学	社会组织中党组织的凝聚功能研究	赵长芬	临沂大学	资助

2016年度山东省社科规划青年学者重点培养计划专项课题（部分）

为贯彻落实习近平总书记2016年5月17日在哲学社会科学工作座谈会上的讲话精神，落实省委繁荣发展哲学社会科学的重要指示精神，加大对中青年社科人才的支持引导，调动青年学者从事科研的积极性，促进多出优秀成果、多出优秀人才，2016年山东省社科联和山东省社会科学规划管理办公室联合设立了“山东省社科规划青年学者重点培养计划专项课题”，本课题具有与其他类别的省级社科规划项目同等的学术地位，选题、申报、评审、管理、经费使用、结项及成果转化等各项工作均按照山东省社科规划研究项目的通知和办法执行。

2017年4月21日，本年度山东经济社会发展课题选题论证会在省社科联会议室召开。论证选题以我省“十三五”时期经济社会发展主要目标任务和2017年工作部署为依据，由省委政研室、山东社科院、省直有关部门和省内有关高校征集而来。2017年度山东省社科联人文社会科学课题共确定立项课题180项，其中山东经济社会发展委托课题20项；年度课题80项；山东社科论坛专项课题19项，社会科学工作专项调研课题1项，市社科联调研报告专项课题5项，工会工作和劳动关系专项课题5项，运动与健康专项课题10项，儒学当代价值研究专项课题10项，统一战线理论专项课题10项，高校思想政治教育专项课题20项。

2018 年，山东经济社会发展委托课题论证会。

2018 年，山东省社科规划青年学者重点培养计划专项课题评审会议。

2018 年度省人文社会科学课题申报评审工作，以习近平新时代中国特色社会主义思想和党的十九大精神为指针，贯彻落实省十一次党代会确定的各项任务，以推出更多高水平的研究成果，促进山东哲学社会科学繁荣发展，根据《山东省人文社会科学课题管理办法》，共确定立项课题 142 项，其中，山东经济社会发展委托课题 8 项；年度课题 89 项；十九大精神研究专项课题 10 项，重大儒学研究专项课题 5 项，沂蒙精神研究专项课题 10 项，高校思想政治教育专项课题 20 项。

2019 年，山东省人文社会科学课题评审会议。

2019 年度山东省人文社会科学课题设置主要围绕深入贯彻落实党的十九大精神，认真贯彻落实习近平总书记视察山东重要讲话、重要指示批示精神，为新时代现代化强省建设提供理论服务和智力支持，单独设立习近平新时代中国特色社会主义思想研究专项课题；重点围绕贯彻落实习近平总书记在学校思政课教师座谈会上的重要讲话精神，联合省教工委设立高校思想政治教育专项课题；重点围绕加快我省“新旧动能转换重大工程”“乡村振兴战略”“互联网 +”等理论和现实问题，联合省商业集团设立商业经济专项课题。本年度共确定立项课题 142 项，其中，山东经济社会发展委托课题 3 项；年度课题 99 项；习近平新时代中国特色社会主义思想研究专项课题 10 项，商业经济专项课题 10 项，高校思想政治教育专项课题 20 项。

省社科联在前期征集有关部门和高校意见的基础上，列出课题题目。然后召开课题选题论证会，邀请社会科学各领域的专家学者对题目进行充分论证，最终确定课题指南。

专家库由山东省社科优秀成果奖评奖专家库中的召集人、专家以及部分省直实际工作部门推荐的专家型领导组成。课题立项和结项所需要的专家都从专家库中抽取。

课题评审包括通讯匿名评审和会议匿名评审两轮评审。通讯评审按照与最终拟立项课题数2∶1左右的比例确定会议评审入围数。会议评审按照学科组专家独立审阅、讨论推荐、投票表决、签署意见等规定程序进行，从通讯评审评出的入围课题选出初步入选课题。评审结果报省社科联党组审批后，确定最终立项课题。

每次评审出的拟立项课题在省社科联网站上进行为期7天的公示，接受群众监督。公示结束后，正式发布课题立项通知。

为保证课题评审的公开、公平、公正，课题评审工作全过程邀请纪检工作人员监督。纪检人员对课题评审专家抽取、通讯匿名初评、会议匿名评审环节等进行监督。

召开课题选题论证会 → 从课题评审专家库抽选专家 → 两轮评审确定立项课题 → 严格执行公示制度 → 纪检人员全程监督

主要做法：通过召开课题选题论证会、委托专家团队开展山东经济社会发展委托课题研究、严格规范评审立项程序、严格执行公示制度、纪检人员全程监督等方式，增强了课题管理的针对性和公信力。

2020年5月，省社科联按照省委编办关于流程再造工作的要求，整合省社科联机关所有的课题或课题性质的项目，统一使用省编办文件确认的“山东省人文社会科学课题”（简称“人文课题”）这一名称，下设山东经济社会发展委托课题、年度课题、专项课题，专项课题包括习近平新时代中国特色社会主义思想研究专项、优秀传统文化与红色文化传承专项及与省直部门和有关单位联合设立的其他专项课题。统一使用一个文件发布申报通知，统一申报时间，统一使用山东省社会科学数据中心网上申报系统受理申报，统一评选办法和程序，统一用一个文件发布立项通知，统一一个时段组织课题评审，统一公示拟立项课题，统一发布课题立项通知，统一组织结项鉴定等。

经过多年探索和发展，省人文社会科学课题规模数量和研究质量不断攀升，知名度和影响力持续提高。截至目前，省人文社会科学课题共立项课题1400多项，青年学者重点培养计划专项课题共立项课题185项，出版著作100余部，10余项课题研究成果得到省级以上领导批示，数十项课题获得省级奖励。这些课题对推进哲学社会科学学科体系、学术观点和科研方法创新，促进我省哲学社会科学繁荣发展发挥了积极作用；对服务我省经济社会发展，为我省“走在前列，全面开创”的战略任务提供理论支持和智力服务。

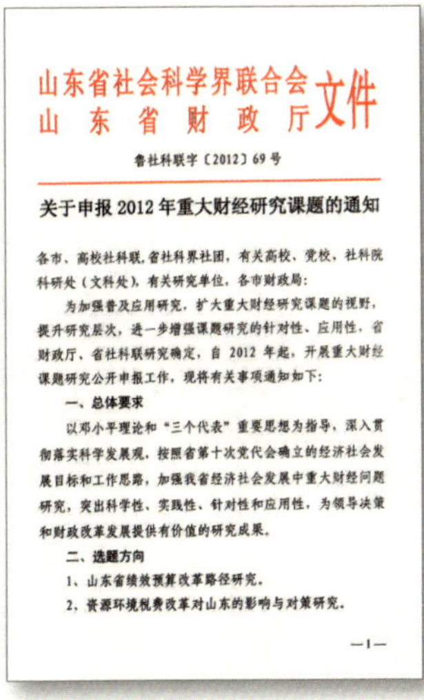

山东省社会科学界联合会
山 东 省 财 政 厅 文件

鲁社科联字〔2012〕69号

关于申报2012年重大财经研究课题的通知

各市、高校社科联，省社科界社团，有关高校、党校、社科院科研处（文科处），有关研究单位，各市财政局：

为加强普及应用研究，扩大重大财经研究课题的视野，提升研究层次，进一步增强课题研究的针对性、应用性，省财政厅、省社科联研究确定，自2012年起，开展重大财经课题研究公开申报工作，现将有关事项通知如下：

一、总体要求

以邓小平理论和“三个代表”重要思想为指导，深入贯彻落实科学发展观，按照省第十次党代会确立的经济社会发展目标和工作思路，加强我省经济社会发展中重大财经问题研究，突出科学性、实践性、针对性和应用性，为领导决策和财政改革发展提供有价值的研究成果。

二、选题方向

1、山东省绩效预算改革路径研究。

2、资源环境税费改革对山东的影响与对策研究。

—1—

《关于申报2012年重大财经研究课题的通知》

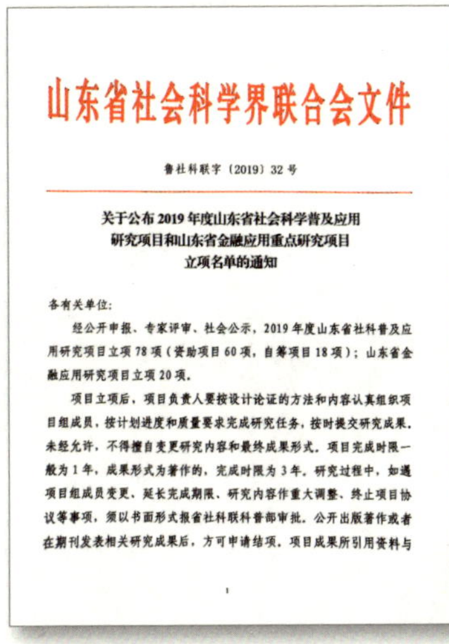

山东省社会科学界联合会文件

鲁社科联字〔2019〕32号

关于公布2019年度山东省社会科学普及应用研究项目和山东省金融应用重点研究项目立项名单的通知

各有关单位：

经公开申报、专家评审、社会公示，2019年度山东省社科普及应用研究项目立项78项（资助项目60项，自筹项目18项）；山东省金融应用研究项目立项20项。

项目立项后，项目负责人要按设计论证的方法和内容认真组织项目组成员，按计划进度和质量要求完成研究任务，按时提交研究成果。未经允许，不得擅自变更研究内容和最终成果形式。项目完成时限一般为1年，成果形式为著作的，完成时限为3年。研究过程中，如遇项目组成员变更、延长完成期限、研究内容作重大调整、终止项目协议等事项，须以书面形式报省社科联科普部审批。公开出版著作或者在期刊发表相关研究成果后，方可申请结项。项目成果所引用资料与

1

《关于公布2019年度山东省社会科学普及应用研究项目和山东省金融应用重点研究项目立项名单的通知》

自2012年起，省社科联和省财政厅共同设立了山东省重大财经应用研究课题，围绕我省经济社会发展中的重大财经问题开展研究，鼓励跨部门、跨学科联合攻关和协作创新，突出前瞻性、科学性、实践性、针对性和应用性，为领导决策和财政改革发展提供有价值的研究成果。此外，省社科联、省金融学会还共同设立了山东省金融应用研究重点项目，以围绕山东省经济金融形势、深入研究当前经济金融领域出现的重大理论和实际问题为重点，开展有地方特色和区域优势的基础理论研究和应用对策研究，为全省金融事业健康发展提供支持。

山东省社会科学界第三次代表大

第三章

深化改革 社科评奖机制公开公正

自1983年起，省社联开始组织评选山东省社会科学优秀成果，1987年升格为省政府奖，2007年明确为山东省政府颁发的全省社会科学研究最高成果奖。截至2020年6月，社科优秀成果奖的评选工作走过了37个年头，开展了33次评奖活动，评选范围覆盖全省，共设置经济学、管理学、政治学、法学、哲学社会学、文化学、教育学、文学语言学、历史学、普及与应用、智库研究成果等11个学科组，共评选出7438项优秀作品和7470个奖项：一等奖547项，二等奖2326项，三等奖 4547 项，特别贡献奖6项，荣誉奖2项，重大成果奖33项，特等奖9项；其中，包含了一等奖并获重大成果奖4项、并获特等奖2项，26项入选《国家哲学社会科学成果文库》的优秀作品被授予重大成果奖或特等奖（14项优秀成果在2012年12月28日被专门授予重大成果奖，5项随评奖大会一起被授予重大成果奖，7项被授予特等奖）。另外，从2007年至2019年，我省共评选突出贡献奖62人，学科新秀奖63人。社科优秀成果奖评选工作走过了初设、改进、完善的历程，在探索中不断改革创新，迈上了制度化、科学化、规范化的内涵式发展道路，其权威性、公正性、导向性、公信力等得到了全省社科界的认可和肯定。

◎要点推送

山东省社会科学优秀成果奖发展历程；省社联系统奖；全省社会科学研究最高成果奖；申报渠道；学科组；山东省社会科学优秀成果奖评选委员会；评审专家库；评审委员会；监督委员会；网上展示；客观赋分；查新查重；重大成果奖；突出贡献奖和学科新秀奖

★出成果 社科评奖工作通过评选、表彰优秀作品，激发了社会科学工作者面向实际、关心时事、聚焦重大理论和现实问题，开展研究宣传和服务的积极性，树立精品意识，打造精品力作，写出有分量的作品，助力山东省社科事业的繁荣发展。

★引导向 评奖工作坚持正确政治方向、学术导向和价值取向，推动社科界追踪学术前沿、关注学术热点、重视传统和优长学科，加强有关改革开放和现代化建设的重大理论问题和现实问题的研究，重视对前瞻性、战略性问题的研究，为引领全省社科理论工作者坚持正确的研究方向发挥了重要的导向作用。

功能

★促发展 省社科优秀成果奖立足全省、全学科、全类型、全人员，鼓励社科工作者拓宽研究领域，注重传承创新，推动学术资源优化整合，促进交叉学科、边缘学科发展，支持优长学科，扶持新兴学科，关注冷僻学科，力求形成集群优势，推出一批有影响的学术成果，大力促进全省社会科学事业的发展。

★推人才 通过评奖工作，一大批优秀社科工作者的研究得到认可，他们成为学科骨干、带头人和领军人物；一批青年学者崭露头角，成为单位重点培养对象。省社科优秀成果奖是对社科工作者的支持、鼓励、奖励、激励，是其工作价值得到肯定的重要标志，成为激发其刻苦钻研、开拓创新、投身学术的重要动力。

★强转化 社科成果不能束之高阁，社科学者要走出“象牙塔”，社科研究的归宿在于服务社会。山东社科优秀成果评奖高度重视成果转化工作，重视成果的社会价值，重视成果的推广普及。一大批咨询性成果和普及应用成果通过评奖脱颖而出，成果拥有者也由此受到奖励。评奖工作推动一大批专家咨政议政，为党和政府的决策出谋划策，将学术成果转化为推动政府科学决策的重要依据，转化为提高公众社科素质的有效媒介，在更高、更广阔的领域发挥作用，进一步实现了社会科学工作的实际应用价值，为现代化强省建设提供了理论支持和智力支撑。

★正学风 评奖工作坚持宁缺毋滥、优中选优的原则，实行阳光操作，保证评奖工作的公平公正、公开透明，以“零容忍”的态度对待不良学风。科学的评价标准、规范的评奖程序和严密的纪律监督，助推形成优良的学术生态，引导社科工作者严谨治学，多出精品、优品，提高学术成果的“含金量”。

一、初始探索

山东省社会科学优秀成果评奖工作走过了初设探索阶段、提高改进阶段、改革完善阶段、创新发展阶段，一套规范的评价制度和政策体系逐步建立起来，评奖工作的科学性、权威性和公信力得到社科界和社会的认可，成为推动全省哲学社会事业发展的重要力量。

1982 年，中央下发的《全国哲学社会科学规划座谈会纪要》明确了社联“组织社会科学优秀成果的评奖活动”等工作。为了贯彻落实文件的指导精神，总结、表彰党的十一届三中全会以来山东省的优秀社科成果，激发广大社会科学工作者的研究热情，推动哲学社会科学更好地为“四化”建设事业服务，经省社联常委会研究，决定在 1983 年开展省社联系统内的社会科学优秀成果评奖活动，奖项规格定为省社联系统奖。社科优秀成果奖评奖工作由此拉开序幕，这是改革开放后，在哲学社会科学事业恢复发展时期创设的奖项。从 1983 年到 1985 年，山东省社科评奖工作处于初设探索阶段。

山东省社会科学联合会

山东省社联关于评选社会科学优秀成果及优秀学会工作者的意见

山东省社联关于评选社会科学优秀成果及优秀学会工作者的意见及争取评奖活动经费的报告

1983 年 7 月，省社联开始了第一次山东省社会科学优秀成果奖评奖工作，提名、组织了 30 位评审委员参与评奖活动。评奖工作主要在省社联系统所属省级学会及地市社联范围内开展，对省社联恢复工作以来各学会会员集体或个人公开或内部刊物上发表的社科研究成果进行评选，分为经济、科社政法、哲学教育、语言文学、历史 5 个组，设置了一、二、三等奖和相应的奖金对优秀成果进行嘉奖。评审工作分为三个步骤：作者先向所在学会和地市社联申报成果；然后各学会、市地社联对所报成果进行初评，向省社联推荐，当时有 30 个学会、4 个地市社联参与成果推荐，从 1981 年 7 月至 1983 年 6 月两年间发表的 2500 项科研成果中，推荐申报成果 224 项；省社联评委会对上报成果进行复审，确定获奖等级，最后经省社联常委会审定批准。这次评奖活动共评出 170 项优秀作品，其中，一等奖 10 项，二等奖 54 项，三等奖 106 项。

1985 年 10 月，省社联进行第二次山东社会科学优秀成果奖评选活动，评审委员仍由省社联提名，共有 31 位评委到会评奖。从 1983 年 7 月至 1985 年 6 月两年间发表的 5956 项科研成果中，先推荐后选出 211 部优秀作品，其中，一等奖 10 项，二等奖 59 项，三等奖 142 项，获奖数量较第一次有所增加。社科评奖工作成为鼓舞社科工作者投身社科研究、积极参与社科工作的重要举措，进一步提高了省社联在全省社科界的影响力，为促进哲学社会科学事业的发展注入了新动力。

二、规格提升

随着改革开放和社会主义现代化建设事业的发展，我省社会科学事业一路高歌猛进，涌现出了大批社科成果。为了充分发挥社科评奖促进社科工作的积极作用和推动评奖工作的常态化、制度化、规范化开展，从 1987 年到 2001 年期间，山东省社会科学优秀成果评奖工作经过多方面、多角度的改进、完善，经历了从有到优、从不完善到逐步完善的过程，走上了制度化、科学化、规范化的发展轨道，进入到拔高改进的新阶段。这一时期，山东省社会科学优秀成果奖评选工作的改进创新主要体现在以下几个方面：

（一）提高了奖项规格

社科评奖工作得到了省委、省政府领导的重视和支持，时任山东省委副书记的陆懋曾同志曾出席颁奖大会，并对评奖工作及获奖成果给予了较高评价。从 1987 年第三次评奖开始，省委、省政府加大对评奖工作的领导力度，为了使评奖活动经常化、制度化，山东省委办公厅、省政府办公厅于 8 月 25 日印发了省委宣传部、省财政厅、省人事局、省社联制定的《山东省社会科学优秀成果奖试行办法》，成立山东省社会科学优秀成果奖评选委员会，负责该奖的评审、批准和授予工作。由省社联提出评选委员会成员名单，报省政府批准。同年 12 月 11 日，省政府办公厅公布了以省委常委、宣传部部长苗枫林同志任主任委员的山东省社会科学优秀成果奖评选委员会成员名单，评选委员会办公室设在省社联。这样，该奖项规格从社联系统奖提升为省级社会科学优秀成果奖，并将社科优秀成果奖的具体评选工作交由省社联负责组织实施。

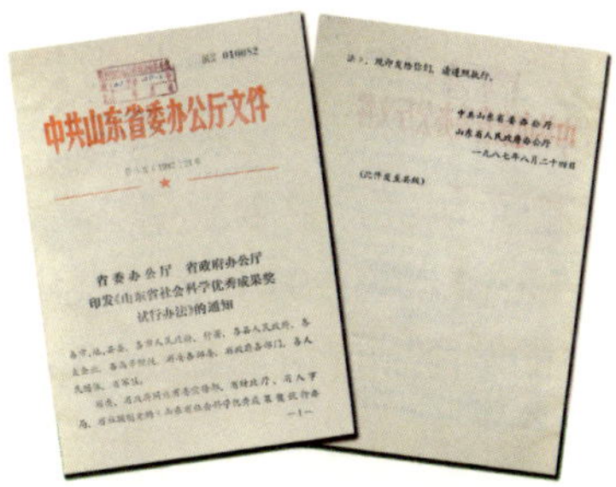

《关于印发〈山东省社会科学优秀成果奖试行办法〉的通知》

《关于公布山东省社会科学优秀成果奖评选委员会成员名单的通知》

（二）修改完善评奖文件，加快了评奖工作的制度化、规范化进程

评奖文件的制定、实施有助于评奖工作科学、有序地开展，为此，省委、省政府高度重视对评奖文件的制定、修改和完善工作，为推动我省社会科学界评奖活动的常态化、制度化发展提供指导性纲领。1987 年 8 月 25 日下发的《山东省社会科学优秀成果奖试行办法》具体规定了评奖范围及申报程序、评奖条件、评奖等级和数量、奖金数额、经费来源、评选机构等有关事项；对获奖者除颁发奖金外，省政府还颁发荣誉证书。1987 年 10 月，省社联根据这一文件精神制定了《山东省第三次社会科学优秀成果评奖实施细则》，对评奖范围、评奖条件、步骤与方法、组织领导等方面进行了解释说明。为了进一步适应山东省社科界在发展过程中出现的新情况、新问题，1998 年，在第十三次社会科学优秀成果奖终评会议前，经省委、省政府同意，省社科优秀成果奖评选委员会、省社科联又重新修订颁发了《山东省社会科学优秀成果奖评选办法》，对评奖性质、评委会组成、评奖标准、评奖程序、评奖工作管理等方面作了进一步的明确规定，为评奖工作的顺利开展奠定了坚实的制度化基础。

（三）奖项类别、名额及奖金数额的增加

从 1989 年第四次评奖开始设置特别贡献奖，奖励曾经担任过副省级以上领导职务的老同志牵头组织并参与撰写的地方党史方面的优秀成果，到 1998 年取消该奖项，期间共评选出 6 部优秀作品。从 1993 年的第八次评奖开始设置荣誉奖，奖励已故著名学者的学术代表作，到 1998 年取消该奖项，共有 2 部优秀成果入选。这两个奖项取消后，所有成果只要符合参评要求都能参加一、二、三等奖的评选。评委会规定从 1993 年第八次评奖开始发放优秀成果参评证书，作为申报者参与评奖活动的证明。此举得到参与者的广泛支持，激发了社科工作者参与评奖活动的热情。

从1997年第十二次评奖开始，一等奖由过去的10项增加为20项，奖金数额也相应增加，获奖总数为210项。第二十次评奖获奖总数增加为240项，其中一等奖20项，二等奖80项，三等奖140项。在第一次评奖中，一等奖的奖金是200元，从1987年到1997年，奖金总额进行了多次调整，从最初的2.07万元增加到58.65万元，增长了28倍之多。在1997年的评奖中，著作一等奖的奖金额度增加到1万元，论文一等奖的奖金额度增加到6000元。此外，其他奖项的奖金额度也有较大幅度的增加。

（四）申报渠道和范围不断扩大

随着山东省社会科学事业的繁荣，社科产出逐年上升，质量不断提高。为了适应这种情况，社科评奖渠道和范围也在不断调整扩大。在前三次评奖活动中，将参评范围限定在省社科联及所属学会内，学会和地市社科联按分配指标上报。从1989年第四次评奖开始新增了省教委推荐和非会员直接申报两个渠道，指标分配的方法也不断改进。为了进一步扩大省社科评奖的覆盖范围，发现和奖励优秀社科作品，从1993年第八次评奖开始分配给未成立社科联的地市及中央和省属大企业一定的参评指标。从1995年第十次评奖开始，评委会又设置了社会性参评渠道，凡属山东省内作者的成果均可参与申报，每一位作者都有平等参与的机会，参评范围扩大至全省。1997年第十二次评奖时，已有145个学会、17个市地社科联及众多单位和个人参与申报评奖，成果逾万项。

从第四次评奖开始增加了其他形式的参评成果，被党政部门正式采纳、对实际工作有重要指导作用的未正式发表的对策性成果也可参与评奖。从第八次评奖开始，由省社会科学规划管理办公室等省科研管理部门组织鉴定的规划课题成果也纳入评奖范围。此外，以多种外文形式发表的成果，音像制品、计算机软件等形式的成果，在港台地区及国外出版的成果，也能参与评奖。

为了与自然科学的评奖工作同步进行，促使人们像重视自然科学一样重视社会科学，从1989年第四次评奖开始，由两年一评改为一年一评，将评选当年度的成果改为评选前一年度的成果。这样，既增加了成果被应用和检验的机会，又扩大了申报的数量，以便更多的优秀成果得到肯定和认可。

（五）评选委员会结构和规模的变化

从1987年开始，成立了省社会科学优秀成果奖评选委员会，并由省政府办公厅行文公布委员名单，成员也由初次的30位增加到70位。随后几年又不断增补，充实评审专家队伍。从1991年第六次评奖开始，评委会被分为学科组评委和省评委会两级，学科组评委由学会负责人、专家学者和实际工作者组成，共计91人；省评委会由知名专家学者和富有经验的实际部门负责同志组成，共计 47 人，同时设顾问 4 人。次年第七次评奖时不再设顾问，由当时的省委常委、宣传部部长任省评委会主任委员。1993 年第八次评奖时吸纳了一批学科带头人和中青年专家进入评委会，使评委人数增加到 160 多位，后又增加到 170 多位。这届评委会承担了第八次至第十二次评奖工作。1998 年山东省社会科学界第四次代表大会召开后，又成立了第五届评委会，共 187 人。这一届评委会承担了第十三次至第十七次的评奖工作。委员人数不仅增多了，学科分布也越来越合理，代表性越来越广泛。

（六）科学规范评奖程序和标准，提高了评奖工作的公信力、公正性、权威性

1987 年山东省社科优秀成果奖评选委员会成立后，评奖步骤不再是原来简单的“三步走”，而是改为由评委会和学科组评定，二、三等奖由学科组评定，一等奖先由学科组推荐后，再由评委会大会评定。学科组一般经过分组审读、轮流传阅、反复评议、无记名投票四个步骤，投票过半数为通过。第四、五次评奖时则将票数超过三分之二者评为一等奖。第六、七次评奖时，评奖程序改为学科组评审和评委会评定两级评审，先由学科组评选二、三等奖，推荐一等奖；然后评委会审定二、三等奖，评定一等奖。1993 年第八次评奖时又将学科组评委和省评委会评委两级评审合并为一级评审，以突出学科组的作用。为了保证各级别获奖成果的质量，优中选优，2000 年第十五次评奖时，修改了二、三等奖的评选规定，即需要获得学科组评委超过三分之二（含三分之二）的票方为通过。特别贡献奖、荣誉奖由学科组推荐，省评奖工作领导小组（由省评委会主任委员以及省社科联主席、副主席组成）审定。这些调整既能保证每位评委行使自己的职责，又能贯彻少数服从多数的原则，通过集体的把关，确保评选工作的质量。

从第三次评奖开始，学科组分成六个，即经济一组（含基础理论、综合经济）、经济二组（部门经济、专业经济）、科社政法组、哲学教育组、语言文学组、历史组。1998 年第十三次评奖时把经济一组、经济二组合并为经济与管理学科组，2001 年第十六次评奖时又把学科组调整为经济学、政治学法学、哲学社会学、文化教育学、文学语言学、历史学等组别，这些变动有利于各个学科成果之间的平衡，也更加适应学科发展的实际状况。

从 1993 年第八次评奖开始实行评委轮换、回避制度，规定凡是有成果申报的评委，不参加当年的评奖工作；每位评委参加评奖会议一般连续不超过 2 次，已经连续 2 次参加评奖的进行轮换；每学科组内同一单位的到会评委不超过 2 人。评委轮换、回避制度实行后，每次评奖约有一半评委到会，这种轮换制与回避制保证了评审工作的民主性和公正性。

如何将优秀的成果评出来，这是评奖工作面对的一个重要问题。其中的关键就是要找到科学有效的社科成果评价方法，这是保证评奖工作客观、公正的基本条件。因为评价过程的复杂性，使其不仅成为社科界关注的一个理论问题，更是评奖委员会面临的一个现实问题。省评奖委员会从第一届就开始研究这一问题，力图找到科学、具体、易于操作的评价方法，先后经过了单纯的定性评价，再以定性评价为主、定性定量相结合的方法。1995年的第十次评奖将参评成果分为理论性研究成果和应用性研究成果两大类，每类成果的定量评分又被分为两部分：一部分是围绕成果的一些客观指标，如发表层次、引用转载率、获奖情况、采纳应用等情况打分，总分最高为100分；另一部分是从成果的创新性、学术价值、应用价值、社会经济效益等方面主观评分，最高也为100分；最后将第一部分得分的30%和第二部分得分的70%相加得出总分，以此作为评价成果的基本依据。

此外，对评奖工作机制、程序和办法的改进还有许多，如评委的选聘与离职、参评成果的资格审定、调整评选会议时间及参评成果的时间跨度、增设复议期、促进获奖成果转化，等等。这些改进和变化使评奖工作逐步走上制度化、规范化的轨道，保证了评奖工作科学、公正、有序的运行，也使其作为省委、省政府委托给省社科联的一项重要工作而固定下来。

三、改进完善

进入21世纪以来，我省哲学社会科学事业获得迅速发展，但也出现了一些新情况、新问题，为了更好地发挥评奖工作的积极作用，省社科联根据评奖过程中出现的问题和获得的调研结果，提出了许多针对性的改革建议，经省评奖工作领导小组和上级主管部门研究后，逐步得到落实。这些措施推动了山东省社会科学优秀成果奖评选工作的进一步完善。

（一）修订完善评奖文件

评奖文件是开展社科评奖工作的重要依据，随着我省社科研究事业的快速发展，省委、省政府加强了对评奖工作的指导，继续修订完善评奖文件，为山东省社会科学优秀成果奖评选工作的顺利开展提供了强有力的制度支撑。2004年3月，省委办公厅、省政府办公厅颁发了《山东省社会科学优秀成果奖评选办法》，在1998年修订的基础上明确规定了评奖对象与范围、评奖条件与标准、评奖程序与方法、评委组成与职责、成果数量、获奖等级与奖励管理、奖金数额与经费来源等事项。2007年4月，省委办公厅、省政府办公厅又颁发了《山东省社会科学优秀成果评选奖励办法》，大幅度改进了评选奖项、数量、奖励标准等方面的内容，进一步明确界定山东省社会科学

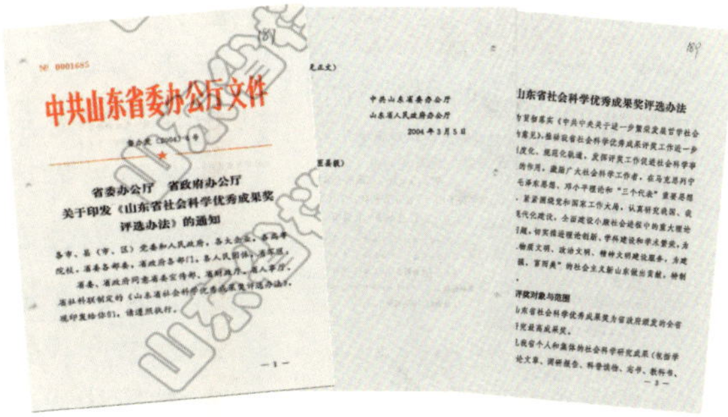

《关于印发〈山东省社会科学优秀成果奖评选办法〉的通知》

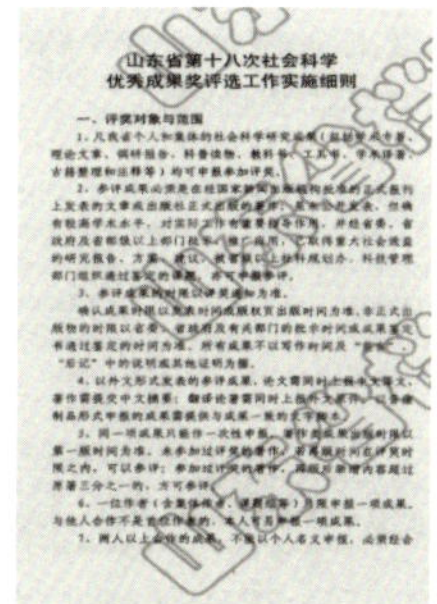

《山东省第18次社会科学优秀成果奖评选工作实施细则》文本

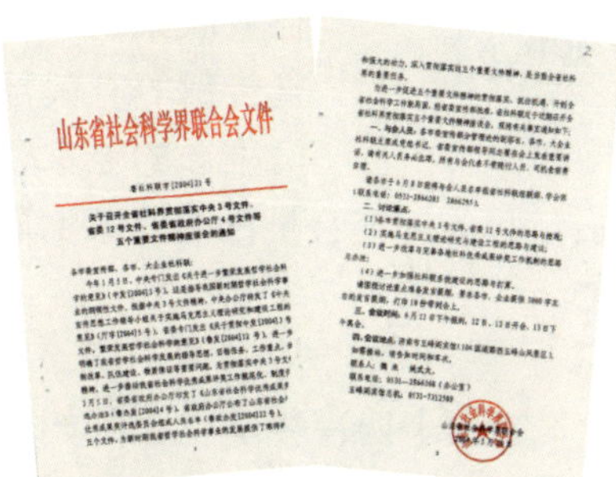

关于召开贯彻落实中央文件、省委文件及《山东省社会科学优秀成果奖评选办法》座谈会的通知

2007年4月，省委办公厅、省政府办公厅颁发了《山东省社会科学优秀成果评选奖励办法》。

优秀成果奖为省政府颁发的全省社会科学研究最高成果奖。此外，依据评选工作中出现的新问题、新情况，每年都会对《评选工作实施细则》进行修改，指导评选活动的具体实施步骤，推动评选工作有序有效开展。

（二）调整评选委员会

为了更有效地加强对评奖工作的领导，在2003年11月山东省社会科学界第五次代表大会之后成立了第六届评委会。次年由省政府办公厅发文公布了评选委员会领导成员名单，由省委常委、宣传部部长，省政府副省长，省政协副主席，省委、省政府副秘书长，省财政厅，省人事厅有关领导及省社科联各位专兼职主席组成，评委会成员共308人。2005年、2007年又根据工作需要进行了调整，特别是在2007年的评选委员会调整中，领导成员组

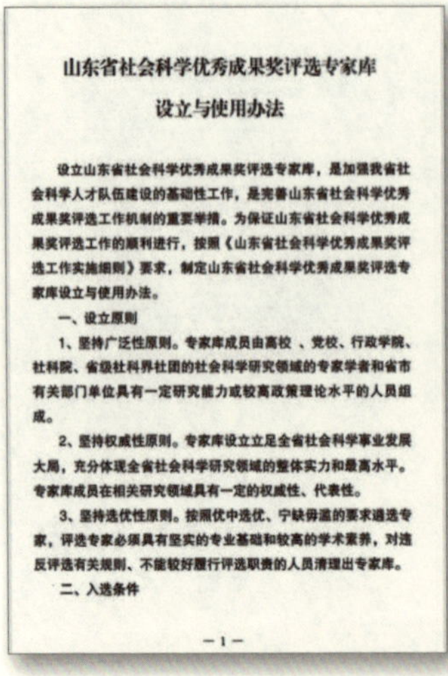

山东省社会科学优秀成果奖评选专家库

设立与使用办法

设立山东省社会科学优秀成果奖评选专家库，是加强我省社会科学人才队伍建设的基础性工作，是完善山东省社会科学优秀成果奖评选工作机制的重要举措。为保证山东省社会科学优秀成果奖评选工作的顺利进行，按照《山东省社会科学优秀成果奖评选工作实施细则》要求，制定山东省社会科学优秀成果奖评选专家库设立与使用办法。

一、设立原则

1、坚持广泛性原则。专家库成员由高校 、党校、行政学院、社科院、省级社科界社团的社会科学研究领域的专家学者和省市有关部门单位具有一定研究能力或较高政策理论水平的人员组成。

2、坚持权威性原则。专家库设立立足全省社会科学事业发展大局，充分体现全省社会科学研究领域的整体实力和最高水平。专家库成员在相关研究领域具有一定的权威性、代表性。

3、坚持选优性原则。按照优中选优、宁缺毋滥的要求遴选专家，评选专家必须具有坚实的专业基础和较高的学术素养，对违反评选有关规则、不能较好履行评选职责的人员清理出专家库。

二、入选条件

—1—

《山东省社会科学优秀成果奖评选专家库设立与使用办法》

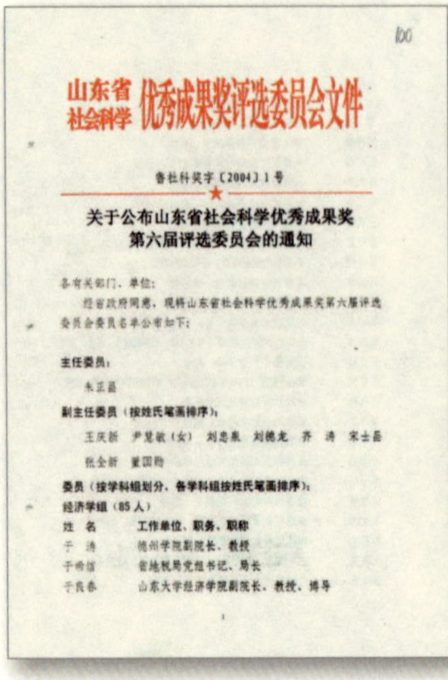

山东省社会科学优秀成果奖评选委员会文件

鲁社科奖字〔2004〕1号

关于公布山东省社会科学优秀成果奖第六届评选委员会的通知

各有关部门、单位：

经省政府同意，现将山东省社会科学优秀成果奖第六届评选委员会委员名单公布如下：

主任委员：

副主任委员（按姓氏笔画排序）：

委员（按学科组划分，各学科组按姓氏笔画排序）：

经济学组（85人）

姓 名 工作单位、职务、职称

《关于公布山东省社会科学优秀成果奖第六届评选委员会的通知》

成省评委会，一般评委改称“评审专家”。2009年8月，山东省社会科学界第六次代表大会之后组建了第七届评审专家库。评审专家是从我省高校系统、党校系统、省直有关部门、社科院系统、社科联系统和市宣传部等有关部门推选的专家学者和有学术造诣的同志，经由所属单位公示后，报省评委会批准的。第七届评审专家库由500多人组成，每五年调整一次。

（三）开展网上申报工作

随着互联网技术的发展和普及，从2010年第二十四次评奖工作开始采用网上申报登记、网上展示成果的方法，以扩大成果的社会影响，并接受社会监督；由评委会办公室在规定时间内对网上申报成果进行初步技术审核，以提高报审材料的规范性和准确率；统一对申报作品进行查新，作为评审的重要依据。

（四）严格评价标准

从2007年的第二十一次评奖工作开始，采取按评价标准打分与无记名投票相结合的方法评选成果，其中，评价标准依据创新程度、完备程度（综合水平）、难易程度（研究难度）、成果价值等四个方面划分为A、B、C、D、E五个等级，由专家按照评价标准的四个方面和打分

山东省社会科学优秀成果奖专家评选赋分标准

评价指标	评价内容	权重	专家评分										
创新程度	运用新的研究方法，通过系统论证丰富和发展了某种重要理论观点，在学科体系创新和实践创新上都有体现。	3	7	6.5	6	5.5	5	4.5	4	3.5	3	2.5	2
综合水平	选题立意新颖，提出新的理论观点，对学科领域和重要问题做出系统描述、分析和概括，具有一定的理论和现实意义。	2	7	6.5	6	5.5	5	4.5	4	3.5	3	2.5	2
研究难度	研究主题重大，鲜明，理论难点多，学科基础相对薄弱，资料搜集与处理有一定难度。	2	7	6.5	6	5.5	5	4.5	4	3.5	3	2.5	2
成果价值	对解决重要理论和现实问题有推动作用，对学科发展、学术研究有促进作用，对山东地方经济社会发展有重要价值。社科普及作品通俗易懂、深	3	7	6.5	6	5.5	5	4.5	4	3.5	3	2.5	2

山东省社会科学优秀成果奖专家评选赋分标准

依据进行等级的划分和打分，并给每项成果写出评语。此后，又在评审的重要环节实行差额投票与等额投票相结合、无记名投票与实名投票相结合的方法，对重大成果和一等奖采取多轮实名投票，确保评奖工作的公正性和权威性。从第二十五次评奖开始，对于省社科联组织的从社会渠道申报的成果，初评时试行匿名评审。

（五）强化评审监督工作

从2005年第十九次评奖开始，设置纪律监督组，监督组成员由省社科联驻会领导成员、机关工作人员和部分评审专家担任，在省评委会领导下工作。监督组的工作职责是监督申报和评审工作全过程，如发现违反评奖规定和纪律的行为，及时报省评委会处理，以此来保障评奖工作的公平、公正。2009年以后，规定各学科组评审专家的住处相对隔离，并封存通信工具，实行评审专家个人公正与廉政承诺制度，加强对评审的监督和自律规范。

（六）增加学科组

为了顺应我省各个学科发展的实际情况，曾多次调整学科组的设置：2005年增设了应用成果奖项，主要奖励应用研究和社科普及读物方面的成果；2008年又将学科组调整为经济学、管理学、政治学法学、哲学社会学、文化学、教育学、文学语言学、历史学、普及与应用等9个学科组；次年，又把政治学、法学分组评审，增加为10个学科组，使得评选学科组的分类和设置更加规范、科学、合理。

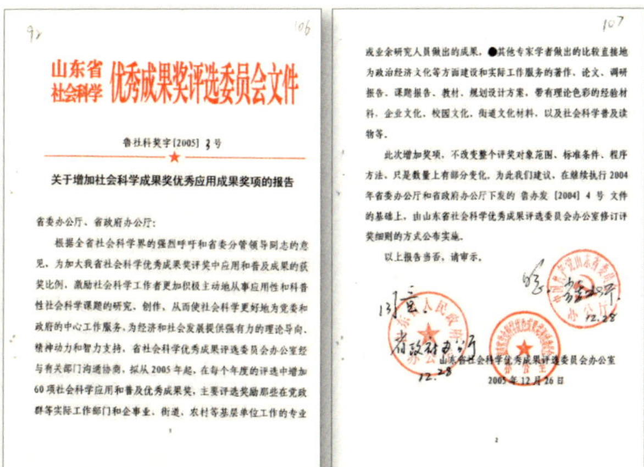

山东省社会科学优秀成果奖评选委员会文件

鲁社科奖字[2005] 3号

关于增加社会科学成果奖优秀应用成果奖项的报告

省委办公厅、省政府办公厅：

根据全省社会科学界的强烈呼吁和省委分管领导同志的意见，为加大我省社会科学优秀成果奖评奖中应用和普及成果的获奖比例，激励社会科学工作者更加积极主动地从事应用性和科普性社会科学课题的研究、创作，从而使社会科学更好地为党委和政府的中心工作服务，为经济和社会发展提供强有力的理论导向、精神动力和智力支持，省社会科学优秀成果评选委员会办公室经与有关部门沟通协商，拟从2005年起，在每个年度的评选中增加60项社会科学应用和普及优秀成果奖，主要评选奖励那些在党政群等实际工作部门和企事业、街道、农村等基层单位工作的专业或业余研究人员做出的成果，其他专家学者做出的比较直接地为政治经济文化等方面建设和实际工作服务的著作、论文、调研报告、课题报告、教材、规划设计方案，带有理论色彩的经验材料，企业文化、校园文化、街道文化材料，以及社会科学普及读物等。

此次增加奖项，不改变整个评奖对象范围、标准条件、程序方法，只是数量上有部分变化。为此我们建议，在继续执行2004年省委办公厅和省政府办公厅下发的 鲁办发〔2004〕4号 文件的基础上，由山东省社会科学优秀成果评选委员会办公室修订评奖细则的方式公布实施。

以上报告当否，请审示。

山东省社会科学优秀成果评选委员会办公室

2005年12月26日

《关于增加社会科学成果奖优秀应用成果奖项的报告》

（七）奖项奖金的变动

从2006年第二十次社会科学优秀成果奖评选工作开始起，将获奖成果数量由210项提高到240项；2007年又增加到260项；2011年获奖总数提高到270项。2007年第二十一次评奖时开始设置重大成果奖、突出贡献奖和学科新秀奖；著作类一等奖奖金提升到2.5万元，文章类一等奖奖金增加到1.5万元，重大成果奖5万元，突出贡献奖2万元，学科新秀奖1.5万元。研究和解决经济社会发展中的重大理论与现实问题，对于产生重大经济或社会效益的成果可授予重大成果奖，如达不到标准可空缺。山东省社会科学突出贡献奖和学科新秀奖是两个人才方面的奖项，突出贡献奖评选 65 周岁以上的专家学者，学科新秀奖评选 35 周岁以下的专家学者，每年评选一次，每项均不超过 5 名。

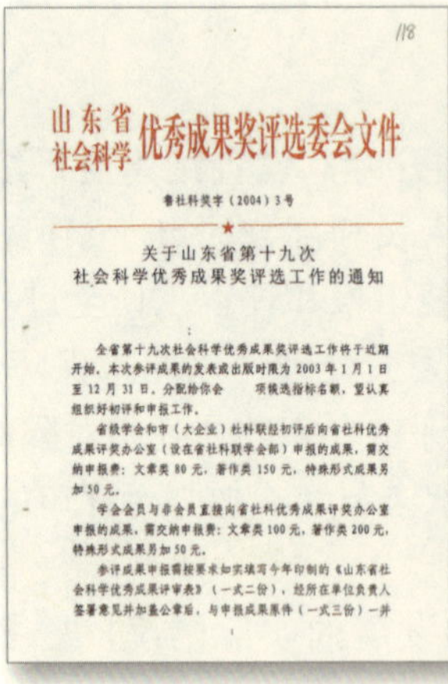

山东省社会科学优秀成果奖评选委会文件

鲁社科奖字（2004）3号

关于山东省第十九次社会科学优秀成果奖评选工作的通知

：

全省第十九次社会科学优秀成果奖评选工作将于近期开始。本次参评成果的发表或出版时限为 2003 年 1 月 1 日至 12 月 31 日。分配给你会　　项候选指标名额，望认真组织好初评和申报工作。

省级学会和市（大企业）社科联经初评后向省社科优秀成果评奖办公室（设在省社科联学会部）申报的成果，需交纳申报费：文章类 80 元，著作类 150 元，特殊形式成果另加 50 元。

学会会员与非会员直接向省社科优秀成果评奖办公室申报的成果，需交纳申报费：文章类 100 元，著作类 200 元，特殊形式成果另加 50 元。

参评成果申报需按要求如实填写今年印制的《山东省社会科学优秀成果评审表》（一式二份），经所在单位负责人签署意见并加盖公章后，与申报成果原件（一式三份）一并

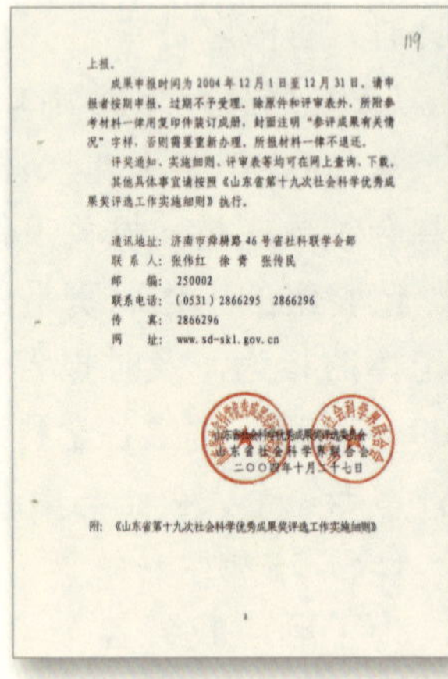

上报。

成果申报时间为 2004 年 12 月 1 日至 12 月 31 日。请申报者按期申报，过期不予受理。除原件和评审表外，所附参考材料一律用复印件装订成册，封面注明“参评成果有关情况”字样，否则需要重新办理。所报材料一律不退还。

评奖通知、实施细则、评审表等均可在网上查询、下载。

其他具体事宜请按照《山东省第十九次社会科学优秀成果奖评选工作实施细则》执行。

通讯地址：济南市舜耕路 46 号省社科联学会部
联系人：张伟红　徐青　张传民
邮　　编：250002
联系电话：（0531）2866295　2866296
传　　真：2866296
网　　址：www.sd-skl.gov.cn

山东省社会科学优秀成果奖评选委员会
山东省社会科学界联合会
二〇〇四年十月二十七日

附：《山东省第十九次社会科学优秀成果奖评选工作实施细则》

《关于山东省第十九次社会科学优秀成果奖评选工作的通知》

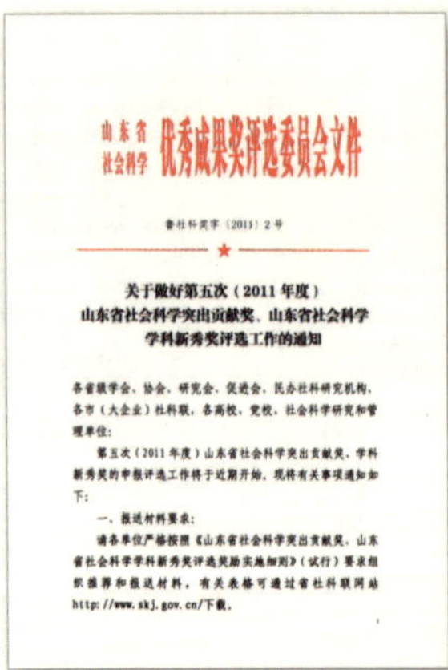

山东省社会科学优秀成果奖评选委员会文件

鲁社科奖字〔2011〕2号

关于做好第五次（2011 年度）山东省社会科学突出贡献奖、山东省社会科学学科新秀奖评选工作的通知

各省级学会、协会、研究会、促进会、民办社科研究机构，各市（大企业）社科联，各高校、党校、社会科学研究和管理单位：

第五次（2011 年度）山东省社会科学突出贡献奖、学科新秀奖的申报评选工作将于近期开始，现将有关事项通知如下：

一、报送材料要求：

请各单位严格按照《山东省社会科学突出贡献奖、山东省社会科学学科新秀奖评选奖励实施细则》（试行）要求组织推荐和报送材料，有关表格可通过省社科联网站 http://www.skj.gov.cn/下载。

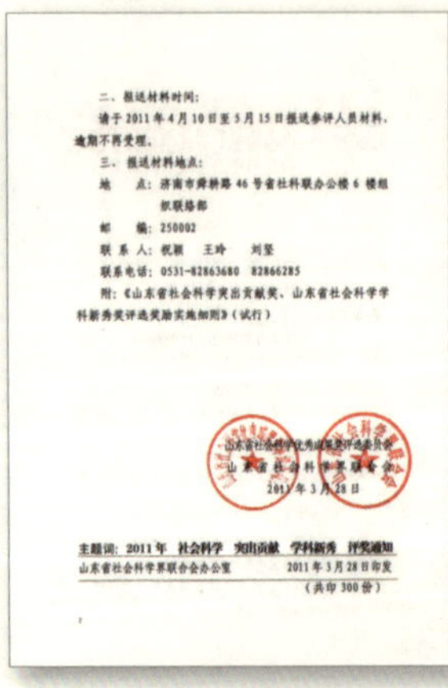

二、报送材料时间：

请于 2011 年 4 月 10 日至 5 月 15 日报送参评人员材料，逾期不再受理。

三、报送材料地点：

地　　点：济南市舜耕路 46 号省社科联办公楼 6 楼组织联络部
邮　　编：250002
联 系 人：祝颖　王玲　刘坚
联系电话：0531-82863680　82866285

附：《山东省社会科学突出贡献奖、山东省社会科学学科新秀奖评选奖励实施细则》（试行）

山东省社会科学优秀成果奖评选委员会
山东省社会科学界联合会
2011 年 3 月 28 日

主题词：2011 年　社会科学　突出贡献　学科新秀　评奖通知

山东省社会科学界联合会办公室　　2011 年 3 月 28 日印发

（共印 300 份）

《关于做好第五次（2011 年度）山东省社会科学突出贡献奖、山东省社会科学学科新秀奖评选工作的通知》

2008 年 9 月 10 日，山东省第二十二次社会科学优秀成果奖、第二次社会科学突出贡献奖和学科新秀奖颁奖大会在济南召开。

随着山东省社科成果的大量涌现，优秀作品也越来越多，评奖工作经受的压力越来越大，如何好中选好、优中选优是评奖工作要面对的问题。省社科联和评奖办围绕着这些问题进行调研，召开优秀成果评奖工作会议，集思广益找办法、解决问题。2004年，省社科联召开了首次全省社会科学研究与优秀成果评奖工作会议，邀请全省各系统科研管理部门的科研管理人员及部分获奖作者，围绕如何制定优秀成果评价指标体系、如何对评委会加强管理、如何促进获奖成果转化等问题进行了深入研讨，为改进评奖工作提供了重要依据。

2007年8月，由省社科联组织发起，在山东威海召开了全国社科优秀成果奖评选工作改革研讨会，来自全国14个省、市社科联的负责同志和评奖办公室主任参加了会议。会议对各地评奖工作的基本情况、基本经验、基本模式进行了介绍，对评奖工作中存在的问题和改革措施进行了研讨。2009年11月，省社科联又在青岛组织召开了全国部分省（市、区）社会科学优秀成果评选工作改革研讨会。

经过各方面的努力改进，评奖工作更加科学、规范，评奖机制更加严谨、公正，从而激发了广大社科工作者的研究热情和申报积极性，保证了申报成果“量”与“质”的同步提升。从2012年3月8日山东省社会科学优秀成果奖评选委员会和山东省社会科学界联合会公布的《山东省社会科学优秀成果奖评选工作实施细则》可以看出，评奖工作既继承了前面阶段积累的成功经验和好的做法，又在解决问题的过程中不断创新，充分显示出评奖体系的适应性、科学性和有效性。如下面列举的条例和评奖程序与方法：

◆ 评奖对象与范围

凡我省个人或集体的人文社会科学研究成果，包括学术专著、课题项目、学术理论文章、调研报告、决策咨询文稿、科普读物、志书、教科书、工具书、学术译著、古籍整理和注释等，均可申报参加评奖。

参评成果包括：经政府新闻出版管理部门批准的正式报刊发表的文章或正式出版社出版的著作；虽未公开发表，但确有较高学术水平，对实际工作有重要指导作用，并经省委、省政府及省部级以上部门批示或采用、推广，具有较大经济和社会效益的研究报告、方案、建议；经省级以上社科规划部门、软科学规划部门、省社科联科研课题等立项并通过鉴定的社科相关成果。

◆ 评奖条件与标准

山东省社会科学优秀成果奖参评的成果必须遵守宪法和法律，符合党的理论、路线、方针、政策，联系实际，注重创新，有较高的学术水平或实际应用价值，有良好的社会效益和较好的文风。

1. 基础研究

在选题上有重要意义，在学术上达到先进水平，在观点上有重要发展和创新，在本学科、本专业学术领域填补某项空白，或在原有研究基础上有新的建树，或在某些问题的研究上有科学的、独到的见解，对学科发展起到了重要作用。

2. 应用研究

在研究解决我国、我省或本地本部门经济、政治、文化、社会以及生态文明建设和党的建设等重要问题上有创见，对省委、省政府及有关部门、企事业单位重大决策的形成具有重要参考价值，为重大现实问题的解决发挥了积极促进作用，并取得较大经济效益或社会效益。

3. 科普读物

在宣传普及马列主义、毛泽东思想、邓小平理论、“三个代表”重要思想和科学发展观等重大战略思想，宣传普及社会科学基本知识与科学精神、科学态度、科学方法，促进社会主义经济建设、政治建设、文化建设、社会建设、生态文明建设和党的建设等方面发挥了积极作用，具有较强的科学性、知识性，文字通俗易懂，为公众所喜闻乐见。

4. 翻译论著

符合版权规定，体现原著原意，对研究我国、我省改革开放和经济社会发展中的理论问题和实际问题具有重要参考价值和借鉴作用。

5. 古籍整理

释义、注疏准确，完整保持原作内容，在史料、史实考证上有新发现，或纠正了前人的某些讹脱。

6. 志书、教科书、工具书

观点正确，资料翔实可靠，具有科学性、系统性和准确性，正确解释或反映国内外最新研究成果，对科研、教学和实际工作有重要参考价值。

◆ 评奖程序与方法

网上申报 所有参评者均应按照规定的评奖范围和条件，采取互联网网上登记、申报以及相关成果网上链接展示的形式，在评奖办公室指定的网站公开申报，展示参评成果概要，经省评奖办公室初步审核同意后，下载、填报《山东省社会科学成果评奖申报登记表》《山东省社会科学优秀成果评审表》。

↓

书面申报材料 申报者需要填写相关纸质材料，并作匿名处理。所有申报成果必须进行查新和做CIP核字号验证。查新报告书由查新机构统一反馈给评奖办，由作者提供保证书号属实的证明一份。

↓

资格审查 高等院校、党校、科研机构由该单位科研部门对申报成果进行资格审查后，统一报送。

↓

成果初评 省级学会、市和大企业社科联根据评奖范围、标准和申报要求，按照省评委会分配的限额，经过初评，选出上报成果，一并报送省评奖办公室。省教育厅从荣获一等奖的高校社科优秀成果中选出符合参评要求和时限规定的成果前20项，报送省评奖办公室。省人力资源和社会保障厅从荣获一等奖的人事科研成果中选出符合参评要求和时限规定的成果前5项，报送省评奖办公室。山东社科论坛一等奖获奖成果（在论文或著作正式发表或出版后）、省社科普及年度十大优秀作品、省社科联年度科研课题结项后评选出的20%优秀成果，报送省评奖办公室。

作者直接向省评奖办公室申报的成果，由省社科联组织初评，实行匿名评选。学会、市和大企业社科联组织的初评，亦应采取相同的匿名方法或自行制定评选方法，但必须经评委会集体民主讨论，并通过记名投票方式，根据分配名额按分数或票数由高到低筛选并确定出上报的成果。

↓

专家总评

山东省社会科学优秀成果奖的总评，通过山东省社会科学优秀成果奖评选委员会组织的专家评选会议进行。山东省社会科学优秀成果奖专家评选会议每年度进行一次，每次评选前隔一年的成果。根据各学科成果申报的数量等情况划分为经济学学科组、管理学学科组、政治学学科组、法学学科组、哲学社会学学科组、文化学学科组、教育学学科组、文学语言学学科组、历史学学科组、应用与普及组等10个学科组。各学科组专家按分配的指标，采取独立打分和民主讨论相结合的方式进行评选。

评选专家的产生（→专家总评）

每次到会的评选专家，由省评委会办公室根据各次参评成果在各学科的分布情况以及评选工作需要，从评选专家库中抽选专家，组成学科评选小组。各学科组评选专家参加评审，实行轮换、回避原则。凡连续参加了两次评选会议的专家，应间隔1～2次后才能视情况再参加评审会议。凡本人或直系亲属有成果参评的专家，不参加评选会议。丛书或课题参评，丛书主编和分册作者、课题组成员为评选专家的，均不参加评选会议。同一部门、单位的评选专家参加同一次评选会议，都要规定名额限制。

组织工作和纪律监督（→评选专家的产生；→专家总评）

为避免干扰，确保评奖工作公平公正，各学科组采取地点、空间相对隔离封闭的方式独立进行评选。在评奖期间设立评奖工作纪律监督组。与会人员凭出入证进入评选场所。收缴所有与会人员通信工具，每个学科组配备一部公用电话，由派驻本组的纪律监督人员保管，等等。

↓

终审评定 专家总评会议结束后，由省评委会召开全体成员会议，对专家评选会议评出的结果进行最终评审，并决定获奖名单。

↓

公示 经山东省社会科学优秀成果评选委员会最终评审通过的各等次社科优秀成果，经15天社会公示，无异议后方为有效。

↓

公布 公示没有任何异议后，通过下发文件、《大众日报》刊登、山东省社会科学界联合会网站登载等形式公布。

四、创新发展

党的十八大以来，省评奖办加大对社科评奖工作的调研和改进力度，在不断总结经验的基础上，建立完善以质量为导向的成果评价机制和以贡献为导向的人才评价机制；继续完善申报、查新查重、客观赋分、专家评选、审定、公示、表彰、推介等程序，使各个评审环节设计日臻完善健全，评审过程更加严谨认真，一套系统完备的评奖体系逐渐建立；通过评审专家的严格遴选，全程引入高考管理监督机制，严格查重关，邀请省外专家参与评审活动等一系列新举措，进一步保证了评奖工作的公开透明，提高获奖作品的“含金量”，构建起制度化、常态化、科学化、规范化的良好评价机制，充分发挥了社会科学优秀成果奖的激励作用，让更多优秀成果和人才脱颖而出。期间，评选出 2077 项优秀作品和 2109 个奖项，其中，一等奖 205 项（含并获重大成果奖或并获特等奖共 6 项），二等奖 775 项，三等奖 1096 项，特等奖 9 项（含入选《国家哲学社会科学成果文库》的 7 项成果），重大成果奖 24 项（含入选《国家哲学社会科学成果文库》的 19 项成果）；此外，还评选出了突出贡献奖 37 人，学科新秀奖 38 人。

（一）完善规章制度

为了进一步规范社科评奖工作，2016 年，省委办公厅、省政府办公厅联合印发了《山东省社会科学优秀成果评选奖励意见》，同时修订了《山东省社会科学优秀成果奖评选工作实施细则》。2018 年，再次对《山东省社会科学优秀成果评选奖励意见》进行修订。《山东省社会科学优秀成果评选奖励意见》共 11 个部分，分别从总体要求、奖项设置与数量、评选对象与范围、奖励标准与经费、评奖机构与职责、评选条件与要求、申报办法与要求、评选程序与方法、评奖工作监督、获奖使用等方面作了具体规定。《山东省社会科学优秀成果奖评选工作实施细则》也一并进行相应调整，为评奖工作的

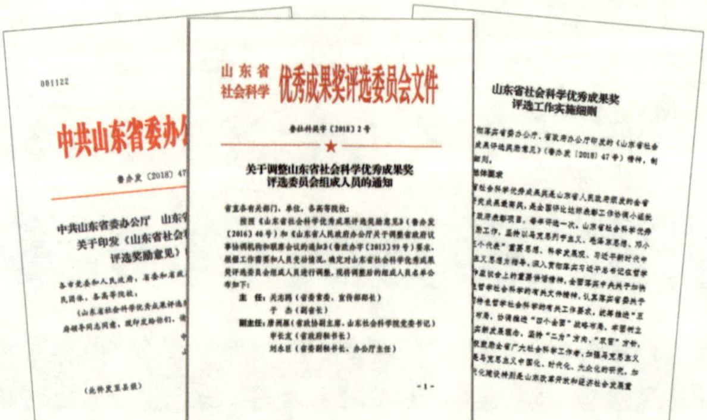

通过不断修订完善的评选奖励办法、评委会构成和具体实施细则，使评奖工作有了更加科学规范的依据。

顺利进行打下了坚实基础。

（二）完善监督机制

在省评选委员会基础上，增设评审委员会和监督委员会，对省评选委员会负责。其中，评审委员会由省评委会部分成员组成，主要负责领导、组织、协调评选工作，审定学科组召集人和成员组成等；监督委员会由驻省委宣传部纪检组、省委宣传部、省社科联纪检人员和专家代表组成，负责对评选专家抽选、客观赋分抽查审核等重要环节的监督，对评奖工作进行全程监督和检查。参评成果及反响在申报平台发布展示，所有客观赋分审核专家、专家评选会议评选专家、监督员全部在专家库中随机抽取，确定学科组召集人、分配指标、录入分数、划定入围线等，全部实行阳光操作。所有客观赋分通过授权推荐单位与申报者见面，打通公开、公正、公平“最后一公里”。社科评奖工作还借鉴高考管理监督模式，采取集中封闭评选、手机统一管理、评奖全程监控、不得询问评选专家的名字和单位、不得单独与评选专家接触等措施，最大限度地营造公平、公正、安静、独立的评奖环境和风清气正的学术氛围，确保评审专家不受外部因素的影响。所有奖项都由学科组推荐产生，一等奖由全体评选专家投票决定，并在大屏幕上当场公布，在省级媒体公示获奖成果和评选专家、赋分审核专家、监督员名字。同时，严格筛选参选作品，所有申报作品必须过查新查重关，文章重复率要提供第三方机构出具的《文本复制检测报告单》，保证申报作品的高水平、高质量、高标准。

评奖场所全部实时监控。

（三）完善专家遴选机制

在监督委员会的监督下，通过电脑随机抽选评审专家，坚持轮换和回避原则，实行一年一轮换的制度，形成常态化的更新轮换机制和动态管理制度。同时，根据成果的学科分布情况，对应抽取该专业的评选专家，确保评选专家专业方向与参评成果的一致性。2016年省评奖办组建了新的客观赋分审核专家库和评选专家库，明

现场随机抽取评选专家。

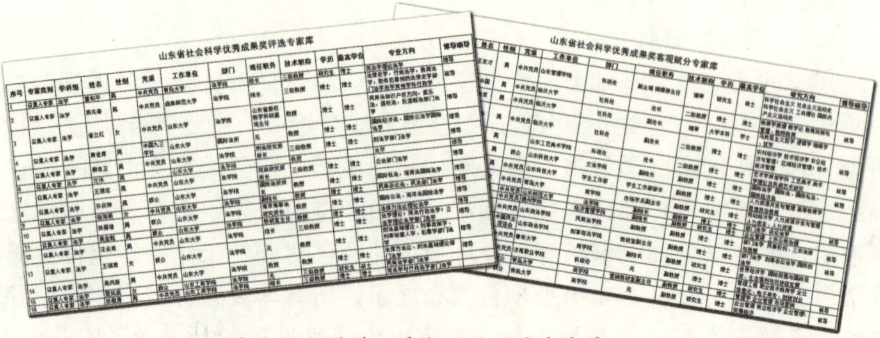

山东省社会科学优秀成果奖评选专家库

确提出了入库标准，提高了评审专家库的入库门槛，评选专家三分之一是三级以上教授或博导。在2019年的评奖工作中，首次邀请外省专家参与评选，改进同行评价，由江苏省社科联随机抽取10名高水平专家，参与专家评选会议，更彻底地打破地域、单位、学科、个人门户之见，提高评奖工作的权威性、公平性、客观性和公信力，这也成为当年评选工作中最大的创新、亮点。

（四）完善评价机制

制定出台了《山东省社会科学优秀成果奖基础理论A类成果客观分数评价标准》《山东省社会科学优秀成果奖智库研究、应用与普及B类成果客观分数评价标准》，细化客观分数的评分标准。在向全省几百个单位征求意见的基础上，详细界定并划分客观基础分值和反响分值。改进定性定量相结合的评价方式，客观赋分实行组与组之间对调赋分并审核（最高分30分），评选专家会议采取专家独立审读成果、背靠背打分（最高分70分）与学科组民主评议相结合的方式评选。各学科组采取记名投票方式，评选出本组二、三等奖成果，推荐出本组一等奖和特等奖候选成果。在传阅候选成果的基础上，举行全体评选专家会议介绍候选成果情况，然后投票产生一等奖和特等奖，并直接用大屏幕当场显示票数和结果。评选会议结束后，召开省评委会会议，对各奖项成果进行审核确定。

反复核对、校正客观分数。

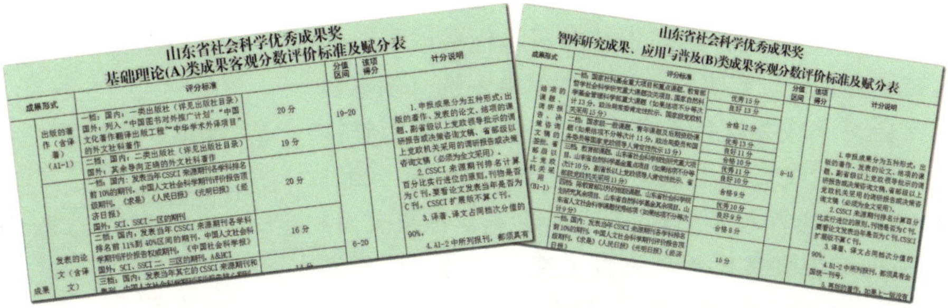

山东省社会科学优秀成果奖 A、B 类成果客观分数评价标准及赋分表

山东省第二十九次社会科学优秀成果奖客观赋分会议召开。

评选专家认真填写选票。

评选专家观看大屏幕投票显示情况。

山东省第三十次社会科学优秀成果奖评选会议召开。

评选委员会会议审定山东省第三十二次社科优秀成果奖评选结果。

（五）完善奖项奖金、学科设置

2012年11月，山东省社会科学优秀成果奖评选委员会会议研究决定，凡我省作者入选《国家哲学社会科学成果文库》的优秀成果，均作为省社会科学重大成果奖予以奖励，并对2010年、2011年、2012年我省入选《国家哲学社会科学成果文库》的14项成果直接授予重大成果奖，并对获奖作者进行表彰，颁发证书，每项成果奖励5万元。

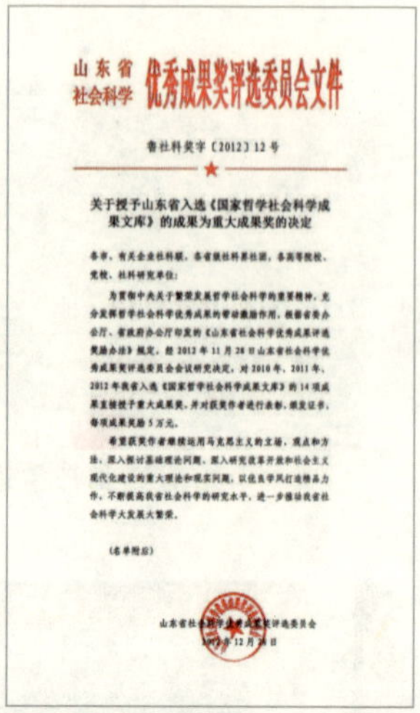
山东省社会科学优秀成果奖评选委员会文件

鲁社科奖字〔2012〕12号

关于授予山东省入选《国家哲学社会科学成果文库》的成果为重大成果奖的决定

山东省社会科学优秀成果奖评选委员会

《关于授予山东省入选〈国家哲学社会科学成果文库〉的成果为重大成果奖的决定》

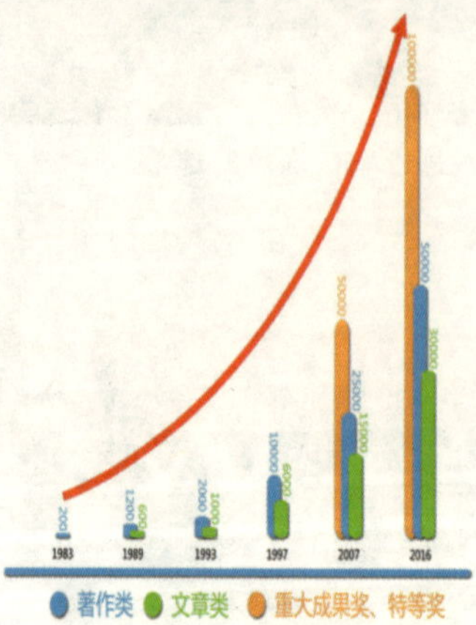

获奖成果奖金快速增长曲线图

2016年第三十次评奖时奖项数调整为250项，同时将重大成果奖改为特等奖，增加奖金数额，特等奖10万元，著作类一等奖5万元，文章类一等奖3万元。同时，变更特等奖的产生方式，在评出一等奖的基础上，进行投票选出特等奖。此外，进一步优化学科组设置，第三十次评奖时增设了智库研究成果组。

（六）完善优秀成果推介制度

习近平总书记要求，对优秀成果不仅要“评出来”，更要注重“推广开”。省社科联高度重视获奖成果的推介和转化应用，不断探索传播形式和渠道，除了在山东省社会科学数据中心、山东社科网、省社科联微信公众号宣传推介之外，还与《大众日报》、山东卫视、齐鲁网、新浪山东等多家媒体联手打造多重获奖成果推介平台；通过《山东社科成果专报》《社科应用与普及》使许多优秀成果得到中央和山东省委省政府领导签批并用于决策；编辑出版获奖成果文集《山东省社会科学优秀成果奖获奖作品概览》；在山东省图书馆设立专门展厅向公众开放展示获奖成果及相关资料，进一步扩大获奖成果的知名度和影响力，让优秀成果在宣传中得到大众了解，在展示中得到社会应用。

山东省图书馆设立专门展厅展示获奖成果。

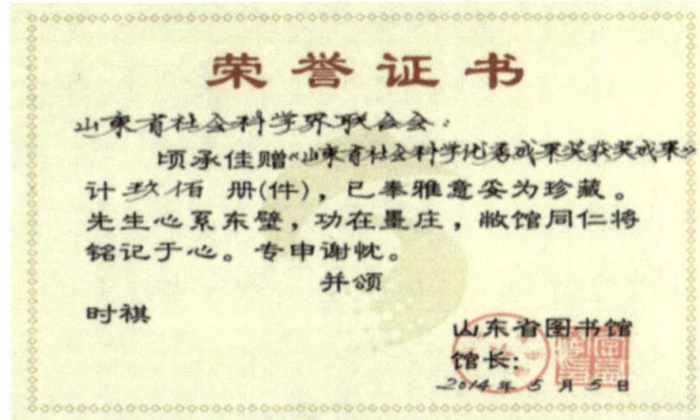

荣誉证书

山東省社会科学界联合会：

　　项承佳赠《山東省社会科学优秀成果奖获奖成果》计玖佰册(件)，已奉雅意妥为珍藏。先生心系东壁，功在墨庄，敝馆同仁将铭记于心。专申谢忱。

并颂

时祺

山东省图书馆

馆长：

2014年5月5日

山东省图书馆颁发赠书荣誉证书。

《山东社科界》刊发优秀作品。

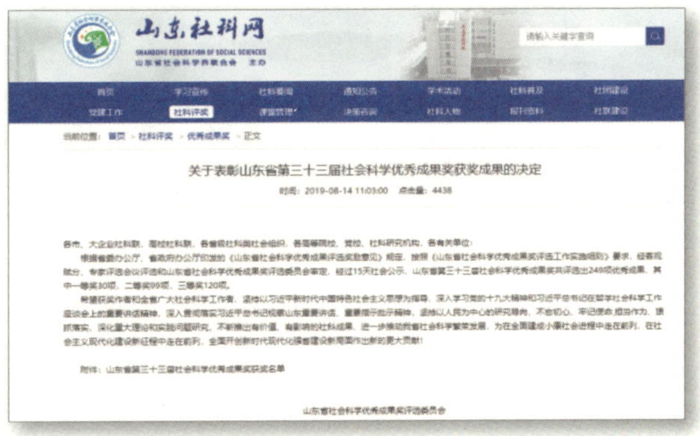

山东社科网刊发获奖成果信息。

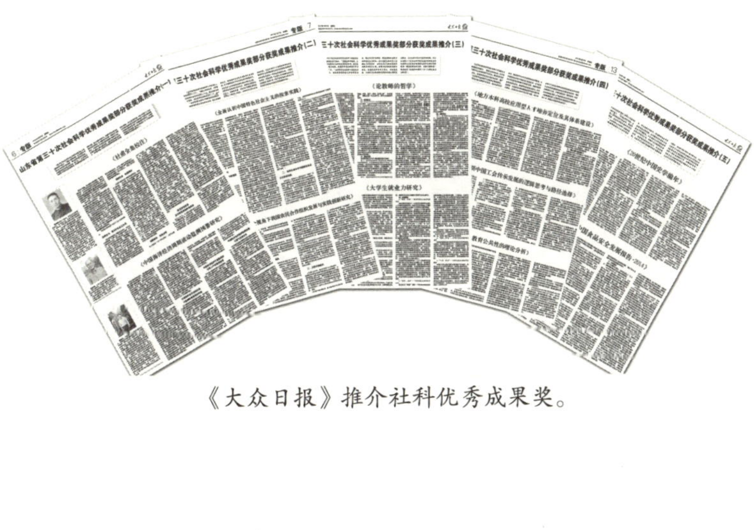

《大众日报》推介社科优秀成果奖。

党的十八大以来，在省委、省政府正确领导和省委宣传部具体指导下，山东省社会科学优秀成果奖评选在不断探索中改进创新，建立和完善了一个系统的以马列主义、毛泽东思想、邓小平理论、“三个代表”重要思想、科学发展观、习近平新时代中国特色社会主义思想为指导，坚持以人民为中心的研究导向，以为人民做学问为重心，坚持严谨规范、客观公正的原则，以引导加强马克思主义基本理论尤其是马克思主义中国化、时代化、大众化的研究，加强社会主义现代化建设特别是山东改革开放和经济社会发展重大理论和实践问题的研究为目标，以定量赋分与定性分析、专家独立审读评判与学科组民主评议、内部监督与社会监督结合评价为手段，以高考管理监督模式为保障，以公众普遍高度认可为支撑的科学权威、公开透明的社会科学成果评价体系。经过多年的实践探索，在实践中取得很好成效，评奖公信力和权威性大幅度提高，得到全省社科界和社会各界好评，有力地推动了全省哲学社会科学事业的繁荣发展，为全面开创新时代现代化强省建设新局面作出了重要贡献。

省评奖办委托省内第三方机构在全省范围内围绕评价标准、评奖办法、专家构成和组织程序等内容在全省社科界353个单位开展调研，发放问卷，召开不同层面的座谈会，以期得到关于评奖工作的真实情况。此外，还分别赴北京、上海、浙江、江苏、天津等兄弟省区市学习考察评奖经验，同时还召开研讨会交流评奖工作经验。

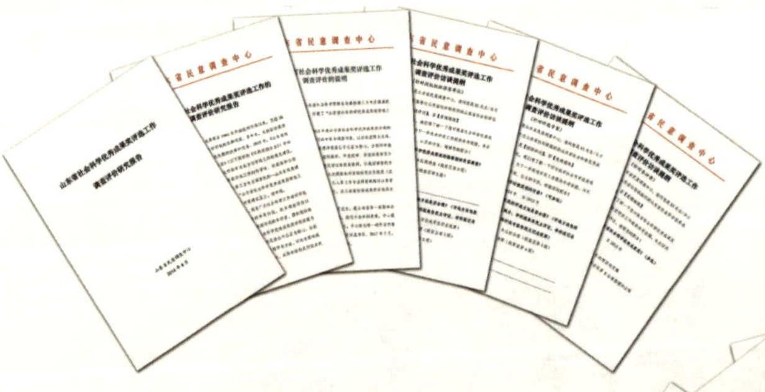

2016年，山东省社会科学优秀成果奖评选工作调查评价研究报告（部分）。

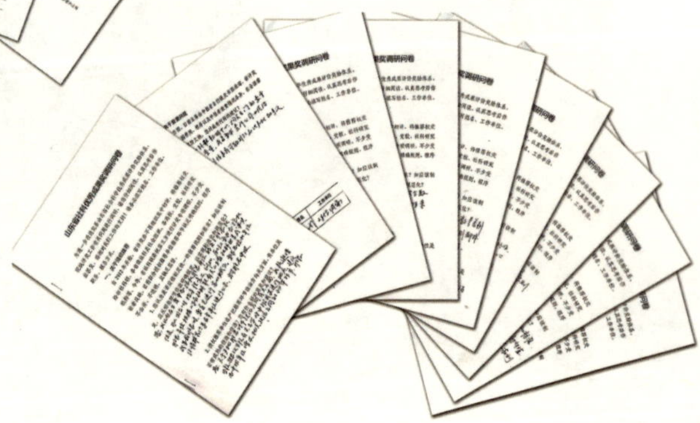

山东省民意调查中心印发《山东省社会科学突出贡献奖（或学科新秀奖）评审工作调查评价访谈提纲》。

到江苏省社科联进行专题调研。

到江苏省社科联学习调研。

到上海市社科联进行专题调研。

召开省社科优秀成果奖评价体系建设座谈会。

2019 年 9 月 19 日，省社科联在济南组织召开了全国社科评奖工作研讨交流会议。

经过不断改进，现在评奖流程主要包括网上申报、成果发布、查新查重、组织推荐、客观赋分、专家评选、评委会审定、公示、公布等环节。正在使用的评奖程序和方法如下：

网上申报

省评奖办下发申报推荐通知，开通网上申报系统，实行信息填报、网上审核、成果展示、社会监督“一条龙”，所有申报成果及其反响材料在网上全文电子版发布。

授权推荐单位推荐

根据评奖实施细则规定要求，凡网上通过审核的申报成果数量超过3项的单位为授权推荐单位。根据各单位近三年来获奖平均数和当年成果申报数，综合制定出推荐指标分配方案，即近三年来的平均获奖数按60%计入指标，当年成果申报数按40%计入指标，二者相加（四舍五入）作为该单位的推荐指标数。

随机抽取客观赋分审核专家和评选专家

省评奖办对客观赋分审核专家库和评选专家库进行动态管理，形成常态化的完善更新机制，目前入库专家3000多人，涉及21个学科门类，近300个研究方向。参加评选会议的专家和客观赋分审核专家，在监督委员会监督下，通过电脑随机抽选产生。专家遴选坚持轮换和回避原则，前一年已参加过评选工作，以及本年度本人或直系亲属有成果申报的专家，不参加当年评奖工作。原则上同一部门、单位评选专家不超过3人，同一部门、单位在同一学科组的评选专家最多只能有1人。

客观赋分

建立《山东省社会科学优秀成果奖基础理论（A）类成果客观分数评价标准》和《山东省社会科学优秀成果奖智库研究、应用与普及（B）类成果客观分数评价标准》，界定并划分客观基础分值和反响分值。客观赋分采取封闭匿名的形式进行。赋分人员以及监督员、联络员全部通过抽签确定学科组。每个学科组由2名专业人员赋分，1名审核专家审核；打完本学科组分数后，两个学科组对调重新赋分并审核。一份成果由4个人打分，2个专家审核，6个人共同确定一项成果的分数，而且在监督组监督下当场将其密封。客观分数通过授权推荐单位与成果申报者见面。

专家接龙打分

根据当年申报成果总体情况，细化学科组，每个学科组随机抽取5名左右专家，采取接龙打分形式进行。每名专家互不见面，打完分数后将其签字封存，由监督组统一存放。所有专家全部打完后，在纪检人员监督下，开封记录分数，去掉一个最高分，去掉一个最低分，剩余分数取平均数作为该成果的专家评选得分。

专家评选会议

专家评选分数与客观赋分分数合并排序，按照一定比例划定入围线，经学科组民主评议后以记名投票方式，确定本组二、三等奖和一等奖（含特等奖）候选成果。在各组传阅讨论一等奖（含特等奖）候选成果的基础上，由全体专家记名投票产生一等奖和特等奖。

评选委员会会议审核确定

评选会议结束后，省社科优秀成果奖评选委员会召开会议，听取评选情况汇报，审议确定所有拟获奖成果并进行表决。

公示

在《大众日报》和省社科联网站（山东社科网）对拟获奖成果公示15天；在公示获奖成果的同时，公布评选专家、客观赋分审核专家以及监督员名单，并公布举报电话。

纪律监督

引入高考管理和监督模式，全部实行封闭匿名评选。监督委员会对重点环节全过程监督。启动电子监控设施，统一管理通信工具，任何人、任何时间、任何地点，与评选专家见面时必须三人以上。评选专家签署诚信承诺书，与工作人员实行双向监督。

山东省第三十三届社科优秀成果奖客观赋分会议召开。

山东省第三十三届社科优秀成果奖专家评选会召开。

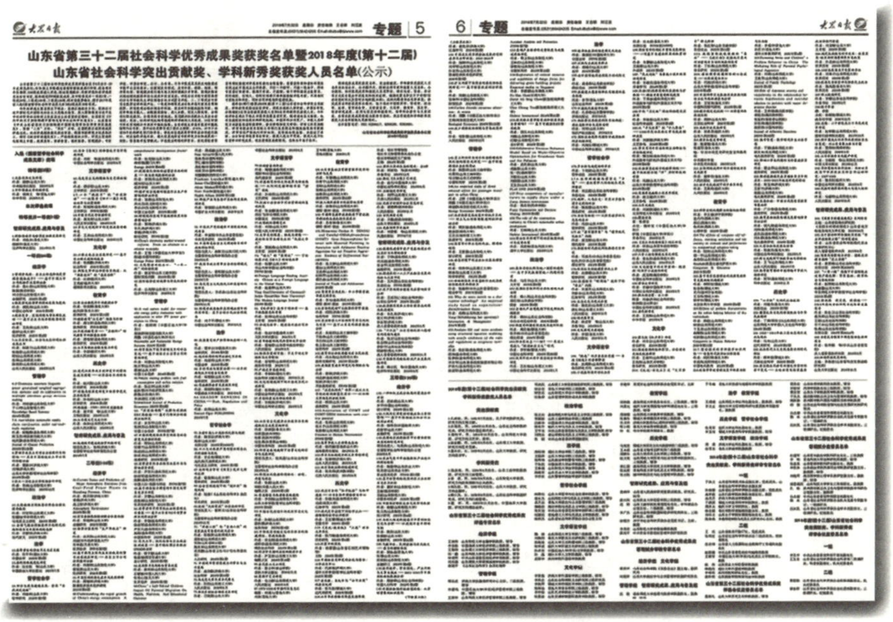

山东省第三十二届社会科学优秀成果奖获奖名单暨2018年度(第十二届)山东省社会科学突出贡献奖、学科新秀奖获奖人员名单(公示)

《大众日报》公示社科优秀成果奖。

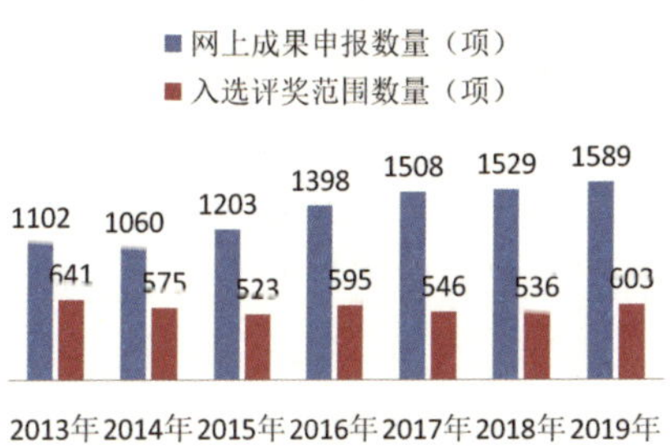

2013 ~ 2019 年山东省社会科学优秀成果奖申报数量及入选评奖范围数量

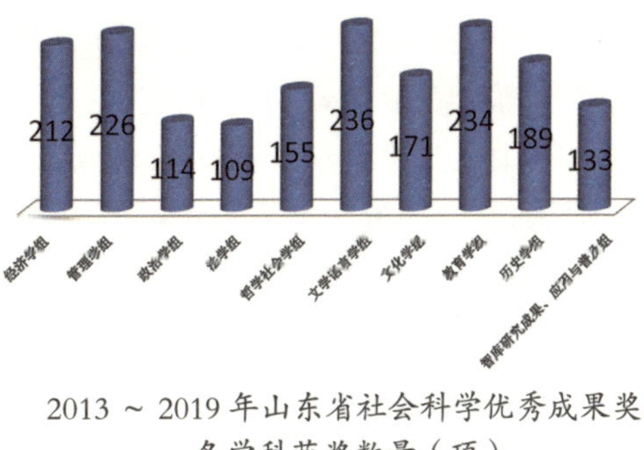

2013 ~ 2019 年山东省社会科学优秀成果奖各学科获奖数量（项）

山东省社会科学优秀成果奖评选工作走过了不平凡的38年，从不完善到逐步完善，从不规范到逐步规范，现今已形成了一套完整成熟的制度化的、科学的评价体系，在“树导向，出成果，推人才，正学风”等方面发挥着显著作用，有力地推动了全省哲学社会科学事业的繁荣发展。评奖工作所取得的业绩也得到了上级部门的肯定和全省社会各界的好评。仅党的十八大以来，就得到省领导批示30多次。2016年，《光明日报》以《山东探索创新哲学社会科学优秀成果奖评价体系》为题，以内参形式对山东社科成果评奖经验进行推介，并报中央办公厅、国务院办公厅、中宣部、中央档案馆。全国兄弟省、区、市前来交流座谈评奖经验达20多次。2017年在全国社科联联席会议上，山东代表团关于评奖的发言获得与会代表的充分肯定和好评。2015年，《山东省社会科学优秀成果奖评选机制创新》项目，以总分第一名的成绩获第二届省政府文化创新奖。省内评奖专家和社科界专家学者对评奖工作也高度肯定和认同。获得优秀成果奖，既是对出色的科学工作的一种奖励，也是社会科学工作者的一种荣誉。科学严谨的评奖工作正激励着全省广大社会科学工作者发扬成绩，不断创造新的辉煌。

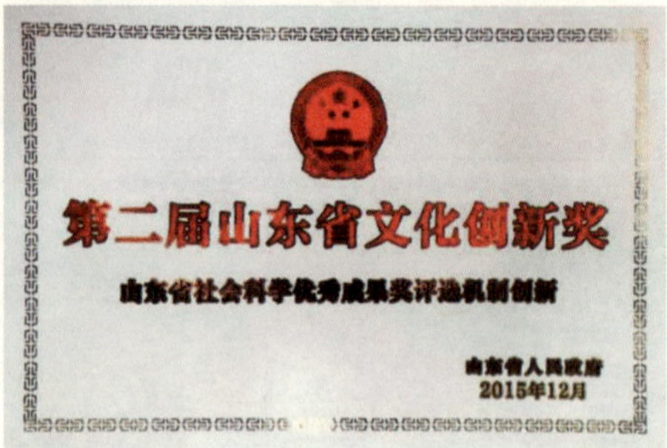

《山东省社会科学优秀成果奖评选机制创新》获第二届省政府文化创新奖。

五、山东省社科突出贡献奖、学科新秀奖

山东省社会科学突出贡献奖、学科新秀奖于2007年设立，是山东省社会科学优秀成果奖重要组成部分，属于人才类奖项。每年评选一次，每次不超过5名（可空缺），目前共评出突出贡献奖62名、学科新秀奖63名。

（一）申报条件

申报突出贡献奖，年龄须在60周岁（含）以上，在某一学科领域作出重要贡献，在全国具有重要影响，获得过5项（含）省部级以上社科成果奖励，其中至少有1项省部级社科成果一等奖（第一作者）；申报学科新秀奖，年龄须在39周岁（含）以下，有较大发展潜力，正式出版、发表、完成过5项（含）以上重要科研成果，获得过至少1项省部级社科成果二等奖（第一作者）或至少2项省部级社科成果三等奖（第一作者）。

（二）评选程序

采取个人网上申报、单位（部门）组织推荐、专家会议评选、组织人事

考察、省评委会审定、社会公示相结合的办法进行。其中，会议评选专家随机抽选产生，评审严格按照相关标准，分两组分别审读材料、评议、提名候选人，在听取各组汇报、讨论审议的基础上，大会实名投票表决，评出获奖考察人选，监督组全程进行监督。由省评奖办组织考察组，对获奖人选德、能、勤、绩、廉等情况进行深入考察后，再公示公布。

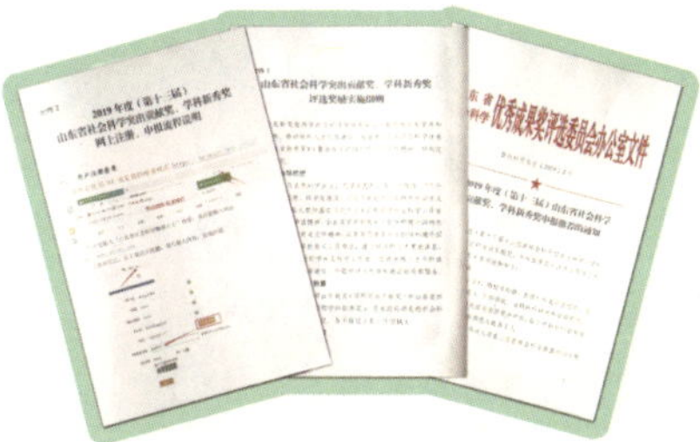

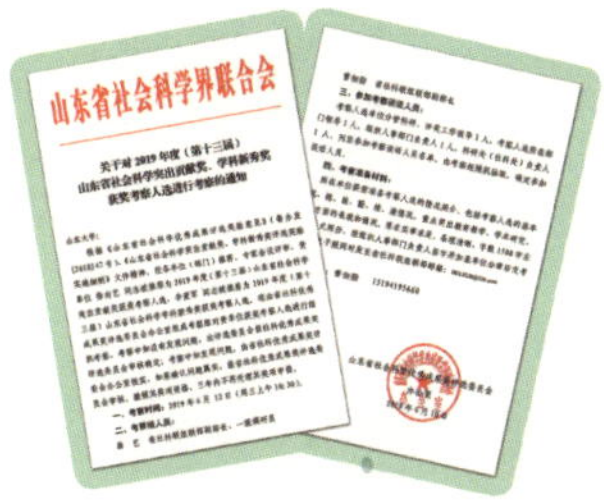

省社科联印发社会科学突出贡献奖、学科新秀奖评选细则、申报说明及考察通知。

2018年，第十二届山东省社会科学突出贡献奖、学科新秀奖评选会议。

2019年，第十三届山东省社会科学突出贡献奖、学科新秀奖分组评选会场。

2019年，第十三届山东省社会科学突出贡献奖、学科新秀奖投票统计现场。

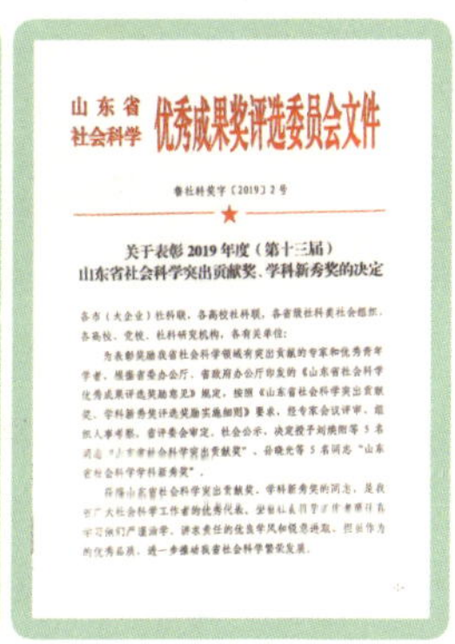

公示、公布突出贡献奖、学科新秀奖。

表 3-1　山东省社会科学突出贡献奖、学科新秀奖历届成员名单

	山东省社会科学突出贡献奖（62 人）		山东省社会科学学科新秀奖（63 人）	
	姓名	单位、职称	姓名	单位、职称
2007 年度（第一次）	安作璋	山东师范大学教授	王旭东	山东省财政厅研究员
	周来祥	山东大学教授	高利平	山东社会科学院副研究员
	戚其章	山东社会科学院研究员	王格芳	中共山东省委党校副教授
	袁世硕	山东大学教授	柴　焰	中国海洋大学副教授
	卢希悦	山东财政学院教授	胡钦晓	曲阜师范大学科研处副处长
2008 年度（第二次）	孔庆明	烟台大学教授	王　军	中共山东省委党校副教授
	孔范今	山东大学教授	刘　瑾	聊城大学教授
	朱德发	山东师范大学教授	李中国	临沂师范学院教授
	路　遇	山东社会科学院研究员	李欣人	山东大学副教授
	颜景策	山东省淄博市经济开发联合运输部总经理、高级经济师	金　刚	中共济南市委党校讲师
2009 年度（第三次）	卢培琪	山东社会科学院原院长、教授	尤战生	山东大学副教授
	刘蔚华	省社科联原主席、教授	许启发	山东工商学院统计学院副院长、教授
	李衍柱	山东师范大学教授	郝良华	中共山东省委党校哲学部领导学教研室副主任、副教授
	赵明义	山东大学教授	唐汉卫	山东师范大学教育学院副院长、教授
	徐振贵	曲阜师范大学教授	梁丽霞	济南大学法学院副院长、副教授
2010 年度（第四次）	卢新德	山东社会科学院研究员	刁统菊	山东大学副教授
	张承芬	济南大学教授	孙书文	山东师范大学副教授
	杨玉珍	东营市黄河三角洲保护与发展研究中心研究员	张　伟	山东社会科学院副研究员
	夏之放	山东师范大学教授	张平华	烟台大学副教授
	郭延礼	山东大学教授	魏　东	中共山东省委党校副教授
2011 年度（第五次）	王　玮	山东师范大学教授	王璟珉	山东财政学院副教授
	乔　力	山东社会科学院研究员	李婷婷	聊城大学讲师
	刘增人	青岛大学教授	吴爱华	鲁东大学副教授
	栾贻信	山东理工大学教授	张　嵩	青岛大学教授
	曾繁仁	山东大学教授	焦宝乾	山东大学威海分校教授

续表

	山东省社会科学突出贡献奖（62人）		山东省社会科学学科新秀奖（63人）	
	姓名	单位、职称	姓名	单位、职称
2012年度（第六次）	朱文兴	中共济南市委党校教授	刘 涛	山东政法学院讲师
	刘再生	山东师范大学教授	赵付科	山东财经大学副教授
	张志毅	鲁东大学教授	姜丽静	曲阜师范大学副教授
	孟庆仁	山东社会科学院研究员	高功敬	济南大学讲师
	钱曾怡	山东大学教授	黄凯南	山东大学教授
2013年度（第七届）	孙 斌	山东社会科学院副研究员	王崇峰	青岛大学副教授
	李新泰	中共山东省委党校教授	韦 倩	山东大学副教授
	郭明瑞	烟台大学教授	卢衍鹏	枣庄学院讲师
	崔海正	济南大学教授	田 原	山东建筑大学副教授
	董绍克	山东师范大学教授	刘旻航	山东财经大学副教授
2014年度（第八届）	王志民	山东师范大学教授	冯文娜	山东大学副教授
	刘大钧	山东大学教授	刘 刚	曲阜师范大学副教授
	李庆臻	济南大学教授	刘华军	山东财经大学教授
	张可礼	山东大学教授	肖建红	青岛大学教授
	张鸿魁	山东社会科学院研究员	鞠 岩	中国海洋大学讲师
2015年度（第九届）	马龙潜	山东大学教授	公茂刚	山东理工大学讲师
	田建国	山东省委高校工委教授	李光全	中共青岛市委党校副教授
			李增元	曲阜师范大学副教授
			汪霏霏	山东社会科学院助理研究员
			袁学良	山东大学副教授
2016年度（第十届）	石兴泽	聊城大学教授	王 芬	山东大学副教授
	宋士昌	山东社会科学院教授	冯永刚	山东师范大学教授
	姜振昌	青岛大学教授	谢申祥	山东财经大学教授
	傅永聚	曲阜师范大学教授	潘娜娜	中共青岛市委党校副教授
	臧旭恒	山东大学教授		
2017年度（第十一届）	王秀银	山东社会科学院研究员	孙华臣	山东省宏观经济研究院助理研究员
	毕宪顺	鲁东大学教授	孙灵燕	山东社会科学院副研究员
	李永清	中共山东省委党校教授	纪林芹	山东师范大学教授
	李爱华	山东师范大学教授	张夫伟	鲁东大学副教授
	郑杰文	山东大学教授		

续表

山东省社会科学突出贡献奖（62 人）			山东省社会科学学科新秀奖（63 人）	
	姓名	单位、职称	姓名	单位、职称
2018 年度（第十二届）	孔祥林	孔子研究院研究员	陈彦亮	山东工商学院副教授
	庄维民	山东社会科学院研究员	姜　琪	山东财经大学教授
	周均平	山东师范大学教授	钱先航	山东大学教授
	赵金鹏	山东理工大学教授	韩小凤	山东社会科学院副研究员
	葛本仪	山东大学教授	戴　昕	中国海洋大学教授
2019 年度（第十三届）	刘焕阳	鲁东大学教授	孙晓光	曲阜师范大学副教授
	范跃进	青岛大学教授	李爱军	山东大学教授
	郑贵斌	山东社会科学院研究员	张兆林	聊城大学讲师
	徐向艺	山东大学教授	程　钰	山东师范大学副教授
	魏　建	山东师范大学教授	管洪彦	山东政法学院副教授

六、山东省社科优秀成果奖一等奖及以上奖项名录

表 3-2　山东省社会科学优秀成果奖数量汇总（单位：项）

时间	奖次	一等奖	二等奖	三等奖	特别贡献奖	荣誉奖	重大成果奖	特等奖
1983 年	第 1 次	10	54	106				
1985 年	第 2 次	10	59	142				
1987 年	第 3 次	10	54	132				
1989 年	第 4 次	3	53	128	2			
1990 年	第 5 次	4	54	142				
1991 年	第 6 次	5	53	140				
1992 年	第 7 次	9	50	137	2			
1993 年	第 8 次	7	54	139		1		
1994 年	第 9 次	9	49	140				
1995 年	第 10 次	9	50	140	1			
1996 年	第 11 次	9	51	140	1			
1997 年	第 12 次	19	51	138		1		
1998 年	第 13 次	20	50	139				
1999 年	第 14 次	17	53	140				
2000 年	第 15 次	18	52	139				
2001 年	第 16 次	16	54	140				

续表

时间	奖次	一等奖	二等奖	三等奖	特别贡献奖	荣誉奖	重大成果奖	特等奖
2002 年	第 17 次	17	53	139				
2004 年	第 18 次	19	61	119				
2005 年	第 19 次	20	60	120				
2006 年	第 20 次	20	80	140				
2007 年	第 21 次	19	91	150				
2008 年	第 22 次	13	93	147			4	
2009 年	第 23 次	20	90	150				
2010 年	第 24 次	19	91	148			2	
2011 年	第 25 次	20	91	156			3	
2012 年	第 26 次	22	102	174			1	
2013 年	第 27 次	22	90	148			2	
2014 年	第 28 次	21	92	147			3	
2015 年	第 29 次	21	91	148			4	
2016 年	第 30 次	29	101	120				5
2017 年	第 31 次	30	100	119				1
2018 年	第 32 次	30	100	120				3
2019 年	第 33 次	30	99	120				

备注：①表中数据含有并获奖项和随评奖大会一起被授予重大成果奖或特等奖的入选《国家哲学社会科学成果文库》优秀成果；② 2012 年 12 月 28 日，我省入选《国家哲学社会科学成果文库》的 14 项优秀成果被授予重大成果奖，未列入该表。

表 3-3　第 1 ~ 33 届山东社会科学优秀成果奖（特别贡献奖、荣誉奖、重大成果奖、特等奖、一等奖）汇总表

获奖时间	获奖作品
第一届社科优秀成果奖（1981 年 7 月 ~ 1983 年 6 月，一等奖 10 项）	《计划生育“三为主”工作方针》（论文，荣成县计划生育局）、《科学社会主义》（增订本）（著作，赵明义）、《中国共产党历史讲义》（著作，孙敦璠等）、《中国法律制度史》（著作，乔伟）、《中国农民战争问题论丛》（著作，孙祚民）、《北洋舰队》（著作，戚其章）、《曲阜鲁国故城》（著作，山东省文物考古研究所等）、《〈反杜林论〉释注》（著作，《〈反杜林论〉释注》编写组）、《雕龙集》（著作，牟世金）、《简明同义词典》（著作，张志毅）
第二届社科优秀成果奖（1983 年 7 月 ~ 1985 年 6 月，一等奖 10 项）	《古钱新探》（著作，朱活）、《世界史近代史》（上、下册）（著作，刘祚昌等）、《秦汉官制史稿》（上、下册）（著作，安作璋等）、《汉赋研究》（著作，龚克昌）、《李大钊思想研究》（著作，吕明灼）、《美学问题论稿》（著作，周来祥）、《学习马克思主义经典作家论党风与世界观》（著作，赵文禄等）、《两汉汉语研究》（著作，程湘清）、《国际共产主义运动史》（上、下册）（著作，王礼训等）、《小学作文四步训练》（著作，李昌斌等）

续表

获奖时间	获奖作品
第三届社科优秀成果奖（1985年7月～1987年6月，一等奖10项）	《生态经济学》（著作，马传栋）、《马克思与〈资本论〉》（著作，徐杰等）、《银行利率在宏观经济调节中的作用》（著作，丁畅敏等）、《毛泽东伦理思想简论》（著作，刘广东）、《小学教育大全》（著作，李建纲）、《清代和民国山东移民东北史略》（著作，路遇）、《山东省情》（著作，中共山东省委研究室）、《信息处理用现代汉语三万词语集》（著作，葛本仪）、《中国五四文学史》（著作，朱德发）、《明清之际中西关系简史》（著作，张维华）
第四届社科优秀成果奖（1987年7月～1988年6月，特别贡献奖2项，一等奖4项）	《中共山东党史大事记（1921～1949）》（著作，特别贡献奖，山东省委党史资料征集研究委员会）、《中共冀鲁豫边区党史大事记》（著作，特别贡献奖，中共冀鲁豫边区党史编委会）、《毛泽东哲学思想纲要》（著作，樊瑞平）、《中国公文学》（著作，苗枫林）、《文字学教程》（著作，姜宝昌）、《蒲松龄事迹著述新考》（著作，袁世硕）
第五届社科优秀成果奖（1988年7月～1989年6月，一等奖4项）	《山东省固定资产投资规模评价及调控对策》（著作，王建亭）、《日本哲学史教程》（著作，王守华）、《汉语大词典》（第三卷）（著作，吉常宏等）、《刘邦评传》（著作，安作璋）
第六届社科优秀成果奖（1989年7月～1990年6月，一等奖5项）	《山东省经济和社会发展战略（1988～2000）》（著作，郭新璋等）、《内部控制系统评价方法》（著作，山东省审计科研所等）、《县级改革的理论与实践》（著作，高昌礼等）、《古字通假会典》（著作，高亨等）、《马克思主义典型学说史纲》（著作，李衍柱）
第七届社科优秀成果奖（1990年7月～1991年6月，特别贡献奖2项，一等奖10项）	《中国共产党山东省组织史资料——中共山东省组织发展史概要》（著作，特别贡献奖，高克亭等）、《冀鲁豫边区革命史》（著作，特别贡献奖，山东省党史征集委员会）、《我国工业结构不规则演进的历史分析》（著作，庄德钧）、《个体工商业的命运和前途》（著作，聂景康）、《中国海洋区域经济研究》（著作，蒋铁民）、《管仲思想对老子道论的影响》（论文，王德敏）、《中国地方国家权力机关》（著作，鲁士恭）、《自然美系统》（著作，李丕显）、《汉语语法专题研究》（著作，高更生）、《甲午战争史》（著作，戚其章）、《隋唐五代史》（上、下）（著作，王仲荦）、《杰斐逊传》（著作，刘祚昌）
第八届社科优秀成果奖（1991年7月～1992年6月，荣誉奖1项，一等奖7项）	《中国古代民族关系问题探究》（著作，荣誉奖，孙祚民）、《小康之路初探》（著作，张殿忠）、《工商税收管理学》（著作，栾维晋）、《多属性对象系统的综合评价》（论文，朱孔来）、《公民权利义务通论》（著作，徐显明）、《巴克莱哲学研究》（著作，傅有德）、《马克思恩格斯艺术哲学》（著作，狄其骢）、《“音乐审美感觉”研究纲要》（著作，邵桂兰）
第九届社科优秀成果奖（1992年7月～1993年6月，一等奖9项）	《〈资本论〉管理思想研究》（著作，卢希悦）、《走向市场经济的成功之路——青岛双星集团调查报告》（1～4）（论文，李锦）、《生存权论》（论文，徐显明）、《历史原脉与现实走向—历史社会学研究》（著作，吴忠民）、《阿拉伯哲学史》（著作，蔡德贵）、《中国近代文学发展史》（1～3卷）（著作，郭延礼）、《试论“积淀说”与“突破说”》（论文，陈炎）、《先秦大文学史》（著作，赵明）、《先秦山东地区宗法研究》（论文，王钧林）

续表

获奖时间	获奖作品
第十届社科优秀成果奖（1993年7月～1994年6月，特别贡献奖1项，一等奖9项）	《光辉的二十八年——新民主主义革命时期中共山东党史画集》（著作，特别贡献奖，中共山东省委党史研究室）、《天堑化通途——渤海海峡跨海通道研究》（著作，渤海海峡跨海通道课题组）、《地方财政理论与实践》（著作，柏继民）、《晚年毛泽东的艰苦探索》（著作，王立胜）、《第一生产力论》（著作，李庆臻等）、《墨经训释》（著作，姜宝昌）、《审美鉴赏系统模型》（著作，杨曾宪）、《现代法人产权制度的形成、特征和功能》（论文，蔺子荣）、《论我国行政体制改革的双向目标结构》（论文，包心鉴）、《农村教育与农村现代化——山东莱芜农科教协调发展的启示》（论文，刘荣勤）
第十一届社科优秀成果奖（1994年7月～1995年6月，特别贡献奖1项，一等奖9项）	《八路军山东纵队史》（著作，特别贡献奖，八路军山东纵队史编审委员会）、《山东国有企业市场化改造》（著作，刘蔚华）、《山东省人口经济地图集》（著作，山东省统计局）、《文化哲学的当代视野》（著作，邹广文）、《周恩来文艺思想新论》（著作，王凤胜）、《韵略汇通音系研究》（著作，张玉来）、《山东通史》（10册）（著作，安作璋等）、《刘知几评传》（著作，许凌云）、《制度创新与利益关系调整——国有企业制度创新理论探讨》（论文，于良春）、《略论邓小平的领导观》（论文，邵景均）
第十二届社科优秀成果奖（1995年7月～1996年6月，荣誉奖1项，一等奖19项）	《西方文化与近代中国》（著作，荣誉奖，胡滨）、《建设海上中国纵横谈》（著作，王诗成）、《黄河三角洲开发：中国重大的科技经济课题》（著作，李殿魁）、《地方财政调控探析》（著作，黄可华）、《中国企业集团研究》（著作，迟树功）、《组群式城市地域农业人口转化机制研究》（著作，吴玉麟等）、《中国民法史》（著作，孔庆明等）、《用人科学研究丛书》（著作，赵文禄）、《古代的美　近代的美　现代的美》（著作，周来祥）、《中国现代杂文史论》（著作，姜振昌）、《聊斋志异艺术研究》（著作，张稔穰）、《山东省志·方言志》（著作，山东省地方史志编纂委员会）、《王弼评传》（著作，王晓毅）、《山东省抑制通货膨胀对策研究》（报告，林书香）、《论投资周期与经济周期》（论文，吴玉奉）、《正确而深刻的理解：邓小平通向马克思主义的桥梁》（论文，商志晓）、《山东省地方科技法规系统研究》（报告，郭庆存）、《中考招生制度改革实验与研究》（论文，佘荣福等）、《文化的转移》（论文，韩民青）、《耜形端刃器的分类和分期》（论文，王永波）
第十三届社科优秀成果奖（1996年7月～1997年12月，一等奖20项）	《发展与起飞：转型中的山东经济》（著作，丁少敏）、《投资基金——原理·国际比较·中国模式》（著作，胡金焱）、《社会主义的历史命运》（著作，赵明义）、《塑造论哲学导引》（著作，张全新）、《教育评价概论》（著作，侯光文）、《中国古代戏剧统论》（著作，徐振贵）、《国外语言学通观》（上、下）（著作，李延福）、《中国政治制度通史·第三卷秦汉》（著作，孟祥才）、《两汉乡村社会史》（著作，马新）、《保护生态环境　促进环渤海经济圈可持续发展——关于环渤海经济圈可持续发展的调查研究报告》（论文，卢新等）、《二阶段理论：外商直接投资新的分析模型》（论文，吴彬等）、《规范税费减轻农民负担》（论文，樊丽明等）、《社会主义市场经济的民主政治分析》（论文，包心鉴）、《社会主义民主最广泛的实践》（论文，岳岩等）、《对一个贫困山村计划生育协会工作的调查与思考》（论文，王秀银）、《从社会结构的职能性与利益性看改革》（论文，韩民青）、《双序结合整体教改实验研究报告》（论文，赵承福）、《生命艺术化　艺术生命化——宗白华的生活美学新体系》（论文，李衍柱）、《从启蒙主义到存在主义——当代中国先锋文学思潮论》（论文，张清华）、《唐代西北少数民族人口初探》（论文，崔明德）

续表

获奖时间	获奖作品
第十四届社科优秀成果奖（1998年1月~1998年12月，一等奖17项）	《支持黄河三角洲可持续发展最终报告》（著作，杨玉珍等）、《"海上山东"建设概论》（著作，郑贵斌等）、《当代哲学人类学》（四卷）（著作，韩民青）、《二十世纪中国作家心态史》（著作，杨守森）、《战国策文新论》（著作，郑杰文）、《中共山东地方史》（第一卷）（著作，中共山东省委党史研究室）、《当前我省财政工作的重点及深化改革的基本思路》（论文，张昭立）、《关于海尔集团建立市场化经营管理机制的调查报告》（报告，省联合调查组）、《非税财政收入研究》（论文，卢洪友）、《煤炭城市资源开发利用与环境保护研究》（论文，马传栋）、《80年代以来西方失业理论的新进展》（论文，唐绍欣等）、《关于我国物权立法的三点思考》（论文，郭明瑞）、《慈善事业：中国社会保障的配套工程——关于中国慈善事业发展问题的战略思考》（论文，孙铭浩等）、《山东省中小学学生素质发展目标研究》（报告，《山东省中小学学生素质发展目标研究》课题组）、《山东高等教育改革和发展研究》（论文，山东省教委《山东高等教育改革和发展研究》课题组）、《跨世纪历史性转换的前奏——美学转型问题研究综论》（论文，周均平）、《抗战前期国民政府对印支通道的经营》（论文，刘卫东）
第十五届社科优秀成果奖（1999年1月~1999年12月，一等奖18项）	《企业管理国际比较——中日美德企业管理比较、借鉴与创新》（著作，赵景华等）、《山东省扩大内需对策研究》（报告，倪永康等）、《坚持有所为有所不为　促进国有企业改革和发展》（论文，张昭立）、《农民负担"费"改"税"的可行性研究》（论文，岳连宏等）、《垄断与竞争：中国银行业的改革和发展》（论文，于良春等）、《有中国特色社会主义的真谛》（著作，赵明义等）、《农村剩余劳动力转移区域研究》（著作，李玉江等）、《以具体的历史条件为转移——邓小平理论怎样把马克思主义推向新阶段》（论文，包心鉴）、《论担保物权的竞存》（论文，刘保玉）、《儿童社会性发展》（著作，张文新）、《从可持续发展到转移式发展》（论文，韩民青）、《活动道德教育模式的理论构想》（论文，戚万学）、《文化转换中的世界华文文学》（著作，黄万华）、《匡谬正俗平议》（著作，刘晓东）、《五四文学文体新论》（论文，朱德发等）、《论〈公莫舞〉非歌舞剧演出脚本——兼与赵逵夫先生商榷》（论文，叶桂桐）、《近代中日关系与朝鲜问题》（著作，王如绘）、《元代刑法轻重考辨》（论文，赵文坦）
第十六届社科优秀成果奖（2000年1月~2000年12月，一等奖16项）	《企业的进入退出与产业组织政策——以汽车制造业和耐用消费品制造业为例》（著作，杨蕙馨）、《中国加入WTO对山东服务业的影响》（论文，卢新德）、《生态建设与环境保护的经济手段研究》（论文，马传栋）、《关于制度变迁的三个假说及其验证》（论文，黄少安）、《山东省农业积极合理有效利用外资的对策研究》（报告，范振洪等）、《中国贸易自由化进程中的适度保护问题探讨》（论文，范爱军）、《邓小平：在马克思主义发展史中》（著作，商志晓）、《春秋时期法律形式的特点及其成文化趋势》（论文，徐祥民）、《从国家化社会主义到社会化社会主义——兼论社会主义的本质特征》（论文，刘京希）、《中国人口通史》（上、下）（著作，路遇等）、《社会主义"世界历史性的"事业是一个过程——兼与赵家祥同志商榷》（论文，孟庆仁）、《近代汉语语法研究》（著作，冯春田）、《色彩艺术学》（著作，李广元）、《恶的审视与展现——论中国现代主义文学的创作母题》（论文，吕周聚）、《近代山东市场经济的变迁》（著作，庄维民）、《论拉丁美洲殖民制度的遗产》（论文，韩琦）

续表

获奖时间	获奖作品
第十七届社科优秀成果奖（2001年1月～2001年12月，一等奖17项）	《中国资源配置机制转换论》（著作，江奔东）、《农村土地承包30年不变政策实施过程评估》（报告，杨学成）、《山东省实施名牌战略提高主导产业竞争力问题研究》（报告，曹洪军）、《金融危机的国际传导机制探析》（论文，范爱军）、《县域可持续发展决策支持系统研究》（报告，张春光）、《经济全球化与我国刑事犯罪》（论文，李锡海）、《全球化与建设有中国特色社会主义》（论文，宋士昌）、《法学的入径与法律意义的创生——论哲学诠释学对中国法学与法治的可能贡献》（论文，齐延平）、《当代伊斯兰阿拉伯哲学研究》（著作，蔡德贵）、《山东省人口控制效益研究》（论文，王秀银等）、《中国文化史》（著作，张维青等）、《建设文化大省对策研究》（报告，王泽厚）、《中国生育文化发展研究报告》（报告，路遇）、《汉语称谓大词典》（著作，吉常宏）、《〈故事新编〉与中国新历史小说》（论文，姜振昌）、《中国运河文化史》（著作，安作璋）、《银雀山汉简中的官社经济体制》（论文，张金光）
第十八届社科优秀成果奖（2002年1月～2002年12月，一等奖19项）	《信息传播全球化与中国企业经营国际化战略》（著作，卢新德）、《矫治信用失常：中国经济发展软环境优化的重要举措》（论文，朱文兴）、《理性选择理论与法经济学的发展》（论文，魏建）、《流动性约束理论与转轨时期的中国居民储蓄》（论文，臧旭恒等）、《中国政治通史》（1～12卷）（著作，齐涛）、《全球化与社会主义社会文明》（论文，包心鉴）、《对中国古代法制研究中的几个思维定式的反思——兼论战国前法制研究的方法》（论文，徐祥民）、《现代唯物史观大纲》（著作，孟庆仁）、《马克思主义哲学研究的问题与出路——兼论唯物辩证法对形而上学的批判》（论文，郝立忠）、《学术论著注释和索引的规范与功能》（论文，杨昌勇）、《“文明”与“文化”》（论文，陈炎）、《多维视野中的鲁迅》（著作，冯光廉等）、《山东文学通史》（上、下卷）（著作，乔力等）、《论四十年代中国文学的世界化与民族化》（论文，朱德发）、《中国古代文学的重数传统与数理美——兼及中国古代文学的数理批评》（论文，杜贵晨）、《中国道教科学技术史·汉魏两晋卷》（著作，姜生等）、《自由主义与马克思主义：〈独立评论〉对中国共产党的态度》（论文，张太原）、《世纪抉择——黄河三角洲高效生态经济理论与实践》（著作，石军）、《山东农村人口转移与城市化的战略与对策研究》（报告，秦庆武）
第十九届社科优秀成果奖（2003年1月～2003年12月，一等奖20项）	《可持续发展经济学》（著作，马传栋）、《垄断与竞争：自然垄断性行业竞争机制与相关产业组织政策研究》（报告，于良春）、《论我国资本市场功能缺陷的深层次原因——基于资本成本的分析》（论文，邢乐成等）、《我国农村城市化中的县城建设模拟设计》（报告，高焕喜）、《管理熵理论——企业组织管理系统复杂性评价的新尺度》（论文，宋华岭等）、《继承法研究》（著作，郭明瑞等）、《保障党员民主权利是发展党内民主的关键》（报告，赵金鹏）、《论政府公共性》（论文，王振海）、《当代东方儒学》（著作，刘宗贤等）、《绿色生育工程研究》（论文，陈岱云）、《道德思维论》（著作，黄富峰）、《20世纪西方道德教育主题的嬗变》（论文，戚万学）、《关于学术期刊“困境与出路”讨论的反思》（论文，尹玉吉）、《路与灯——文艺学建设问题研究》（著作，李衍柱）、《论中国文学的现代转型与文学史重构》（论文，孔范今）、《走向文艺理论研究的综合创新》（论文，谭好哲）、《中国远古社会史论》（著作，马新等）、《北魏前期禁卫武官制度考论——以史籍记载为中心》（论文，张金龙）、《财政资金市场化运作研究》（著作，于国安）、《海洋新兴产业发展难点与对策研究》（报告，郑贵斌）

续表

获奖时间	获奖作品
第二十届社科优秀成果奖（2004年1月~2004年12月，一等奖20项）	《科学社会主义通论》（四卷）（著作，宋士昌）、《马克思主义中国化的历史经验与基本规律》（论文，包心鉴）、《环境权论——人权发展历史分期的视角》（论文，徐祥民）、《山东省财政分配结构研究》（著作，尹慧敏）、《山东中小企业技术创新能力研究》（报告，曲永义）、《中国农村人力资本收益率研究》（论文，侯风云）、《新中国人口五十年》（上、下册）（著作，路遇）、《全球化背景下的中国国家文化安全研究》（报告，于炳贵等）、《树立新工业化发展观与中国新工业化发展战略研究》（报告，韩民青）、《齐鲁文化通史》（八卷）（著作，安作璋等）、《论梅西安的节奏系统》（论文，郑中）、《高校学术权力与行政权力的耦合及机制创新》（论文，毕宪顺）、《20世纪中国近代文学研究学术史》（著作，郭延礼）、《孔尚任全集辑校注评》（全四册）（著作，徐振贵）、《议论的"曲张力"与鲁迅杂感文体的艺术特征》（论文，姜振昌）、《新生代长篇小说论》（论文，吴义勤）、《近代山东农村社会经济研究》（著作，唐致卿）、《近五十年的中国历史学》（论文，王学典）、《开放经济与中国产业组织研究》（著作，杨蕙馨等）、《青岛保税区区港联动试点情况报告》（报告，王怀岳）
第二十一届社科优秀成果奖（2005年1月~2005年12月，一等奖19项）	《企业跨国并购后整合管理研究》（报告，潘爱玲）、《国内外城市群发展模式与经验借鉴——兼论山东半岛城市群双阶段发展战略》（论文，王乃静）、《中国土地产权制度对农业经济增长的影响——对1949年~1978年中国陆农业生产效率的实证分析》（论文，黄少安）、《政党职能问题探讨》（论文，王韶兴）、《正确认识和处理构建和谐社会的辩证关系》（论文，刘德龙）、《社会环境与人才》（著作，齐秀生）、《中国高校人才供给产业人才需求拟合研究》（论文，鹿立）、《建立与农村经济体制相适应的医疗保障体制》（论文，李和森）、《创新教育书系》（著作，张志勇）、《21世纪中国成人教育学科体系结构及其分类研究》（报告，杜以德）、《农村经济发展对高等教育的需求》（报告，申培轩）、《中国现代文学期刊史论》（著作，刘增人等）、《老舍与二十世纪中国文学和文化》（著作，石兴泽）、《袁枚诗与白居易诗之"貌类"及内在成因》（论文，石玲）、《当代生态文明视野中的生态美学观》（论文，曾繁仁）、《日本工商资本与近代山东》（著作，庄维民）、《商王名号与上古日名制研究》（论文，张富祥）、《鲁苏沪浙粤经济社会发展比较研究》（著作，张卫国等）、《关于突出发挥青岛龙头带动作用的调研报告》（报告，省委、省政府"关于突出发挥青岛龙头带动作用"调研组）
第二十二届社科优秀成果奖（2006年1月~2006年12月，重大成果奖4项，一等奖13项）	《中国墨学通史》（上、下）（著作，重大成果奖，郑杰文）、《中国古代和亲通史》（著作，重大成果奖，崔明德）、《中国分省区历史人口考》（上、下）（著作，重大成果奖，路遇）、《先秦两汉文学考古研究》（著作，重大成果奖，廖群）、《垄断与竞争：中国市场结构模式研究》（著作，王庆功）、《国有经济主导作用与国有资本产业分布问题研究》（报告，郝书辰）、《公司治理制度安排与组织设计》（著作，徐向艺）、《全球信息战的新形势与我国信息安全战略的新思路》（报告，卢新德）、《党的历史方位的改变与理论思维的更新》（报告，李永清）、《城市低收入者群体人口社会保障问题研究》（报告，崔树义）、《中国上古文明考论》（著作，江林昌）、《传统汉字图形装饰》（论文，潘鲁生）、《高校和谐校园建设的理论与实践》（著作，刘向信等）、《20世纪美国道德教育研究》（报告，唐汉卫）、《秦汉审美文化宏观研究》（著作，周均平）、《现代性与文学性——关于中国现代文学研究的反思》（论文，张华）、《中华伦理范畴丛书》（十册）（著作，傅永聚）

续表

获奖时间	获奖作品
第二十三届社科优秀成果奖（2007年1月～2007年12月，一等奖20项）	《循环经济丛书》（六本）（著作，范跃进）、《技术进步促进就业的理论及政策建议》（论文，崔友平）、《中国自主创新中研发资本投入产出绩效分析——兼论人力资本和知识产权保护的影响》（论文，李平等）、《基于共同演化视角的跨国公司战略与产业集群互动研究》（著作，王益民）、《山东软件产业发展中政府作用的研究》（报告，方慧）、《企业车间系统结构与工艺复杂性多维度评价》（论文，宋华岭等）、《当今中国城市居民主观幸福感研究》（报告，邢占军）、《冷战后的中美关系》（著作，韩玉贵）、《党的建设深化发展的几个问题》（论文，商志晓）、《法律论证：一个关于司法过程的理论神话》（论文，桑本谦）、《赋比兴与中国诗学研究》（著作，刘怀荣）、《论块垒——文学理论元问题研究》（著作，夏之放）、《自由与局限：中国“新生代”小说家论》（论文，吴义勤）、《中国现代美育的历史进程与目标取向》（论文，谭好哲）、《泰山石刻》（十卷）（著作，袁明英）、《从参与民族国家建构到返归乡土语境——评20世纪的中国乡民艺术研究》（论文，张士闪）、《合作教学导论》（著作，王坦）、《美国外交思想史1775～2005》（著作，王玮等）、《昭穆制新探》（论文，张富祥）、《山东省循环经济发展战略研究》（报告，郑贵斌）
第二十四届社科优秀成果（2008年1月～2008年12月，重大成果奖2项，一等奖19项）	《山东省历史文化遗址调查与保护研究报告》（著作，重大成果奖，王志民）、《侵权立法若干问题思考》（论文，重大成果奖，郭明瑞）、《新农村建设中的公共品供需均衡研究》（著作，樊丽明）、《民营业科技企业创新服务体系的政策研究》（报告，张体勤）、《网络技术进步与旧技术平台的关闭》（论文，臧旭恒）、《相关技术与衍生技术对产业集聚的影响机理及我国吸引跨国公司直接投资政策研究》（报告，梁启华）、《灌溉水资源利用管理研究》（报告，胡继连）、《中国共产党现代化理论研究》（著作，李安增）、《政党权力的科学内涵与基本特征》（论文，王韶兴）、《疑案判决的经济学原则分析》（论文，桑本谦）、《犹太哲学史》（上、下卷）（著作，傅有德等）、《人口生育观念的嬗变与社会发展》（论文，陈岱云）、《当代中国审美文化》（著作，陈炎）、《洛庄汉墓出土乐器研究》（报告，郑中）、《自由派翻译传统研究》（著作，张彩霞）、《体育人文社会学的理论范式与动力机制研究》（报告，曹莉）、《现代传媒语境中的中国现代文学》（著作，周海波）、《明代儒学的嬗替与小说的流变》（论文，王平）、《东岳真形图的地图学研究》（论文，姜生）、《山东经济蓝皮书——2008年山东：加快转变经济发展方式》（著作，张卫国）、《资源环境约束下的区域技术创新研究》（报告，曲永义）
第二十五届社科优秀成果奖（2009年1月～2009年12月，重大成果奖3项，一等奖20项）	《齐鲁文学演变与地域文化》（著作，重大成果奖，李少群等）、《两汉全书》（著作，重大成果奖，董治安）、《山东半岛蓝色经济区战略研究》（著作，重大成果奖，张华）、《行业垄断对收入分配影响效应的实证分析与对策研究》（报告，崔友平）、《中国地区行政性垄断程度的测度研究》（论文，于良春）、《全球技术链与我国产业技术安全研究》（报告，毛荐其）、《环境保护与经济发展双赢的规制绩效实证分析》（论文，张红凤）、《大众传媒伦理研究》（著作，黄富峰）、《希伯来先知与儒家圣人比较研究》（论文，傅有德）、《农民工社会保障：现状、困境与影响因素分析》（论文，任丽新）、《中国特色社会主义理论体系若干问题研究》（著作，商志晓）、《政治体制改革：历史的经验和现实的选择》（论文，包心鉴）、《全球化与当代中国文化发展研究》（著作，周向军等）、《传统证据概念的拓展性分析》（论文，宋振武）、《两宋之交辞赋的传承与递变》（论文，刘培）、《探寻生命的庄严：沈从文创作主题论》（论文，康长福）、《中国近代音乐史简述》（著作，刘再生）、《儒学经世传统的复兴与近代中国的中学和西学观》（论文，孙占元）、《高等学校科技创新的实践与发展取向》（著作，张厚吉）、《当前中国道德教育的文化困惑与文化选择》（论文，戚万学）、《强化大学文化育人功能》（论文，韩延明）、《傅斯年社会政治活动与思想研究》（论文，马亮宽）、《戊戌思潮：中国三大现代性思潮的共同源头》（论文，俞祖华）

续表

获奖时间	获奖作品
第二十六届社科优秀成果奖（2010年1月~2010年12月，重大成果奖1项，一等奖22项）	《我国县域经济推进中现代农业建设模式设计》（著作，重大成果奖，高焕喜）、《基层政府公共服务能力研究——基于完善省以下财政体制的视角》（著作，王玉华）、《中国行业性行政垄断的强度与效率损失研究》（论文，于良春）、《国际生产分割的生产率效应》（论文，刘庆林）、《资源投入有效性研究——高校学生创新能力管理视角》（著作，李光红）、《强化企业社会责任问题的会计问题研究》（报告，王爱国）、《产权结构、公司治理、社会保障与国企改革——基于Cournot竞争的系统分析》（论文，孟庆春）、《公共职位数量规模分析与合理配置研究》（报告，王振海）、《当代法律文化本土资源的法理透视》（著作，汤唯）、《我国农村土地流转若干问题研究》（论文，张宗亮）、《解析与建构：当代中国思想政治教育的哲学反思》（著作，李合亮）、《20世纪中国哲学研究话语体系范式转换之得失及未来走向》（论文，颜炳罡）、《汉语官话方言研究》（著作，钱曾怡）、《魏晋南北朝乐府制度与歌诗研究》（著作，刘怀荣）、《郭沫若佚作与〈郭沫若全集〉》（论文，魏建）、《诗的源起及其早期发展变化——兼论中国古代巫术与宗教有关问题》（论文，江林昌）、《山东民间艺术志》（著作，李新华）、《数字艺术与数字美学研究》（报告，马立新）、《高校社会资本研究》（报告，胡钦晓）、《山东省义务教育管理体制改革与创新研究》（报告，张茂聪）、《隋唐民族关系思想史》（著作，崔明德等）、《从严复到胡适：近代自由主义思潮的传承与调适》（论文，赵慧峰）、《小农经济整合路径与制度创新研究》（报告，许锦英）
第二十七届社科优秀成果奖（2007年1月~2011年12月，重大成果奖2项，一等奖20项）	《规制经济学沿革的内在逻辑及发展方向》（论文，重大成果奖，张红凤等）、《中小型科技企业成长机制》（著作，重大成果奖，张玉明等）、《城乡一体化体制对策研究》（著作，徐同文）、《R&D资源约束下中国自主创新能力提升的路径选择——基于国际技术扩散和内生需求视角》（报告，李平）、《基于前景理论和不确定语言变量的区间概率风险型多属性决策研究》（论文，刘培德等）、《地方政府投资行为、地区性行政垄断与经济增长——基于转型期中国省级面板数据的分析》（论文，张卫国等）、《政党政治论》（著作，王韶兴）、《法律绩效评估机制论》（著作，汪全胜）、《量刑治理的模式之争——兼评量刑的两个指导“意见”》（论文，周长军）、《虚拟生存论》（著作，贾英健）、《21世纪初中国人口的生育观念——基于对山东省一项问卷的调查》（论文，陈岱云等）、《齐鲁古典戏曲全集》（著作，陈公水等）、《中国古代文学史料学》（著作，张可礼）、《全泰山诗》（著作，袁爱国）、《制度道德教育论》（著作，冯永刚）、《道德教育的非知识化路径》（论文，谭维智）、《中国体育组织文化建设与体育产业持续发展的研究》（报告，王玉珠）、《现代国际关系史：世界体系的视阈》（著作，曹胜强）、《儒家政治理论及其现代价值》（著作，傅永聚等）、《乡遂之制与西周春秋之乡村形态》（论文，马新）、《山东“文化强省”建设战略研究》（著作，王志东）、《中国城镇化进程与经济增长关系的实证研究》（论文，朱孔来等）

续表

获奖时间	获奖作品
第二十八届社科优秀成果奖（2008 年 1 月 ~ 2012 年 12 月，一等奖并获重大成果奖 1 项，一等奖 20 项）	《鲁东南沿海地区系统考古调查报告》（著作，一等奖并获重大成果奖，方辉等）、《战略性研发补贴政策稳健吗？——基于中间品贸易的视角》（论文，谢申祥等）、《中国非农自雇活动的转换进入分析》（论文，解垩）、《人民币一篮子货币最优权重模型的构建》（著作，宿玉海）、《上市公司高管辞职的动机和效果检验》（论文，曹廷求等）、《权力变迁冲击下的东亚安全新态势》（论文，王敏）、《中国共产党理论创新史》（著作，孙占元）、《利他主义救助的法律干预》（论文，桑本谦）、《立法后评估研究》（著作，汪全胜等）、《试论易学象数起源与〈周易〉文本形成》（论文，林忠军）、《我国社会转型期的阶层分化与社会心态问题研究》（报告，马广海）、《科学的社会性和自主性：以默顿科学社会学为中心》（著作，马来平）、《马克思主义文艺理论研究的边界、问题与方法 ——一个基于问题意识的历史反思和创新展望》（论文，谭好哲）、《创伤体验与茅盾早期小说》（论文，贾振勇）、《中国审美文化民族性的现代人类学研究》（著作，仪平策）、《视角·历史·方法——当代中国美术与“国家形象”研究》（论文，孔新苗等）、《一代传人王献唐》（著作，李勇慧）、《童年中期身体侵害、关系侵害与儿童的情绪适应》（论文，张文新等）、《村落与宗族：明清山东运河区域宗族社会研究》（论文，吴欣）、《金融促进节能减排技术创新的理论、实务与案例研究》（论文，张伟）、《渤海海峡跨海通道建设与蓝色经济发展》（著作，刘良忠等）
第二十九届社科优秀成果奖（2009 年 1 月 ~ 2013 年 12 月，重大成果奖 3 项，一等奖并获重大成果奖 1 项，一等奖 20 项）	《中国慈善捐赠机制研究》（著作，重大成果奖，高鉴国等）、《宋代三衙管军制度研究》（著作，重大成果奖，范学辉）、《清代中缅关系》（著作，重大成果奖，王巨新）、《山东文化世家研究书系》（著作，一等奖并获重大成果奖，《山东文化世家研究书系》编写组）、《社会合作秩序何以可能：社会科学的基本问题》（论文，韦倩）、《外国企业的技术授权策略与社会福利》（论文，谢申祥）、《区域旅游产业发展的理论与实证研究》（著作，曹艳英等）、*Methods for aggregating intuitionistic uncertain linguistic variables and their application to group decision making*（论文，刘培德等）、《金融中心的本质、功能与路径选择》（论文，孙国茂）、《中国上市公司股权激励契约安排与制度设计》（著作，徐宁）、《网络民族主义思潮与当代青年政治社会化研究》（著作，卜建华）、《威慑补充与赔偿减刑》（论文，戴昕）、《孔府档案的法律史料价值研究》（著作，袁兆春）、《城市贫困人口的健康状况研究》（论文，陈岱云）、《“民国机制”与“延安道路”——中国现代文学史研究的范式冲突》（论文，韩琛）、《六朝地记：地理与文学的结合》（论文，王琳）、《现代中国文学通鉴》（1900 ~ 2010））（上、中、下卷）》（著作，朱德发）、《二十世纪中国社会变迁与社会称谓分期研究：社会语言学新探》（著作，孙剑艺等）、《明清时期中国俗曲的发展与传播》（论文，刘晓静）、《英国新制博士学位的特色与启示》（论文，胡钦晓）、《教师到底应该因何施教——基于技术现象学视角的分析》（论文，谭维智）、《语文教育哲学导论——语言哲学视阈中的语文教育》（著作，潘庆玉）、《周原庙祭甲骨与“文王受命”公案》（论文，李桂民）、《中华杂技艺术通史》（著作，安作璋）

续表

获奖时间	获奖作品
第三十届社科优秀成果奖（2010年1月～2014年12月，特等奖4项，特等奖并一等奖1项，一等奖28项）	《政府竞争视角下的企业并购与产业整合研究》（著作，特等奖，王凤荣）、《西方社会建构论思潮研究》（著作，特等奖，林聚任）、《中西中古税制比较研究》（著作，特等奖，顾銮斋）、《中国海洋经济周期波动监测预警研究》（著作，特等奖，殷克东）、《杜甫全集校注》（著作，一等奖并获特等奖，萧涤非）、《未定权益分析方法与中国宏观金融风险的测度分析》（论文，宫晓琳）、《网络效应视角下技术标准的竞争性扩散——来自iOS与Android之争的实证研究》（论文，杨蕙馨等）、《海洋灾害基金设计及运行机制研究》（著作，赵昕）、*A Weighted Aggregation Operators Multi-attribute Group Decision-making Method Based on Interval-valued Trapezoidal Fuzzy Numbers*（论文，刘培德）、《组织惯例的跨层级演化机制》（论文，陈彦亮）、《农产品质量安全视角下的我国农民合作组织发展与实践创新研究》（报告，苏昕）、《大学生就业力研究》（著作，李光红等）、《全面认识中国特色社会主义的探索实践》（论文，唐洲雁）、《马克思主义国际关系理论专题研究》（著作，李爱华）、《人格权的利益结构与人格权法定》（论文，张平华）、《精神障碍者刑事责任能力的判定》（著作，张爱艳）、《马克思与正义：从罗尔斯的观点看》（论文，卞绍斌）、《转型期中国工会传承发展的逻辑思考与路径选择》（论文，谭泓）、《被遮蔽的新诗与歌之关系探析》（论文，吕周聚）、《父权缺失与五四文学的发生》（论文，李宗刚）、《网络叙事与文化建构》（论文，周志雄）、《歌剧〈秋子〉文本分析及其他》（论文，刘再生）、《论语校释辨正》（著作，周远斌）、《论教师的哲学》（论文，戚万学）、《教育公共性的理论分析》（论文，张茂聪）、《地方本科高校应用型人才培养定位及其体系建设》（论文，刘焕阳等）、《道德选择与道德教育的现代性危机》（著作，张夫伟）、《近代中日关系与中华民族复兴观念及历程》（论文，俞祖华）、《20世纪中国史学编年》（著作，王学典等）、《萧梁政治制度考论稿》（著作，杨恩玉）、《关于加快我省县域经济发展政策的调研报告》（报告，张述存等）、《进一步推进我省文化产业投融资体系建设的几点建议》（报告，张伟）、《中国食品安全发展报告·2014》（著作，吴林海等）
第三十一届社科优秀成果奖（2011年1月～2015年12月，特等奖1项，一等奖30项）	《简帛文学研究》（著作，特等奖，蔡先金）、《基于国际引文的技术知识扩散研究：来自中国的证据》（论文，李平等）、《部分私营化国有企业中的外资份额、贸易政策与污染物排放》（论文，谢申祥等）、《信贷约束、房价与居民消费率——基于面板门槛模型的研究》（论文，陈健等）、《合作行为与合作经济学：一个理论分析框架》（著作，韦倩）、《既患贫又患不安：编制与公共部门的收入分配研究》（论文，钱先航等）、*Some generalized dependent aggregation operators with intuitionistic linguistic numbers and their application to group decision making*（论文，刘培德）、*Natural gas from shale formation the evolution evidences and challenges of shale gas revolution in United States*（论文，王强等）、《上市公司违规处罚信息市场反应研究》（著作，冯素玲）、《第一国际的共产主义活动与社会主义政党政治逻辑》（论文，王韶兴）、《日本战略文化与“普通国家化”问题研究》（著作，李建民）、《民事法律的正当溯及既往问题》（论文，房绍坤等）、《定罪与量刑证明一分为二论》（论文，吕泽华）、《切入现实：马克思对德国早期浪漫派的批判与超越》（论文，刘森林）、《我们应该在何种意义上理解黑尔格的辩证法》（论文，孙迪亮等）、《解构与诠释：思想政治教育的基本问题研究》（著作，李合亮）、《〈创造〉季刊的正本清源》（论文，魏建）、《精神导师与五四文学的发生》（论文，李宗刚）、《道家诗性精神：兼与海德格尔比较》（著作，王凯）、《眼光向下：新时期中国艺术学的“田野转向”——以艺术民俗学为核心的考察》（论文，张士闪）、《非物质文化遗产领域的行业协会研究》（论文，张兆林）、《自由空间与审美话语》（著作，李红春）、《当代中国特色教学流派的生成机制》（论文，苏春景）、《国家视角下的教育民生论》（论文，谭维智）、*The dopamine D2 receptor polymorphism (DRD2 TaqIA) interacts with maternal parenting in predicting early adolescent depressive symptoms: Evidence of differential susceptibility and age differences*（论文，张文新等）、《美国学前教育课程标准的实践与思考》（著作，宋占美）、《前工业化时期欧洲乡村的儿童劳动》（论文，鲁运庚）、《东晋南朝的“三吴”考辨》（论文，杨恩玉）、《聊城文化史》（著作，政协聊城市委员会等）、《关于加强地方新型智库建设的几点思考》（论文，张述存）、《山东融入“一带一路”建设战略研究》（著作，郑贵斌等）

续表

获奖时间	获奖作品
第三十二届社科优秀成果奖（2012年1月～2016年12月，特等奖2项，特等奖并一等奖1项，一等奖29项）	《先秦说体文本研究》（著作，特等奖，廖群）、《中印佛教文学比较研究》（著作，特等奖，侯传文等）、《环渤海城市与经济区协调发展研究》（著作，一等奖并获特等奖，刘良忠等）、《管理者风格：企业主动选择还是管理者随性施予？——基于中国上市公司投融资决策的证据》（论文，葛永波等）、《制度演化经济学的理论发展与建构》（论文，黄凯南）、《税收竞争、区域环境与资本跨区流动——基于企业异地并购视角的实证研究》（论文，王凤荣等）、《山东省经济、社会与生态环境协调发展丛书》（著作，任建兰等）、*2-Dimension uncertain linguistic power generalized weighted aggregation operator and its application in multiple attribute group decision making*（论文，刘培德等）、*A two-echelon sustainable supply chain coordination under cap-and-trade regulation*（论文，徐健腾等）、《劳动力成本上升对企业创新行为的影响——来自中国制造业上市公司的经验证据》（论文，董新兴等）、《农工一体化企业价值链会计研究》（著作，朱炜）、《大数据助力网络意识形态治理及提升路径》（论文，付安玲等）、《全球气候治理制度碎片化时代的国际领导及中国的战略选择》（论文，李慧明）、《连带责任的弹性不足及其克服》（论文，张平华）、《法的结构规范化研究》（著作，汪全胜等）、《回归自然与超越自然：重思"自然历史过程"》（论文，刘森林）、《帛书〈易传〉新释暨孔子易学思想研究》（著作，刘彬等）、《马克思主义问题性与文艺理论创新》（论文，谭好哲）、《一个"炮孩子"的"世说新语"——论莫言〈四十一炮〉的荒诞叙事与欲望阐释》（论文，张瑞英）、《中国当代文学传媒研究》（著作，黄发有）、《多元文化视野中的美国族裔诗歌研究》（著作，王卓）、《小微文化企业发展研究——基于商业模式建构的视角》（论文，张振鹏）、《网络文学评论评价体系构建：从"顶层设计"到"基层创新"》（著作，庄庸等）、《依法治教视野中的教授治学》（论文，毕宪顺等）、《继续教育"立交桥"：框架与行动》（论文，柳士彬）、《不教的教育学——"互联网＋"时代教育学的颠覆性创新》（论文，谭维智）、《山东高校社会服务能力研究》（著作，李波）、《近代以来华北乡村研究中的惯性表述及困境——以济南冷水沟村为例》（论文，赵兴胜）、《对国内经济史研究中经济学范式应用的思考》（论文，孙圣民）、《两城镇：1998～2001年发掘报告》（著作，栾丰实等）、《山东通志艺文志订补》（著作，徐泳）、《低碳城市建设投融资机制研究》（报告，张伟）
第三十三届社科优秀成果奖（2013年1月～2017年12月，一等奖30项）	《市场分割促进区域经济增长的实现机制与经验辨识》（论文，付强）、《人民币国际化研究：程度测算与影响因素分析》（论文，彭红枫等）、《遗产动机与财富效应的权衡：以房养老可行吗？》（论文，陈健）、《美国主权债务风险研究》（著作，马宇）、《国有企业混合所有制改革：动力、阻力与实现路径》（论文，綦好东等）、*Multiple attribute group decision making methods based on intuitionistic linguistic power generalized aggregation operators*（论文，刘培德等）、*Scenario-based energy efficiency and productivity in China：A non-radial directional distance function analysis*（论文，王辉等）、《信息不对称、认证有效性与消费者偏好：以有机食品为例》（著作，尹世久）、《社会主义国家政党政治百年探索》（论文，王韶兴）、《邻避困境：城市治理的挑战与转型》（著作，王佃利等）、《刑事诉讼中变更公诉的限度》（论文，周长军）、《〈中华人民共和国慈善法〉专家建议稿》（著作，聊城大学慈善法研究课题组）、《儒家责任伦理考辨》（论文，涂可国）、《生态境域中人的生存问题》（著作，盖光）、《创新与跨越：美学研究的三种路径》（论文，陈炎）、《通俗教育研究会与鲁迅现代小说的生成》（论文，李宗刚）、《朝鲜诗家论明清诗歌》（著作，曹春茹等）、《生命存在与文学艺术》（著作，杨守森）、《我国马克思主义新闻理论体系建构的知识演进路径考察》（论文，齐爱军）、《中华传统文化创造性转化创新性发展的哲学审思》（论文，商志晓）、《评弹艺术的轻骑兵之路：十七年书目传承研究（1949～1966）》（著作，全娀）、《互联网时代教育的时间逻辑》（论文，谭维智）、《学术主导、分类驱动、协同推进——我国大学院系治理机制探究》（论文，刘恩允等）、《教学理解的意义之维》（论文，徐继存等）、《综合实践型教师培养模式研究》（著作，李中国）、《清代中后期州县衙门"叙供"的文书制作——以〈南部档案〉为中心》（论文，吴佩林）、《俄藏黑水城金代〈西北诸地马步军编册〉新探暨重命名》（论文，范学辉）、《宋代士大夫群体意识研究》（著作，郭学信）、《关于我省城乡医疗资源整合运行情况的调研报告》（报告，张述存）、《中国文化四季》（著作，马新等）

山东省社会科学界第四次代表大会

第四章

提升素养　社科普及活动深入人心

普及应用是社会科学传承文明、咨政育人、服务社会的重要渠道，是社科联的一项重要工作。60年来，在省委、省政府的领导和关怀下，在省委宣传部大力支持下，省社科联团结全省广大社科工作者围绕中心工作和经济社会发展大局，坚持贴近实际、贴近生活、贴近群众，不断创新普及形式、拓展普及渠道，通过举办丰富多彩的活动，宣传党的最新理论成果，普及社会科学知识，弘扬人文精神，回答广大干部群众普遍关心的热点、难点问题，不断满足人民群众日益增长的文化需要，在推动提升全省公众思想道德素质、科学文化素质以及文明程度和服务社会方面成效显著。迈入新世纪，特别是进入新时代以来，省社科联积极探索宣传普及工作的组织运行机制，搭建载体、创新活动，培固阵地、擦亮品牌，加强“全员科普，全媒介科普”力度，坚持社会化运作、品牌化打造、立体化传播、长效化发展，形成了上下贯通、左右联手的社会科学普及工作格局。

◎要点推送

社科普及周；齐鲁大讲坛；社科普及教育基地；社科普及项目；社科普及读物；社科普及“十百千”行动计划；社科专家基层行；社会科学普及立法；新时代文明实践社科普及志愿服务；助力乡村文化振兴；社科普及“微课堂”

功能

★宣理论

“理论一经掌握群众，也会变成物质力量。”要使科学理论更好地为人民群众所理解、所掌握，就离不开理论的通俗化、大众化。从毛泽东思想、邓小平理论的学习宣传，到“三个代表”重要思想、科学发展观的阐释解读，再到习近平新时代中国特色社会主义思想的学习贯彻，省社科联始终带领全省社科工作者紧跟党的理论创新进程，通过报告讲座、培训展览、编写理论普及读本等方式，科学解读、大力宣传马克思主义中国化、时代化的最新理论成果，积极推动马克思主义大众化、通俗化，用群众喜闻乐见的形式和通俗易懂的语言，使党的创新理论入耳、入脑、入心，凝聚起全省人民的思想共识，有力巩固了马克思主义在意识形态领域的指导地位。

★提素质

贴近实际、贴近生活、贴近群众，弘扬科学精神，普及人文社会科学知识，提升公众人文素养，是社科普及工作者的重要使命。60年来，省社科联紧紧围绕我省中心工作和人民群众关心的社会热点、难点问题，组织理论工作者进机关、进学校、进农村、进社区，深入基层、面向群众，开展丰富多彩的科普活动，不断加大群众性社科普及工作力度，为我省广大干部群众提供了丰盛的精神食粮，提高了公众的人文社科素养。

★助发展

适应社会全面进步需要，省社科联引导和组织学会、基层社科联和广大社科工作者，直接面向经济社会发展的主战场，围绕党委、政府中心工作和全省改革开放和现代化建设中的实际问题，深入工厂、农村，开展调查研究，积极参与决策，搞好咨询服务，提供理论指导，为改革开放、经济建设、社会发展提供智力支持，发挥了“思想库”“智囊团”的作用。省社科联还组织社科普及应用课题研究，不断拓展社会科学普及应用的新途径，增加社科普及的深度，扩大社科普及的广度，增强社会科学面向社会、服务社会的功能，助力现代化强省建设。

一、社科普及工作历程

《山东社联通讯——学习十二大文件专辑》书影

省社联成立以来，团结广大社会科学工作者，普及马列主义、毛泽东思想，多次为干部群众举办哲学、政治经济学、党史等讲座，组织编写通俗读物，撰写宣传文章，组织理论工作者深入实际做调查研究，这些活动对普及社会科学知识，提高广大群众的文化水平起到了良好的作用。省社联在“文革”中被撤销。党的十一届三中全会后，已经恢复起来的学会和新建的学会及省社联筹委会，认真学习、贯彻和宣传党的十一届三中全会精神，积极开展普及活动，进一步把真理标准问题大讨论普及到城市街道、工厂车间、农村生产队，在“五讲四美”活动中为省广播电台编写精神文明讲座和职业道德漫谈讲座，受到干部群众的欢迎和好评。

20 世纪 80 年代以后，省社联紧紧围绕社会主义现代化建设的各项工作，密切联系实际，组织社会科学工作者普及社会科学知识，深入基层为社会生产提供咨询服务。如：与山东人民广播电台组织精干力量共同编写并播出了《学习十二大文件讲座》（共 26 讲）；在纪念马克思逝世 100 周年的过程中，组织理论工作者开展宣讲活动；组织理论工作者在工矿企业、机关学校、农村乡镇广泛进行《邓小平文选》学习辅导活动，受到了广大干部群众的好评，中央电视台在新闻节目中报道了这次宣讲活动的情况。省社联还组织编写了一些实用性较强的科普读物，如《欣欣向荣的新山东》《新时期共产主义理

省社联组织专家学者赴农村进行调研考察活动。

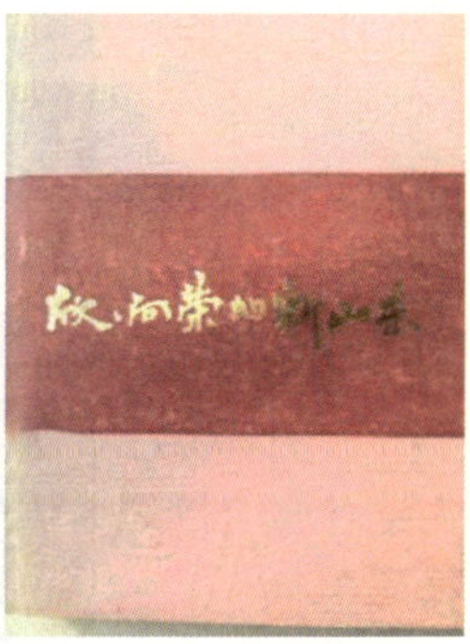

“可爱的山东”丛书系列之一《欣欣向荣的新山东》书影

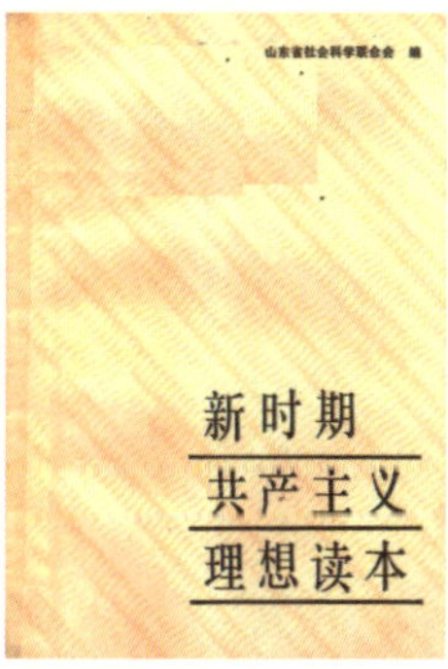

《新时期共产主义理想读本》书影

想读本》等，受到了广大读者的欢迎。省社联还组织与实际联系紧密的专家学者和实际部门工作干部，深入基层开展调查研究，围绕我省中小企业、乡镇企业的经营管理以及农村体制改革等方面的实际问题，有针对性地举办培训班和各种现场咨询服务活动，帮助他们解决生产中的实际问题，收到了很好的效果。

为了更好地组织协调各学会、协会、研究会和广大社会科学工作者从事社科普及活动，1985年省社联设立了科普部，以集中力量推进社会科学普及工作。此后，省社科联继续围绕学习贯彻党的代表大会精神进行理论宣传，举办邓小平理论报告会、演讲会、座谈会，积极投入到“以科学的理论武装人”的伟大工程中去；围绕经济建设这个中心，继续组织专家深入基层开展调查研究，帮企业解决改革过程中出现的新问题，为经济社会发展提供咨询服务；与有关部门联合举办讲习班、培训班、函授班、研讨班，普及社会科学知识，培养有关专业人才和基层干部，继续组织编写出版《科学世界观——新时期简明哲学读本》《社会主义商品经济通俗读本》等通俗读物。其中，《科学世界观——新时期简明哲学读本》运用马克思主义哲学原理解答改革开放中的现实问题，荣获中宣部组织的首次“五个一工程”奖。

《科学世界观——新时期简明哲学读本》书影

《社会主义商品经济通俗读本》书影

进入新世纪，省社科联团结全省社科界，把社科普及工作融入提高全民科学素质工作中，不断健全完善普及活动体制机制，着力打造普及品牌，抓特色、抓实效，社科普及实效性明显增强，覆盖面显著扩大，影响力越来越强，上下贯通、左右联手的“大社科普及”格局逐步形成。以精心培育“社科普及周”“齐鲁大讲坛”两大品牌建设为抓手，

“社会科学与您同行”丛书

宣传普及邓小平理论、“三个代表”重要思想、科学发展观、习近平新时代中国特色社会主义思想，宣传党的路线、方针、政策，推动社会科学走向社会、走进百姓生活；出版“社会科学与您同行”普及丛书等重点科普读物；发挥“调研山东”社会效益，努力将其培养成新型智库品牌。社科普及立法工作取得重要进展，《山东省社会科学普及条例》的颁布实施，加快了我省社科普及工作法治化、制度化的进程。社科普及载体建设和支持措施稳步推进，推选社科普及教育基地，建立社科普及示范单位，资助出版社科通俗读物，评选社科普及优秀作品，进一步创新社科普及内容、形式和方法，在“新”字上动脑筋，在“广”字上下功夫，在“深”字上做文章，全省社科普及事业呈现蓬勃发展态势。

党的十九大以来，省社科联按照省委、省政府总体部署，推动社科普及覆盖面不断扩大、人文社科素养持续提高，实现社科普及线下、线上有机融合及助力现代化强省建设。以习近平新时代中国特色社会主义思想为主线，宣传普及党在新时代的创新理论和路线、方针、政策，培育传播社会主义核心价值观，传承弘扬中华优秀传统文化，努力推动全省社科普及工作往深里走、往心里走、往实里走。持续发挥社科普及周、齐鲁大讲坛的品牌效应，稳步推进社科普及“十百千”示范体系建设。在持续发挥原有社科普及载体活力的基础上，积极搭建互联互通的现代传播载体，以社科普及多媒体传播平台为依托，充分利用互联网、微信、微博、手机客户端等现代传媒手段开

2020 年 6 月 11 日，山东省暨烟台市第十七届社会科学普及周开幕式在福山区王懿荣纪念馆举行。山东省社会科学界联合会党组书记、副主席刘致福出席活动并宣布开幕；烟台市委常委、宣传部部长于永信出席活动并讲话。烟台市驻地高校负责人、市社科类社会组织和福山区群众代表 200 余人参加开幕式。社科普及周期间，各项活动围绕唱响“主旋律”，唱响“正能量”，唱响“大合唱”，全力推动社科普及活动往深里走、往心里走、往实里走。

展社科普及活动，落实“社会科学 + 互联网”“大数据 + 社科普及”“云科普”行动计划，以新时代文明实践社科普及志愿服务行动为重点，自觉承担起举旗帜、聚民心、育新人、兴文化、展形象的使命任务，拓宽社科普及渠道，推动社科普及工作经常化、常态化、日常化，切实做到理论下基层、社科接地气，打通社科普及“最后一公里”，逐步实现社科普及与群众面对面、心连心，以及人文传播与基层零距离。

二、齐鲁大讲坛

2005 年初，省委宣传部、省社科联创办了“齐鲁讲坛”这一社科普及平台。到 2008 年年底，全省已有 8 个省级学会、13 个市社科联、15 所院校建立了 54 个“齐鲁讲坛”分坛，每年举办各类讲座 200 多场次。

2010 年 8 月 1 日，齐鲁大讲坛举行改版后的首场讲座，资深外交家、国际展览局名誉主席吴建民作了题为“世界的变化与世博会”的专题报告，时任省委常委、宣传部部长、省社科联主席李群主持报告会。

2010 年 8 月，“齐鲁讲坛”升级为“齐鲁大讲坛”，《齐鲁晚报》、山东大学、山东博物馆相继加盟，使受众面迅速扩大，社会影响力不断攀升，成为一个

2011 年 9 月 10 日，第 25 期“齐鲁大讲坛”在山东博物馆开讲，著名军事战略专家、海军少将尹卓以《中国周边安全环境与对策》为题作精彩演讲，并与现场听众互动交流。

2011 年 10 月 15 日上午，第 27 期“齐鲁大讲坛”在山东博物馆开讲，全国人大常委会外事委员会主任、外交部原部长李肇星向现场听众抒发了其 40 多年外交生涯的人生感悟，朴实的话语里流露着浓浓的乡音，风趣睿智的表述中透露着真挚的爱国情怀。李肇星风趣幽默的讲演风格，不时引起现场听众的阵阵掌声。

2011 年 4 月 16 日，在第 15 期“齐鲁大讲坛”上，“金牌工人”、全国劳模、五一劳动奖章获得者许振超就人们所关注的热点话题“就业与成才”作精彩演讲。质朴的话语、动人的事迹感染了在场的每一位听众，不时响起阵阵掌声。这次大讲坛首次采用“三人谈”的对话形式，并与现场听众热烈互动。

标志性的社科普及公益品牌。“齐鲁大讲坛”以“搭建思想平台，共享精神财富”为宗旨，注重抓规范、建机制，抓主坛、带分坛，抓精品、上水平，突出公益性、开放性、平等性，让公众走近名师大家、感受人文精神。

“齐鲁大讲坛”设主坛和分坛，主坛由省委宣传部、省社科联主办，主打高端讲座，聚焦发展、服务决策、扩大共识，着重体现思想性、知识性和时代性；分坛由各市社科联、大企业社科联、高等院校、学会、协会、研究会主办，开展专题讲座，关注民生、答疑解惑、凝心聚气，着重体现社会性、热点性和时效性，按照《齐鲁大讲坛分坛管理办法》开展工作。主坛和分坛都坚持政策性、学术性与知识性、趣味性并重，努力满足听众知识上解渴、思想上解惑、心理上解压的需求。主坛、分坛协调分工、相互补充、资源共享，延伸辐射全省各县市区机关、学校、企事业单位、部队、街道、社区、农村。

齐鲁大讲坛 2012 年选题会召开。

守正·创新·发展——山东省社会科学界联合会60年

“齐鲁大讲坛”主讲嘉宾

吴建民
《世界的变化与世博会》

孙云晓
《纵论当代教育新理念》

韩康
《深入解读“十二五”规划建议》

许纪霖
《如何从富强走向文明——现代中国的强国梦》

陈洪
《金庸小说与中国文化》

彭凯平
《发展的中国需要幸福观的转型》

于冲
《休闲与人生》

吴忠民
《社会焦虑》

赵振宇
《今天，怎样讲好真话》

吴松营
《邓小平南方谈话与中国的改革开放》

巴曙松
《细解当前经济热点，探索投资策略》

叶剑平
《畅谈房产调控政策与市场走向》

陆士桢
《畅谈家庭教育》

谢百三
《国内经济形势、房地产、出国留学》

向松祚
《中华民族的伟大复兴和我们肩负的历史使命》

姚洋
《解读中国收入分配问题》

谢春涛
《中国梦》

孙立平
《社会利益关系调整与社会变迁》

迟福林
《深入剖析“第二次改革”》

叶小文
《纵论宗教与人生》

乔良
《美国金融战略如何影响中国和世界》

俞可平
《关于当前社会管理创新的重要问题》

罗云波
《如何正确对待当前的食品安全问题》

王树增
《革命战争和革命英雄主义》

李肇星
《爱国情怀专题讲座》

李玲
《畅谈中国医改》

时延春
《当前中东局势》

郑功成
《详解收入分配制度改革及社会保障》

朱峰
《纵论转型社会中国与世界的关系》

张建启　戚发轫
《带您一起“窥天机”》

蔡昉
《人口结构变化对未来中国经济的影响》

许耀桐
《十八大报告中的民生内涵》

姚景源
《解读中国经济热点、难点》

周汉华
《政府如何做好信息公开》

刘魁立
《纵论“非遗”与民俗》

于建嵘
《纵论社会稳定与公共安全》

徐显明
《纵论大学与人类文明》

许振超
《谈就业与成才》

张玉台
《加快服务业发展的战略意义与具体对策》

韩延明
《爱国主义教育专题讲座》

尹卓
《中国周边安全环境与对策》

任剑涛
《中国和平发展与当今世界格局》

万俊人
《我们的道德困境及其解脱》

张卫国
《后经济危机时代山东如何突破经济瓶颈》

朱清时
《如何培养创新人才》

林建超
《信息时代的围棋与军事》

范周
《文化产业发展的现状与问题》

高存山
《教您如何监督行政权力》

杨光斌
《党的十八大与中国政治的发展》

毛寿龙
《详谈大部制改革》

祁斌
《纵论资本市场与地方经济的发展》

罗援
《周边安全环境和软实力建设》

郗杰英
《家庭教育》

张希贤
《新 30 年党群关系探索》

葛剑雄
《中国的教育问题》

杨禹
《三中全会中的农业红利》

程恩富
《十八大以来经济领域若干重大问题》

杨朝明
《孔子与现代生活》

马勇
《今天我们该如何认识甲午战争》

闫立金
《从国家利益看中国梦的实现》

李林
《全面推进依法治国，加快建设法治中国》

潘家华
《生态文明建设与低碳城镇化》

张蕴岭
《“一带一路”的战略思考》

高存山
《认真贯彻党的十八届四中全会精神 加快推进法治山东建设》

朱晓明
《今天我们需要什么精神》

高士华
《国际抗日战争的伟大意义》

贾康
《供给侧改革》

高培勇
《建立匹配高质量发展的宏观调控体系》

陶文钊
《纵论中美新型大国关系》

陈伃
《西沙背后的军事博弈》

徐湘林
《转型期政府如何放权，让利社会公共参与》

夏春涛
《十八届三中全会释放哪些信号》

焦维新
《“嫦娥”背后的中国探月之路》

许章润
《深化改革语境下的法治中国建设》

董金裕
《中华传统文化教育融入课堂的实践》

张海鹏　戚俊杰
《甲午战争与中日关系》

张践
《知识分子的时代追求》

李景源
《唯物史观与中国道路》

黄少安
《中国经济新常态》

张斌
《新常态下，经济结构如何转型》

朱永新
《阅读的力量》

荣维木
《抗日战争与中华民族的复兴》

龚鹏程
《传统文化与现代教育》

欧阳自远
《中国的探月梦》

李玫瑾
《家庭中的心理抚养》

赵启正
《公共外交与跨文化交流》

何增科
《中国地方政府创新与现代善政》

韩秀云
《未来 10 年中国新趋势》

沈志华
《中朝关系演变与东亚冷战格局》

陈来
《解读中华传统文化与社会主义核心价值观》

曾光
《公共卫生服务的时代内涵及改革方向》

李伟
《中国国家安全与反恐斗争形势》

丁元竹
《解读全面深化改革新进展》

雷颐
《中国现代社会转型中的知识分子》

张维为
《中国模式与中国崛起》

徐洪才
《当前中国经济形势与政策分析》

王振民
《中国法治及其路径选择》

杨彬
《“互联网 +”的现状与发展趋势》

王柏华
《大数据与社会治理》

王旭明
《中国教育改革的发展与思考》

单霁翔
《故宫博物院的表情》

梅新育
《积极稳妥迎击中美贸易战》

韩华
《孔门理财学与文化自信》

韩延明
《沂蒙精神的真谛与启迪》

李德顺
《无神论与唯物史观》

颜炳罡
《由批判研究到传承创新：四十年来儒学在中国社会地位的变迁》

徐焰
《我国的国防建设和安全环境》

刘宝存
《高等教育国际化的国际经验与中国的战略选择》

曾剑秋
《5G与智慧社会》

金元浦
《中国传统文化的现代复兴与习近平用典》

张志君
《跟着古人学家教》

汤素兰
《文学的力量》

杨丹辉
《影响未来的新科技新产业》

宗成庆
《人工智能时代的机遇与挑战》

焦守云
《我的父亲焦裕禄》

王锷
《周礼与现代社会》

叶海林
《中国崛起过程中的战略风险及其防范》

张国龙
《亲子阅读：读什么？怎么读？》

王杰
《习近平总书记用典：从〈平“语”近人〉谈起》

马瑞芳
《与共和国一起成长》

徐静波
《日本企业转型与创新》

傅小凡
《传统文化的现代价值》

诸葛忆兵
《李清照及其词作》

马海涛
《当前中国经济社会转型与财税改革》

叶涛
《何谓“非遗”》

赵生群
《〈春秋〉以道义：孔子的治国理念》

徐艳玲
《战疫：以制度优势回答“初心”命题》

魏建
《抓住疫情后的产业新增长点，推动经济高质量增长》

经过不断探索，“齐鲁大讲坛”形成了比较成熟的运作模式：一是围绕中心、服务大局；二是坚持高端化选人；三是坚持精准化选题；四是坚持公益原则。“齐鲁大讲坛”注重解读社会热点话题引领时代思潮，引导社会舆论，倡导文明风尚，提升人文素养，

“齐鲁大讲坛”荣获首届“山东省文化创新奖”。

“齐鲁大讲坛”深受群众欢迎，几乎场场爆满；各大媒体争相报道，声名远播。

服务科学发展，覆盖面、受众面不断扩大，影响力、号召力不断增强，被称为“一所没有围墙的大学”，已经成为全省叫得响、全国知名的文化品牌，与山东社科论坛一起被誉为山东社科界闪耀的“双子星”。2013 年 9 月，“齐鲁大讲坛”荣获首届“山东省文化创新奖”。

近年来，“齐鲁大讲坛”充分利用新媒体、新渠道、新载体，进一步扩大受众面，不断提高感召力。2020 年 2 月，为引导人民群众正确理性地看待疫情，“齐鲁大讲坛”加大网上传播力度，推出线上讲坛。从线下走到线上，

2020 年 2 月，山东大学徐艳玲教授为网民解读了中国制度优势与疫情防控这一热点话题，从学理角度解读中国发挥制度优势有效进行疫情防控，系统解读了从疫情中看到中国制度优势及中国共产党的初心使命，受到社会各界的热烈反响。该场讲座入选中宣部“学习强国”平台“看理论”专栏。

2020 年 4 月 7 日，山东大学魏建教授做客“齐鲁大讲坛”第 2 期线上讲坛，可视化解读疫情防控的制度优势、经济企稳的信心底气。

进一步拓宽了社科普及路径。“齐鲁大讲坛”线下讲座面对面直击人心，线上宣传有效扩展受众覆盖面，为更好地满足人民群众精神需求和服务好新时代现代化强省建设需要、提高全省人民群众的人文科学素养发挥了积极作用。

三、社会科学普及周

2005年，山东省暨济南市社科普及周及齐鲁讲坛开幕式。

2004年，由省委宣传部、省社科联主办的首届“山东省社会科学普及周”活动启动。“社科普及周”以提升全省公众人文素质为目标，贴近生活、贴近群众、贴近实际，旨在宣传科学理论和先进文化、弘扬优秀传统文化、普及社科知识、解答热点问题。

“社科普及周”每年围绕一个主题，实行省、市、县（区）三级联动，错时展开，有序互动，形成声势，扩大影响。按照不同区域、不同领域，确定部分单位共同举办省暨××市社科普及周开幕式、省暨××学会社科普及周开幕式、省暨××高

以“提升人文素养，建设文化强省”为主题的2008年山东省社会科学普及周活动，于2008年5月17日在山东剧院举行。开幕式后举行了中国京剧专题报告会，由著名书法家、京剧奚派传人欧阳中石主讲，同时邀请著名京剧梅派大师张春秋，与山东京剧院的国家一级演员一起表演生、旦、净、丑代表剧目片段。此后还举办了中国武术专题、中华医药专题、中国书画专题，以及“人文济南”系列讲座、党的创新理论与社会科学知识宣传普及活动、爱党·爱国·爱军“红嫂颂”宣传活动等，全省17个市、两个大企业、32个省级学会、21所高校积极参与，共安排讲座、报告会、知识竞赛、演讲比赛、现场咨询服务、文化与民间艺术展演等360多项活动。

校社科普及周开幕式，积极开展社科普及进机关、进学校、进企业、进农村、进社区活动，通过举办主题论坛、专题讲座、主题展览、文化展演展示、现场咨询服务和公益帮扶、公共话题研讨、网络话题互动、专家理论笔谈、社科知识竞赛、社科理论知识征文、社科动漫作品评选、命名科学普及教育基地、社科优秀图书展销、社科普及文艺活动等形式开展丰富多彩的活动，让社科专家力量下沉，让社科知识向基层延伸。截至2020年，已连续开展了17届社科普及周活动，通过抓主题聚人气、抓活动激活力、抓联动上规模、抓示范带全局、抓宣传扩影响，成为社科普及的公益性品牌、文化强省建设的新亮点。

2009年，山东省暨青岛市第六届社科普及周开幕式。

2011年5月7日，山东省暨济南市（章丘市）第八届社会科学普及周在百脉泉广场举行开幕式。省委宣传部副部长黄泽存出席开幕式并为“调研山东（2011）”启动授旗，省社科联党组书记、副主席刘德龙介绍活动总体安排并代表活动主办单位向章丘市双山街道旭升村赠送科普读物。本年度社科普及周活动以“宣传十二五规划，助力科学发展”为总主题，采用省、市、县三级联合主办的形式，各地活动由当地党委宣传部、社科联主办，有关省级社团、高等院校积极参与活动。全省安排各类公益性社科普及活动超过3000项。开幕式结束后，寿光市三元朱村党支部书记王乐义作了以“建设社会主义新农村”为主题的报告，1000余名基层干部群众聆听了讲座。

2012年5月6日，在济南市赤霞广场，时任省委常委、宣传部部长、省社科联主席孙守刚宣布山东省暨济南市第九届社会科学普及周开幕。开幕式后，举办了山东省“理论大众化”巡回展首展和现场义务咨询服务活动，共有20多个省级和市级学会的150多名社科工作者现场解答群众困惑，开展便民服务。社科普及周期间，全省安排各项普及活动3000多项。

“我的中国梦·宣讲进基层”，面对面宣讲中国梦。

2013年5月5日，山东省暨济南市第十届社科普及周开幕式在山东大厦举行开幕仪式。时任省委常委、宣传部部长、省社科联主席孙守刚等领导出席开幕式并参观“图解十八大，放飞中国梦”主题展。孙守刚向“我的中国梦·宣讲进基层”活动代表王韶兴教授授旗，有关方面领导及社会各界群众约500人参加开幕式。

2014 年 5 月 13 日，山东省暨泰安市第十一届社科普及周启动仪式。

2014 年 5 月 14 日，在山东省暨东营市第十一届社科普及周开幕式上，主办单位向学生代表赠送《图说社会主义核心价值观》口袋书。

2015 年 5 月 17 日，时任省委宣传部副部长、省文明办主任刘宝莅，时任省社科联党组书记、副主席林建宁出席第十二届社科普及周开幕式并参观《法治山东》大型主题展。

2015 年 5 月，临沂市社科联举行“口述沂蒙抗战历史”活动启动仪式。

2016 年 5 月 17 日，山东省暨济南市第十三届社会科学普及周活动在济南第七中学举行开幕仪式。时任省委宣传部副部长王红勇，时任省社科联党组书记、副主席林建宁等有关领导出席开幕式并参观“新理念新生活”大型主题展。

2016 年 5 月，聊城市金融学会专家现场讲解反假币知识。

2017 年 5 月 17 日，山东省暨济宁市第十四届社会科学普及周在中国孔子研究院儒学会堂举办隆重开幕式。省委宣传部副部长徐向红出席开幕式并讲话。各地由党委宣传部、社科联牵头，按照“围绕主题，结合实际，形成声势，扩大影响，务求实效”的要求，陆续开展形式多样、内容丰富多彩的集中宣传普及活动，形成省、市、县三级联动和社会各界积极参与的良好氛围。开幕式上向群众代表赠送了《习近平用典》等社科普及读物。

2017 年 5 月，烟台市开展社科普及广场宣传活动。

2018 年 5 月 25 日，省政协副主席唐洲雁，省社科联党组书记、副主席刘致福参观山东省第十五届社科普及周主题展。

2018 年 5 月 16 日，在山东省暨东营市第十五届社会科学普及周开幕式上，主办单位向“山东省社科专家基层行”代表授旗。

2019 年 5 月 9 日上午，山东省暨青岛市第十六届社会科学普及周开幕式在平度同和文化广场拉开帷幕。省委宣传部副部长程守田，省社科联党组书记、副主席刘致福向“十百千”社科普及示范先进单位授牌。

2019 年 5 月 14 日，山东省暨滨州市第十六届社会科学普及周在邹平市开幕。开幕式上举办了“壮丽七十年，阔步新时代”建国 70 周年主题展。

"社科普及周"在抓好传统社科普及活动的同时，也利用新媒体资源，搭建科普线上平台，形成"云科普"传播。2020 年的第十七届社会科学普及周活动，以"决胜全面小康，决战脱贫攻坚"为主题，加强"全员科普，全媒介科普"工作力度，开展网上科普活动，利用社科类网站、微博、微信、手机 APP 等新媒体，举办网上主题展，开展人文社科知识网络竞赛，让社科专家与公众网络交流，推荐网上阅读优秀社科通俗读物，进行优秀社科普及教育基地网络推介，开展社科普及创意网络体验活动等，通过形式多样、线上线下相结合的社科普及活动，推动社科普及工作创新发展。

2020 年 5 月 26 日，以"决胜全面小康，决战脱贫攻坚"为主题的山东省暨济南市第十七届社科普及周在济南市章丘区三涧溪村党群服务中心开幕。本届科普周采取线上科普与线下科普同步推进、同频宣传的形式，力量下沉，向基层延伸。山东省委宣传部副部长孔繁轲出席开幕式；山东省社科联党组书记、副主席刘致福为社科普及先进单位授牌。与会领导同各界群众一起参观了主题图片展，考察了山东省乡村振兴样板村章丘区三涧溪村、章丘新时代文明实践指挥中心和章丘新时代文明实践研究所。

表 4-1　山东省社会科学普及周一览表

届次	举办时间	主题
第一届	2004 年 4 月	社会科学与您同行
第二届	2005 年 5 月	树立和落实科学发展观，构建社会主义和谐山东
第三届	2006 年 5 月	科学发展中的你、我、他
第四届	2007 年 5 月	科学发展，共创和谐
第五届	2008 年 5 月	提升人文素养，建设文化强省
第六届	2009 年 5 月	关注民生，服务发展
第七届	2010 年 5 月	构建学习型社会，建设经济文化强省
第八届	2011 年 5 月	宣传"十二五"规划，助力科学发展
第九届	2012 年 5 月	提升公众人文素养，推动文化强省建设
第十届	2013 年 5 月	贯彻十八大精神，同心共筑中国梦
第十一届	2014 年 5 月	传播社会主义核心价值观，提升公众人文社会科学素养

续表

届次	举办时间	主题
第十二届	2015 年 5 月	学习宣传十八届四中全会精神，推动法治山东建设
第十三届	2016 年 5 月	树立五大发展理念，让我们生活更加美好
第十四届	2017 年 5 月	树立崇德向善风尚，建设文明幸福家庭
第十五届	2018 年 5 月	新时代、新生活、新梦想
第十六届	2019 年 5 月	弘扬时代新风，推进文明实践
第十七届	2020 年 5 ~ 6 月	决胜全面小康，决战脱贫攻坚

四、社会科学普及教育基地

社科普及教育基地平台作用的发挥对公众人文社科素养的提升有着重要作用。省委宣传部、省社科联高度重视社科普及基地建设。2005 年，省委宣传部、省社科联在全省范围内启动了社科普及教育基地试点工作。此后，在扩大基地建设覆盖面的同时，不断加强制度建设，发挥好社会科学普及教育基地辐射带动作用。目前，全省已经通过评选建立了 12 批共 241 个省级教育基地，其中，革命传统教育类占 36.6%，公益场馆类 40%，文化旅游类 20%，其他类型 3.4%，包括文化、教育、历史、文学等门类，主管单位涵盖民政、文化、旅游、广播、新闻等多个部门，扩大到社会科学各个领域。

为了提升教育基地的水平，一是通过建立健全激励机制，推出省级优秀教育基地评选工作，畅通全国优秀教育基地推介通道，为基地管理中涌现的积极分子提供上升空间和展示平台。二是实行基地动态管理，以修改完善《山东省社会科学普及教育基地管理办法》为抓手，进一步加强制度建设，逐步形成集申报、审核、奖惩于一体的动态管理机制，对已挂牌的省级教育基地

2012 年 5 月 6 日，时任省政协副主席王志民为山东省社科普及教育基地授牌。

2012 年 5 月，时任省社科联党组书记、副主席杨瑛在菏泽市为山东省社会科学普及教育基地——毛泽东主席像章馆揭牌。

2014 年 5 月，滨州市委副书记薛庆国与省社科联副主席张宏明共同为山东省社会科学普及教育基地——阳信县梨乡民俗博物馆揭牌。

2015 年 5 月，省社科联党组书记、副主席林建宁为山东省社科普及教育基地授牌。

定期审查考核，对长年坚持服务群众、服务社会的教育基地评优奖励，对未能发挥社科普及功能的教育基地启动摘牌程序。三是建立健全培养机制，对基地联络员进行业务指导，通过各类综合会议进行业务培训，提升其工作效率和管理水平。目前，所有已挂牌基地均建立了详尽的档案资料和联系名录。四是形成辐射带动效应，着力打造“优秀传统文化”“红色文化”“现代企业文化”三个省级社科普及教育基地群，着力抓好顶层设计，组织专家评审，实行优胜劣汰，发挥好社会科学普及教育基地辐射带动作用，逐步形成有规模、自主组织形式多样、内容丰富的社科普及活动。

2015 年 4 月 19 日，山东省社科普及教育基地——孔庙举行杏坛开讲。

山东省社科普及教育基地——山东省图书馆

山东省社科普及教育基地——季羡林先生纪念馆

山东省社科普及教育基地——济南商埠文化博物馆

2016 年 8 月，张裕酒文化博物馆与烟台市教育局邀请西藏青少年在张裕酒文化博物馆举行了“高原梦、山海情、格桑花烟台行”活动。

孔繁森同志纪念馆举行“三严三实”专题教育展。

山东省社会科学普及教育基地——山东女子学院图书馆

2016 年 8 月，在滨州市某单位开展“老渤海精神”进军营活动。

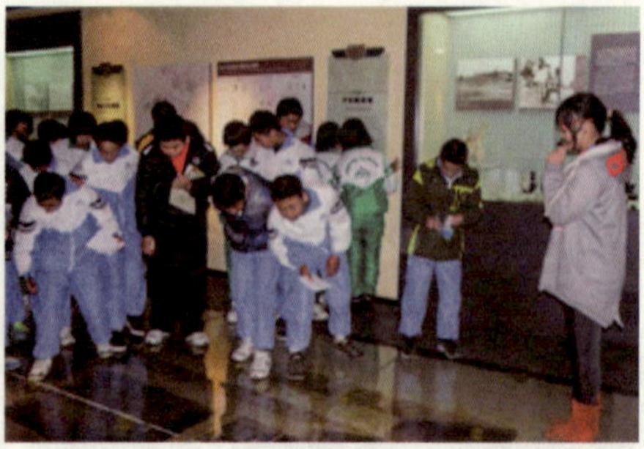

每年 4、10 月份是山东大学博物馆针对中小学生的开放时间，讲解员带领学生参观展览。

2015 年 9 月，钢铁博物馆举行“我心中的未来钢铁冶炼”绘画创作活动。

法国德拉特高中学生参观蒲松龄纪念馆，与蒲松龄纪念馆双语讲解员愉快交流。

位于泰山学院内的山东省社会科学普及教育基地——万里图书馆举办“万里改革精神及其当代启示暨纪念《万里文选》出版 20 周年”学术座谈会。

青岛崇汉轩汉画像砖博物馆举办“习汉礼”活动。

表 4-2　山东省社会科学普及教育基地一览表

所属市	基地名称
济南	济南商埠文化博物馆、山东省图书馆、山东文化传媒有限公司、山东商业职业技术学院鲁商文化博物馆、山东博物馆、山东体育学院齐鲁体育文化博物馆、山东英才学院三史馆、刘成德事迹展览馆、山东管理学院非遗项目传承与创新基地、将军山农耕文化体验园、山东女子学院图书馆、齐鲁陶瓷玻璃科学与艺术博物馆、山东省中医药博物馆、齐鲁工业大学创业学院、山东英才学院图书馆、山东建筑大学博物馆、山东省脐带血造血干细胞库、群众排球文化实训基地、齐鲁钱币博物馆、卢雪艺术剪纸馆、山东大学博物馆、阳光新城第二社区、五三惨案纪念园、中国古代建筑文化研究基地、济南市博物馆、山东中国文学艺术博物馆、莱芜战役纪念馆、新华军工纪念馆（九三六三军工遗址）、棋山观乡村记忆馆、莱芜市汶源书院、莱芜钢铁博物馆、莱芜职业技术学院创意文化中心、山东山歌榨油博物馆、济南市第二图书馆
青岛	海尔企业文化展览馆、青岛大学文学院孔子学堂、崇汉轩汉画像砖博物馆、青岛啤酒博物馆、青岛市档案馆、青岛崂山新华书店涵泳复合阅读空间、胶东民俗文化博物馆、青岛理工大学人文与社会科学学院、青岛滨海学院“地球村”、青岛德国总督楼旧址博物馆、青岛市图书馆、骆驼祥子博物馆、青岛市关爱心理热线工作基地、中国海洋大学中国海权教育馆、青岛贝壳博物馆、青岛雄崖海防博物馆
淄博	中共淄博市委党校、淄博市图书馆、博山陶瓷琉璃艺术中心、焦裕禄纪念馆（故居）、蒲松龄纪念馆、临淄（中国）古车博物馆、齐文化博物馆、周村古商城、王士禛纪念馆、中国（沂源）牛郎织女传说发源地、齐鲁酒文化博物馆
枣庄	墨子研究中心、世界语博物馆、枣庄学院红色文化展馆、枣庄市博物馆、枣庄中兴文化博物馆、教育部高校数字媒体产教融合创新应用示范基地、台儿庄大战纪念馆、台儿庄古城、贺敬之文学馆、台儿庄战史陈列馆、海峡两岸大学生艺术交流基地、枣庄市山亭区市民中心、枣庄市抱犊崮国家森林公园、冯卯库区移民文化博物馆、月亮湾国家湿地公园、翼云石头部落、鲁南抗日民主政权建设纪念园、薛城区奚仲中学、薛城区铁道游击队纪念园、枣庄市实验学校、微山湖古镇、滕州市国防科技教育基地、滕州市鲁班纪念馆、中华石榴文化博览园
东营	刘集支部旧址、东营市历史博物馆、东营英华园学校、东营市宜通传统文化交流推广中心、国家方志馆黄河分馆、百年义和历史文化展馆、河口革命烈士纪念馆、垦利区博物馆、渤海垦区革命纪念馆、利津县博物馆
烟台	张裕酒文化博物馆、胶东革命史陈列馆、鲁东大学博物馆、地雷战纪念馆、许世友在胶东纪念馆、滨州医学院残疾人高等教育基地、滨州医学院生命教育基地、烟台大学校史展厅、滨州医学院护理人文与健康教育基地、杨子荣纪念馆、王懿荣纪念馆、蓬莱女王山民俗文化博物馆、莱阳市革命烈士陵园、莱阳市博物馆、宋琬故居、儿童汉字教育产业化研究及推广基地、“齐鲁十二圣”旅游文化外宣 ESP 研究基地
潍坊	青州博物馆、高密市民俗博物馆、莫言文学馆、杨家埠民间艺术大观园、陈介祺故居陈列馆、十笏园文化街区、淌水崖水库纪念馆、潍坊弘道书院、潍坊市坊子新方炭矿博物馆、火道知青馆、潍坊科技学院农圣文化研究中心

续表

所属市	基地名称
济宁	孔府、孔庙、孔林、孔府家学研修基地、济宁学院图书馆、中国教师博物馆、邹城毛泽东像章艺术博物馆、孟府孟庙孟林、微山县南阳古镇、兖州兴隆文化园、兖州区博物馆、羊山古镇国际军事旅游度假区、济宁职业技术学院非物质文化遗产展示体验馆、泗水儒孝文化展馆、嘉祥县武氏祠、济宁非物质文化遗产传承教育发展基地、济宁市博物馆、济宁市强制戒毒所孔子学堂
泰安	泰山书院、泰安市文化艺术中心、山东农业大学图书馆、岱庙、新泰革命史纪念馆、万里图书馆、泰山学院民俗文化博物馆、大汶口文化博物馆、陆房突围胜利纪念馆、复圣文化旅游区（家风教育基地）、东平县公民道德教育馆
威海	中国甲午战争博物院、山东航运文化研究教育基地、威高民俗文化邮、胶东（威海）党性教育基地“幸福威海”教学点、威海市博物馆、胶东育儿所教育基地、荣成博物馆、荣成市郭永怀事迹陈列馆、山东威海（荣成）海洋食品博览中心、爱伦湾国家海洋牧场、天福山革命遗址、文登区图书馆、文登区博物馆、冯德英文学馆、马石山烈士陵园
日照	丁肇中祖居旧址、日照市图书馆、日照海洋公园、日照市尧王文化博物馆、莒县博物馆、本色老党员红色群落展览馆
临沂	华东革命烈士陵园、临沂大学图书馆、临沂大学心理健康与家庭教育研究中心、山东医专罗生特事迹展馆和法德华事迹展馆、临沂大学红色文艺创研与传承基地、沂蒙红嫂纪念馆、山东抗日民主政权创建纪念馆、孟良崮战役纪念馆、十里堡社区文化中心、八路军一一五师司令部旧址、华东野战军总部旧址暨新四军军部旧址纪念馆、九间棚展览馆、临沂东夷文化博物馆、大青山党性教育基地
德州	德州市博物馆、德州扒鸡文博馆、德州梁子黑陶文化园、新街口创意文化产业园、德州学院社科普及基地、德州学院中华优秀传统文化传承教育基地、齐河县时传祥纪念馆、泉城海洋极地世界 齐河县民俗博物馆、古贝春酒文化馆、德州先利黑陶研究所、德州科技职业学院公共实训中心、德州董子书院
聊城	孔繁森同志纪念馆、聊城市东昌府区民间艺术博物馆、中国运河文化博物馆、聊城市海源阁图书馆、刘邓大军强渡黄河指挥部旧址、季羡林先生纪念馆、临清市博物馆、茌平县图书馆、袁楼党史纪念馆、东阿县青少年活动中心
滨州	渤海革命老区机关旧址、孙子兵法城、魏氏庄园、阳信县梨乡民俗博物馆、博兴县博物馆、博兴京博文化艺术博物馆、吴式芬纪念馆、沾化冬枣博物馆、沾化民俗馆、黄河三角洲（滨州）文化产业园 、渤海革命老区纪念园、滨州学院兵学文化普及教育基地、杜受田故居、山东剪纸文化研究中心、杨柳雪不忘初心党性教育基地、滨州学院生态文化普及教育基地、滨州城市规划展示馆、滨州学院创业模拟基地、水落坡民俗文化产业园、梁漱溟纪念馆、狮子刘片区黄河古村风情带
菏泽	冀鲁豫边区革命纪念馆、步长医药产业园毛泽东主席像章馆、鲁西南烈士陵园、传递红色文化博物馆、菏泽市图书馆、单县平原省湖西革命历史纪念馆、单县湖西小延安红色旅游教育基地、巨野县麟州民俗博物馆、东明县毛泽东纪念馆

五、社科普及出版资助和优秀作品评选

2007 年，在省财政部门支持下，省社科联制定了社科普及专项资金管理办法，并将经费列入财政预算。2009 年 3 月，《山东省社科联社会科学普及读物出版资助项目资金管理办法》出台，采取自主申报、公平竞争、专家评议、择优资助的办法，每年评选并全额资助 10 部左右优秀社科普及通俗读物出版。为更好地发挥出版资金的作用，鼓励广大社科工作者积极投身社科普及研究，多出成果、出好成果，在借鉴其他省市社科联经验做法的基础上，又于次年对出版资助管理细则进行修订完善，将出版资助分为社科普及课题立项和读物出版资助两部分。2012 年改称“山东省社科普及与应用重点项目”，并扩大立项规模。《山东省社会科学普及条例》实施后，又制定了《山东省社会科学普及读物出版资助管理办法》，使评审和课题管理过程更加科学和规范。之后，省社科联又与山东省社会科学规划管理办公室联合设立了山东省社会科学规划·社科普及应用研究项目，进一步丰富了山东省社会科学普及应用重点研究项目的类型和内容。

2012 年 8 月 28 日，山东省社科普及与应用重点项目评审会议在齐鲁文化会馆举行。按照科学性、普及性、应用性、通俗性的要求，在经过两轮初选的基础上，由专家学者组成的专门评审委员会进行了终评，拟立项 50 项，其中，资助项目 20 项，自筹项目 30 项，最后再从资助项目中择优选择 6 ~ 10 项全额资助出版。

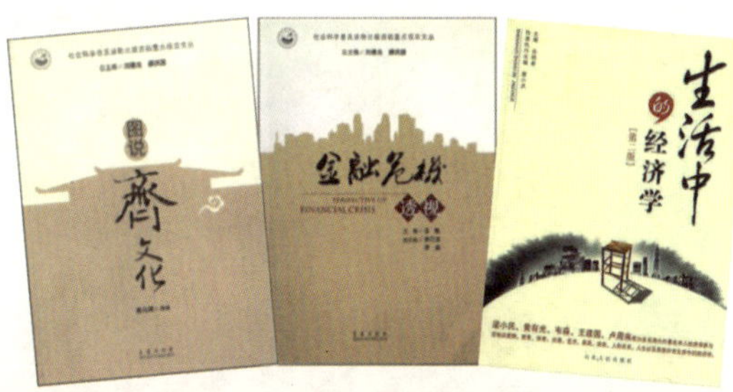

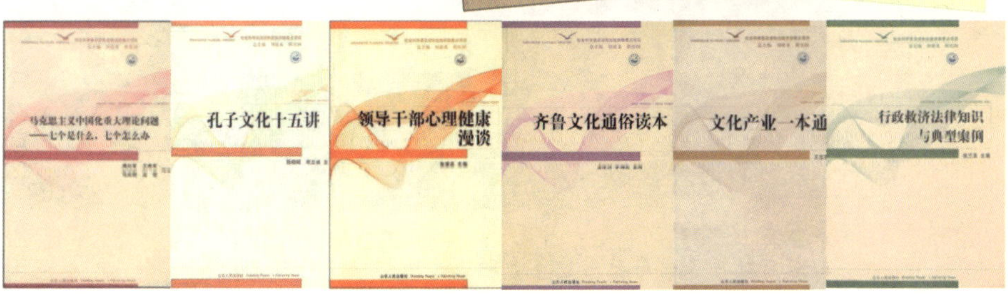

山东省社科普及与应用重点资助已出版图书（部分 1）

山东省社科普及与应用重点资助已出版图书（部分2）

自2002年在山东省社会科学优秀成果奖评选中增设应用学科组（后更名为“普及与应用优秀成果组”）以来，先后评选推出一批兼具理论性和科普性的文章、著作。2010年11月，省社科联启动每两年一次的山东省社会科学普及优秀作品（从第二届开始改为“山东省社会科学普及与应用优秀作品”）评选工作，向社会推荐了一大批社科普及优秀作品，得到干部群众的广泛好评。

表4-3 山东省社科普及与应用优秀作品获奖成果（部分著作）

获奖届次	作者及著作名称	著作展示
第一届	高奇等：《文明之旅》；杨雪芳：《应该明白的税事》；高洪雷：《另一半中国史》；傅永聚：《生活中的儒家伦理》；周向军等：《走进社会主义殿堂》；孙占元：《走科学发展之路》；王丕琢：《非物质文化遗产知识读本》；刘怀荣：《唐诗宋词名篇导读》；吴春岐：《身边的物权法》；赵海军：《图说孙子》	
第二届	周向军等：《马克思主义中国化重大理论问题——七个是什么，七个怎么办》；集体编著：《新山东——科学发展面面观》；杨子强：《融“汇”贯通——外汇知识一本通》；王汶成：《人文博物馆——文学卷》；李靖莉等：《一本书读懂春秋战国》；王志东：《文化产业一本通》；曲金良：《海洋文化小百科》；江心力：《一本书读懂中国哲学史》；王瑞泽等：《经济学是个什么玩意》；邵仲武等：《八大山人书画鉴赏》	

续表

获奖届次	作者及著作名称	著作展示
第三届	曾振宇：《儒家故事》；高奇：《文明的历程》；孙书文：《不讲不笑不成世道——新农村文化娱乐读本》；苑秀丽、刘廷舒：《中国古代廉吏》；王付欣：《阳光人生的处世智慧：安身立命之本》；俞祖华、俞梦晨：《像梁启超那样做父亲》；宋广文：《走进儿女的心——儿童成长心理手册》；刘续兵：《孔子这样说》；赵芳：《最妙趣横生的社会心理学》；刘悦：《汉字中的生活之美》	
第四届	周向军、张荣林：《社会主义核心价值观简明读本》；柳砚涛等：《行政诉讼法案例研习》；孙书文、孔繁轲：《6句话读懂传统文化》；韩品玉、张金霞:《国学经典小故事》；矫克华：《中国陶瓷·泥火传奇》；刘怀荣：《崂山文化丛书》；江心力：《中国人应知的哲学常识》；杨景生：《文学观察探究》；渠正文：《中华历代名篇品读》；临淄齐文化研究社："德润临淄·齐文化道德"丛书	
第五届	颜炳罡：中华优秀传统文化大众化系列读物；李夕聪：《中国海洋符号》；杨立敏："舌尖上的海洋"科普丛书；杨存昌、张泉：《每日一首 中华古诗词分类鉴赏》；马士远、傅永聚:《四书五经》普及读本（全3册），单承彬："讲好中国故事"系列丛书；杨朝明、宋立林：中华传统八德诠解丛书；孔祥安："儒家文化普及读本"丛书；陈晓霞:《跟着孔子去游学》；靳清、王娟、靳心蝶：《那些科学家们彻夜忧虑的问题》；张宏图、宋永利、姚洪运：《中国传统文化》；临沂市社会科学界联合会：《口述沂蒙抗战》	

六、《山东省社会科学普及条例》

2013 年 2 月 25 日，山东省人大常委会下发《关于印发 2013 年地方立法计划的通知》（鲁人发〔2013〕7 号）。《山东省社会科学普及条例》（以下简称《条例》）被列入 2013 年度省人大常委会立法审议计划，山东省社科普及立法工作正式启动。4 月上旬，省委宣传部、省社科联牵头成立了《条例》草案起草领导小组，省社科联科普部具体负责组织协调起草工作。随后在充分调研、广泛征求意见、专家论证和反复修改的基础上，最终形成了《条例（草案会签稿）》。11 月 19 日，省社科联就《条例》起草工作情况，向省人大教科文卫委员会作专题汇报。2014 年 7 月 31 日，山东省人民代表大会常务委员会发布公告（第 52 号）："《条例》已于 2014 年 7 月 31 日经山东省第十二届人民代表大会常务委员会第九次会议通过，现予公布，自 2014 年 10 月 1 日起施行。"

《条例》由总则、内容和形式、社会责任、保障措施、法律责任、附则等共计 6 章 45 条组成，突出了政府在推进社科普及中的主导地位和服务功能，同时对各级社科联、其他社会组织和个人在社科普及中应当承担的社会责任进行了规范，进一步实现了动员全社会的力量、繁荣发展社会科学普及事业的目的。此外,《条例》还对我省社会科学普及工作相关制度进行了规范，从公民社会科学素质监测评估制度、社科普及工作协调机制、社科普及平台信息化、社科普及示范体系建设、建立社会科学普及指导员制度等方面进行了制度创新。

广泛开展社会科学普及立法调研、论证、座谈会。

2014年7月31日，省人大常委会表决通过《山东省社会科学普及条例》。

《山东省社会科学普及条例》

《条例》的颁布实施，为我省社科普及事业的发展提供了法律保障，开启了山东省社科普及工作法治化、制度化的进程。社科普及立法创新荣获山东省文化创新奖。

省人大常委会教科文卫委赴济南、淄博、东营市就贯彻落实《山东省社会科学普及条例》开展执法检查。

社科普及立法创新荣获山东省文化创新奖。

2015年8月7日，由省委宣传部、省人大教科文卫委、省人大常委会法工委、省社科联共同主办的《山东省社会科学普及条例》颁布一周年座谈会在济南召开，时任省委常委、宣传部部长、省社科联主席孙守刚，时任省人大常委会副主任宋远方出席会议并分别讲话，充分肯定了《条例》颁布一年来，全省社会科学普及工作取得的进展和成效。此外，各有关部门总结了一年来贯彻落实《条例》的基本情况和取得的成绩，并就下一步工作思路和打算展开交流和探讨。

七、新时代文明实践社科普及志愿服务活动

省社科联重视发动社科普及志愿者从事社会科学普及工作。2018年社科普及周期间，为了更好地学习贯彻党的十九大精神和习近平新时代中国特色社会主义思想，组织专家学者、机关事业单位党员干部、企业管理人员、社科类社会组织会员、新乡贤（老党员、老干部、老军人、老模范、老教师等五老人员）、高校在校学生等，成立山东省社会科学普及志愿者总队，作为社科普及工作的主力军，开展生动活泼的社科普及志愿服务活动，促进社会科学进机关、进学校、进企业、进农村、进社区。

2018年5月25日，省政协副主席、山东社科院党委书记唐洲雁向志愿者授“山东社科普及志愿行动”旗帜。

2018年9月21日，山东省新时代文明实践社科普及志愿服务行动在济南市新时代文明实践中心启动，这为进一步贯彻落实党的十九大精神、探索宣传普及习近平新时代中国特色社会主义思想开拓了新途径。山东省新时代文明实践社科普及志愿服务行动由山东省委宣传部、省文明办、山东省社科联主办，是新时代山东省拓宽社科普及渠道、打通社科普及“最后一公里”的新尝试。活动依托省、市、县（区）级新时代文明实践中心，以各级社科普及志愿服务队为骨干，围绕习近平新时代中国特色社会主义思想、中华优秀传统文化、社会主义核心价值观、“沂蒙精神”和革命文化、马克思主义唯物论、乡村振兴战略、新旧动能转换等专题内容，深入城镇、乡村基层一线，按照“群众点单，我们送单”的菜单化工作要求，围绕不同专题内容，以专业所长选取专家，

2018年9月21日，山东省社会科学普及志愿服务行动走进新时代文明实践中心正式启动。

2019 年 6 月 29 日，山东省新时代文明实践社科普及专家志愿服务进胶州“讲故事”。

融合讲、展、演和现场咨询的形式，到各个实践站（所）开展社会科学知识普及。

山东省新时代文明实践社科普及志愿服务现已组建 160 支志愿服务队，其中，市社科联新时代文明实践社科普及志愿服务队 16 支、高校社科联新时代文明实践社科普及志愿服务队 50 支、省级社科类社会组织新时代文明实践社科普及志愿服务队 30 支、省级社科普及教育基地新时代文明实践社科普及志愿服务队 64 支，社科普及志愿者总计 25300 人，文明实践社科普及志愿服务队按计划每年要求开展活动 636 项，现已开展的社科普及志愿服务活动 3000 场次，总计服务时长 80210 小时。据统计，各志愿服务队累计在《今日头条》文明实践志愿服务官方头条刊发新闻稿件 1300 余篇。特别是在疫情期间，各志愿服务队深入一线或利用各自优势开展网上、网下活动 1300 余项，刊发《今日头条》216 篇，在齐鲁壹点、齐鲁网、山东宣传网、新华网、“学习强国”等媒体刊发新闻 500 余篇，累计阅读超过 500 多万人次。

山东省新时代文明实践社科普及志愿服务

2018 年 10 月 18 ~ 19 日，山东省新时代文明实践社会科学普及志愿服务工作推进现场会在青岛召开。省社科联党组书记、副主席刘致福出席会议并讲话。会议还讨论了《山东省社科普及志愿者服务章程》《山东省社会科学普及志愿者管理办法》等有关制度文件，有关专家作了业务培训。

2019 年 2 月 24 日，山东财经大学新时代文明实践社科普及志愿服务队开展志愿服务活动。

曲阜市小雪街道白杨树村新时代文明实践站

2020 年 6 月 10 日上午，在淄博市临淄区稷下街道淄江社区新时代文明实践广场，100 多名社科普及志愿者开展了现场宣传咨询服务活动。

新时代文明实践社科普及志愿服务专家走进“全国文明村”——邹城市钢山街道后八里沟村进行宣讲活动。

2020 年 7 月上旬，日照市金融学会新时代文明实践社科普及志愿服务队组织 10 余家会员单位，在日照市政府广场组织开展金融知识科普宣传暨新时代文明实践社科普及志愿服务活动。

中国运河文化博物馆新时代文明实践社科普及志愿服务队在第 93 个“八一”建军节来临之际，在聊城驻地武警支队开展了军民鱼水情、运河进军营主题慰问活动。

八、社科普及“微课堂”

适应信息化发展的新形势，省社科联适时推出“微课堂”，在探索创新社会科学普及工作的过程中迈出了新的步伐。

“战疫·微课堂”

针对2020年的疫情防控，科普部联合齐鲁晚报·齐鲁壹点举办“战疫·微课堂”系列活动。坚持从疫情形势出发，依群众需求找准选题，邀请政治、心理、教育、法律等行业专家零距离“做客网端”、可视化“空中支招”，引导群众用阳光心态、理性思维、法律意识和科学知识参与支持疫情防控，采用网站、微信、客户端联动的方式，全方位推送文明生活理念和科学防疫知识，利用图片、文字、音视频相结合的形式，通过齐鲁壹点客户端等新媒体平台，面向大众传播，图文并茂，形式新颖，内容精炼，“干货”满满，一经推出，即受到群众广泛关注和好评。

“微课堂”适应新形势，创新新媒体传播渠道，发挥报刊、广播、电视等传统媒体和大数据、互联网、移动客户端等新兴媒体在社会科学传播中的优势和作用，实现传统媒体与融媒体“双向互动”，优势互补；运用信息化技术手段，探索采用VR、微视频等新传媒技术，提高社科普及数字化水平，加快推进“大数据+社科普及”行动，推动新媒体平台与社科普及融合发展。“微课堂”采取形式多样的方式及时宣传报道科普工作动态，加大宣传力度，打造社科普及品牌，扩大社会科学普及覆盖面，提高社会科学普及工作的影响力，实现受众群与影响力“双提升”。

社科普及微课堂：“新基建”新在何处？

“微课堂”还紧密结合科普部的品牌栏目“齐鲁大讲坛”，实行外宣稿件“微课堂”与“大讲坛”联动。有的科普内容是同时发布，有的是“微课堂”先发，“大讲坛”官微再互动转发，实现强强联手、品牌互动，积极探索“云科普”传播渠道。截至目前，“战疫·微课堂”网上科普活动已进行 8 期。“微课堂”充分利用自有媒体平台和主流媒体平台推送科普活动内容，得到《人民日报》、光明网、中新网等中央级媒体的宣传报道。微媒体撬动了大平台。

“战疫·微课堂”前 8 期汇总。

九、其他社科普及工作

（一）社科普及“十百千”示范体系

《山东省社会科学普及条例》中提出要建设社科普及示范体系。2014 年，省社科联启动了山东省社科普及“十百千”行动，计划用 3～5 年的时间，在全省建设 10 个县、100 个乡镇、1000 个村为社科普及示范县、镇、村，通过创建示范单位，发挥其示范辐射作用，带动全社会普及社会科学知识。

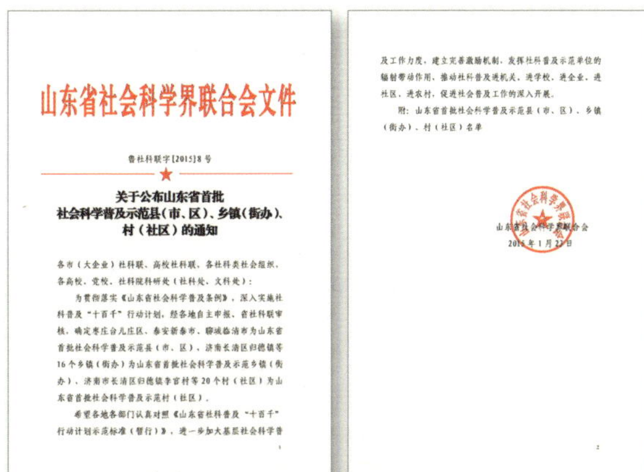

山东省社会科学界联合会文件

鲁社科联字[2015]8 号

关于公布山东省首批社会科学普及示范县（市、区）、乡镇（街办）、村（社区）的通知

各市（大企业）社科联、高校社科联、各社科类社会组织，各高校、党校、社科院科研处（社科处、文科处）：

为贯彻落实《山东省社会科学普及条例》，深入实施社科普及“十百千”行动计划，经各地自主申报、省社科联审核，确定枣庄台儿庄区、泰安新泰市、聊城临清市为山东省首批社会科学普及示范县（市、区），济南长清区归德镇等 16 个乡镇（街办）为山东省首批社会科学普及示范乡镇（街办），济南市长清区归德镇李官村等 20 个村（社区）为山东省首批社会科学普及示范村（社区）。

希望各地各部门认真对照《山东省社科普及“十百千”行动计划示范标准（暂行）》，进一步加大基层社会科学普及工作力度，建立完善激励机制，发挥社科普及示范单位的辐射带动作用，推动社科普及进机关、进学校、进企业、进社区、进农村，促进社会普及工作的深入开展。

附：山东省首批社会科学普及示范县（市、区）、乡镇（街办）、村（社区）名单

山东省社会科学界联合会

2015 年 1 月 22 日

2015 年公布首批社科普及示范单位。

时任省政协副主席王修智同志考察社科普及示范社区。

经各地自主申报、省社科联审核，2015 年 1 月确定命名了首批 3 个省级社科普及示范县（市、区）、16 个省级社科普及示范乡镇（街道）、20 个省级社科普及示范村（社区）。根据《山东省社会科学普及条例》要求，2016 年省社科联制定出台了《山东省社科普及“十百千”行动计划示范标准》，发布了《关于加强山东省社科普及“十百千”示范体系建设的通知》，确定了由省、

市、县三级分别命名本级社科普及示范单位，到2020年初步实现建成全省社会科学普及示范体系的目标。通过“十百千”行动计划，夯实社科普及工作的基层基础，发挥社科普及示范单位的辐射带动作用，推动社科普及进机关、进学校、进企业、进社区、进农村，不断扩大社科普及工作面，不断满足全省基层群众对社科知识的需求，提升全社会人文社科素养。

2018年，进一步制定了《山东省社会科学普及示范基地创建标准》，明确了《山东省社会科学普及示范县（市、区）、乡镇（街道）、村（社区）推荐标准及确认赋分》，并组织对已经申报和准备申报的社科普及示范单位进行全方位的抽查和检查。截至目前，山东省社科普及“十百千”示范体系已共计命名6批，其中包括省级社科普及示范县（市、区）73个、省级社科普及示范乡镇（街道）305个、省级社科普及示范村（社区）1177个。

（二）山东省人文社科知识竞赛

为进一步普及人文社科知、提升公众人文社科素养，2013年7月，省社科联与齐鲁晚报联合举办了山东省首届人文社科知识竞赛。由相关专家设计问卷，参赛人员不限年龄，采取书面答题方式。最终共收集到有效答卷3728份，其中，217份答卷获得满分，从满分答卷中随机抽取一等奖5名、二等奖10名、三等奖20名。

2014年7月，山东省第二届人文社科知识·社会主义核心价值观竞赛举办，收集有效答卷26752份、省外答卷1890份、满分答卷1523份，从满分答卷中随机抽取一等奖5名、二等奖10名、三等奖20名。参加这次竞赛的既有9岁小学生，也有87岁的退休老教师，包含学生、企事业单位职工、干部、公务员以及农民等，分布在山东、江苏、浙江、广东、云南、上海等省市。参赛人员之多、范围之广都超过了第一届。

2015年，第三届人文社科知识竞赛举办，此次竞赛的主题是“依法治国和法治山东建设”，采用网上答题、书面答题两种方式，吸引了来自23个省市区的3万多名社会各界公众参与，最终从满分答卷中随机抽取一等奖6名、二等奖10名、三等奖20名。

2016年，第四届山东省人文社科知识竞赛的主题为“新理念新思想新战略”。从2017年第五届山东省人文社科知识竞赛开始，比赛采用微信答题、书面答题两种方式。2018年，第六届山东省人文社科知识竞赛的主题为“改革开放40年”，微信答题以抢红包的形式进行，共计197177人次参与活动，7377人次收到活动红包奖励。

山东省人文社科知识竞赛自2013年启动以来，每届围绕一个主题，已连续成功举办6届。该竞赛得到社会各界群众的积极响应。参与答题的民众

【获奖通知】2015年山东省人文社科知识竞赛（依法治国和法治山东建设）圆满结束

2015-11-25 【山东省社科联】 齐鲁大讲坛

为宣传学习贯彻落实好党的十八届四中全会精神和全面推进法治山东建设，山东省社会科学界联合会、齐鲁晚报共同主办了2015年依法治国和法治山东建设知识竞赛活动。

山东省人文社科知识竞赛活动从2013年开始，每届一个主题，连续举办了3届。2015年依法治国和法治山东建设知识竞赛活动首次采取网上答题和书面答题两种方式。到目前为止，共收到答卷4065份，其中书面答卷3210份，网上答卷855份（网上阅读量达17806人次），另外统计省外答卷共586份。经过严格审查，认真阅卷，获得满分答卷736份（书面答卷436份，网上答卷

2015 年，第三届山东省人文社科知识竞赛获奖通知。

2017山东省人文社科知识竞赛

首设微信抢红包答题，还有千元书画答题大奖等你拿

山东省第五届人文社会科学知识竞赛

首次采用客户端和书面答题两种方式，千元大奖等你来拿

2017 年，第五届山东省人文社科知识竞赛。

职业、年龄、地域分布非常广泛，答题的质量也在逐年提高，反映了公众人文社科素养稳步提升。

（三）助力乡村文化振兴

为进一步贯彻落实好《山东省推动乡村文化振兴工作方案》（2018 年 5 月出台），根据统一安排，省社科联着力开展了鄄城县乡村文化振兴帮扶工作，扎实推动鄄城县文化旅游与乡村记忆工程规划工作。结合社科普及志愿服务行动，开展群众喜闻乐见的讲座、咨询服务进基层活动，组织开展送垃圾分类问题讲座进基层、送生命科学知识讲座进基层、送提升人文素养讲座进基层等活动，丰富农村农民文化生活，全面推动乡村文化振兴。同时，送乡村文体活动必备的音响、服装等进社区，送社科理论、教材教辅、课外读物、智慧生活等书籍进社区、村居，切实为鄄城县乡村文化振兴作出贡献。

2020 年 6 月 1 ~ 3 日，省社科联党组书记、副主席刘致福围绕乡村文化振兴工作到菏泽调研，并出席山东省暨菏泽市第十七届社会科学普及周开幕式。

山东省社会科学界第五次代表大会

第五章

建管并重　社会组织规范化发展

山东省社科类社会组织从无到有，从小到大，从弱到强，历经 60 多年的风雨洗礼，迎来了发展的兴盛时期。从起步之初仅有的山东省哲学学会、山东省历史学会、山东省经济学会、山东省教育学会四个学术团体，发展到目前的 144 个学术团体、36 个民办社科研究机构，共计 180 个省级社会组织。这几个数字清晰明了地勾勒出了社会组织的发展进程。省社科类社会组织是伴随着全省社科事业前进的步伐而发展起来的，是在与省社科联同呼吸、共命运的紧密联系中一起成长的。在业务上，省社科联对所属各省级学会、协会、研究会、促进会、民办社科研究机构（以下简称“社团”）进行管理、指导、协调，推动社团开展理论研究、社科普及、成果评价、阵地建设、文化交流和组织建设等工作。60年来，尤其是改革开放以来，省社科联坚持守土有责、守土尽责，把牢社会组织正确发展方向，提升规范发展水平，激发社团活力动能，使社科类社会组织不断发展壮大，为培养社科人才、促进学科建设、服务社会作出了巨大的贡献，成为全省社会科学领域一支不可或缺的重要力量。

◎**要点推送**

学会；发展简史；社会组织党建；规范化建设；民办社科研究机构；“调研山东”；社会组织学术月活动；新型智库；服务山东

功能

★促研究

学会、研究会、协会是组织和引导广大哲学社会科学工作者开展学术研究和交流的重要平台。60年来，山东省社科类社会组织积极开展学术研究，组织学术研讨，引导加强马克思主义理论、齐鲁文化、沂蒙精神、蓝黄战略、新旧动能转换等重大理论和现实问题的研究，努力营造出有利于哲学社会科学发展的良好生态，夯实了哲学社会科学发展地基，推动山东省哲学社会科学不断跃上新的台阶。

★出对策

立足山东实际，举办形式多样的学会活动，为相关部门献计献策，充分发挥“好帮手”“好参谋”的重要作用。山东社科界大部分学会在各自的领域内进行了广泛的应用对策研究，研究成果得到相关部门的采纳和充分肯定。例如，2020年山东省“两会”期间，省循环经济协会提出的让农业废弃物变身“金坷垃”的建议和省创新管理研究院提出的加强中医药强省建设的建议引起两会重视，为相关部门科学决策贡献了才智。

★搭桥梁

社科类社会组织是沟通党委、政府与广大社科工作者的重要桥梁和纽带，在经济社会发展中发挥着不可替代的作用，其本身具备的代表性广、专业性强、群众性好、包容性大等优势，不仅能充分反映社科工作者的情况和意愿，还能将党和政府的声音传递给广大社科工作者，为构建哲学社会科学工作者的“最大同心圆”做出了重要贡献。

★担责任

主动承担社会责任是社科类社会组织建设的应有之义。60年来，山东省社科类社会组织在省社科联的领导下主动承接社会任务、承担社会责任，以实际行动助力经济社会发展。譬如，自疫情暴发以来，各社会组织勇于承担社会责任，积极参与抗疫行动，发出防控倡议书，奉献爱心，表达关切之情；推送文化大餐，增强抗疫必胜的信心和勇气；以己之所能提供个性化、特色化服务，助力抗疫行动；开展抗击疫情理论研究，为相关决策部门提供参考意见。

一、发展概况

为了贯彻落实党中央关于促进科学技术和文学艺术发展的“双百”方针，从 1958 年起，山东省除建立中国科学院山东分院和部分自然科学学会之外，也先后成立了哲学、历史、教育、经济四个哲学社会科学学会。

山东省哲学学会于 1958 年 12 月 12 日成立，何匡任主席，副主席由周南、李书厢、王历波担任，门宏为秘书长，并于当月组织学术会议讨论了“两个过渡”问题。在 1960 年和 1966 年，哲学学会联合哲学研究所共同创办了《哲学研究资料》和《哲学通讯》等内部刊物，刊发了《谈谈社会主义社会发展的动力问题》《对社会主义社会发展动力的一点认识》《夺取资产阶级霸占的史学阵地》等文章，成为推动我省哲学社会科学发展的新生力量。

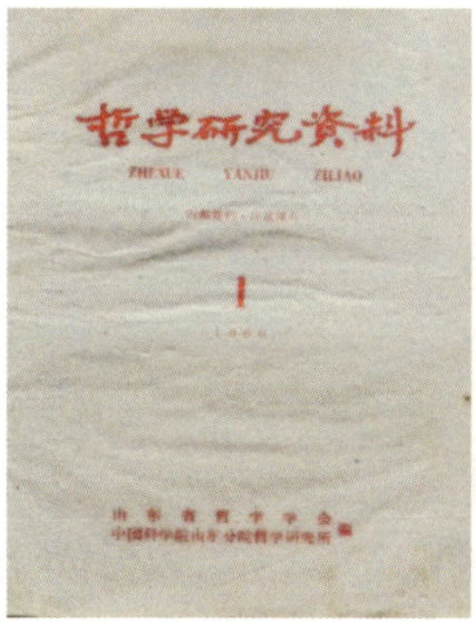

《哲学研究资料》
1960 年第 1 期

《哲学通讯》
1966 年第 1 期

1960 年 5 月 15 日，山东省历史学会正式成立，李景春任主席，王林肯、黄云眉、陈锡德、廉立之为副主席，陈锡德兼秘书长。成立之后，山东省历史学会举办了关于义和团运动、辛亥革命、农民战争问题等较大规模的学术讨论会，集中力量出版了《义和团运动六十周年纪念论文集》《辛亥革命五十周年纪念文集》《山东近代史资料》等，并创办了《山东史学通讯》会刊，有力地活跃了山东省的学术研究氛围，促进了山东省史学研究的新发展。

山东教育学会在 1960 年 8 月 7 日成立，主席由成仿吾担任，丁方明、李芸生、史毅、郭锡九、刘洪轩等人任副主席一职，秘书长是王沂清。

山东省经济学会在 1962 年 1 月 20 日正式成立，陈文其为主席，王力夫、刘华南、于清波、阎竹铭、娇庆德、张侠等人任副主席，秘书长为宋毅。山东经济学会为配合党的中心任务，举办了多场讨论会、座谈会，例如，与山东省经济研究所合办的关于在社会主义经济建设中加强集中统一问题讨论会等；开办了多次帮助干部学习的经济学讲座，并出版了内部刊物《经济研究动态》，到 1963 年 3 月共出版 3 期；在编辑资料、开展农村经济调查等方面也做了大量工作。

为更好地指导各个学会开展活动并促进其健康发展，山东省又成立了哲学社会科学联合会。截至“文化大革命”前夕，据不完全统计，四个学会共发展会员达 1100 余人，高等院校文科专业中讲师以上的知识分子大都参加了学会。各学会发挥其特长和优势举办形式多样的学术报告会、讨论会、座谈会；组织高水平的理论讲座，提升基层干部素质；立足实际，实地调研，撰写出系列调查报告，为相关部门决策提供了参考。但是，“文化大革命”的爆发，不仅阻断了新学会的筹备工作，更是干扰了原有学会的各项活动，导致学会工作停滞不前，以致最后被迫中断。

表 5-1　山东省哲学社会科学学会一览表（1958 ~ 1968）

山东省哲学学会	主席	何匡
	副主席	周南、李书厢、王历波
	秘书长	门宏
山东省历史学会	主席	李景春
	副主席	王林肯、黄云眉、陈锡德、廉立之
	秘书长	陈锡德
山东省教育学会	主席	成仿吾
	副主席	丁方明、李芸生、史毅、郭锡九、刘洪轩等
	秘书长	王沂清
山东省经济学会	主席	陈文其
	副主席	王力夫、刘华南、于清波、阎竹铭、矫庆德、张侠等
	秘书长	宋毅

概括起来，我省社科类社会组织的发展大体经历了三个阶段：第一个阶段是六七十年代的初步发展时期，第二个阶段是八九十年代及新世纪头 10 年的快速发展时期，第三个阶段是党的十八大以来的创新发展时期。

党的十一届三中全会以后，学会迎来了恢复重建、新建的春天。1978 年 2 月，中共山东省委决定恢复成立山东省社会科学研究所，并委托研究所党组统筹原有学会的恢复和新学会的筹建工作。在中共山东省委的大力支持下，由省社会科学研究所（院）和一些业务部门出面恢复和新建了哲学、经济、历史、科学社会主义、语言、教育、图书、财政、会计、统计、党史等学会和各种研究会，由省社联筹委会出面筹建了金融、美学、法学、企业管理等学会的筹委会或筹备组，并通过纪念鲁迅诞辰 100 周年学术活动，成立了鲁迅研究会和现代文学研究会筹委会。山东省社会科学界第一次代表会议召开时，全省已恢复和新建了 18 个学会和筹委会，会员近 5000 人。据不完全统计，在省社联举行第一次代表大会前的近 3 年里，各个学会及筹委会召开各种座谈会、讨论会、报告会、年会、专题讲座等达 150 多次。如：哲学学会多次组织关于实践是检验真理的唯一标准的讨论，有力地解放了人们的思想；经济学会就社会主义基本经济规律和社会主义生产目的等问题进行理论研究和调研，使之成为相关部门决策的参考；历史学会参与整理出版了部分孔府档案，有利于中华优秀传统文化的传承。

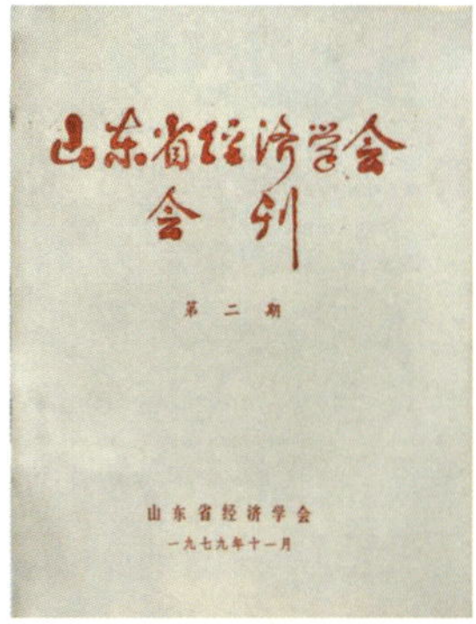

《山东省经济学会会刊》1979 年第 2 期

1979 年 10 月 13 日，山东省经济学会恢复成立。

1979 年 10 月 30 日，山东省哲学学会恢复成立。

1980 年 5 月 25 日，山东省科学社会主义学会成立大会召开。

1980 年 5 月 31 日，山东省语言学会成立大会召开。

到1987年9月省社联召开第二次代表大会时，省级学会、研究会、协会已发展到77个，会员达6万余人，全省学会创办的各种类型的刊物有37种。在这短短的6年时间内，省社联的学术团体迅速壮大，成为推动学术交流的重要力量。另外，部分学会、研究会的专家学者还被邀请到外省讲学交流，推进了学术交流的深入开展，促进了学科的发展。省社联还定期召开学会秘书长会议，把握学会工作方向；各个学会立足实际，密切配合挂靠单位开展工作。随着学会规模的不断扩大，各学会进入了活跃期，开展了形式多样的学会活动，包括积极为相关部门献计献策，得到相关部门和领导的肯定和重视。如：1984年8月，山东省经济学会在日照召开关于山东农业发展战略问题理论讨论会，会议上涌现的多项研究成果得到农业部门的重视，为农业发展战略的制定提供了可靠的参考依据；1985年，山东省法学会举行全省社会治安综合治理理论研讨会，其研究成果和调查报告受到领导重视，学会组织编写的法律读本、法制电视剧本等广受观众的欢迎；1986年4月，山东省哲学学会举行了主题为“社会主义现代化建设中涌现出的哲学问题”的讨论会，8月份举行第二次讨论会，深化了对哲学问题的理解，并得到相关媒体的追踪报道，扩大了学会在省内外的影响力。

1992年10月，山东省社科界第三次代表大会召开时，全省社科界学会、协会、研究会的发展呈现出一派欣欣向荣景象。学会队伍进一步壮大，已建有120余个省级学会，会员达到15余万人。相关数据显示，省级学会和市、地社科联创办的各类刊物共80余种，刊物质量显著提高，并在办刊过程中逐渐形成了各自的特色，成为活跃全省哲学社会科学事业的重要阵地。自1989年起，省社科联陆续开展评选先进学会和优秀学会工作者的活动，对先进学会和优秀学会工作者给予表彰，以激发广大社科工作者参与学会活动的积极性，增强学会自身建设与发展的动力。此外，从1991年开始，各学会根据国家有关规定，有计划、有步骤地开展了整顿和登记工作，学会建设逐步迈入法制化、规范化、科学化轨道。与此同时，各学会的活动持续升温。例如，1989年5月，山东省企业文化学会召开“山东省企业文化建设与企业思想工作研讨会”，就企业文化与传统文化、企业文化与企业思想工作等方面的问题进行深入探讨，中央电视台、山东电视台、《大众日报》等多家媒体对这次活动进行了报道，扩大了省企业文化学会在省内外的影响力。1991年4月，山东省行政管理学会召开首届年会暨乡镇行政管理研讨会，大会提出的问题和形成的理论成果受到省领导的重视。《农村征管力量配置与机构设置研究》《关于完善税收征管体系的研究》是省税务学会组织专家分赴各地进行实地调研的成果，为相关部门的决策提供了有益的参考。

1998 年 8 月，山东省社科界第四次代表大会举行之际，各级学会、协会、研究会呈现出良好的发展势头，省级学会达到 145 个，成为全省社会科学工作者开展学术研究、加强学术交流的重要阵地。这一时期，各学会、协会、研究会坚持在改革探索中促进学会的创新发展，以适应社会主义市场经济规律和社会发展的需要，增强学会活力：一是通过改革学术活动方式，提升学术活动质量；二是以开放的形式办会，主动联系相关部门，通过提供智力服务促进自身的发展；三是切实加强学会业务能力建设，多出人才，多出成果。在学会发展进程中，不少学会坚持立足现实的原则，不断提高为经济社会发展服务的能力。例如，1996 年，省工人运动研究会针对《工会法》《劳动法》的贯彻实施进行实地调研所形成的调查报告被省人大八届二十一次会议采纳，撰写的《关于认真贯彻党的全心全意依靠工人阶级的方针，推进国有企业改革的意见》受到省领导的肯定和重视；1997 年，山东省统战理论研究会撰写的调研报告《县区基层统战工作的成功尝试》得到中央统战部的充分肯定。

2005 年 10 月，山东省老年学学会第三次会员代表大会召开。

山东省社科界第五次代表大会在 2003 年 11 月召开，这是进入新世纪后第一次社科界重大会议，经过 5 年的开拓发展，学会在制度化、法制化建设道路上取得重要成绩，办会质量不断提高。2002 年，省社科联制定下发了《关于加强学会规范化管理与建设的意见》和《关于加强省社会科学界联合会所属社团党的建设工作的意见》，此外，在 2003 年，全省开始实施《社会团体等级管理条例》，进一步强化了学会的法制性建设与管理。这些文件成为全面加强学术社团规范化建设的重要依据。各级学会积极落实文件精神，经过一段时间的努力，许多学会建立了比较健全的体制机制，如学术活动机制、成果评价机制、会员管理制度、财务管理制度等，使学会的发展

2011 年，举办省社科界社团负责人培训班。

日益走上制度化、规范化的道路。

在 2009 年 8 月山东省社科界第六次代表大会召开时，省社科联所属省级学会共 149 个，还有 15 个民办社科研究机构。这一时期，各级学会加强对自身建设的规范化管理，民办社科研究机构的管理也进一步加强，通过社科联领导成员分片联系社团制度、年报制度、换届制度，以及办好学会社团负责人研讨班等途径，逐步建立起在发展中求规范、在规范建设中求发展的机制。就在这一时期，民办社科研究机构进入了发展的快车道。到 2010 年年底，省社科联所属学术社团多达 178 个，其中，省级学会 157 个，民办社科研究机构 21 个，会员约 20 万人。截止到 2012 年年底，省社科联所属省级社团 184 个，其中，民办社科研究机构 29 个。新成立的学术社团包括省水浒研究会、山东区域经济学会、省诚信建设促进会等学会，山东县域经济研究院、山东汉唐盛韵文化艺术研究中心、山东现代节庆咨询中心、山东运河经济文化研究中心、省阳光青少年素质教育研究中心、山东大舜君和文化促进中心、山东现代教育发展研究中心等民办科研机构。民办科研机构在这

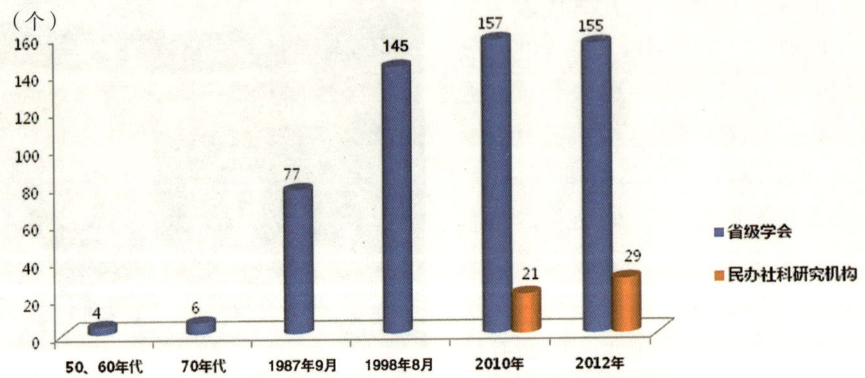

山东省省级学会和民办社科研究机构发展趋势图

一时期的快速发展，在一定程度上促进了全省社会科学事业的发展。

组织管理和指导社科类社会组织开展活动是社科联的主要职能之一，具体由学会部负责。该部设置于 1982 年，在省社科联机关中是设立比较早的部室，在省社联恢复成立后的次年就成立了。随着全省社会科学的蓬勃发展以及省社科联机构的调整，学会部的职能也不断地发生变化。2004 年之前，学会部统一指导管理学会、协会、研究会等社团；2004 年，省社科联又承担了民办社科研究机构的业务主管职能。2008 年，省编办同意增设民办社科研究机构管理部。2017 年，省编办同意学会管理部更名为“学术部”，民办社科研究机构管理部更名为“社科团体部”，一直沿用至今。该部负责指导

山东省社科联民办社科研究机构专题座谈会召开。

和管理省级社科类社会组织的党建工作、学术活动审批、换届、评优、年审及有关活动的协调管理工作，还负责收集、整理、反映团体会员和社科工作者的要求、心声、意见和建议，维护其合法权益等。这个机构的演变史直接反映了全省社科类社会组织快速发展以及结构规模快速变化的情况，展示了社科类社会组织在时代大潮中发展壮大的历史进程。

党的十八大以来，全省社科类社会组织发展日益壮大。截至 2020 年 8 月，省社科联所属社团共有 180 个，其中，省级学术团体 144 个，民办社科研究机构 36 个，已经成为全省社会科学事业发展的不可或缺的重要力量。各社团在业务主管单位和省社科联的领导、指导下，团结全省广大社科理论工作者，紧紧围绕改革开放和现代化建设过程中出现的重大理论和实践问题，开展了丰富多彩的学术研讨、课题调研、社科普及、咨询服务等活动，不断完善学会的管理机制和运行机制，积极构建与经济社会进步相适应的社会活动机制，切实发挥出应有的作用。

二、社会组织党建工作

党的领导是社会组织工作的基础，基础不牢，地动山摇。省社科联党组高度重视社会组织党建工作，中共山东省社科联社会组织委员会（简称“社党委”）在省社科联党组的正确领导下，贯彻落实《中国共产党支部工作条例（试行）》《关于加强社会组织党的建设工作的意见》等规章文件，落实党要管党、全面从严治党要求，真抓实干，履行职责，引导社会组织牢固树立“四个意识”、坚定“四个自信”、做到“两个维护”，积极推动社会组织党建工作稳步开展。

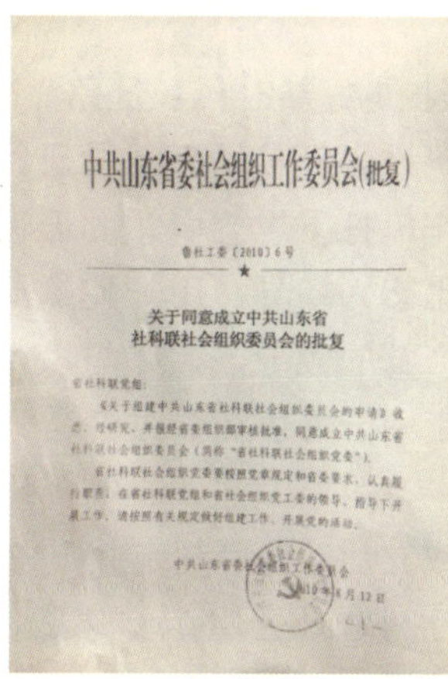
中共山东省委社会组织工作委员会(批复)

鲁社工委〔2010〕6号

关于同意成立中共山东省
社科联社会组织委员会的批复

《关于同意成立中共山东省社科联社会组织委员会的批复》

省社科联社党委于2010年8月经由省委社会组织党工委批复成立。截至目前，已批复成立党支部60个，有党员700余名，其中直属党员21名。

省社科联社党委的职责是负责有关省级社科类社团、民办社科研究机构的党建工作，结合对省级社科类学会的管理、指导、监督及对全省民办社科研究机构的业务管理，督促指导其做好党建工作。

第一，加强思想建设。政治方向是社会科学工作的灵魂，也是社科类社会组织健康发展的前提。党的十八大以来，省社科联专门下发了相关文件，要求积极学习宣传党的理论、方针、政策。各社会组织紧密围绕党的十八大、党的十九大以及十九届二中、三中、四中全会精神开展宣讲工作，开展"不忘初心、牢记使命"主题教育活动等；先后开展"习近平主席致国际历史科学大会贺信发表三周年学术座谈会""党的宣教方式创新研究""沂蒙精神研讨会""传播红色文化 传承红色基因 走好新时代长征路"专题学术研讨会、"改革开放40周年与地方人大工作"研讨会等多场高质量研讨会，直接和间接受众超万人。通过加强理论武装工作，打下思想引领的理论基础，始终坚持以习近平新时代中国特色社会主义思想为指导，用一元化的指导地位引领多元化的社会思潮，坚决拥护中国共产党的领导，始终与以习近平同志为核心的党中央保持高度一致，不断增强走中国特色社会主义道路的自觉性和坚定性。

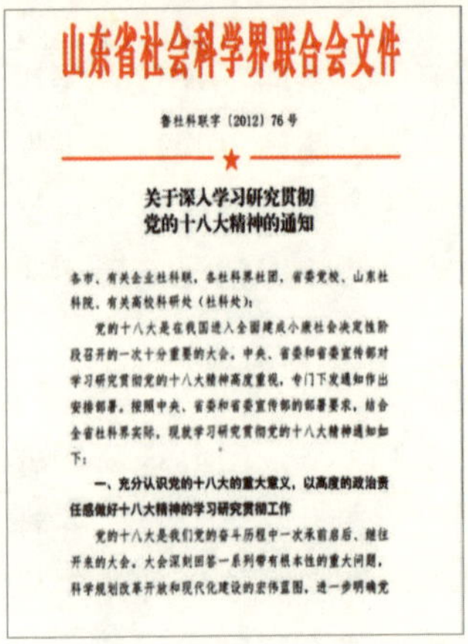

山东省社会科学界联合会文件

鲁社科联字〔2012〕76号

关于深入学习研究贯彻
党的十八大精神的通知

各市、有关企业社科联，各社科界社团，省委党校、山东社科院、有关高校科研处（社科处）：

党的十八大是在我国进入全面建成小康社会决定性阶段召开的一次十分重要的大会。中央、省委和省委宣传部对学习研究贯彻党的十八大精神高度重视，专门下发通知作出安排部署。按照中央、省委和省委宣传部的部署要求，结合全省社科界实际，现就学习研究贯彻党的十八大精神通知如下：

一、充分认识党的十八大的重大意义，以高度的政治责任感做好十八大精神的学习研究贯彻工作

党的十八大是我们党的奋斗历程中一次承前启后、继往开来的大会。大会深刻回答一系列带有根本性的重大问题，科学规划改革开放和现代化建设的宏伟蓝图，进一步明确党

《关于深入学习研究贯彻党的十八大精神的通知》

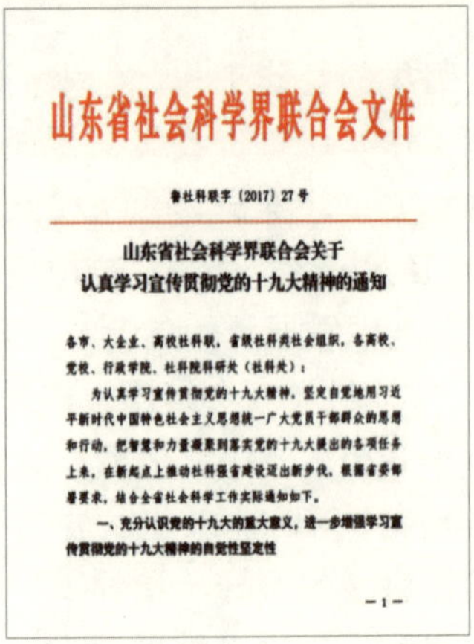

山东省社会科学界联合会文件

鲁社科联字〔2017〕27号

山东省社会科学界联合会关于
认真学习宣传贯彻党的十九大精神的通知

各市、大企业、高校社科联，省级社科类社会组织，各高校、党校、行政学院、社科院科研处（社科处）：

为认真学习宣传贯彻党的十九大精神，坚定自觉地用习近平新时代中国特色社会主义思想统一广大党员干部群众的思想和行动，把智慧和力量凝聚到落实党的十九大提出的各项任务上来，在新起点上推动社科强省建设迈出新步伐，根据省委部署要求，结合全省社会科学工作实际通知如下。

一、充分认识党的十九大的重大意义，进一步增强学习宣传贯彻党的十九大精神的自觉性坚定性

—1—

《山东省社会科学界联合会关于认真学习宣传贯彻党的十九大精神的通知》

第二，建章立制，确保社会组织党建工作有章可循，有规可依。社党委成立后，先后制定并下发《中共山东省社科联社会组织委员会工作制度》《省社科联社会组织党建工作制度》《山东省社会科学界联合会省级社会组织管理通则（试行）》等一系列规章制度，对社会组织管理以及社党委主要职责、议事规则、党委会议制度、办公会会议制度、请示报告制度等有关党的建设工作作了明确规定，并将其作为省社科联所属社团管理制度予以下发执行。

省社科联举办深入学习贯彻习近平总书记重要讲话精神研讨班。

第三，抓好培训，提升社会组织专职人员服务能力。社党委自成立以来，多措并举提升自身党建水平和能力，先后举办“秘书长培训班”“党的十八大精神培训班”“党的十九大精神培训班”“不忘初心、牢记使命主题教育培训班”等各类党建工作培训教育，极大地提高了社会组织的党建水平。为各党支部购买《习近平新时代中国特色社会主义思想学习纲要》《中国共产党章程》《基层党务工作实用手册》《社会组织党组织工作手册》《中国共产党党支部工作条例（试行）》等一系列党建教材并将其分发到各党支部，以提升党建理论武装水平。

第四，举办活动，增强党员凝聚力、战斗力。社党委自成立以来，先后举办“党的十八大、十九大征文”“《青年马克思》爱国主义观影”“初心使命党性教育”“社会组织党建调研”等多种党建活动，锤炼党性，提升境界。

为进一步加强社会组织党员干部理想信念教育、锤炼过硬党性党风党纪、推动社会组织“不忘初心、牢记使命”主题教育扎实开展，2019 年 9 月 23 ~ 26 日，省社科联在“中国革命的摇篮”井冈山举办社会组织“不忘初心、牢记使命”主题教育培训班。

第五，吸纳优秀青年党员，为党组织注入新鲜血液。社团党委自从成立以来十分重视优秀青年党员的培养工作，努力使他们成为社会组织的中坚力量，激发党组织活力，为社团组织的持续繁荣发展奠定牢固的组织基础。

2014年9月24日，省社科联社会组织党委举行发展党员入党宣誓仪式。

第六，典型带动，做好党建示范点建设工作。2018年、2019年，省社科联社会组织党委以“关系理顺、活动经常、管理规范、作用发挥”为目标，以“八有六好两促进”为创建标准，切实做好党建示范点的创建工作。在这个切实可行的目标和标准指引下，省社科联先后打造“中共山东省企业法律风险研究会党支部”等10个党建示范点，并以点带面，全面提升了社会组织党建工作。

2018年11月22日，为贯彻落实中央、省委关于社会组织党建工作部署要求，以点带面，进一步提升业务主管社会组织党建工作水平，省社科联召开了社会组织党建工作现场会，并为山东大舜君和文化促进中心党支部等6家单位颁发了“党建示范点”奖牌。

三、社会组织规范化建设

2015年7月6～7日，党的群团工作会议在北京召开，习近平总书记出席会议并发表重要讲话。9月17日，省委召开党的群团工作会议，深入学习贯彻中央党的群团工作会议精神和习近平总书记重要讲话，研究推进山东群团工作创新发展的思路和举措。

省社科联深入贯彻落实中央和省委群团工作会议精神，贯彻落实《中共中央关于加强和改进党的群团工作的意见》《中共山东省委关于加强和改进党的群团工作的实施意见》，制定实施《山东省社会科学界联合会关于贯彻落实省委群团工作部署加强和改进社科联工作的实施意见》，着眼更加注重保持和增强社科联组织的政治性、先进性、群众性，进一步加强党的领导、创新工作机制、改进工作作风、提高能力素质，充分发挥桥梁、纽带作用，团结引领广大社科工作者加强重大理论和实践问题研究，为经济文化强省建设贡献智慧和力量；培育和践行社会主义核心价值观，提高公众人文社科素养；鼓励支持社科工作者参政议政，在推进社会主义民主和社会治理中发挥重要作用，在服务大局、服务群众中彰显党领导下的学术性团体组织的责任担当。

2020 年 4 月 27 日，省社科联党组书记、副主席刘致福带队到山东省创新管理研究院和山东大明经济发展研究中心调研。

第一，健全规章制度，社团管理日益规范。党的十八大以来，社科联十分重视学会的管理与建设，积极建立健全各类规章制度，先后出台《山东省社会科学界联合会省级社会组织管理通则》《社团学术活动管理制度》《社团党建工作制度》《社团建设制度》《社团联系报告制度》《社团社科普及工作制度》《山东省社会科学界联合会所属社团十项管理制度（办法）》，修订完善《社会组织工作制度汇编》等一系列规章制度，就社会组织党的建设、意识形态管理、登记审批、会员管理、财务管理、内部治理、学术活动、信息公开、事项变更等内容作了详细规定，为社会组织规范化运作夯实了基础。另外，坚持表彰与整顿双管齐下。通过表彰先进的社团组织和优秀社团工作者，整顿甚至取消部分学会团体会员资格，健全社团组织体系，规范社团管理机制。

第二，推进学会自身建设。省社科联注重大力加强社会组织内部管理，做到依法治会，实现自主活动、自我发展、自律管理，不断完善业务主管社会组织内部治理结构，探索建立行之有效的管理模式和运行机制，形成了重大事项民主公正决策的机制和适合自身特点的监督机制。积极拓宽渠道，广泛筹集工作经费，形成自我造血的良好机制。鼓励社会组织开展社会组织评估，目前已有多家社会组织在评估中达到 5A 和 4A 级别。

第三，抓好学科门类设置工作，不断壮大社科联社会组织队伍。我省社科联的所属学会达到 144 个，其中，45 个经济学类学会，29 个政治法律社会类学会，29 个文学历史哲学类学会，41 个文化教育类学会；还有 36 所民办社科研究机构，直接或间接从业人员 3 万余人，在理论研究、社科普及、社会治理、社区服务等方面发挥着越来越重要的作用，成为推动全省哲学

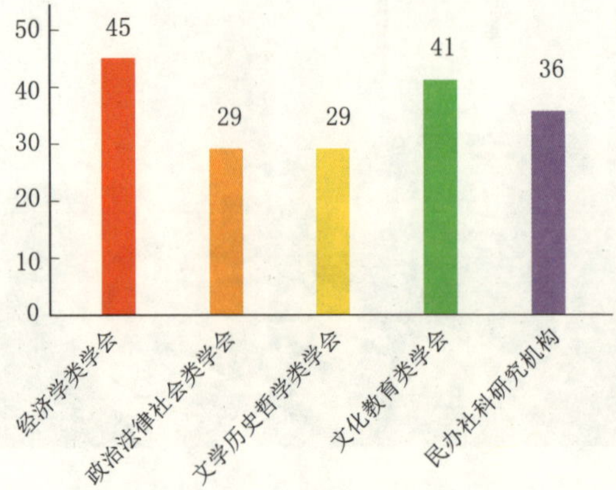

社科联社会组织分类及数量（个）

社会科学不断创新发展的强大动力。

第四，增强服务意识，提升服务水平，积极发挥作用。省社科联坚持流程再造，实行送文件、送政策上门等各项服务，简化中间环节，提升服务水平。建立社会组织QQ群、微信群等平台，及时发布重要通知和新闻消息，鼓励社会组织深入交流、互通有无，提高了工作效率。

2015年5月25日，根据“三项能力”建设活动安排，由社团部部长徐青作了题为《发挥引领作用，提升服务能力，推动社科类社会组织健康发展》的示范讲评。

四、“调研山东”社会调查活动

为进一步了解社情民意，回应社会新情况、新问题，服务经济、文化强省建设，2008年，山东省社科联、山东省民意调查中心联合启动了“调研山东（2008）”大型社会调查活动。

“调研山东”活动是山东省社科界探索深入实践第一线、服务经济社会发展的新举措。围绕省委、省政府关心以及广大干部群众关注的热点、难点问题，既注重主流政治导向，又关注重大社会民生，组织一批社会科学工作者深入基层、深入群众开展调

2012年5月6日，时任省人大常委会副主任尹慧敏为“调研山东”社会调查活动代表授旗。

走进企业，调研中小企业劳资关系。

研。以专家学者的视角去发现问题，再通过分析根源去寻找出路，进而提出解决问题的方案，并以调研报告的形式呈送省领导参阅。“《调研山东》系列丛书”先后出版，相关成果得到新华社、中央电视台、人民网、新华网、中新网等众多主流媒体的报道，部分调研报告得到中央及省委、省政府领导的参阅或批示。

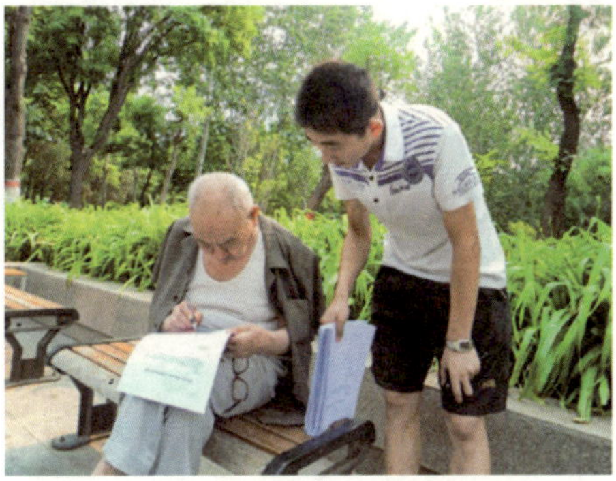

聊城老人认真填写调研问卷。

访问员在蔬菜大棚开展农村环境保护调查。

“调研山东”团队小分队深入基层。

“调研山东”团队调研访问返乡农民工状况。

“调研山东”团队开展高中生高考意愿调查。

省领导对“调研山东”专报作出重要批示。

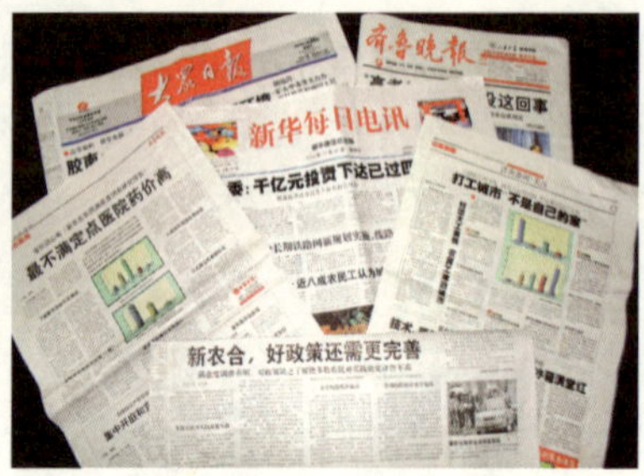

各大媒体对“调研山东”调研报告重点报道。

《调研山东》系列丛书

表 5-2 “调研山东”项目一览表（部分）

调研题目	所在单位	项目负责人
新农合农民满意度调查	山东省社会科学界联合会、山东省民意调查中心	
建筑业农民工工资发放情况调查	山东省社会科学界联合会、山东省民意调查中心	
城市低收入家庭住房现状及意愿调查	山东经济学院	武中哲
金融危机背景下山东省返校农民工调查	山东社会科学院	李善峰
山东省大学生读书调查与就业状况调查	山东大学	泥安儒
山东省高中生高考意愿调查	山东师范大学	郑克刚
社区服务中心运行效益调查	济南大学	周晨虹
济南市城市道路沥青路面典型结构调查	山东建筑大学	李美玲
基于出院病人视角下的医患关系研究	山东大学	徐凌忠
山东省行政复议公信力调查	山东政府法制研究中心	乔华勇
山东省公租房现状相关情况调查	山东大学	肖洪生
基层上访原因及上访人员心态类型化调查	青岛大学	耿　焰
山东省中小企业新生代员工流动情况调查	山东大学	王益明
农村劳动力构成调查	聊城大学	张福明、郭　斌
山东传统节日传承现状调查	山东省民俗学会	刘德龙、张士闪
民众心中的中国梦调查研究	曲阜师范大学	张雨强
山东省城乡居民社会心态调查研究	烟台大学	杜德省
山东省蔬菜安全状况调查研究	山东农业工程学院	陈宇航
山东省生态文明乡村建设调查研究	潍坊职业学院	张淑琴
山东省教育的公众满意度调查研究	山东师范大学	徐继存
社会主义核心价值观社会公众认知度调查	山东大学	高　奇
山东省农村留守老人关爱服务体系调查	济南大学	龚晓洁
农村党员心态状况调查	聊城大学	魏宪朝
山东省社会养老机构调研及产业发展调查	山东科技大学	王和平
土地流转背景下山东省农村规模经营现状及对策专题调研	山东建筑大学	申　钊
科技型中小微企业融资状况调查	济南大学	张鲁秀
山东省高等教育深化综合改革问题调查研究	临沂大学	张洪高
山东省培育特色小镇与城乡统筹发展问题调查研究	山东管理学院	王桂玲
山东省“医养融合”养老模式现状调查与发展对策研究	山东农业大学	方　金
山东省新型农村金融机构发展状况调查研究	山东财经大学	刘瑞波

五、社会组织学术月

对于学术团体来说，需要十分重视提升学术研究水平，广泛开展学术交流活动。对此，省社科联通过设置课题、组织学术会议、评选优秀成果等措施来支持和推动各学术团体的科学研究活动，引导各学会及其会员把握时代脉搏，立足山东具体实践，以服务社会和推动学科建设为主线，紧紧围绕经济文化强省建设中的重大理论和现实问题及学科前沿重点问题开展理论研究，举办各类学科研讨会，开展社会调研活动，申请课题研究，推出了一批有价值、有影响的成果。省社科联集中推出了许多强化措施，其中一个便是开展“社会组织学术月”活动。

2013 年 3 月 22 日下午，省社科联召开政法、文教、文史哲类社团专题座谈会，省大舜文化研究会、省马克思主义研究会、省行政管理学会等 28 个社团负责人参加了会议。

2015 年 8 月 23 日，山东省历史学会参与承办了素有“史学奥林匹克”之誉的国际历史科学大会第 22 届会议，习近平主席专门发来贺信，提出了“历史研究是一切社会科学的基础，承担着‘究天人之际，通古今之变’的使命”，“历史是人类最好的老师”，“从历史的启迪中更好探寻前进方向”等重要论断，在国内外学术界产生了广泛而深刻的影响。

为深入贯彻落实习近平新时代中国特色社会主义思想和党的十九大精神，贯彻落实习近平总书记在哲学社会科学工作座谈会上的重要讲话精神和视察山东重要讲话、重要指示批示精神，鼓励社科类社会组织围绕我省重大理论和实践问题，聚焦我省改革、发展、稳定和党的建设中的重大问题，推出服务地方经济社会发展、具有理论价值和应用价值的研究成果，从 2018 年起，省社科联组织开展“社会组织学术月”系列活动。

两年来，省社科联分别以“新时代　新使命　新形象　新作为”“新担当　新作为　服务伟大时代”为主题，在社会组织中广泛发动，共举办 48

2018 年 9 月 28 日，在山东财经大学举办“2018 年度山东省社科类社会组织学术月启动仪式暨新旧动能转换背景下山东对外经济发展战略论坛”。

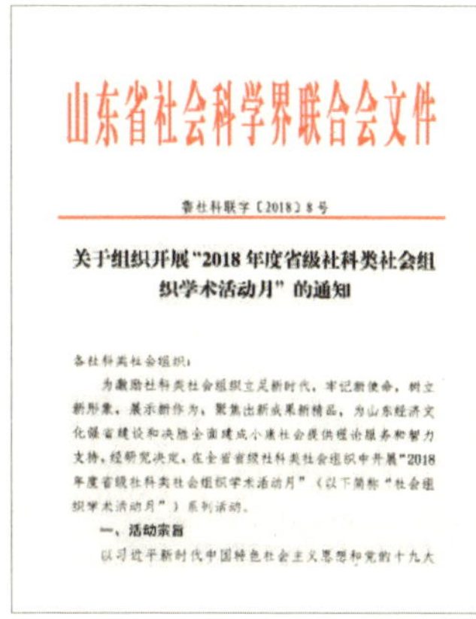

山东省社会科学界联合会文件

鲁社科联字〔2018〕8 号

关于组织开展“2018 年度省级社科类社会组织学术活动月”的通知

各社科类社会组织：

为激励社科类社会组织立足新时代，牢记新使命，树立新形象，展示新作为，聚焦出新成果新精品，为山东经济文化强省建设和决胜全面建成小康社会提供理论服务和智力支持，经研究决定，在全省省级社科类社会组织中开展“2018 年度省级社科类社会组织学术活动月”（以下简称“社会组织学术活动月”）系列活动。

一、活动宗旨

以习近平新时代中国特色社会主义思想和党的十九大

开展 2018 年度学术月活动的通知

2018 年 8 月 29 日，“历史是人类最好的老师——习近平主席致国际历史科学大会贺信发表三周年学术座谈会”在山东大学召开。

2018 年 9 月 12 日，由山东孙子研究会、滨州市人民政府主办，滨州孙子研究会、滨州市人民政府台湾事务办公室、惠民县人民政府承办的第十届海峡两岸（滨州）孙子文化论坛在惠民县开幕。

2018 年 9 月 29 日，由山东省保险学会主办的“保险深化发展与构建新农村金融体系战略研讨会”在济南召开。

2018 年 10 月 10 日，“改革开放 40 周年管理创新”学术研讨会在中国海洋大学召开。来自山东大学、中国石油大学（华东）、青岛大学、济南大学等山东省内 40 余所高校的专家学者、相关企业负责人等近 200 人参加了研讨会。

2018年10月20日，由山东省行为科学学会主办、山东女子学院教育学院承办的山东省行为科学学会2018年年会暨第二届“麦德森杯”学术研讨会在山东女子学院召开。

2018年10月22日，由山东国际孙子兵法研究交流中心主办的第五届孙子兵法国际网络论坛“泉城论剑”高端峰会在济南召开。

2018年10月25日，由山东省家庭教育研究会和山东女子学院共同主办的“山东省社科联社会组织学术月——山东省家庭教育立法学术研讨会”在山东女子学院召开。

2018年10月25日，山东省社科联社会组织学术月活动之一——绿色金融成果巡展暨绿色金融改革创新研讨会在威海举行。

2018年10月27日，山东省社会学学会2018年学术年会暨社会学理论和方法的新进展学术研讨会在山东大学召开。

2018 年 10 月 30 日，山东省社科联社会组织学术月活动之一——乡村振兴与农村宗教事务治理学术研讨会在烟台大学召开。

2018 年 11 月 29~30 日，由省中华文化促进协会、曲阜市委宣传部主办，曲阜中华文化促进会、曲阜市民俗学会承办、协办的黄河文明与炎黄文化传承创新学术论坛在曲阜市召开。

2019 年 8 月 17 日，省社科联社会组织学术月系列活动之一——由中国石油大学（华东）主办的“上合组织框架下中俄能源合作论坛暨中俄能源管理与政策学术报告大会”在青岛召开。

2019 年 9 月 21 日，省社科联社会组织学术月系列活动之一——由山东省教师教育学会主办、临沂大学承办的山东省公费师范生培养质量提升研讨会在临沂大学召开。

2019 年 10 月 26 日，省社科联社会组织学术月系列活动之一——由省散文学会、山东师范大学共同主办的山东当代散文创作与传播学术研讨会在山东师范大学召开。

2019 年 10 月 27 日，省社科联社会组织学术月系列活动之一——由省循环经济协会主办的“垃圾变废为宝,分类产生价值”主题科普讲座在山东建筑大学举办。

场学术活动，包括学术年会、专题研讨会、学术报告会、学术讲座等。2020年，为激励社科类社会组织多出精品力作，为深入实施“八大发展战略”“九大改革攻坚行动”提供理论支撑，继续开展“2020年度社科类社会组织学术月”活动，将举行27项活动。

社会组织学术月活动概括来说有以下特点：社会组织学术月活动涵盖政治、经济、文化、教育、法律等各个学科，涉及“习近平新时代中国特色社会主义思想研究”“自贸区建设”“新旧动能转换”“供给侧结构性改革”“优秀传统文化”等各个方面，是对我省社会组织学术水平的集中检阅。自活动举办以来，各社会组织与高校、地方政府广泛合作，提交各类论文1000余篇，高校教师、学生、地方各界群众受众达6万余人。《光明日报》、新华网、大众网、学习强国等多家有影响力的媒体予以报道，成为全省社科界的一件盛事，受到社会各界好评。

六、新型智库建设

山东省社科类社会组织在发展过程中，不断强化大局意识、责任意识、服务意识，为山东经济文化强省战略服务，为丰富民众的文化生活服务，为活跃全省社科事业服务，不断从巨大的社会变迁和改革开放的丰富实践中汲取营养来发展壮大自己。在这一过程中，各个学术社团充分发挥自身优势，提升服务水平和质量，在服务经济社会发展中彰显出强大的社科力量。

2013年6月30日，由省社科联等主办、山东省创新管理研究院承办的建设创新型山东研讨会在济南召开。

2013年10月12～13日，山东省世界经济学会和山东省对外经济学会联合承办了“山东社科论坛——加快转变对外经济发展方式研讨会”，共有来自全省高校、科研院所、政府机关、企业界的150余位专家学者、公务员和企业家代表参加。

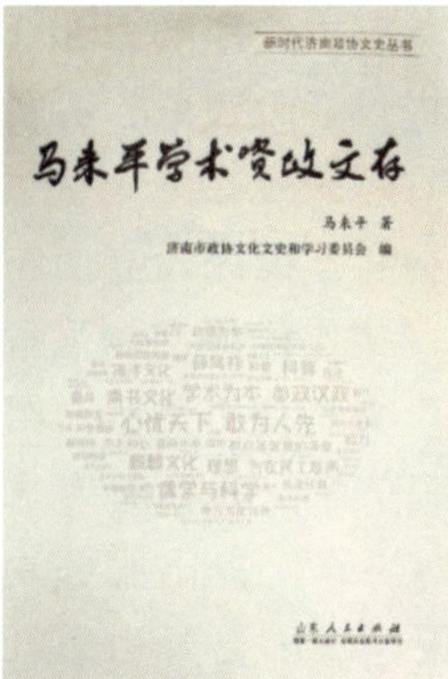

省社科联所属社团的一大批专家学者长期参政议政，提出的议案大都被有关部门采纳。

2014 年 5 月 23 日，山东省自然辩证法研究会派代表马来平教授陪同台湾著名书画家姜一涵先生赴菏泽市巨野调研麒麟文化和农民绘画。

2015 年 1 月，中共中央办公厅、国务院办公厅印发了《关于加强中国特色新型智库建设的意见》，对加强中国特色新型智库建设、建立健全决策咨询制度作出重要部署、提出明确要求。山东省在前期深入调研的基础上，结合自身实际制定了《关于加强中国特色新型智库建设的实施意见》，统筹推进各类智库协调发展，智库建设进入科学规范、全面发展的新阶段。在新型智库建设这一事业中，省社科联与各社科类社会组织就如何找准定位、发挥优势、有所作为等方面进行了一系列有益、有效的探索。

《关于加强中国特色新型智库建设的意见》

其一，召开新型智库建设座谈会，确定了智库建设重点任务。紧跟中央重大决策部署，立足山东具体实践，围绕加快建设经济文化强省，聚焦关系经济社会长远发展的重大问题，开展前瞻性、储备性研究；围绕山东经济社会发展重大战略规划、重要公共政策、重点发展举措等，开展应用性、对策性研究；围绕 30 多年来山东改革发展的

2015 年 6 月 2 日，由省委宣传部、省委政研室、省政府研究室联合组成的调研组到省社科联调研新型智库建设。

实践，进行经验总结提炼，开展规律性研究，推出一批具有决策影响力和社会公信力的标志性智库产品，为省委、省政府科学决策提供及时高效、务实管用的对策建议。

其二，各项业务工作突出智库研究导向。省人文社会科学课题设立山东经济社会发展课题，面向省有关实务工作部门征集选题，聚焦经济文化强省建设中的重点难点问题开展攻关研究；举行“调研山东”大型调查活动，组织实务工作部门和社科专家学者密切协作，提出服务决策的对策建议；召开山东社科论坛——新型智库建设与决策咨询研讨会，引导各类社科类社会组织积极参与、加强协作攻关，共同做好新型智库建设工作；省社科优秀成果奖设立智库研究成果组，提高授奖比例，树立起奖掖扶持优秀智库成果的鲜明导向；引导激励社会组织积极承接政府职能转移、开展调研调查活动，发挥社会智库作用；创新举办山东社科智库沙龙，聚焦山东“十四五”规划、“八大发展战略”“九大改革攻坚行动”，启动重大调研咨询项目，面向全省公开招募研究团队，以智库沙龙为发布方式，以内部专报为结项形式，打造调研咨询型智库品牌。

2015年7月24日，由省委宣传部、省社科联主办，山东社会科学院和山东智库联盟承办的“山东社科论坛——新型智库建设与决策咨询研讨会”在济南举行，国务院发展研究中心原副主任刘世锦出席研讨会并作主题演讲。

在一系列措施推动下，全省社科界参与决策研究和咨询日益活跃，涉及的领域也越来越多，社科智力资源得到充分发挥，许多研究成果产生了较大的政策影响及社会影响，为各级党委、政府科学、民主和依法决策提供了智

2017年8月21日，山东省市场学会成功召开了“2017年年会暨第五届营销创新高峰论坛”，与会代表以“品牌创新与推广是企业营销管理”为主题，力求解决如何从产品思维进入品牌思维、如何整合运用各种手段推广品牌等企业界和学术界共同关心的现实问题。

2020 年 6 月 29 日，山东省优秀传统文化研修学会成立大会在济南召开，会议上学会有关负责人宣读了学会筹备情况和章程基本内容，省社科联党组书记、副主席刘致福出席会议，对学会成立表示祝贺，对学会发展提出要求。

力支持，为推动经济社会发展做出了重要贡献。其中各社科类社会组织通过发挥人才聚集优势，承接政府职能转移项目以及经济社会发展主要领域的研究咨询工作，积极建言献策，为政府决策提供服务。据不完全统计，近几年来，省社科联主管的社会组织完成决策咨询类课题每年达 150 多项，承接政府职能转移项目近百项，产生了很好的社会影响。

例如，省社科联积极鼓励社会组织参与政府购买服务，指导山东省民生改革与发展研究中心、省创新管理研究院等多个社会组织，积极承接省民政厅、省扶贫办、省生态环境厅等多个部门的第三方评估项目，参与社会治理，

2019 年 12 月，山东省创新管理研究院专家一行到莘县东小尧村进行精准扶贫对接活动。

在 2019 年农历春节即将来临之际，山东省书画学会、山东省文化馆文化惠民乡村行——走进济阳回河镇送福送春联活动在小仁岸村村委举行。

山东省爱聋手语研究中心于 2019 年 10 月 19 日在渤海湾大剧院举办“爱聋手语十周年感恩庆典暨第五届爱聋手语文艺演出”活动，与大家共同见证梦想荣耀，迎接崭新未来。

较好发挥了社会智库作用，受到社会各界好评。省社科联积极响应中央和省委号召，动员业务领域与扶贫、乡村振兴相关的社会组织主动参与到精准扶贫工作中去，结合自身优势提供扶贫资源和服务，保持扶贫服务活动及项目的可持续性，在规定时间内实现社会扶贫资源的有效供给。

再如，为推动习近平新时代中国特色社会主义思想更加深入人心，进一步加强改进山东社科普及工作和精神文明建设，打通社科普及工作宣传群众、教育群众、关心群众、服务群众的“最后一公里”，省社科联在社会组织中成立山东省新时代文明实践社科普及志愿服务队，扎实开展山东省新时代文明实践社科普及志愿服务工作，受到社会各界广泛好评。2019 年以来，成立省级社科类社会组织新时代文明实践社科普及志愿服务队 30 支，志愿者紧紧围绕深入学习贯彻习近平新时代中国特色社会主义思想，坚持学思用相结合、知信行相统一，创新工作理念和形式手段，切实增强项目针对性、实效性、吸引力和感染力；宣传普及群众最想听的内容，开展群众最喜爱的活动，讲解群众最想学的知识，提供群众最需要的服务，解决群众最闹心的难题。省大舜文化研究会的新时代文明实践社科普及志愿者，为舜耕小学五年级全体师生作舜文化公益讲座，受到全体师生的欢迎；省演讲学会义务宣传朱彦夫同志事迹，受到省委、省政府有关领导的肯定。特别是 2020 年设置了社科普及微课堂，相关社团以“战疫 • 微课堂”的形式开展社科普及活动，为疫情期间心理的健康、情绪的管理、家庭关系的和睦、知识的增长等提供了有效的指导和疏通，广泛地惠及了广大人民群众，受到一致好评和肯定。省社党委就是要通过志愿者服务活动，全力推动“不忘初心、牢记使命”主题教育的实践养成，使主题教育变成实实在在的社会实践，为山东省“八大发展战略”和经济文化强省建设服务。

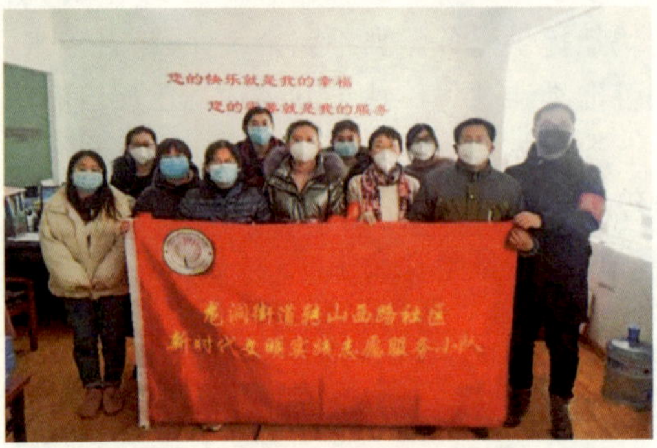

2020 年 2 月 17 日，山东省一泓健康研究中心的志愿者第一时间开启疫情期间心理危机干预与心理健康守护程序，配合开展疫情防控卫生知识及心理健康知识普及。截至目前已开展公益线上微课 18 场，微课涵盖“疫情期间心理调整”“科学防疫小妙招”等多种主题，从不同的角度为大家答疑解惑，受到各方好评。

表 5-3　山东省省级社科类社会组织一览表

基本类别	社会组织具体名称
经济学类	山东省经济学会（1961.12，成立时间，下同）、山东省宏观经济学会（1984.12）、山东省中国特色社会主义经济研究会（2004.07）、山东省城市经济学会（2009.01）、山东省劳动和社会保障学会（1986.08，后更名为“山东省人力资源和社会保障学会”）、山东省生产力学会（2003.11）、山东省统计学会（1981.04）、山东省对外经济学会（1991.01）、山东省世界经济贸易研究会（1993.06）、山东省卫生经济协会（1984.06）、山东省商业经济学会（1983.10）、山东省粮食经济学会（1988.03）、山东省世界经济学会（2009.10）、山东县域经济研究会（1987.06）、山东省老区经济文化建设促进会（2009.05，后更名为“山东省革命老区建设促进会”）、山东省工商行政管理学会（1988.10）、山东省旅游行业协会（1988.05）、山东地理学会（1955.06）、山东省市场学会（1988.06）、山东省财政学会（1981.01）、山东省会计学会（1981.01）、山东省审计学会（1985.11）、山东省内部审计师协会（1989.11）、山东省税务学会（1986.05）、山东省中青年税收理论研究会（1991.12）、山东省国际税收研究会（1991.12）、山东省价格协会（1982.11）、山东省金融学会（1982.02）、山东省城市金融学会（1986.12）、山东省钱币学会（1986.10）、山东省保险学会（1985.12）、山东省注册税务师协会（2001.12）、山东省企业联合会（1982.12）、山东省企业经营管理学会（1989.08）、山东经营管理研究会（1994）、山东省经济管理学会（1981.12）、山东省管理学学会（2004）、山东省比较管理研究会（1987.07）、山东省应用统计学会（1989）、山东省会展业协会（2002.02）、山东区域经济学会（2012.06）、山东省海峡两岸经济文化发展促进会（2001.03）、山东省循环经济协会（2006）、山东科技情报学会（1981.06）、山东省数量经济与技术经济学会（1989.10）、山东省煤炭经济学会（1983.06，已撤销）、山东省国际贸易学会（1984.05，已撤销）、山东省物资经济学会（1984.10，已撤销）、山东省二轻工业会计学会（1986.10，已撤销）、城市科学研究会（1987.03，已撤销）、鲁豫国际金融学会（1987.07，已撤销）、山东省农村金融学会（1987.09，已撤销）、山东省乡镇企业学会（1988.01，已撤销）、山东省渔业经济研究会（1987.10，已撤销）、山东省青年经济研究会（1986.07，已撤销）、山东省投资学会（1986.12，已撤销）、山东省经济体制改革研究会（1990.02，已撤销）、山东省中青年经济研究会（1986.07，已撤销）、山东省中青年财政理论研究会（1988.08，已撤销）、山东省国际金融学会（1985.12，已撤销）、山东省社会审计学会（1991.03，已撤销）、山东省省情研究会（1992.10，已撤销）、山东省交通物资经济学会（1988.12，已撤销）、山东省农村外向型经济学会（1989.09，已撤销）、山东省黄河三角洲经济社会发展研究会（1992.01，已撤销）、山东省技术经济学会（2001，归口社科联时间，已撤销）、山东农村改革与发展研究会（1999.12，已撤销）、山东省农业经济学会（1984.08，已撤销）、山东省农业现代化学会（1997，归口社科联时间，已撤销）、山东省供销合作经济学会（1985.03，已撤销）、山东省地质经济学会（1983.12，已撤销）、山东省农村财政研究会（1988.08，已撤销）、山东省预算会计研究会（1989.10，已撤销）、山东省企业信用与社会责任协会（1989.10，已撤销）

续表

基本类别	社会组织具体名称
政治法律社会类	山东省科学社会主义学会（1980.05）、山东省国际政治和国际共运学会（1987.05）、山东省党的建设研究会（1988.05）、山东省马克思主义研究会（1993.09）、山东省理论创新研究会（2006.08）、山东省统战理论研究会（1985.05）、山东省工人运动研究会（1989.06）、山东省妇女理论研究会（1987.08）、山东省人大工作理论研究会（1990.12）、山东省青年社会工作者协会（1986.06）、山东省行政管理学会（1989.04）、山东省思想政治工作研究会（1983.12）、山东省日本学会（1994.04）、山东省领导科学学会（1986.07）、山东省人民政协理论研究会（2009.11）、山东省法学会（1984.12）、山东省检察官协会（1995.01）、山东省监狱学会（1992.08）、山东省政府法制学会（1986.05）、山东省信访学会（1997）、山东省社会学学会（1985.05）、山东省社会心理学会（2008.1）、山东省老年学学会（1991.07）、山东省民俗学会（1987.11）、山东省社会工作协会（1988.01）、山东省宗教研究会（1996.01，后更名为山东省民族宗教研究会）、山东省行为科学学会（1987.05）、山东省生态文明研究会（2009.01）、山东省企业法律风险研究会（2013.11）、一轻职工思想政治工作研究会（1989.01，已撤销）、企业领导学与人才学研究会（2001，已撤销）、山东省报纸理论宣传研究会（1997，已撤销）、山东国际问题研究会（1992.01，已撤销）、山东省沂蒙精神研究会（2004.08，已撤销）、山东省孔繁森精神研究会（1997，已撤销）、山东省监察学会（1992.01，已撤销）、山东石油法制研究会（1999，已撤销）、济南铁路法学会（1994.01，已撤销）、山东省版权学会（1992.04，已撤销）、山东省人口学会（1982.05，已撤销）、山东省公共关系协会（1989.04，已撤销）
文化教育类	山东省中华文化促进协会（2017.08）、山东省大舜文化研究会（1999）、山东省企业文化学会（1988.12）、山东省群众文化学会（1987.06）、山东省影视文化学会（1988.06）、山东省广播电视协会（1989.04）、山东省出版工作者协会（1984.09）、山东省新闻学会（1984.02）、山东省博物馆学会（1982.12）、山东省图书馆学会（1979.06）、山东省高等学校学报研究会（1986.03）、山东省烹饪协会（1986.03）、山东省编辑协会（2005.12）、山东省教育学会（1960.08）、山东省高等教育管理科学研究会（1989.08）、山东省高校思想教育教学研究会（1989.08）、山东省高等学校思想政治教育研究会（1987.02）、山东省高校中国革命史教学研究会（1979.12）、山东省高校哲学教学研究会（2001，归口社科联时间）、山东省成人高等教育研究会（1996.08）、山东省成人教育协会（1987.09）、山东省职工教育协会（1984.12）、山东省心理健康教育研究会（1996.02）、山东省教师教育学会（1987.12）、山东省教育技术与装备协会（2000.04）、山东省家庭教育研究会（1982.04）、山东省青少年研究会（1989.07）、山东省学校工运研究会（1988.12）、山东省党校教育研究会（2008.10）、山东省诚信建设促进会（2012.10）、山东省沂蒙文化研究会（2013.05）、山东省文史书画研究会（2009.02）、山东省期刊协会（1996.04）、山东省书画学会（1992.01）、山东省健康长寿文化促进会（2014.05）、山东省职业技术教育学会（2013.12）、山东省齐鲁文化传承发展促进会（2018.10）、山东省演讲学会（2017.06）、山东省优秀传统文化研修学会（2020.06）、山东省健康促进与教育学会（2020.08）、山东积极心理学会（2020.08）、山东省职业教育学会（1984.04，已撤销）、山东省陶行知研究会（1987.07，已撤销）、山东省老年教育学学会（1988.05，已撤销）、山东省期刊协会（1996.04，已撤销）、山东省职业院校协会（1994.11，已撤销）、山东省远程教育学会（1989.04，已撤销）、山东省大学生工作学会（1989.03，截至第四届）、山东省中专思想政治工作研究会（1986.08，已撤销）

续表

基本类别	社会组织具体名称
文学历史哲学类	山东省古典文学学会（1985.06）、山东省中国现代文学学会（1983.10）、山东省鲁迅研究会（1981.09）、山东省茅盾研究会（1998）、山东省近代文学学会（1989.08）、山东省当代文学研究会（1981.12）、山东省语言学会（1980.05）、山东省写作学会（1981.05）、山东省翻译协会（1984.11）、山东省外国文学学会（1992.4）、山东省散文学会（1986.12）、山东省历史学会（1960）、山东省中共党史学会（1981.11）、山东省考古学会（1982.08）、山东省档案学会（1981.09）、山东省地名学学会（1989.04，后更名为山东省地名学会）、山东省哲学学会（1958.12）、山东孔子学会（1986.12）、山东孙子研究会（2003.11）、山东周易研究会（1993.12）、山东省医学伦理学学会（1999）、山东自然辩证法研究会（1981.02）、山东省国外语言学学会（1996.12）、山东省水浒研究会（2012.04）、山东省伦理学学会（2011.12）、山东省莫言研究会（2013.12）、山东颜子文化研究会（2019.04）、山东省孟子文化研究会（2020.08）、山东省岳飞思想研究会（2020.08）、中共党史人物研究会（1982.08，已撤销）、山东省徐福研究会（1991.10，已撤销）、山东省比较文学学会（1986.11，已撤销）、中国墨子学会（1992.10，已撤销）、山东省年鉴学会（1994.05，已撤销）
民办社科研究机构	山东省毛泽东军事思想研究中心（2006.03）、山东国际孙子兵法研究交流中心（2008.11）、山东管理科学研究院（2005.08）、山东省创新管理研究院（2008.07）、山东省民意调查中心（2006.07）、山东省学校文化研究院（2008.11）、山东省鲁南经济发展研究院（2008.01）、山东一泓健康研究中心（2005.08）、山东行知青少年发展研究中心（2008.08）、山东省孝老爱亲文化研究中心（2008.09）、山东省爱聋手语研究中心（2009.04）、山东大明经济发展研究中心（2009.08）、山东银河经济战略研究中心（2007.09）、山东孔孟文化研究交流中心（2009.07）、山东省青少年教育科学研究院（2010.07）、山东大鲁文化艺术研究发展中心（2010.09）、山东泰山创意策划研究院（2010.12）、山东盛和企业经营研究中心（2011.02）、山东省国立传统文化教育中心（2011.09）、山东县域经济研究院（2012.04）、山东汉唐盛韵文化艺术研究中心（2012.01）、山东现代节庆咨询中心（2012.07）、山东运河经济文化研究中心（2012.12）、山东省阳光青少年素质教育研究中心（2012.11）、山东大舜君和文化促进中心（2012.12）、山东现代教育发展研究中心（2012.12）、山东懿恒心理研究所（2013.08）、山东省民生改革与发展研究中心（2013.07）、山东原古东夷文化与骨刻文字研究中心（2014.04）、山东未来学前教育研究院（2013.12）、山东省新成环境法与可持续发展研究中心（2007.12）、山东省现代教育科学研究院（2013.12）、山东现代电商与物流研究院（2018.05）、山东省鲁域区域地理研究中心（2018.05）、山东省区域资源与环境发展研究院（2019.07）、山东开创数字经济研究院（2020.03）、山东师大企业文化研究所（2002.03，已撤销）、山东明德学习型组织研究所（2002.06，已撤销）

山东省社会科学界第六次代表大会
苗俊礼
李海军
周象民
韩继深

第六章

加强指导　社科联组织建设行稳致远

社科联是党委、政府团结和联系广大社会科学工作者的桥梁和纽带，是加快建设社科强省、奋力推进新时代现代化强省建设的重要基础。加强社科联组织建设，对于夯实社会科学工作基础、繁荣发展社会科学事业、提高人民群众思想道德素质和科学文化素质、服务经济社会发展大局具有重要意义。近 40 年来，各级社科联从无到有，从少到多，从弱到强，从单纯依靠社团的孤军作战到紧紧围绕“五路大军”的集体协作，经历了起步、平稳、快速、创新的发展过程。党的十八大以来，社科联在各级党委领导下，高举中国特色社会主义伟大旗帜，以习近平新时代中国特色社会主义思想为指导，紧紧围绕服务党和政府工作大局开展工作，不断改进完善学术交流与研究、社科普及、组织建设、社科评奖机制，充分发挥自身的参谋和助手作用。作为各级社科联的联络指导机构，省社科联党组认真贯彻中央决策部署和省委有关要求，在省委宣传部具体指导下，创新思路，多措并举，扎实推进社科联系统规范化建设，取得明显成效。

◎要点推送

社科联组织建设；发展概况；市级社科联；大企业社科联；县（市、区）社科联；高校社科联

功能

★稳基础

全省社科联建设状况直接决定着全省哲学社会科学事业能否走好“最后一公里”，基础不牢，地动山摇。60年来，在省社科联的指导下，基层社科联不断加强组织建设：下发文件，规范发展；深化改革，完善机制；健全机构，充实人才队伍。为此，基层社科联有效夯实了全省哲学社会科学事业发展的基础，成为推动全省社科事业发展的重要基础性力量。

★接地气

立足实际是推动哲学社会科学繁荣发展的重要前提。60年来，基层社科联坚持改革创新，面向地方，充分调动社科工作人员的积极性、主动性和创造性。譬如，在地方哲学社会科学奖励制度制定过程中，基层社科联坚持从地方实际出发，做到评审标准、评审方法与地方工作的紧密结合，通过创新性的改革思路，在增强评奖工作科学性、公正性的同时最大限度地释放制度效能，为推动地方哲学社会科学事业发展创造了有利的环境。

★出特色

60年来，在省社科联的指导下，全省基层社科联主动对接地方特色、挖掘周边资源，不仅有效拓宽了哲学社会科学的研究视阈和研究内容，还结合地方文化打造出哲学社会科学新的理论研究点，如临沂市社科联开展的“沂蒙精神”研究、威海市社科联开展的“文登学”研究，等等。这些富有地方特色的研究主动引领全省乃至全国的理论研究工作。

★重普及

立足基层、服务群众，提升全民人文社会科学素质，是社科联事业发展的内在要求。60年来，各级社科联坚持立足生活、面向大众，健全科普体系、创新科普形式，通过主题各异的社科普及周、齐鲁大讲坛分坛、专题报告会、科普图书、理论下乡等多种方式，开展了丰富多彩的社科普及活动，进一步扩大了科普工作覆盖面，既提升了社科联的影响力，也为当地经济社会发展注入新的活力。

一、各级社科联发展简况

各级社科联主要包括市社科联、县（市、区）社科联、大企业社科联和高校社科联，60 年来，全省各级社科联经历了从无到有，从弱到强，从一条线到一大片，从分散性到整体性、系统性的发展过程。中国特色社会主义进入新时代，省委、省政府对哲学社会科学事业的重视程度不断提升，各级社科联组织也在省社科联与各市的具体指导和切实推动下日益完善，有效发挥了各级社科联的联动功能，充分调动了广大社科工作者的积极性、主动性、创造性，营造出有利于社科事业发展的良好氛围。

总体来看，各级社科联的发展始于 1978 年的改革开放，之后大体经历了三个发展时期：

第一个时期，从党的十一届三中全会到 20 世纪末。1978 年，党的十一届三中全会胜利召开，开启了哲学社会科学发展的新篇章。1981 年 12 月，山东省社科界第一次代表大会在济南举行，山东省社科联正式成立。为了更好地促进全省哲学社会科学事业的繁荣发展，山东省决定成立市、县（市、区）社科联和部分大企业社科联，以期发挥其服务经济社会发展的重要作用，为现代化建设提供精神动力和智力支持。自 1982 年起，率先在济南、临沂、枣庄等地成立社科联。截至 2000 年，全省 17 市（地）（含莱芜）全部建立了社科联组织，各市（地）还陆续成立了县（市、区）级社科联组织，胜利油田、莱钢等大企业也成立了社科联组织。成立后的各社科联组织，努力加强自身建设，注重地方与行业特色，积极开展学术研究、社科普及、社科评奖等活动，如开展齐文化、鲁文化、沂蒙精神研究，研讨国有企业改革、黄河三角洲开发等问题，创办了《管子学刊》《泰安论坛》《烟台社会科学》等刊物，大大提高了各级社科联的社会影响力，针对性地回答了干部群众提出的种种问题，不断推动着全省哲学社会科学事业的发展进步。

第二个时期，从新世纪初到党的十八大。新世纪、新阶段、新发展，山东哲学社会科学事业在省委、省政府的指导关怀下快速发展，各级社科联建设也顺势迎来发展的新时期。各市（地）社科联以改革创新精神深化机构改革，不断加强自身建设，在本辖区内成立了多个县（市、区）社科联。截至 2010 年年底，全省共有 17 个市（含莱芜）、4 个大企业和 25 个县（市、区）建立社科联，形成了一个学科齐全、人才荟萃、组织较为健全、机制较为完善的社科联组织系统，特别是潍坊市社科联在省社科联指导下抢抓机遇，积极推动属地高校先后建成 6 家社科联组织；成立后的各级社科联内部结构不断完善、功能定位日渐清晰，紧紧围绕全省和本地市经济社会发展过程中面临的重大理论和实践问题展开研究，不断拓展学术研究路径，积极创新社会科学工作模式，如滨州市社科联推出的重点课题公开招标、东营市社科联创建学习型组织等。各级社科联的诸多举措切实推动着党的理论路线方针政策的大众化，不仅提高了全省哲学社会科学事业发展的质量和效益，也为建设文化强省、社科强省提供了重要的理论依据和智力支撑。

第三个时期从党的十八大开始。党的十八大以来，全省认真贯彻落实习近平总书记关于哲学社会科学的重要论述和党中央繁荣发展哲学社会科学的重要指示精神，贯彻《中共中央关于加强和改进党的群团工作的意见》《中共山东省委关于加强和改进党的群团工作的实施意见》等文件要求，坚持向基层倾斜，多措并举，加强社科联建设，开创社科联发展的黄金时期。这一时期，突出表现为高校社科联的迅速成长。在省社科联的带动下，经过八年的持续努力，社科联发展实现质的飞跃。数量方面，全省县（市、区）社科联组织由 2012 年年底的 27 个增长至 2020 年 7 月的 105 个，高校社科联组织由 2012 年年底的 12 个增长至 2020 年 7 月的 71 个。质量方面，新成立的社科联不断完善自身建设，积极开展哲学社会科学工作，打造出“泉城儒学会讲”“百题调研”“枣庄市民大讲堂”“东岳大讲坛”等多个社会科学服务品牌，服务经济社会发展功能愈加彰显，服务质量和社会效益不断提升，在提升全省公民社会科学素质的同时加速推动着山东文化强省、社科强省建设目标的实现。

风物长宜放眼量，社科联组织建设任重而道远，需要省社科联和各市密切沟通、深入协作、顶层设计、统筹规划，需要各级社科联立足中心、服务大局、砥砺前行、守正创新，只有上下协同、共同努力，才能在社科强省、社科强国的道路上越走越远、越走越坚定。

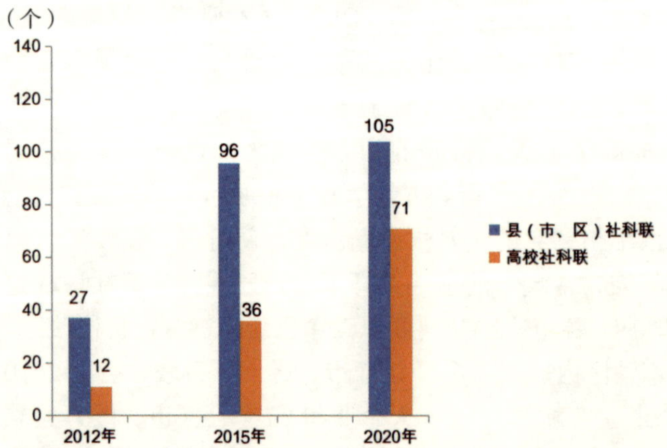

2012 ~ 2020 年 7 月，山东省县（市、区）社科联与高校社科联发展情况。

二、市（大企业）社科联

目前，全省所辖 16 个市全部成立社科联，社科联内部组织健全、职能明确。自成立以来，在省社科联的指导下，结合本地实际开展了丰富多彩、形式多样、各具特色的社科活动。

济南市社科联成立于 1982 年 8 月。济南市社科联自成立以来特别是党的十八大以来，始终高举中国特色社会主义伟大旗帜，坚持以习近平新时代中国特色社会主义思想为指导，坚持“二为”方向和“双百”方针，紧紧围绕建设“大强美富通”现代化国际大都市目标，守正创新，团结带领广大社科工作者，推动省会社科事业呈现繁荣发展的良好局面，连续多年被评为“全国社科组织先进单位”。一是坚持围绕中心、服务大局，着力深化重大理论与实际问题的研究。充分发挥省会人才、智力密集的优势，积极对接济南走在全省前列、推进高质量发展的生动实践，加强理论研究阐释和应用对策研究，先后召开庆祝新中国成立 70 周年、优化营商环境、乡村振兴战略、新旧动能转换等高层次研讨会，形成一批有影响、有指导、有创新的研究成果，为党委、政府科学决策提供理论支撑和智力服务。在近年来的济南市社会科学优秀成果奖评选中，共有 600 余项优秀成果脱颖而出，获得表彰奖励。

济南市社科联举办社科专家基层行活动。采取“群众点题，专家讲课”的形式，遴选社科专家深入农村、社区、学校等，开展社科知识宣传普及，弘扬时代新风，推进文明实践。

创设“泉城儒学会讲”是济南市社科联贯彻落实习近平总书记关于弘扬中华优秀传统文化重要论述的一项重要举措。

二是坚持立足基层、服务群众，着力增强社科普及的覆盖面和实效性。充分利用新时代文明实践中心、普及基地、社科场馆等各类平台，创新运用“互联网 + 社科普及”等形式，每年集中举办社科普及周活动，不间断开展社科专家基层行和社科知识进农村、进社区、进企业等活动，累计开展社科普及报告会、专题讲座、咨询服务活动 1000 余场次，推动党的创新理论“飞入泉城百姓家”。三是坚持夯实基础、激发活力，着力加强基层社科阵地建设。经过努力，12 个区县全部建立社科普及示范基地，济南市社科界各类学会、研究会、社科基地发展到近 100 个；成立社科普及志愿服务队 49 支；精心打造“泉城儒学会讲”“中国梦家长课堂”等社科品牌，社科工作知名度和影响力显著提升。

青岛市社科联成立于 1984 年。青岛市社科联自成立以来，紧紧围绕“举旗帜、聚民心、育新人、兴文化、展形象”的使命和任务，团结带领广大哲学社会科学工作者，坚持明方向、正导向、转作风、树新风、出精品、育人才，在正本清源上展现新担当，在守正创新上实现新作为，社科品牌活动与整体建设质量不断提升，影响力日隆。一是深入推进地方新型智库建设，提升咨政服务水平。聚智咨政是市社科联智库服务品牌，近年来，始终坚持以习近平新时代中国特色社会主义思想为指导，以服务市委、市政府决策为宗旨，以政策研究咨询为主攻方向，以完

青岛市社科联部分智库成果

2019 年 10 月 11 日，由青岛市社科联主办、青岛市民营经济研究会承办的“全力推动青岛市民营经济做大做强实现高质量发展”理论研讨会召开。

2019 年 10 月 30 日，青岛市社科联所属社会组织党建工作现场会在即墨举行。

善组织形式和流程再造为重点，以改革创新为动力，以建设特色新型智库为目标，牢固树立围绕中心、服务大局的理念，紧扣市委、市政府中心工作，聚焦重大理论现实问题，开展前瞻性、针对性、储备性政策研究，每年向市委、市政府呈报研究成果 100 项左右，为建设开放现代活力时尚的国际大都市发挥了“思想库”和“智囊团”作用。二是加强青岛社科论坛顶层设计，强化学术研讨平台建设。创新社科论坛举办形式，聚焦坚持以人民为中心的研究导向、服务地方中心工作和优秀传统文化守正创新，由青岛市社科联主办，高校、学会等承办，每年组织开展不同领域的学术研讨活动 10 项，不断推进流程再造，社会影响力日益扩大。三是加强社科普及品牌塑造，完善社科普及工作体系。由最早的以社科普及周活动为主的社科普及工作，逐步发展成较为健全的社科普及工作体系。紧抓《山东省社会科学普及条例》颁布实施重大机遇，扩大社科普及工作覆盖面，提炼典型亮点工作，把看似条块分散的社科普及活动有机整合起来。不断优化活动流程，创新活动方式，丰富发展社科普及品牌体系。创新社科普及周举办模式，做实新时代文明实践社科普及志愿服务工作，完善社科普及教育基地的考核评价机制，发挥社科普及“十百千”示范体系建设典型带动作用。

淄博市社科联成立于 1984 年。淄博市社科联自成立以来特别是党的十八大以来，坚持以习近平新时代中国特色社会主义思想为指导，秉承“服务、深耕、创新、繁荣”的单位精神，团结带领淄博市社科界和广大社科工作者，高举旗帜、围绕中心、服务大局、积极作为，多次获评“山东省先进市地社科联”荣誉称号。用马克思主义统领哲学社会科学工作，大力弘扬社会主义核心价值观，不断强化理论武装工作；把研究淄博重大现实问题作为主攻方向，

《淄博社会科学》封面

桓台县“流动党校走进农村”志愿者参加科普周开幕式，宣传党的创新理论。

淄博市第三十二次社科优秀成果评定评委会会议召开。

把应用对策研究作为重点，团结、协调、整合全市党委宣传系统、党政调研系统、党校系统、高校系统、社科学会系统密切协作，连续开展覆盖全市的“百题调研”活动，为淄博发展建言献策；科学、规范开展社会科学优秀成果奖评选工作，积极推动社科成果转化；以一年一度的“社会科学普及周”活动为龙头，以“齐鲁大讲坛”淄博各分坛、社科普及教育基地、《淄博社会科学》、淄博社科网、淄博微信公众号等为平台，通过多种形式，深入浅出地普及社科知识，推动马克思主义创新理论大众化；完善社科联组织建设，淄博市各区县和各高校全部成立社科联，提升了社科联组织建设水平，不断开创淄博市社科事业繁荣发展新局面。

枣庄市社科联成立于 1983 年 1 月。枣庄市社科联自成立以来特别是党的十八大以来，坚持以习近平新时代中国特色社会主义思想为指导，坚持正确政治方向、学术导向和价值取向，紧紧围绕市委、市政府中心工作，进一步解放思想、守正创新，推动枣庄哲学社会科学事业实现新发展。一是完善基层社科联组织建设。按照省委宣传部《关于加强县（市、区）社科联建设的意见》要求，积极协调推动五区一市全部成立了社科联。二是开展社会科学优秀成果奖评选工作，共评出各等次奖项 476 项。

《枣庄社会科学》封面

2016 年 4 月 7 日，枣庄市社会科学界第三次代表大会召开。

2018 年 5 月 6 日，山东省暨枣庄市第十五届社科普及周开幕式在枣庄第十五中学举办。

三是健全社科普及示范体系。五区一市全部被省社科联命名为社科普及示范县（市、区），拥有省级社科普及教育基地 38 处、市级社科普及教育基地 31 处，省级社科普及示范镇（街道）21 个、示范村（社区）67 个，市级社科普及示范镇（街道）34 个、示范村（社区）74 个，社科普及工作走在了全省前列。四是开展“枣庄市民大讲堂”活动，共举办讲座 70 场。五是开展应用课题研究。2014 年，设立市社科联应用研究课题，制定课题管理办法，开展应用课题研究。至 2019 年，共评审立项课题 363 项。六是完善《枣庄社会科学》编辑工作，自创刊以来共出版 32 期。

东营市社科联成立于 1989 年 12 月。东营市社科联自成立以来，紧紧围绕构建高水平地方新型智库目标，突出党政领导、社会公众、专家学者三个服务方向，用好用活开放、融合、聚焦、平台四大思维，团结带领东营市社科工作者守正创新、担当作为，荣获“全国大中城市社科组织先进单位”等多项荣誉。一是创新课题公开招标制度，推动优秀成果转化应用，每年 10 余项成果获市领导肯定性批示。二是完善社科优秀成果评奖机制，推行网上申报、查重查新、匿名评审，评奖公信力、影响力大幅提升。三是扩大社科普及影响力，精心打造“社科普及周”“黄河口大讲堂”两大科普品牌，构建固定讲堂、流动讲堂和公众号微讲堂“一堂三讲”格局，满足基层群众的社科知识需求。四是建立社科研究专家、普及专家、评奖专家一体化专家库，促进学科带头人快速成长。五是巩固拓展社科阵地，创办《东营社科动态》，开办“东营社科界”微信公众号，命名全市“社会科学普及教育基地”，优化调整《黄河口社会科学》栏

党的十八大以来，东营市社科联紧紧围绕地方发展战略需求，共立项社科规划课题 626 项，其中，重点资助课题 136 项，常规性课题 403 项，部门共建课题 32 项，青年才俊课题 55 项，获得省市领导肯定性批示 77 件，每年将优秀研究成果结集成《东营社科智库文选》。

“黄河口大讲堂”东营区专场

2019年，东营市社科联扎实推进新时代文明实践社科普及志愿服务活动，成立了东营市社科联社科普及志愿服务队，组建了5个区县社科联和10个社科普及教育基地新时代文明实践社科普及志愿服务队。

目，彰显地方社科理论阵地特色。六是坚持“方向引领，凝心聚智，咨政育人，奋发有为”核心工作理念，修订完善各类机关管理制度规范，打造“开口能讲，提笔能写，下手能干”的学习型、创新型、服务型、廉洁型高效工作团队。

烟台市社科联成立于1984年7月。烟台市社科联自成立以来特别是党的十八大以来，团结带领烟台市社科工作者，认真学习贯彻习近平总书记关于哲学社会科学重要论述，努力推动哲学社会科学事业繁荣发展。一是以新思路引领新发展。倡导“夙夜在公，干事创业”工作导向，坚持以“四有”引领发展，用心谋划“进、联、强”三篇文章，奋力争取“小部门”有“大作为”。二是深化理论研究与阐释。将研释习近平新时代中国特色社会主义思想作为根本任务并贯穿于课题规划、讲座论坛、科普教育，覆盖高校、党校、社科类社会组织，年均举办研讨会、报告会、座谈会30余场，

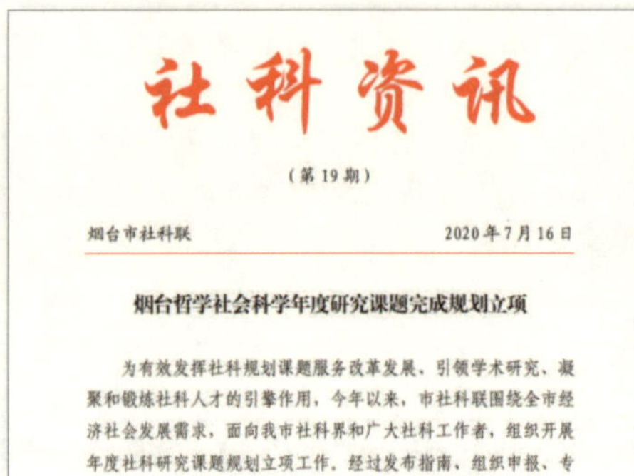

社科资讯

（第19期）

烟台市社科联　　2020年7月16日

烟台哲学社会科学年度研究课题完成规划立项

为有效发挥社科规划课题服务改革发展、引领学术研究、凝聚和锻炼社科人才的引擎作用，今年以来，市社科联围绕全市经济社会发展需求，面向我市社科界和广大社科工作者，组织开展年度社科研究课题规划立项工作。经过发布指南、组织申报、专

烟台《社科资讯》

2015年7月10日，烟台市社科联五届二次全委会召开。

2019年9月24日，烟台市社科联举行全市社科界庆祝新中国成立70周年座谈会。

推出理论研究文章300余篇。三是努力服务经济社会发展。紧紧围绕市委、市政府决策部署，在课题立项、优秀成果评选中注重体现“烟台特色”，创刊烟台《社科资讯》，培训干部近千人。四是打造以“周、刊、队、地”为主干的社科普及教育大格局。其中，“周”是“社会科学普及周”，“刊”是《烟台社会科学》，“队”是36支社科志愿服务队，“地”是社会科学普及教育基地。五是坚持抓党建、带业务。实施“二三四一”党建工作思路，突出政治引领，加强政治历练，抓好政治体检，搞好政治学习，做到党建工作与业务工作“两手抓、两手硬”。

潍坊市社科联成立于1985年12月。潍坊市社科联自成立以来特别是党的十八大以来，充分发挥职能作用，扎实推进社科工作和基层组织建设，社会科学事业发展势头良好。通过“鸢都学者”“社科研究拔尖人才和优秀人才”评选等，不断健全完善社科人才育用机制，大力扶持社科人才的成长。开展“社科专家基层行”调研活动，拓展与基层联系渠道，切实增强社科研究的针对性。创新社科普及工作方法和途径，利用“社科普及周”“潍坊市民大讲堂”“社科理论面对面、专家服务进万家”等载体和《社会科学动态参阅》品牌推进新时代、新思想、新理念的宣传普及。完善社科优秀成果奖评选办法，通过单设“应用研究”评奖类别引导社科工作者聚焦服务党政决策、推动全市经济社会发展开展研究。在做好“潍坊市社会科学规划重点研究课题”工作的基础上，创新打造聚焦高质量发展“调研潍坊”专项课题研究品牌，组织精干力量完成的“诸城模式”“潍坊模式”“寿光模式”创新提升研究、《潍坊城市竞争

2011年10月19日，潍坊市第十九次“社会科学优秀成果奖”“社科研究十佳团队”“十佳拔尖人才”“优秀人才”表彰暨2011年度社会科学规划重点研究课题立项大会举行。

为深入学习贯彻党的十九大精神，弘扬理论联系实际的学风，组织动员社科理论专家围绕本地经济社会发展的重点、热点、难点问题开展针对性研究，为“四个城市”建设提供理论支持和智力服务，2017年12月，潍坊市委宣传部、潍坊市社科联组织开展了“社科专家基层行”调研活动。

2019年6月1日，由潍坊市委宣传部、市总工会、市社科联等单位共同主办的“潍坊市民大讲堂”第2期讲座在潍坊市图书馆举行。

“调研潍坊”课题研究工作是潍坊市社科联精心打造的一个重要工作品牌。2020年4月15日，专门举行立项公布暨课题研究培训会议，邀请省市有关专家面对面进行了辅导。

力解析——基于〈中国城市竞争力报告〉》（第15～17期）、《新旧动能转换背景下潍坊市中小企业转型升级研究》等重大应用对策研究成果，获得市委、市政府主要领导肯定性批示，为推动全市高质量发展、建设现代化高品质城市贡献社科力量。

威海市社科联成立于1987年10月。威海市社科联自成立以来，紧紧团结带领广大社科工作者，以马克思主义为指导，扎实推进社科事业，为威海市经济社会发展和文化强省建设作出重要贡献。一是抓好成果引领。出版《威海市社会科学优秀成果获奖作品文库》，集中反映了改革开放40多年来威海市哲学社会科学优秀成果。二是抓好典籍整理。出版《文登古籍通考》，全面展现了文登古籍的历史与研究现状；出版《光绪本〈文登县志〉点注》，为深刻理解“文登学”内涵提供工具书；出版《威海市志》，系统记述了古代威海全域内自然、政治、经济、文化和社会历史与现状，首批入选中国志书精品工程。三是抓好学术研讨。成功举办“甲午战争与东亚历史进程——纪念甲午战争

2014年9月17日，“甲午战争与东亚历史进程——纪念甲午战争120周年”国际学术研讨会在威海举行。

2019 年 9 月 11 日至 12 日，在荣成市举办“山东社科论坛——新时代文明实践志愿信用理论”研讨会，总结新时代文明实践中心建设的荣成经验，凝练可复制可推广的文明实践新模式、新路径。

120 周年”“山东社科论坛——新时代文明实践志愿信用理论”等研讨会。四是抓好社科普及。开展“不忘初心、牢记使命”主题教育社科普及志愿服务，邀请专家学者宣讲 13 场，听讲人数达 4000 多人；开展社科普及“大篷车”活动，14 支省级和 27 支市级社科普及志愿服务队进机关、进企业、进学校，年均开展社科普及志愿服务活动 170 余场。截至 2019 年 12 月，全市已创建 5 个省级社科普及示范县（市、区）、17 个省级社科普及示范镇、61 个省级社科普及示范村、15 个省级社科普及教育基地。

济宁市社科联成立于 1985 年 8 月。济宁市社科联自成立以来特别是党的十八大以来，充分发挥市委、市政府联系全市社科工作者的桥梁、纽带作用，锐意进取、奋发作为，社科事业取得长足发展。一是基层组织不断健全。现有基层社科联 11 个，实现全市县（市、区）基层社科联组织全覆盖；有学会、协会、研究会 36 个，其中，直属学会、协会、研究会 5 个，民办非企业单位 1 个。二是社科普及工作效应不断扩大。自 2004 年起成功举办了 16 届社会科学普及周活动，成为文化强市建设新亮点；1985 年创办会刊《济宁社会科学》（季刊），截至目前刊出 134 期，曾获“山东省优秀连续性内部资料出版物”“山东省优秀编辑奖”称号；新时代文明实践社科普及志愿服务活动蓬勃开展，已注册志愿者 1320 名，开展服务项目 115 项；拥有省级社科

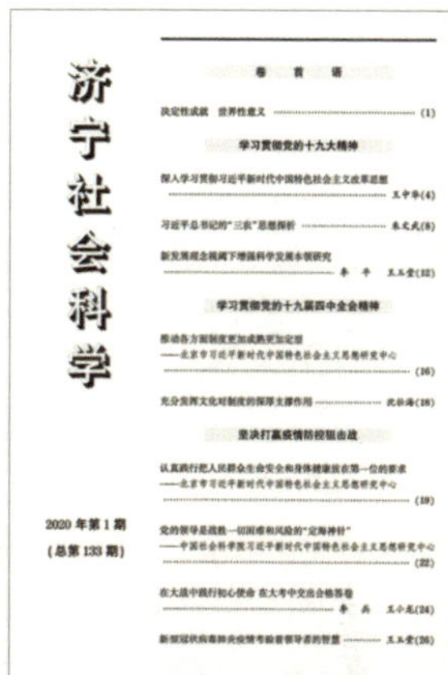
济宁社会科学

2020 年第 1 期
（总第 133 期）

卷首语

决定性成就　世界性意义 …… (1)

学习贯彻党的十九大精神

深入学习贯彻习近平新时代中国特色社会主义改革思想 …… 王中华(4)

习近平总书记的“三农”思想探析 …… 朱文武(8)

新发展理念视阈下增强科学发展本领研究 …… 李平　王玉雷(12)

学习贯彻党的十九届四中全会精神

推动各方面制度更加成熟更加定型
——北京市习近平新时代中国特色社会主义思想研究中心 …… (16)

充分发挥文化对制度的保障支撑作用 …… 沈壮海(18)

坚决打赢疫情防控阻击战

认真践行把人民群众生命安全和身体健康放在第一位的要求
——北京市习近平新时代中国特色社会主义思想研究中心 …… (19)

党的领导是战胜一切困难和风险的“定海神针”
——中国社会科学院习近平新时代中国特色社会主义思想研究中心 …… (22)

在大战中践行初心使命　在大考中交出合格答卷 …… 李燕　王小亮(24)

新型冠状病毒肺炎疫情考验着领导者的智慧 …… 王玉雷(26)

《济宁社会科学》目录

2019 年 10 月 23 ~ 24 日，济宁市第二十九次社会科学优秀成果奖评选会议召开。

普及教育基地15处，省级社科普及示范县5个、示范乡镇23个、示范村61个。三是社科规划研究项目工作成为咨政得力助手。自2013年起已开展社科规划研究项目工作7次，每年编印《济宁市哲学社会科学课题汇编》供决策参考。四是社科优秀成果奖评选工作力促成果转化。自1986年起已举办29次社科优秀成果奖评选工作，为全市经济社会发展提供理论支撑和智力支持。

2019年5月20日，由济宁市委宣传部、济宁市社会科学界联合会主办，济宁日报社、济宁广播电视台协办，以“弘扬时代新风，推进文明实践”为主题的2019年社科普及周活动启动仪式在山东理工职业学院举行。

泰安市社科联成立于1985年11月。泰安市社科联自成立以来，切实发挥学术性群团职能，推动泰安市社科事业不断迈上新台阶。一是贴近基层，注重实效，社科普及活动惠民务实。牢固树立“理论下基层，社科接地气”服务理念，2014年以来连续在乡镇或社区举办社科普及周启动仪式；2017年创办“东岳大讲坛”；编写出版《泰山文化》等社会科学普及读物；先后命名市级社科普及教育基地6批121处，其中省级基地11处；拥有省级社科普及示范县6个、示范乡镇（街道）15个、示范村（社区）51个，有力推动了社科普及工作开展。二是聚焦中心，推进转化，社科研究服务决策作用显著。先后完成33次市级社科优秀成果评选，评选优秀成果2307项；完成11次优秀人才评选，评选优秀人才9人。2014年起设立泰安市社科课题研究项目，累计立项

利用“东岳大讲坛”，开展泰安市新时代文明实践社科普及志愿服务活动。

2017年7月11日，泰安市社会科学界第四次代表大会在泰安召开。

917 项，结项 835 项；设立社科专家库，先后选聘 6 批 205 名专家入库。2016 年以来，先后命名社科研究基地 3 批 21 处，选编《社科优秀成果汇编》6 册，累计推广优秀社科研究成果 180 篇；2017 年以来，累计向市委、市政府报送《社科成果要报》27 项，获市领导肯定性批示 3 项，社科咨政水平不断提升。三是夯实责任，严把方向，推动社科联组织和阵地建设日渐完善。严格落实意识形态工作责任制，2017 年在全省率先实现 6 个县（市、区）和 10 所驻泰高校社科联全覆盖；2019 年修订印发《泰安市社科类社会组织管理办法（试行）》，进一步规范社科类社会组织管理工作；累计出版《泰安论坛》160 期，较好地发挥了宣传普及作用。

泰安市第三十三次社科优秀成果奖评选工作现场

日照市社科联成立于 1997 年。日照市社科联自成立以来，坚持以马克思主义为指导，认真贯彻落实各项政策，立足本市实际，扎实开展各项活动，在社科研究、社科评奖、社科普及、社团管理等方面取得重要成绩。一是推动社科研究课题立项，近 5 年累计结项课题 359 项，其中 4 项成果报市领导参阅，1 项被批阅转发；以《日照社会科学蓝皮书》形式推进成果的实践转化；创立课题立项“跟进式服务法”；2018 年牵头编纂 60 余万字的《日照改革开放 40 年研究》，受到全市各界广泛肯定。二是组织社科成果评奖。形成年度社科优秀成果评奖评估机制，近 5 年累计评奖 416 项。三是开展社科普及。每年开展社科普及周活动；成立日照市新时代文明实践社科普及志愿服务总

2019 年 5 月 1 日，日照市新时代文明实践社科普及志愿服务队走进日照机场，开展航空航天知识普及志愿服务活动。社科专家志愿者现场作航空航天科普专题讲座。

2019 年 5 月 9 日，日照市社科联组织社科专家到日照市莒县碁山镇召开乡村振兴调研座谈会，发挥社科智库作用，为乡村振兴建言献策、把脉支招。

2019 年 9 月 8 日，日照市社科联和日照日报社联合举办日照市企业管理创新报告会。专家学者围绕“企业管理创新”这一课题作报告，有针对性地帮助企业理清发展思路，找到实现高质量发展的“金钥匙”。

队，下设 20 支分队，已注册志愿者 1752 人，开展活动 120 余场次；命名省级、市级社科普及教育基地 13 家，命名省级社科普及示范县、镇、村分别为 4 个、15 个、63 个；遴选 192 名专家组建新型社科智库，积极组织智库成员参加党的十九大及十九届四中全会精神宣讲。与《日照日报》、日照广播电视台常态化合作，合办“日照社科”微信公众号，共同举办各类社科宣传活动。四是加强社团管理。会同民政局制定下发《日照市社会科学类社会团体管理规定（试行）》，建立微信群，健全论坛、报告会预审机制。

临沂市社科联成立于 1983 年 1 月。临沂市社科联自成立以来，团结全市社会科学工作者，紧紧围绕市委、市政府中心工作开展活动，较好地发挥了“桥梁纽带”“思想库”“智囊团”作用。一是理论宣传积极主动。以宣传阐释习近平新时代中国特色社会主义思想为主要内容，结合市委、市政府重大决策部署，组织 120 余人次开展全市理论宣讲 2000 余场次。二是学术研讨不断丰富。立足重大理论和全市经济社会发展面临的现实问题，组织市级以上理论研讨 50 余场次。三是社科普及阵地建设不断加强。现有《临沂社科动态》《临沂社科成果专报》2 个内部刊物，有“临沂社科在线”网站、“临沂社科界”“临沂智库”微信公众号、头条号等 3 个信息化公众传播平台，有“临沂市民大讲堂”“临沂智库论坛”2 个全市性论坛，有 11 处省级、48 处市级社科普及教育基地，115 个省级、87 个市级社科普及示范单位。先后组织开展社科普及周 16 届、优秀社科普及读物评选奖励 5 届，推出《沂

2007 年 9 月，“孙子兵法与经济发展战略国际论坛”在临沂汉墓竹简博物馆举办。

2014 年 5 月 17 日，临沂市第十一届社会科学普及周活动在临沂书法广场拉开帷幕。这次活动由临沂市委宣传部、临沂市社科联联合举办。

2019 年 11 月，临沂市委宣传部、沂蒙精神研究中心和临沂市社科联、吉安市社科联、延安市社科联、石家庄市社科联在临沂共同举办“弘扬老区精神，不忘初心、牢记使命”理论研讨会。

蒙民俗风情概览》《图说沂蒙红色文化》等科普图书，大力推动了社科知识“五进”成效。四是自身建设不断加强。成立了市社科联党组，全市 12 个县区均设立了社科联，拥有市级社科类社会组织 26 个。

德州市社科联成立于 1985 年 10 月。德州市社科联自成立以来，团结带领全市广大社科工作者，锐意进取、守正创新，为德州市经济社会发展作出重要贡献，获得全国社科组织先进单位等多项荣誉。组织机构方面，2014 年实现 11 个县（市、区）社科联全覆盖。社科普及方面，连续举办 16 届社科普及周，2014 年实现市、县、乡镇三级同步举行。党的十八大以来举办活动 569 项，受益群众 33 万余人次；命名市级社科普及示范基地 145 家，其中省级 13 家，宪利黑陶研究所被评为“省优秀社科普及教育基地”，梁子黑陶博物馆被评为“全国社科普及教育基地”。课题研究方面，设立“调研德州”课题研究项目，2014 年确认为市级社科规划课题。党的十八大以来结项 762 项，其中 15 项成果获省市领导签批，9 项成果入选省人文社会科学课题。社科评

禹城市首届社会科学普及周房寺镇“热点问题面对面”咨询服务活动现场

德州市第三十二次社会科学优秀成果评选工作会议现场

奖方面，共举办32次社科优秀成果评选。党的十八大以来，评出获奖成果878项，其中9项成果获省社科优秀成果二等奖，17项成果获三等奖。社科阵地方面，1987年《经济与社会》创刊，已出版192期，党的十八大以来有关内容受到市委主要领导6次批示，《领导科学报》等20余家单位前来交流。队伍建设方面，党的十八大以来，提拔交流县处级干部6人次，提拔科级干部4人次。

聊城市社科联成立于1988年11月。聊城市社科联自成立以来特别是党的十八大以来，坚持以学习宣传贯彻习近平新时代中国特色社会主义思想为主线，团结带领广大社科工作者，围绕中心、服务大局，解放思想、锐意进取，为聊城市经济社会发展作出积极贡献。一是召开代表大会，夯实组织基础。2019年7月，召开全市社会科学界第三次代表大会，明确了此后五年的工作目标和任务，选举产生了专职、兼职、挂职相结合的主席团和常委会，为落实政治引领责任、搞好社科界的团结协作打下了坚实的组织联络基础。二是加强思想引领，构建理论研究高地。围绕市委、市政府中心工作和经济社会发展重大理论与实践问题，研究确定年度研究课题和“新时代兴聊十大工程”研究课题，课题量多面广，研究成

紧扣时代脉搏，适应公众需求，聊城市社科联连续多年编印科普图书和普及性读物，均免费向公众赠阅，目前累计赠送图书50000余册。

2019年9月29日，聊城市第一届社会科学学术年会举行。这是聊城市社科界深化学术平台建设的创新举措。

聊城市社科联以社会科学课题研究作为社科普及的基础性工作和重要抓手，培育优秀研究成果，讲好山东故事聊城篇。图为2020年度聊城市社会科学规划课题评审会议现场。

果受到市领导高度认可。三是建立社科优秀成果“透明化”评选机制。起草并修订《聊城市社会科学优秀成果评选意见》，通过创新实施网上申报展示、匿名评选、专家回避、调整奖项设置等措施，建立了“透明化”评选机制，受到社科界高度认可。四是搭建学术交流平台，营造浓厚学术氛围。办好理论刊物《光岳论坛》，创办社科学术年会，组织孔繁森精神研究宣传，制定研究弘扬孔繁森精神实施方案，举办孔繁森精神研讨会，取得显著成效。

滨州市社科联成立于1989年4月。滨州市社科联自成立以来，团结带领广大社科工作者砥砺奋进，取得多方面实质性突破，为滨州市经济社会发展作出重要贡献。组织建设方面，2013年以来，全市7个县（市、区）、市内所有高校均成立了社科联。社科平台方面，拥有社科普及教育基地67个（省级21个，市级46个，国家级2个），创办《渤海论坛》《滨州社会科学》等期刊，每年印制《优秀课题选编》《社科优秀成果选介汇编》，创办滨州社科智库，汇集专家近300名。社科活动方面，连续举办28届社科优秀成果评选，连续七年开展社科规划课题立项，积极承办山东省第二十三届社科优秀成果奖评选会议、2014年中韩饮食文化交流活动等大型活动。理论研究方面，突出“滨州特色”，开展“思发展、献智策”应用课题研究，设立“思想政治教育”“高职教育”专项，在滨州市第二十八届社科成果评选工作中增设“决策咨询奖”。社科普及方面，以社科普及周为抓手，打造“滨州模式”。

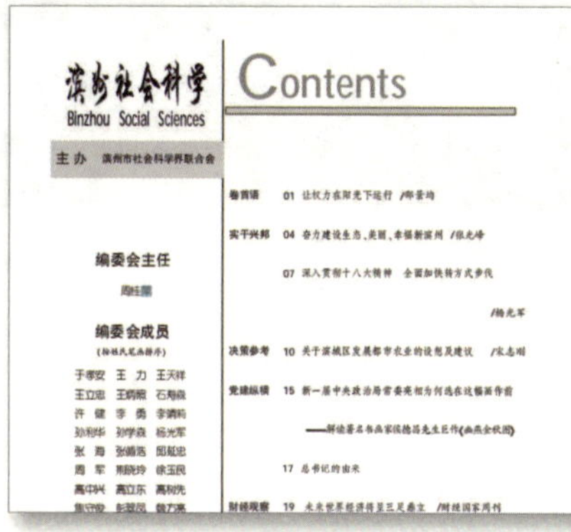
滨州社会科学
Binzhou Social Sciences
主办　滨州市社会科学界联合会
编委会主任
编委会成员
Contents
卷首语　01 让权力在阳光下运行
实干兴邦　04 奋力建设生态、美丽、幸福新滨州
07 深入贯彻十八大精神　全面加快转方式步伐
决策参考　10 关于滨城区发展都市农业的设想及建议
党建纵横　15 新一届中央政治局常委先扣为何选在这幅画作前
17 总书记的由来
财经观察　19 未来世界经济将呈三足鼎立　/财经国家周刊

《滨州社会科学》目录

2019年8月8日，无棣县县委组织部、县委宣传部、县妇联、县社科联联合举办无棣县“迎华诞、讲国史、颂党恩”科级女干部培训班，共计200余人参加培训。

例如，制作《成风化人润无声》新时代文明实践社科普及志愿服务在滨州专题片，参众 5000 余人；举行“讲国史、颂党恩”庆祝新中国成立 70 周年专家宣讲活动 39 场，惠及群众万余人。

菏泽市社科联成立于 1987 年。菏泽市社科联自成立以来特别是党的十八大以来，坚持以习近平新时代中国特色社会主义思想为指导，紧紧围绕市委、市政府中心工作，在繁荣学术研究成果、提升社科普及实效、加强社科阵地建设上下功夫，社科事业呈现出蓬勃发展的新局面。社科普及活动日益活跃，形式多样，连续举办 16 届社科普及周，使之成为全市社科界创品牌、造影响、增实效的一条重要渠道，有力提升了市民的人文社科素养。社科研究逐步深化，每年开展全市社科规划课题研究活动，组织社科工作者深入研究改革发展实践中的重大理论和现实问题，许多研究成果得到党委、政府的重视和采纳。社科评奖制度日臻完善，成功组织开展了 34 次社会科学优秀成果评奖活动，推出大

2016 年 4 月 28 日，中原经济区社科联协作峰会在菏泽召开。

2019 年 8 月 24 日，菏泽市第三十四次社会科学优秀成果奖评选会议召开。

2020 年 8 月 12 日，菏泽市社科联党组成员、秘书长，曹州历史文化研究所所长荣海生为驻菏全国人大代表、省人大代表和部分市人大代表作题为《曹州人文历史与文化传承》的专题讲座。

量优秀社科成果和社科人才。社科阵地进一步巩固，创办社科联机关刊物《求索》杂志，自创刊以来共编辑出版 96 期，刊发各类论文千余篇，充分发挥认识世界、传承文明、创新理论、咨政育人、服务社会的社科阵地作用。菏泽市社会组织管理更加规范，社会组织党建得到加强。作为党委、政府联系社科工作者的桥梁和纽带，菏泽市社科联服务大局，繁荣学术，普及知识，充分发挥“思想库”和“智囊团”作用，为推动菏泽市经济社会发展作出积极贡献。

大企业社科联是社科联体系中的一支富有自身特色的力量，现有莱芜钢铁集团社科联、胜利油田石油管理局社科联、中国冶金地质总局山东局社科联、济南铁路局社科联等。20 世纪末期，全省大企业社科联在省社科联和地方政府的引导支持下逐渐发展起来。自 1993 年拉开了大企业社科联发展的帷幕以来，1997 年 9 月和 10 月，胜利油田社科联和莱钢社科联又相继成立。在省社科联的指导下，在企业党委的领导下，大企业社科联紧紧围绕服务党和政府工作这一主题，结合企业实际，积极开展学术研究和社科普及等工作，充分发挥社科联“桥梁、纽带、智囊团、思想库”的作用，为开创新时代现代化强省建设新局面贡献智慧和力量。

一是不断加强党组织建设，确保社会科学正确发展方向。譬如，莱钢社科联自 2004 年全面启动学习型党组织建设以来，从未中断，并在实践中探索出著名的“12345”建设模式（即：明确一个定位，完善两项保障机制，突出三个层次，坚持四项原则，把握五个关键环节），有力地助推了企业的发展与进步，是全省乃至全国大企业学习型党组织建设的先行者和开拓者。

二是大企业社科联围绕党和政府工作大局，积极组织开展兼具理论性、实践性的学术活动，充分发挥了自身“思想库”和“智囊团”的作用。譬如，莱钢社科联从企业自身生产经营实际出发，组织专题报告会和专题讲座，深化企业对转变经济发展方式、调整产业结构的理解和把握；胜利油田社科联

2011 年 9 月 26 日，省社科联一行五人赴胜利油田社科联调研，考察“三个一切”主题教育活动、社科研究普及工作以及学习型党组织建设等情况。

开展了“胜利精神与企业文化研究”研讨会，深化对石油企业发展的重大理论与实践问题研究，为油田的改革发展提供了重要的理论依据和学理支撑，取得了良好的社会效益。

三是大企业社科联积极开展社科普及活动，推进社科普及向纵深方向发展，打造出契合企业实际、彰显企业特色的社科普及品牌。譬如，在2008年社科普及周活动中，莱钢集团党委宣传部、莱钢社科联被评为“社科普及周先进单位”，莱钢社科联组织的“社科知识进企业”系列活动和胜利油田社科联组织的“共创百年胜利，共建和谐油田，共享美好生活”理论研讨会被评为“示范项目”，大大提升了大企业社科联社科普及的影响力，也带动了全省企业社科事业的繁荣发展。

三、县（市、区）社科联

1988年1月，成武县成立了全省第一个县级社联。截至2020年7月，全省已成立县级社科联106个。党的十八大以来，在省市社科联和当地宣传部门的指导推动下，县（市、区）社科联工作在多个方面取得积极进展。

（一）抓住机遇，积极作为，全力推进基层组织建设

第一，抢抓政策机遇，借势而为。2012年7月，省委宣传部出台《关于加强县（市、区）社科联建设的意见》，明确提出“切实加强对县（市、区）社科联工作的领导”，要求各级党委、政府和有关部门“采取有效措施，建章立制，配套政策，加大投

2015年1月20日，枣庄市峄城区社会科学界联合会成立暨第一次代表大会召开。

2016年5月11日，东营市垦利区社会科学界联合会成立暨第一次代表大会在垦利区召开。

入和支持力度，切实把县（市、区）社科联建设这项基础性、战略性工程抓紧抓好”。2016年8月召开的全省哲学社会科学工作座谈会、2017年8月出台的《山东省“十三五”时期文化改革发展规划纲要》、2017年9月出台的《中共山东省委关于加快构建中国特色哲学社会科学的实施意见》等重要会议和文件也对加强社科联组织体系建设提出明确要求，为推进县（市、区）社科联建设提供了有力的政策支持。

2017年9月1日，滕州市社会科学界联合会成立暨第一次代表大会在滕州召开。

第二，发挥“联”的优势，借力推动。党的十八大以来，省社科联党组把县（市、区）社科联建设摆在突出位置，带头深入基层，先后赴济宁、枣庄、淄博、莱芜、泰安、烟台、滨州等市和部分县（市、区）调研，最大限度地争取各市党政主要领导支持，协调当地有关部门，帮助解决存在的困难和问题，推动县（市、区）社科联建设取得突破性进展。

2012年10月30日至11月1日，时任省社科联党组书记、副主席杨瑛一行先后到济宁嘉祥、微山和枣庄薛城、滕州，深入社区、企业、学校、机关，就基层社科联组织建设情况进行专题调研。

第三，树立先进典型，示范带动。省社科联坚持循序渐进、分步推进，要求各市从本地实际出发，灵活采用不同模式和要求，优先选择条件较为成熟的县（市、区）作为重点，率先成立机构、配置人员，发挥示范带动作用。2014年6月，省社科联召开全省县（市、区）社科联负责人培训班，对各市的有益做法进行总结提炼，交流推广县（市、区）社科联设置的四种模式、两种方法，其中，四种模式分别是潍坊模式（简称“综合模式”）、枣庄模式（简称“独立编制模式”）、德州模式（简称“定编隶属模式”）、威海模式（简称“合署办公模式”），两种方法分别是淄博方法（简称“宣传部内设方式”），滨州、烟台方法（市编委统一设置方式）；通过树典型、立标杆，引导推动县（市、区）社科联建设。

2012年12月21日，枣庄市台儿庄区社科联成立大会暨第一次代表大会召开，会议表决通过《台儿庄区社会科学界联合会章程》《台儿庄区社会科学界联合会选举办法》，选举产生台儿庄区社科联第一届委员会委员、常务委员、社科联主席。

2014年6月4～6日，全省县（市、区）、高校社科联负责人培训班在德州市举办，深入贯彻《关于进一步加强全省县（市、区）社科联组织建设的意见》文件精神，推进基层社科联组织建设，提高其业务工作水平。

（二）明确职能、活动推动，提升基层社科联影响力

对于已成立的县（市、区）社科联，根据省委宣传部《关于加强县（市、区）社科联建设的意见》文件要求，明确七大主要职能，要求按照职能定位，抓紧配齐人员，健全工作机构，创造性地开展工作，持续扩大影响力，提高知名度。

第一，组织开展理论研究、学术研讨。县（市、区）社科联在当地党委宣传部门指导下，坚持用中国特色社会主义理论体系指导社科工作，组织开展学术研讨活动，邀请省、市、县社科专家学者深入各乡镇（街道）、村（社区）开展理论宣讲，提升学术研讨水平，提高辐射带动作用。

2020年6月18日，邹平市在政务中心召开哲学社会科学工作座谈会。

2016年10月20日，菏泽市哲学社会科学工作座谈会召开，各县区社科联主席参加了会议。

第二，广泛开展社科普及活动。每年以省、市、县三级联动的方式举办全省社科普及周活动，集中开展“社会热点面对面”“社科专家基层行”、社科普及文艺展演、社科普及读物赠书、社科普及志愿服务等社会科学普及惠民活动。特别是2014年10月1日《山东省社会科学普及条例》正式实施后，各县（市、区）社科联建立社科普及宣传阵地，开展内容丰富、形式多样的社科普及活动，普及社科知识，弘扬科学思想，提高群众素质，使社科知识更好地服务基层群众。

2020年春，省级社科普及示范村临清市唐园镇瑶坡村成立社科志愿服务队，通过“村村响”、倡议书、宣传语等形式全力开展隔离消杀、社科普及、爱心捐助等工作，全力打好疫情保卫战。

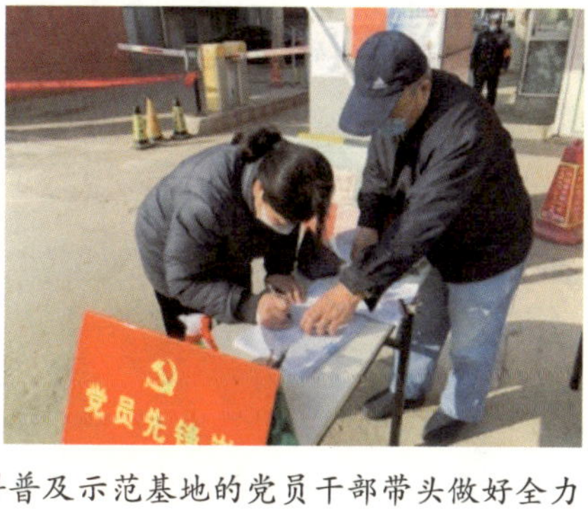

2020年春，平原县社科联统筹组织安排社科普及示范基地的党员干部带头做好全力抗击疫情“十项服务”。

第三，激发社科学术社团活力。指导县（市、区）社科联主动联系服务基层社科团体，加强与当地民政部门联系，深入学会走访座谈，分类指导学会工作，健全完善学会管理制度，切实加强对学会举办的研讨会、报告会、论坛的管理，确保学会活动的正确方向；积极整合研究力量，组织学术社团开展课题研究和学术交流活动，增强社科类学术团体的生机和活力。

2012年4月15日，枣庄市演讲朗诵学会第二届代表大会召开。

（三）加强指导、深化交流，推动基层社科联规范化发展

加大对基层社科联工作的指导力度，通过集中辅导、调研指导、工作交流等形式，不断提高基层社科联干部队伍的思想政治素质和业务能力。省社科联定期举办全省社科联系统培训班或工作交流会议，对市社科联和县（市、区）社科联负责人开展思想政治和业务能力培训。党的十八大以来，先后举办全省社科联工作研讨会、全省县（市、区）社科联负责人培训班、全省社科联工作交流会议、全省社科界深入学习贯彻习近平总书记重要讲话精神研讨班、全省社科界学习贯彻党的十九大精神培训班暨社科联工作研讨会、全省社科联工作创新发展研讨会、全省社科联哲学社会科学工作专题培训班、全省社科联系统学习贯彻党的十九届四中全会精神培训班等培训交流活动，邀请领导、专家作专题辅导报告，交流工作中亟待解决的问题，探讨创新工作的方式方法，大大提高了基层社科联工作水平。省社科联历任领导班子成员经常到基层社科联调研，现场了解情况，指导帮助工作，督促基层社科联深入贯彻落实中央决策部署和省委有关要求，推动基层社科联更好地承担起各项任务。

表 6-1 全省县级社科联一览表

城市	县级社科联所在县（市、区）
济南市	1. 莱芜区 2. 钢城区
青岛市	
淄博市	1. 博山区 2. 高青县 3. 桓台县 4. 临淄区 5. 沂源县 6. 张店区 7. 周村区 8. 淄川县
枣庄市	1. 市中区 2. 山亭区 3. 台儿庄区 4. 滕州市 5. 薛城区 6. 峄城区
东营市	1. 东营区 2. 广饶县 3. 河口区 4. 垦利区 5. 利津县
烟台市	1. 福山区 2. 海阳市 3. 莱阳市 4. 莱州市 5. 牟平区 6. 招远市 7. 芝罘区
潍坊市	1. 奎文区 2. 潍城区 3. 坊子区 4. 寒亭区 5. 青州市 6. 诸城市 7. 寿光市 8. 高密市 9. 安丘市 10. 昌邑市 11. 昌乐县 12. 临朐县
威海市	1. 文登区 2. 乳山市 3. 荣成市 4. 环翠区
济宁市	1. 兖州区 2. 邹城市 3. 嘉祥县 4. 汶上县 5. 微山县 6. 金乡县 7. 曲阜市 8. 梁山县 9. 鱼台县 10. 任城区 11. 泗水县
泰安市	1. 泰山区 2. 岱岳区 3. 新泰市 4. 肥城市 5. 东平县 6. 宁阳县
日照市	1. 东港区 2. 岚山区
临沂市	1. 费县 2. 河东区 3. 莒南县 4. 兰陵县 5. 兰山区 6. 临沭县 7. 罗庄区 8. 蒙阴县 9. 平邑县 10. 郯城县 11. 沂南县 12. 沂水县
德州市	1. 德城区 2. 乐陵市 3. 临邑县 4. 陵城区 5. 宁津县 6. 平原县 7. 齐河县 8. 庆云县 9. 武城县 10. 夏津县 11. 禹城市
聊城市	1. 临清市 2. 茌平区 3. 东昌府区
滨州市	1. 滨城区 2. 博兴县 3. 惠民县 4. 无棣县 5. 阳信县 6. 沾化区 7. 邹平市
菏泽市	1. 曹县 2. 成武县 3. 单县 4. 定陶区 5. 东明县 6. 巨野县 7. 鄄城县 8. 牡丹区 9. 郓城县

四、高校社科联

2002年7月，全省第一家高校社科联在潍坊学院成立，截至目前已成立71家高校社科联。自2012年省社科联着手大力推动高校社科联建设以来，先后经历了探索实践期、制度形成期、重点突破期和建设转型期等4个阶段。八年来，在省社科联领导班子带领下，通过部门（单位）间协同合作、省市两级社科联共同推动，不仅实现全省高校社科联数量上的跃升，对其职能定位和作用发挥的探索实践也在积极推进中。

（一）在探索中谋求发展，初步形成建设共识

我省高校社科联建设发端于潍坊市社科联的试点性做法。早在2012年以前，潍坊市社科联在省社科联指导下抢抓机遇，积极推动属地高校先后建

2012年4月26日，泰山医学院社会科学界联合会成立大会暨第一届代表大会召开。

成6家社科联组织，并尝试通过培训等方式加强高校社科联的职能作用发挥。

自2012年开始，省社科联将高校社科联建设纳入工作议程，并在2012～2013年的两年间，尝试由省社科联领导班子带队开展专题调研，广泛征求意见建议，凝聚共识。在此基础上，积极依托有关市社科联对属地高校的指导督导，先后促成莱芜、泰安、烟台、滨州和济宁等5地新建高校社科联13家。由此，全省高校社科联数量达到19家。

高校社科联成立后，省社科联依托现有工作平台机制，特别是注重发挥领导班子联系点制度优势，结合责任部室与业务部室点对点的业务工作，不断强化对高校社科联的指导帮助，推动其进一步明确职责作用。此外，及时将高校社科联及其工作人员纳

2013年3月23日，滨州学院社会科学界联合会成立大会举行。

入全省社科联系统先进集体与先进个人评选等表彰项目范围，鼓励引导各高校社科联努力建好“社科工作者之家”。

（二）促成部门间联动配合，探索建立制度性规范

2014～2015年，省社科联两届领导班子分别推动《关于建议成立高校社科联的函》《山东省社科联、山东省教育厅关于加强高校社科联建设的意见》（以下简称《建设意见》）2项文件成稿印发。由党组主要负责同志带头组织赴各市和有关高校开展专题调研督导，广泛动员，下大力气推动全省高校社科联建设，从而形成第一波成立高峰。2年间，先后推动济南、淄博、枣庄、临沂、青岛等5地“破零”，实现新建高校社科联17家，全省高校社科联总量达36家。其中，山东师范大学、山东农业大学、青岛大学、临沂大学、济南大学等12家本科高校先后成立社科联组织。

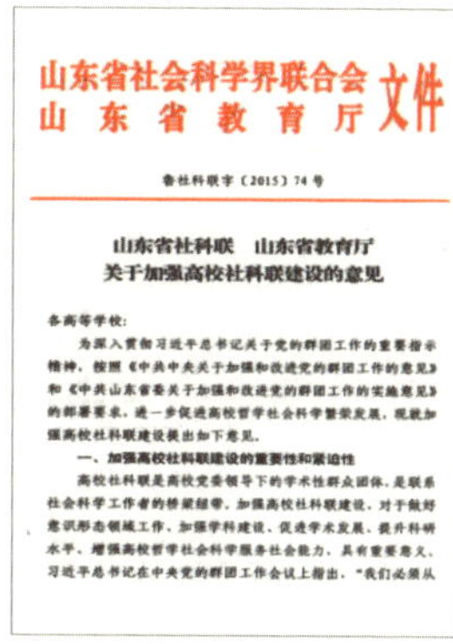

山东省社会科学界联合会
山　东　省　教　育　厅　文件

鲁社科联字〔2015〕74号

山东省社科联　山东省教育厅
关于加强高校社科联建设的意见

各高等学校：

为深入贯彻习近平总书记关于党的群团工作的重要指示精神，按照《中共中央关于加强和改进党的群团工作的意见》和《中共山东省委关于加强和改进党的群团工作的实施意见》的部署要求，进一步促进高校哲学社会科学繁荣发展，现就加强高校社科联建设提出如下意见。

一、加强高校社科联建设的重要性和紧迫性

高校社科联是高校党委领导下的学术性群众团体，是联系社会科学工作者的桥梁纽带。加强高校社科联建设，对于做好意识形态领域工作、加强学科建设、促进学术发展、提升科研水平、增强高校哲学社会科学服务社会能力，具有重要意义。习近平总书记在中央党的群团工作会议上指出，“我们必须从

《山东省社科联、山东省教育厅关于加强高校社科联建设的意见》

期间，在原有工作基础上，注重通过定期组织高校社科联负责人参加专题培训和社科联系统工作会议等方式，促进其全面深入了解社科联系统工作任务和运行机制，指导其进一步明确高校社科联职责定位，帮助搭建起高校社科联与全省社科联系统的沟通联系平台。譬如，2014年6月在德州举办“全省县（市、区）、高校社科联负责人培训班”，旨在推进全省高校社科联组织建设，提高高校业务工作水平和服务广大社科工作者的能力。

2014年12月6日，山东师范大学社会科学界联合会成立大会暨第一次会员代表大会召开。时任省社科联党组书记、副主席杨瑛，时任山东师范大学党委书记商志晓为山东师范大学社科联揭牌。

（三）省、市两级社科联协同推进，实现建设重点突破

2016～2018年，在前期经验基础上，借助有关建设意见的指导性作用，由省社科联主要负责同志带头，领导班子成员参与，各部室单位齐动员，有关市社科联争相行动、持续发力，共同推动全省高校社科联建设实现持续向

好发展。3 年间，日照、菏泽、聊城、德州等 4 地先后实现“破零”，济南、青岛和烟台等重点地区主要高校集中发力，全省 11 市共成立高校社科联 25 家，全省高校社科联总量达 61 家。其中，山东大学、山东财经大学、聊城大学、青岛科技大学、曲阜师范大学、山东理工大学、烟台大学等 17 家本科高校先后成立社科联组织。

2016 年 6 月 22 日，山东大学社会科学界联合会成立大会暨第一次会员代表大会在中心校区举行。时任山东大学党委书记李守信，时任省社科联党组书记、副主席林建宁为山东大学社科联揭牌。

2018 年 4 月 18 日，烟台大学社会科学界联合会成立大会暨第一次会员代表大会在逸夫厅召开。省社科联党组书记、副主席刘致福，校党委书记张伟为烟台大学社科联揭牌。

这一阶段，更加注重通过培训和会议等方式，加强对高校社科联在明确工作方向和导向上的指导。先后于 2016 年 10 月在济南召开“全省社科界深入学习贯彻习近平总书记重要讲话精神研讨培训班”，于 2017 年 5 月在青岛举办“深入学习习近平总书记重要讲话精神培训班”，于 2017 年 12 月在济南组织召开“全省社科界学习贯彻党的十九大精神培训班暨社科联工作研讨会”。继续鼓励高校社科联及其工作者参加全省社科联系统先进集体和先进个人评选活动，为高校社科联自身能力建设搭台助力。同时，省社科联业务部室开始尝试在职责范围内为高校社科联赋能，比如，在山东省人文课题申报中，对成立社科联的高校，在参评基数上给予适当政策倾斜，进一步推动

2017 年 12 月 19 ~ 20 日，省社科联在济南举办全省社科界学习贯彻党的十九大精神培训班暨社科联工作研讨会。

高校社科联发挥优势作用，更好地服务社科工作者。

（四）积极探索，由“建”向“建管用”并重转型

自2019年起，在省社科联党组主要负责同志推动下，全省高校社科联建设开始探索“建、管、用”并重的实现路径。一方面，驰而不息地抓好高校社科联“量”上的提升，通过释放更多政策利好和点对点指导帮助相结合的方式从“两头”着力，继续推动尚未成立社科联的高校加快筹备进程，实现新建高校社科联10家，总量达71家。另一方面，将高校社科联建设作为党组主要负责同志2019年度调研主题，以召开高校社科联专题座谈会、实地走访和发放调查问卷等方式广泛听取全省社科界对高校社科联建设的意见建议，在调研的基础上，出台《关于进一步加强高校社科联建设的意见（征求意见稿）》，着力推动高校社科联建设与管理向规范化发展。

同时，省社科联继续依托传统方式加强对高校社科联的培训辅导、业务指导和方向引导。先后于2019年6月在威海举办“全省社科联哲学社会科学工作专题培训班”，2019年12月在济南召开“全省社科联系统学习贯彻

2019年5月24日，青岛理工大学社会科学界联合会成立大会举行，选举产生了青岛理工大学社科联第一届委员会委员和主席团成员人选。

2019年5月13日，山东建筑大学社会科学界联合会成立大会暨第一次会员代表大会举行。

2019年5月13日，山东青年政治学院社会科学界联合会成立大会暨第一次会员代表大会举行。

党的十九届四中全会精神培训班暨工作创新发展研讨会”，进一步统一思想、凝聚共识、明确工作思路与方向。各业务部室进一步加强探索，在发挥原有职能和拓展新业务时，纷纷将高校社科联作为主要服务对象，给予更多政策倾斜和业务指导。在山东省人文课题申报时，继续采取对高校社科联申报项目数量适当支持的政策；在推动全省新时代文明实践社科普及志愿服务工作中，指导高校社科联发挥优势作用、筹建科普志愿服务队，引导高校社科联工作者积极投身新时代文明实践。这些工作有力地帮助了高校社科联在厘清自身职责定位以及发挥“联”的优势、“合”的作用方面迈出崭新步伐。

通过接续努力，全省高校社科联建设量质齐升，走在了全国前列。全省高校社科联数量从2012年前的6家增至71家（截至2020年7月）。新时代背景下，高校社科联的作用也愈发凸显，各高校社科联在学校党委直接领导下和省市社科联业务指导下，始终坚持社会科学工作的正确方向，坚持马克思主义在哲学社会科学领域的指导地位，努力发挥桥梁纽带作用，整合资源、搭建平台，组织校内团体会员和广大社科工作者围绕中心、服务大局，积极开展社科研究、学术交流、学科建设、学术评价、社科普及、智库建设、社团管理、人才培养和社会服务等工作。

表6-2　全省高校社科联成立状况一览表

市	成立社科联的高校
济南市	1. 莱芜职业技术学院　2. 山东英才学院　3. 山东师范大学　4. 山东协和学院 5. 济南职业学院　6. 山东女子学院　7. 济南大学　8. 齐鲁工业大学 9. 山东大学　10. 山东交通学院　11. 山东体育学院　12. 山东财经大学 13. 山东政法学院　14. 齐鲁师范学院　15. 山东管理学院　16. 山东建筑大学 17. 山东青年政治学院　18. 济南幼儿师范高等专科学校 19. 山东工艺美术学院　20. 山东城市建设职业学院
青岛市	1. 青岛大学　2. 青岛滨海学院　3. 青岛科技大学　4. 青岛农业大学 5. 青岛理工大学　6. 青岛黄海学院　7. 青岛酒店管理职业技术学院
烟台市	1. 滨州医学院　2. 烟台工程职业技术学院　3. 烟台南山学院　4. 烟台大学 5. 山东工商学院　6. 山东商务职业学院　7. 鲁东大学
潍坊市	1. 潍坊学院　2. 潍坊医学院　3. 潍坊职业学院　4. 潍坊工程职业学院 5. 山东畜牧兽医职业学院　6. 中共潍坊市委党校　7. 潍坊科技学院
临沂市	1. 临沂大学

续表

市	成立社科联的高校
济宁市	1. 济宁学院　2. 济宁职业技术学院　3. 山东理工职业学院　4. 曲阜师范大学
淄博市	1. 淄博职业学院　2. 山东轻工职业学院　3. 淄博师范高等专科学校　4. 山东理工大学
菏泽市	1. 菏泽学院
德州市	1. 德州学院
泰安市	1. 山东科技大学泰安校区　2. 山东第一医科大学（原泰山医学院）　3. 山东服装职业学院　4. 泰山职业技术学院　5. 泰山学院　6. 山东农业大学　7. 山东财经大学东方学院　8. 泰安技师学院　9. 山东医药技师学院　10. 泰山护理职业学院　11. 山东力明科技职业学院
滨州市	1. 滨州市技术学院　2. 滨州市技师学院　3. 滨州学院　4. 滨州职业学院
聊城市	1. 聊城大学
日照市	1. 山东外国语职业技术大学　2. 日照职业技术学院
枣庄市	1. 枣庄学院

山东省社会科学界第七次代表大会

山东省社会科

第七章

拓展载体 平台阵地建设巩固提升

社科阵地是开展学术研究、推介学术成果、促进学术交流、提供学术服务、培育学术人才的重要场域。省社科联在发展壮大的进程中，以繁荣发展中国特色、山东气派、齐鲁风格的哲学社会科学为己任，着力抓好社科阵地的建设工作，做强社科理论研究平台、做好社科成果发布平台、做大社科交流服务平台，进一步夯实工作支点，为广大社科工作者进行学术研究、沟通交流、建言献策提供了强有力的支撑体系。省社科联成立以来的60年间，出版了多种理论刊物，孜孜不倦地寻求办刊特色，力求跻身全国名刊之列；编纂了多部社科成果专辑，积极促进成果转化，为经济文化强省贡献社科力量；兴建了社科人自己的发展交流中心，加强学术互动，为活跃山东社科界提供重要平台；推进新兴网络社科阵地建设工作，顺应数字时代潮流，全力推动社科事业繁荣发展。

◎要点推送

《山东社联通讯》《山东社会科学》《领导科学报》《山东社会科学年鉴》《山东社科界》《山东社科成果专报》《社科应用与普及》；齐鲁文化会馆；山东省社会科学发展交流中心；山东省社会科学数据中心

★精学术

社科阵地是社科工作者深化理论研究、创新学术思想、发表独到见解的重要载体。60年来,省社科联持续巩固、拓展社科阵地,搭建起社科学人“大展身手”的重要舞台,引导其关注创新理论、聚焦学科前沿、了解学术热点、深化学术研究,成为活跃山东社科事业、引领山东社科风向的重要载体。

★育人才

社科阵地不仅是社科名家的活跃基地,更是挖掘社科人才、培育学术新秀、打造社科新星的重要平台。60年来,省社科联充分发挥阵地优势,为青年社科学人的学术研究、成果展示、交流对话创设机遇,助力山东社科新人在磨砺中出彩,在奋斗中成长为繁荣发展哲学社会科学事业的中坚力量。

功能

★供服务

社科阵地融资料查询、数据分析、信息共享、社科管理等多种功能于一体,承担着服务社科事业繁荣发展的重要职责。60年来,省社科联秉持开门工作、服务社会的理念,不断扩大社科平台的服务领域、完善社科平台的服务功能、优化社科平台的服务内容,为山东省乃至全国社科工作者了解学术热点、掌握学术动态、开展学术研究提供了必要的载体支撑。

★强互动

学术的生命力在于交流,社科阵地是社科界开展学术交流、学习研讨、学术互动的重要平台。60年来,省社科联积极创新交流平台,如搭建起集学术报告、成果发布、智库沙龙、理论茶座等功能于一体的社会科学发展交流中心,为山东省社科界的交流互动营造出轻松和谐、积极活跃的良好氛围。

★促转化

社科阵地是联系社科工作者与决策部门的重要桥梁,是社科成果转化的重要推动力量。60年来,省社科联充分发挥《山东社科成果专报》《社科应用与普及》等社科平台优势,及时将最新的、重大的社科成果传递至有关部门,成为社科学人服务社会、引领发展的关键载体,为推动山东省经济社会发展作出了重要贡献。

一、发展概况

60 年来，山东省社科联下硬功夫、花大力气广筑社科平台，持续巩固平台阵地建设，既不断增加社科阵地的数量，又注重提高社科阵地的质量，为促进社科事业发展提供了重要的载体支撑。在 20 世纪 60 年代，省社联会同有关研究所（室）编辑出版了《哲学通讯》《经济研究动态》《山东史学通讯》《山东省志资料》等多种刊物，开启了建设社科平台的新征程。在 80 年代，省社联创办了重要的学术刊物《山东社联通讯》《山东社会科学》，其中，《山东社会科学》杂志在凝炼办刊特色中成功跻身全国名刊之列。90 年代省社科联进一步扩建社科载体，创办了《孙子研究》（后更名为《孙子学刊》）、《市场与生活》（后更名为《山东社科界》）、《领导科学报》等，同时兴建了社科人的专属互动交流平台——齐鲁文化会馆。21 世纪以来，省社科联凝心聚力、开拓创新，加快各类社科平台建设，创办了《山东社科成果专报》《社科应用与普及》，编纂了多部大型社科类年鉴，进一步拓展了省社科联的阵地平台。随着网络信息技术的普及，省社科联积极推动实施传承创新战略和大数据战略，修缮改造社会科学交流中心，更新升级省社科联官方网站，办好山东社科网，开通省社科联微信公众号，创建社会科学数据中心等新型智库平台，为开展学术研究和交流、进行社科普及教育、推动学术成果转化扩展了新空间。

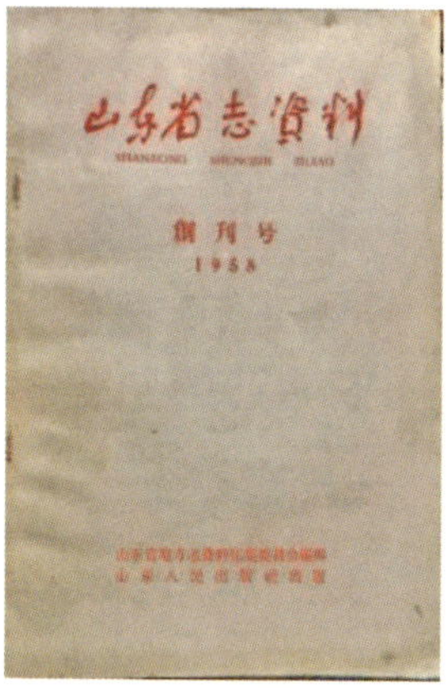

《山东省志资料》创刊号

《山东社会科学》1987 年第 1 期

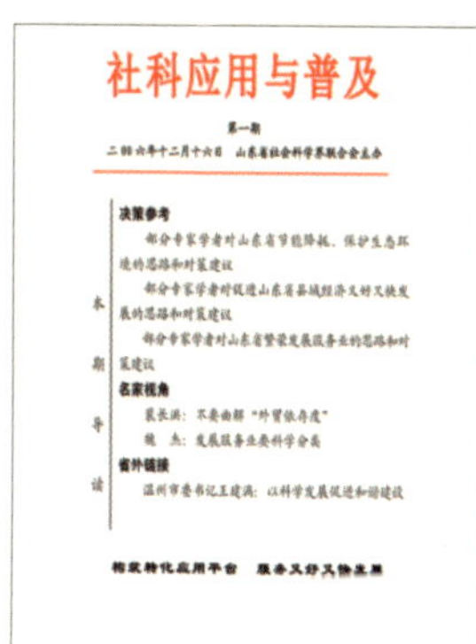

《社科应用与普及》2006 年第 1 期

《山东社科界》2019 年第 1 期

《山东社联通讯》是省社联正式恢复成立后创办的会刊，是省内刊号，不定期出版，刊名由省委书记高启云题写。主要报道省社联及各学会、研究会学术活动信息，刊登省内外学术动态，汇编学术资料，发表有代表性的不同学术观点的文章摘要，介绍兄弟省、自治区、直辖市开展学术活动的经验等。《山东社联通讯》第1期的主要内容是山东省社会科学界第一次代表大会的有关文件，包括省委书记高启云代表省委在开幕式上讲话，省委常委、宣传部部长林萍的闭幕词，山东省社会科学联合会筹委会主任李书厢的工作报告，以及会议选举的社联主席、副主席、委员名单等。1983年成立《山东社联通讯》编辑室，每年出刊10期左右，每期48个页码。1986年《山东社联通讯》编辑室撤销，刊号交随后成立的研究室编辑他刊。

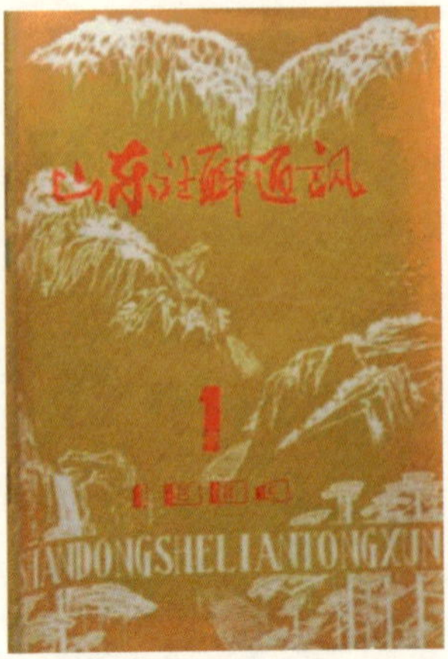

《山东社联通讯》1984年第1期

《孙子学刊》创刊号

1992年2月，省社联创办了国内首家以研究《孙子兵法》等古代兵家思想文化为主的学术理论刊物——《孙子学刊》，由刘蔚华担任主编。《孙子学刊》属内部刊物，定为季刊，设置了“理论探讨”“史实研究”“兵家人物”“战例评析”“经营管理之道”“信息与动态”等多个栏目，是当时国内唯一以研究和弘扬兵家文化为旨趣的学术刊物，主要发表国内外研究《孙子兵法》及其他兵书的相关学术成果。其中,《孙子学刊》创刊号刊发了任继愈、王玉哲等多位学者的文章，在学界和社会上掀起一股“兵法热”，受到广大读者的青睐和喜爱。至1995年共出版17期，后因削减和整顿内部刊物而停刊。

二、《山东社会科学》杂志

《山东社会科学》是省社科联主办、《山东社会科学》杂志社编辑出版的综合性人文社会科学学术月刊。自1987年5月创刊以来，在省委宣传部、省社科联的正确指导下，在历届主编、编辑们的辛勤耕耘和社科界学者们的共同努力下，经过30多年的不断追求，逐渐探索出一条具有社科联特色的办刊道路，成长为成熟的学术刊物，并成功进军全国名刊之列，成为省社科联的特色“名片”，更是学术界了解山东社科事业的重要窗口。

《山东社会科学》创刊时，山东省社科界的重要刊物已不在少数，《文史哲》《山东大学学报（哲学社会科学版）》《齐鲁学刊》《东岳论丛》《理论学刊》

等刊物早已创刊，并且在全国学术界占有一定地位。要在名刊林立中脱颖而出，必定要下一番苦功夫去探索适合社科联特点的办刊思路。创刊伊始，在梁自洁主编的主持下制定了《山东社会科学杂志社章程》，设专栏、组稿件，其中文、史、哲三个学科开设的“当代文学的现状与未来趋势”“近代文学文体流变研究”“历史学反思”“甲午战争与中国近代史”“当代唯物史观的反思”“中国精神论”等“问题专栏”成功吸引了一大批学界名人、青年才俊积极投稿，呈现出一片欣欣向荣之景。到1993年，面对改革开放的大潮，省社科联从办刊人员、办刊经费等方面对《山东社会科学》杂志社进行了大的调整。对于成长中的《山东社会科学》来说，杂志社要承担起办好刊物和解决办刊经费问题的双重任务。“变则通，通则达”，在省社科联党组的推动下，杂志社解放思想，转换办刊思路，调整办刊定位，让杂志内容紧跟时代、贴近实际、服务改革，注重对现实重大问题的研究，增加经济、政治学科的论文刊发数量；同时，与企业一起组织学术研讨活动，组织编发实际工作部门的一些经验。这一时期的《山东社会科学》明显呈现出高强度的宣传理论性和实际应用性，体现出与大学办刊的不同思路。

进入新世纪，《山东社会科学》在总结多年办刊经验的基础上，积极探索，大胆创新，从内容到形式都发生了较大变化，逐步形成了鲜明的办刊风格。在形式上，设计特色封面，采用国际流行的开本，增加杂志容量，并在2004年改为月刊。在内容上，把经济、政治、法律等与现实相关的学科作为重点，突出对重大现实问题的学理性研究，同时加强文、史、哲学科的特色研究和“问题专栏”品牌建设，注重现当代的宏观研究；再辅之以学科带头人选题讨论制度，学术顾问、编委会、学术主持人制度，兼职编辑及专兼职编辑团结合作制度，逐步形成了“重大现实问题的学理性研究与基础理论的创新性研究

《山东社会科学》1999年第8期

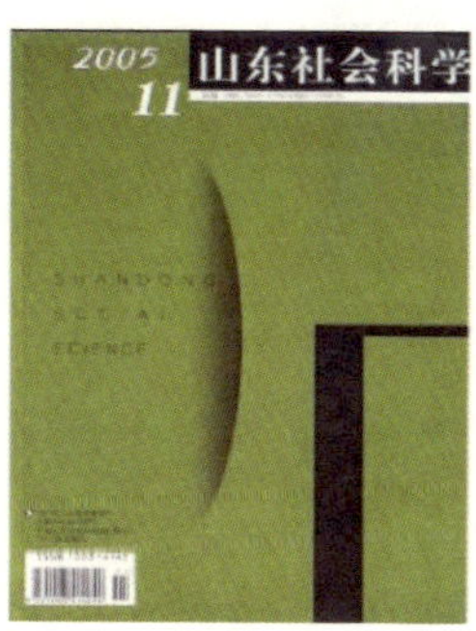

《山东社会科学》2005年第11期

《山东社会科学》2010年第12期

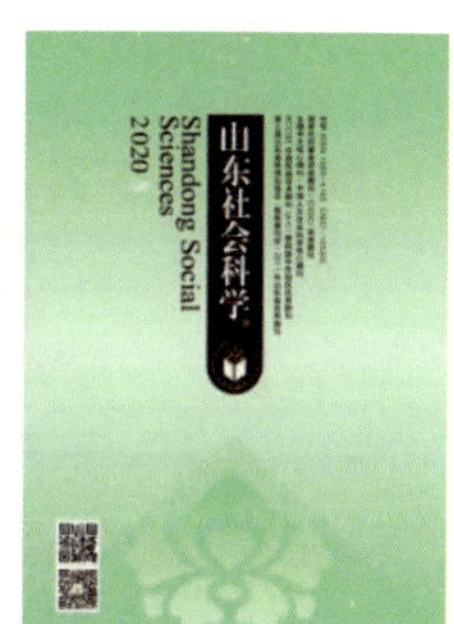

《山东社会科学》2020年第5期

并重，注重组织策划特色问题专栏”的办刊特色，办刊质量也逐年提升，在全国学术刊物中的影响力不断增强，获得学界的普遍认可。

党的十八大以来，《山东社会科学》杂志社进一步创新办刊举措：

第一，找准定位，着力凸显办刊特色。密切关注国家发展的战略方针、时政热点等大事件，形成了自身鲜明的办刊特色——重点关注学术研究、学科建设的前沿问题和我国经济社会发展的重大现实和理论问题，策划了大量具有重大性、当下性、前瞻性、开拓性的学术专题，刊发了众多与中央重大决策直接相关的论文，内容涉及十八大报告，中国梦重大战略思想，党的十八届三中、四中、五中、六中全会精神解读，以及中日甲午战争 120 周年、邓小平同志诞生 110 周年、马克思主义哲学中国化 100 周年等时政热点等。十九大以来，重点对“研究阐释党的十九大精神”“构建中国特色哲学社会科学”“新中国成立 70 周年回顾与展望”“中国优秀传统文化研究与阐释”和“纪念‘五四’新文化运动 100 周年”这五大专题策划组稿，刊发相关专栏 20 个、文章 53 篇。

第二，学者参与，策划高质量学术专栏。不断加大高质量学术专栏的比重，聘请一批国内和海外著名学者尤其各研究领域的学术带头人担任学术主持人，参与选题策划和组稿，使栏目设置更加专题化、深入化，平均每期都保证至少三四个有分量的学术专栏，为提升杂志学术质量、扩大影响发挥了重要作用；同时，也储备了一个学术名家领衔、名校中青年学术骨干为主力的梯队式高水平专家库，一定程度上避免了学术视野的地域局限和学术的近亲繁殖。

《山东社会科学》2016 ~ 2017 年度选题咨询座谈会召开。

第三，规范管理，严格用稿标准和流程。2012 年底，杂志社制定《关于支付稿费、匿名审稿费及学术主持费的规定》；2016 年 6 月，制定《关于选稿标准的若干规定》和《关于审稿、用稿制度的若干规定》，严格执行“八不发”选稿原则和“四审三校制度”；2019 年底重新修订《关于审稿、用稿制度的若干规定》，建立了“四审四校三存档”制度，整个审稿、用稿、编校流程更加科学规范。

1 编辑初审

各学科编辑对所有来稿（包括约稿、自然来稿和推荐稿）根据学术质量和杂志的栏目设置，进行初步筛选，确定拟用稿件；初选后的稿件必须通过中国知网“学术不端文献检测系统”检测，重复率 10% 以下的留用，10%—30% 之间的可退返作者修改，改后仍然超标的弃用。

2 全体编辑会复审

每月召开一次全体编辑会，集体讨论初选后重复率达标的稿件，确定其能否进入匿名外审环节。

3 匿名外审

① 外审范围：所有稿件一律匿名外审。

② 外审要求：外审要求双向匿名，编辑不得向外审专家提供作者的任何个人信息，也不得向作者提供审稿专家信息。

③ 外审流程：编辑推荐、主编确定外审专家名单，每篇文章首先推送给一位专家外审。分“可用”“不用”和“退改”三个等次。审稿结果如果是“可用”，则拟用；“退改”则退回修改，由主编根据修改情况决定是否采用；若为“不用”，由主编决定是否再推送其他匿名外审专家。外审专家打印匿名外审表并签字，以快递到付形式寄回，统一存档。

④ 审稿费用：每篇文章每人次 200 元。

4 主编终审

通过匿名外审的稿件，由主编终审，根据刊物栏目设置情况安排发表。

《山东社会科学》杂志发稿流程

第四，开门办刊，举办各类学术研讨会。秉承“专家办刊，开门办刊”传统，每年举办年度选题咨询座谈会，就下一步选题策划方向、学术发展新动向进行深入研讨。2015 年，与中国人学学会共同主办了“经济社会发展新常态与人的发展”学术研讨会；2016 ～ 2019 年，与中国人民大学马克思主义学院等联合主办了 4 届“国有企业改革与发展”论坛；2017 年 11 月，召开创刊 30 周年暨中国特色哲学社会科学构建中的学术期刊座谈会；2018 年，与中山大学、山东大学、山东师范大学、山东财经大学等分别联合主办“习近平总书记关于文化建设重要论述”研讨会、“乡村振兴战略与农村未来发展”高层论坛、“构建中国特色哲学社会科学学科体系、学术体系、话语体系”研讨会、“习近平新时代中国特色社会主义经济思想高层论坛暨第七届（2018）中国经济学创新与发展研讨会”等。

2015 年 8 月 22 ～ 23 日，由中国人学学会和《山东社会科学》杂志社共同主办的“经济社会发展新常态与人的发展”学术研讨会暨中国人学学会第十七届学术年会在烟台举行。

2016 年 12 月 17 日，《山东社会科学》杂志社和中国人民大学马克思主义学院等联合主办的“国有企业改革与发展”论坛·2016 在北京召开。

2017年11月24日，《山东社会科学》创刊30周年暨中国特色哲学社会科学构建中的学术期刊座谈会在济南召开，省社科联党组书记刘致福出席并代表主办方致辞，省社科联党组副书记、副主席周忠高主持纪念会议并作总结讲话。

2018年6月20日，《山东社会科学》杂志社和山东财经大学山东经济理论与政策研究中心联合举办“习近平新时代中国特色社会主义经济思想高层论坛暨第七届(2018)中国经济学创新与发展研讨会”。

2018年9月29日，《山东社会科学》杂志社与中山大学马克思主义学院共同主办“习近平总书记关于文化建设重要论述”研讨会。

第五，以人为本，加强编辑队伍建设。以培养政治素质过硬、学术视野开阔、具有良好学术鉴赏力和学术敏锐度的学者型编辑为目标，充分利用国家社科基金资助提供的有利条件，大力营造编辑人才成长的环境。开展多种形式的培训教育活动，支持编辑人员在职进修深造，鼓励参加各类学术交流和研讨活动、参与课题研究等，形成了良好的进取氛围。

第六，与时俱进，加快数字化转型步伐。优化完善门户网站，开设了微信公众号。读者可以方便、及时、准确地了解刊物最新动态，投稿咨询，免费阅读、下载本刊论文资源，并且进行编读互动，扩大了期刊的凝聚力和影响力。

“一分耕耘，一分收获。”通过持续努力，《山东社会科学》办刊质量连年提升，办刊成绩获得全国哲学社会科学工作办公室、省委宣传部等部门领导的认可。《光明日报》《中国社会科学报》、新华网、国家社科规划办网站等媒体也曾多次报道其办刊成绩。《山东社会科学》已成功跻身全国名刊行列，在学术界占据一席之地。

《山东社会科学》门户网站

第一，荣获国内社科界诸多重要荣誉称号。现已获得包括“国家社科基金资助期刊”“CSSCI 来源期刊”“全国中文核心期刊”“中国人文社会科学核心期刊”“第四届华东地区优秀期刊”“山东省优秀期刊”等国内社科期刊界的重要荣誉称号，是山东省所有社会科学学术期刊（包括综合类和专业类）中唯一两次蝉联“RCCSE 中国权威学术期刊（A+）”称号的期刊。

表 7-1 《山东社会科学》荣誉一览表

年份	荣誉称号	备注
1998 ~ 1999	中文社会科学引文索引（CSSCI）来源期刊	
1999	中国人文社会科学核心期刊	2013、2014、2018 年均获此称号
2004	全国中文核心期刊	2008、2011、2014、2017 年均获此称号
2008 ~ 2009	中文社会科学引文索引（CSSCI）来源期刊	此后每年均获此称号
2009	第四届华东地区优秀期刊	
2011	山东省优秀期刊	此后每年均获此称号
2012	国家社科基金资助期刊	
2015	RCCSE 中国权威学术期刊（A+）	2017 年再次获得此称号

山东省新闻出版奖报纸期刊奖

中国人文社会科学核心期刊

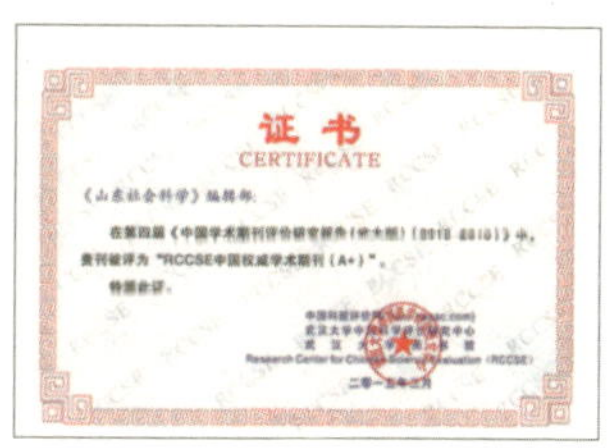

武大 RCCSE 权威（A+）证书（2015 ~ 2016 年）

第二，学术影响因子不断提升。在CSSCI来源期刊目录（2014～2015年）中，《山东社会科学》排名跃升10位，在全国综合类学术期刊中居第28位；在CSSCI来源期刊目录（2017～2018年）中，排名又前进7位，在全国综合类学术期刊中居第21名；2019年，又一次入选CSSCI来源期刊目录（2019～2020年），影响因子继续上升。

第三，转载复印量稳中有升。近年《山东社会科学》被权威文摘报刊转载复印量稳中有升，一直位居全国前列：2012年比2011年提升33%；2013年比2012年提升了12%；2014年比2013年又提升6%；2015年度仅《人大复印报刊资料》就全文复印50篇，全文转载量山东第一、全国第八；2016年度共被《新华文摘》《中国社会科学文摘》《高等学校文科学术文摘》《红旗文摘》和《人大复印报刊资料》等权威检索途径转载复印文章84篇；2017年度又提升到94篇，在全国综合性社科类期刊中居第8位，创历史新高；2018、2019年度转载复印总量也保持八九十篇，呈现高位运行态势。

表7-2 关于《山东社会科学》的《人大复印报刊资料》转载量及同类期刊位次（2013～2019年）

年份	转载数量（篇）	同类期刊位次
2013	26	35
2014	34	21
2015	50	8
2016	34	24
2017	45	8
2018	39	13
2019	43	9

第四，入选“世界学术影响力Q2期刊”。2018年12月，《中国学术期刊（光盘版）》电子杂志社有限公司、清华大学图书馆、中国科学文献计量评价研究中心正式公布《世界学术期刊学术影响力指数（WAJCI）年报》，发布了世界范围内传播较广、影响面较大、学术影响力较强的13063种学术期刊的学术影响力指数（WAJCI）。《山东社会科学》入选“世界学术影响力Q2期刊”，排在第28位，居山东第一。

三、《领导科学报》

20 世纪 80 年代中期，我国改革开放和社会主义现代化建设事业一路高歌猛进，为顺应时代的创新性变革，“领导科学”这一新兴学科破土而出，展现出强大的生命力。为了促进山东“领导科学”事业的蓬勃发展，1986 年 12 月，山东省青年领导科学研究会成立。经过一年多的积极策划、精心准备，在 1988 年 5 月，创办了我国第一份关于领导科学的专业报纸。至此，《领导科学报》正式创刊问世。1991 年移交山东省社科联主管主办，成立《领导科学报》编辑部。2007 年，与《山东社会科学》杂志社合并，对外统称“《山东社会科学》杂志社”。《领导科学报》创办 30 多年来，从政治立场、学术研究、研究重点等方面不断适应新变革、探索新理念、实现新发展，在实践中形成自己的特点和风格，融政治性、新闻性、学术性、知识性于一体。

领导科学报

山西省领导科学研究会筹委会成立

全国第四次领导科学学术讨论会代表高度评价《领导科学报》

明镜　归来兮

青年干部“三忌”

《领导科学报》1990 年第 119 期

党的十八大以来，《领导科学报》秉持“为党建组工服务，为领导科学服务”的办报初心，一以贯之地坚持正确的政治方向和办刊宗旨，积极宣传党的创新理论成果和路线、方针、政策，牢牢把握“全面从严治党”这一主题，紧紧围绕“传递党建组工强音，讲好领导科学故事”这一主业，与时代发展同步伐、与改革开放共奋进，着力研究和回答改革发展中领导干部遇到的新情况、新问题，在宣传领导科学、倡导科学领导、服务领导实践、推动领导工作等方面发挥积极作用。

《领导科学报》1990 ~ 2001 年合订本

第一，融入新时代，唱响主旋律。立足新时代，发挥自身优势，突出专业特色，着力加强对习近平新时代中国特色社会主义思想的研究、宣传、阐释，着力做好让习近平新时代中国特色社会主义思想融入领导干部血脉和领导工作实践这篇大文章。一是推出“习近平新时代中国特色社会主义思想研究”

专栏，策划组织刊发相关文章，全方位、多角度地深度解读习近平总书记的执政理念、治国方略和领导艺术，所刊文章着眼领导科学视角，立足基层党建实际，贴近组织工作需要，加入报纸的领悟，彰显报纸的创意，用“大白话”讲好“大道理”，为基层党员干部全面认识、充分理解、深刻领会、准确把握习近平治国理政的领导智慧、领导方法、领导艺术、领导魅力等提供了“学习读本”，引发关注与反响。二是坚持“中央有部署，报纸有行动”，始终将宣传落实党中央重大决策部署和省委工作要求，作为开展报道的“重头戏”，努力为基层提供中央精神的“解读版本”和“落实参考”。如围绕中央关于协调推进“四个全面”战略布局的新部署、新要求，围绕重要时间节点的重大历史事件、重大决策部署，围绕党的十八大以来开展的系列党内教育活动，围绕学习贯彻习近平总书记对山东工作的重要指示批示要求等开设专栏、组织专题、刊发专版，唱响主旋律、传递正能量。

《领导科学报》创刊20周年庆典

《领导科学报》创刊30周年理论研讨会

领導科學報
LINGDAOKEXUE BAO
十九大报告的政治特色、思想特色和语言特色

开设“十九大”专栏

2018年12月18日，时任省委常委、宣传部部长王清宪到杂志社调研，对办刊办报提出明确要求。

第二，适应新变革，服务新实践。《领导科学报》始终与新时代改革发展同频共振，注重通过主办或承办学术活动，开设专栏专题回应、回答新时代领导干部需要面对、亟须破解的新课题，注重对领导科学、领导战略、执政能力、领导理论、领导知识、领导经验、领导实践、领导方法、领导艺术、

《领导力之道》书影

领导魅力等与领导工作密切相关的问题的最新理论成果和实践经验的宣传推介。一是举办或参加全国理论研讨会，为各级干部走好新时代赶考路加油助力。如：2015 年 9 月，《领导科学报》承办了“学习习近平总书记系列重要讲话，促进青年领导人才成长”理论研讨会，专题研讨青年领导人才的成长问题，推出了一批有影响的理论文章；每年坚持参加中国领导科学研究会、中国领导人才专委会组织的理论研讨活动。二是设计推出富有时代特点的新专栏，聚焦党中央的重大决策部署、改革开放中的热点问题、领导干部关注的实际问题。如 2013 年起在该报 1 版显著位置推出“实现中国梦，基层在行动”栏目，重点围绕党建引领基层治理、助力脱贫攻坚等主题刊发文章。三是适应新时代对领导干部提出的新要求，汇集优秀理论成果结集出书。2015 年 3 月，报纸策划编辑出版《领导力之道》一书，紧紧围绕“提升领导力”这一主题谋篇布局，推介领导科学的研究成果，传递科学领导的方法艺术，研究领导工作的文韬武略，探讨领导行为的成败得失，尽收领导智慧、谋略、方法、艺术、技巧，对各级领导干部提升领导力、成为好干部具有思想启迪、精神激励和经验借鉴意义。

第三，探索新理念，实现新发展。始终坚持与时俱进，不断创新办报理念和版面栏目设置，通过观念变革、栏目创新和组织征文活动来引导领导干部创新领导方法、掌握领导艺术、提高领导素质、增强领导能力。一是树立并践行报纸“大家看，大家办”理念。2014 年，着眼于进一步促进编读互动、提升办报质量，出台加强通联队伍建设的意见，组建通讯员“正规军”，引导其发挥“联络员”“情报员”“宣传员”“监督员”的作用，使办报工作想大家所想、解大家所需。二是打造高素质、专业化编辑团队。把增强脚力、眼力、脑力、笔力作为主攻方向，完善编校工作流程，探索实施值班编辑制度，着力培养编辑队伍的大

《领导科学报》抗疫专题组报

局意识、读者意识、服务意识，着力弘扬创新精神、实干精神、敬业精神。三是大事面前有担当、有作为。如面对突如其来的新冠肺炎疫情，《领导科学报》打破常规，在 2020 年春节假期休刊过后，自 2 月 10 日复刊起至 3 月 23 日，连续 7 期报纸，期期聚焦疫情防控工作，其间共推出 53 个版面、165 篇文章，内容涉及中央决策部署、省委工作要求、基层落实行动、党员抗疫风采、干部战疫担当、专家解读观察、各方声援助威等，传播好声音、汇聚正能量，全力为打赢疫情防控的人民战争、总体战、阻击战摇旗呐喊、贡献力量。

据不完全统计，党的十八大以来，《领导科学报》在山东新闻奖、山东省专业报刊新闻奖、山东政协新闻奖评选中，有 30 余件作品获奖，其中一等奖 6 件。总结近年来《领导科学报》取得的发展成就，其经验是：一是坚持政治家办报原则，坚持正确的政治方面，宣传报道好党的理论和路线、方针、政策，围绕中心、服务大局，积极为改革开放的伟大成绩“歌与呼”。二是紧紧围绕领导干部和领导工作这个重点，注重专业性定位，开设有针对性的专栏和栏目，以务实管用的宣传报道传播领导科学理论、方法和艺术方面的知识，着力提高领导干部素质和能力，以推动领导工作创新发展来推动社会发展进步。三是始终坚持集体办报、团结一致的办报原则，努力争取各级领导干

领导科学报

“你们是光明的使者，希望的使者，是最美的天使，是真正的英雄”

《领导科学报》刊发长篇报告文学

《“疫”线家书》：致敬新时代最可爱的人

《领导科学报》刊发长篇抗疫文章。

《领导科学报》设立抗疫专栏——“疫”线家书。

部的支持及加强人才队伍、通讯员队伍建设，为报纸发展集聚方方面面的力量。四是要保持办报理念的继承与创新。只有进行理念、栏目、专题的创新，才能增强报纸的时代感、吸引力和影响力，才能提高办报质量。

四、《山东社会科学年鉴》

《山东社会科学年鉴（2013 ~ 2017）》

《山东社会科学年鉴》（以下简称《年鉴》）是由山东省社科联编辑出版的记载山东社科事业发展历史轨迹的资料性工具书，是全省社科界的“记事本”。自2013年开始编纂以来，至今共出版7部，全面反映了山东省哲学社会科学事业的发展状况和学术动态，记录了社科领域的学术研究成果，具有文字风格简洁明快、收录内容全面准确、栏目设置科学合理、编纂质量整体较高的特色和优点。《年鉴》以丰富翔实的内容、可靠的数据成为广大社科工作者可查、可读、可信、可用的“活字典”。

《山东社会科学年鉴2014》编纂工作会议现场

《年鉴》编纂工作坚持“重形式更重内容，重出版更重使用”的原则，召开编纂工作会议，商定议题，逐年进行取材、编写，具有很高的史料价值、实用价值和资政价值，为学界了解、研究山东社会科学事业发展提供了全面翔实的基本资料，为社科工作者从事教学、科研等工作提供了具有价值的重要参考，为党委、政府有效决策提供社会科学方面的“锦囊妙计”。

《年鉴》每册180万～200万字，采用分类编辑法，包括文章体和条目体。主要体现出以下几个特点：一是坚持正确的政治方向。以邓小平理论、“三个代表”重要思想、科学发展观、习近平新时代中国特色社会主义思想为指导，坚持“二为”方向和“双百”方针，严格把好记述内容的政治方向、学术导向、价值取向关，力求学术性、前沿性、客观性和实用性。二是收录内容全面、准确。《年鉴》共收录6家省级科研管理部门、74余所高校（党校、社科院）、62家省级社科类社会组织、16个市社科联、60余家学术期刊有关材料，全面、系统、准确地记叙山东

《山东社会科学年鉴 2015》编纂工作会议现场

省社科研究、学术交流、社科普及、阵地建设、人才队伍等方面的综合情况，收录年度山东社科界的大事要闻，反映各地、各部门、各单位在社会科学领域取得的重要成绩和新举措、新动态、新进展，为广大读者了解和研究山东社会科学提供了基本资料。三是栏目设置科学合理。《年鉴》在保持连续性资料栏目的同时，立足山东社会科学发展实际，设置特载、学科综述、学术活动、获奖名录、科研课题、社科普及、社科类社会组织、社科联建设、机构、学术报刊、人才队伍、大事记 12 个栏目。《年鉴》内容翔实，资料完整，条理清晰，具有较强的学习参考价值。四是编纂质量整体较高。《年鉴》集中全省社科界一大批高水平的专家教授，以强烈的责任心和使命感，坚持严谨细致的态度和精益求精的精神，严格谨慎，注重细节，实事求是，精心做好年鉴材料的收集、整理、撰写和上报工作。例如，在《山东社会科学年鉴 2015》中共收集 49 所高校（党校、社科院）、62 个省级社科类社会组织、17 个地市社科联、11 个科研部门、61 个学科、48 个学术期刊、省社科联 9 个部室的共 289 万字的基础材料，经过反复修改编辑，历经十多稿，最后精简到 183 万字。

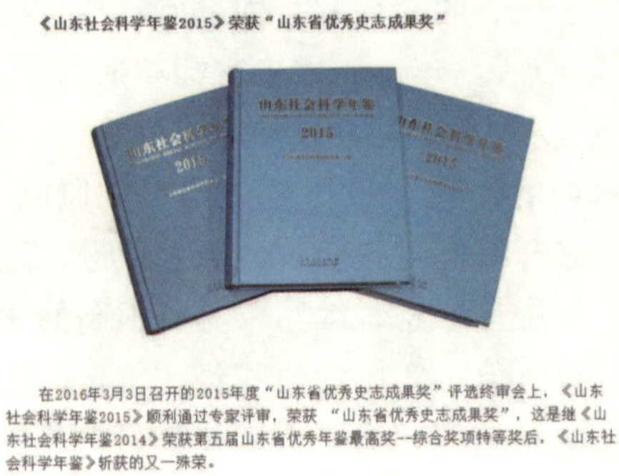

山东省优秀史志成果奖

《年鉴》以突出的权威性、全面性、精准性、特色性、实用性特征，得到社会各界欢迎与好评。其中，《山东社会科学年鉴 2014》荣获第五届山东省优秀年鉴最高奖——综合奖项特等奖，《山东社会科学年鉴 2015》荣获“山东省优秀史志成果奖”。

五、《山东社科界》

1996 年，省社科联正式创办《山东社科界》，以服务于山东省社科事业的发展。《山东社科界》属于内部资料出版物，后停办。2009 年 5 月，为了

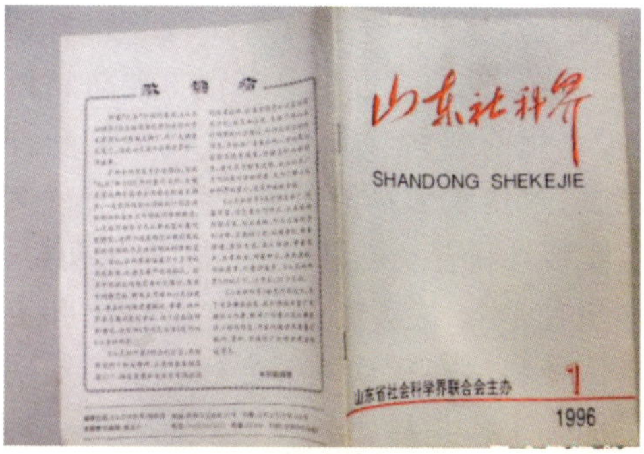

《山东社科界》创刊号

山东省优秀连续性内部资料出版物

进一步构建好“大社科”的工作格局、创新社科阵地建设，省社科联发布了《关于〈山东社科界〉编辑出版工作的通知》，并于2010年正式恢复出版，定为双月刊。10余年来，《山东社科界》共出版70余期，全面反映了山东社科事业及省外社会科学研究动态，成为各级领导和社会各界了解社科界工作动态的重要窗口、促进社科界各部门交流工作和互相借鉴的重要平台，并在提供服务中得到社科工作者的认可，曾被山东省新闻出版局评为“山东省优秀连续性内部资料出版物”。

《山东社科界》2020年第2期封面

第一，坚持正确的目标定位。《山东社科界》力求立足山东，面向全国，在实践中开拓创新，牢牢把握正确的办刊方向，认真贯彻落实《内部资料性出版物管理办法》要求，及时传达中央和省委关于加强社会科学工作的会议、文献及重要讲话精神，反映社科界的理论动态、学术动态、工作动态等，将自身打造成推介前沿理论和学术成果的重要平台和服务于我省经济文化强省建设事业的重要载体。

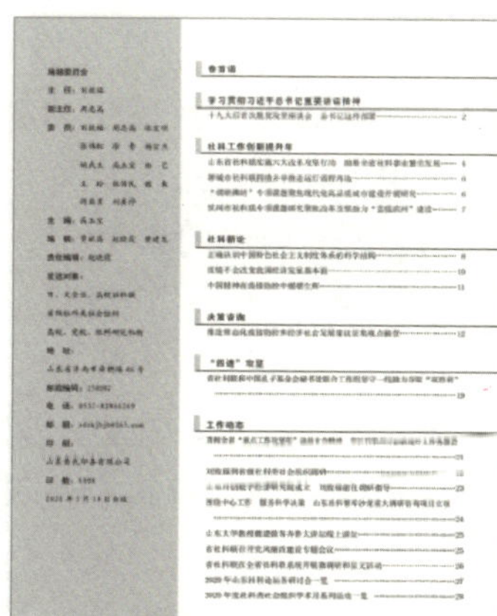

《山东社科界》2020年第2期目录

第二，坚持创新的办刊思路。《山东社科界》的常设栏目主要有“山东社科论坛”“齐鲁大讲坛”“社团之声”“基层社科联建设”。在办好常规栏目的同时，因势利导、顺势而为，根据时政热点改革创新栏目的相关设置。例如，

《山东社科界》多期封面

党的十八大以来，《山东社科界》设置了“学习贯彻习近平总书记重要讲话精神”“优秀传统文化创造性转化创新性发展”“传承弘扬沂蒙精神”“新时代文明实践社科普及志愿服务”“‘不忘初心、牢记使命’主题教育”“抗击新冠肺炎疫情社科联在行动”等专题栏目，实现了加强工作指导、体现学术特色的有机结合。

第三，突出学术性、群众性特色。秉持服务全省社科工作者、服务社科强省建设的宗旨，及时关注山东省社会科学事业发展的重大实践和相关活动，关注我省社科工作者的最新研究进展和理论成果，关注各市、高校、企业社科联，社科类社会组织，县（市、区）社科联建设和工作开展情况，关注兄弟省、自治区、直辖市的先进做法和探索，努力将全省社科事业发展的动态、成就和经验展示给全省社科工作者。

六、《山东社科成果专报》

《山东社科成果专报》（以下简称《专报》）创办于2010年，是由省社科联主办，经省委办公厅批准备案的简报，是省社科联着力打造的助推社科成果转化、服务科学决策的重要平台。《专报》引导社科研究者关注现实问题，关注经济社会发展中的战略问题和关系国计民生的重大问题，同时也为社科研究者提供了新的研究视角和研究前沿的参考。

《山东社科成果专报》

《专报》着力搭建社科研究成果与省委、省政府决策的转化桥梁，选编内容聚焦中央、省委的重大决策部署和省委、省政府中心工作，反映社科研究者对重大经济、社会、文化、生态问题的研究和对策建议，一批优秀研究成果进入省委、省政府决策。例如，《关于构建我省新旧动能转换绩效监测指标体系（库）的建议》《黄河流域生态保护与高质量发展国家战略背景下山东的战略定位与实施路径》《关于构建齐长城遗产廊道的建议》等，围绕新旧动能转换重大工程、黄河流域高质量发展和齐文化保护开发提出了富有前瞻性、针对性的建议，获得省委、省政府领导批示并进入实际应用，其中《关于构建齐长城遗产廊道的建议》进入省政府工作报告。《专报》自创办以来，已编发 96 期，获得省领导批阅 145 次，在服务经济社会发展方面较好地发挥了“思想库”“智囊团”的作用。

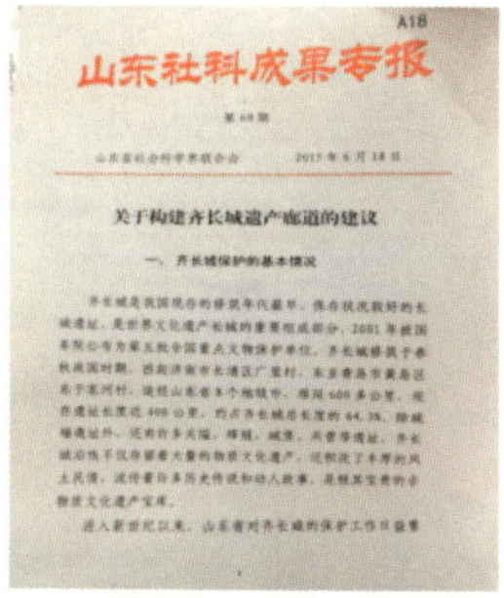
A18
山东社科成果专报
关于构建齐长城遗产廊道的建议

《关于构建齐长城遗产廊道的建议》

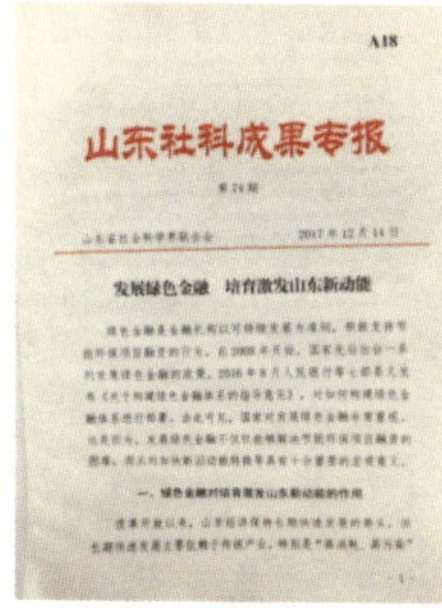
A18
山东社科成果专报
发展绿色金融　培育激发山东新动能

《发展绿色金融培育激发山东新动能》

A18
山东社科成果专报
承接服务业国际转移促进我省新旧动能转换

《承接服务业国际转移促进我省新旧动能转换》

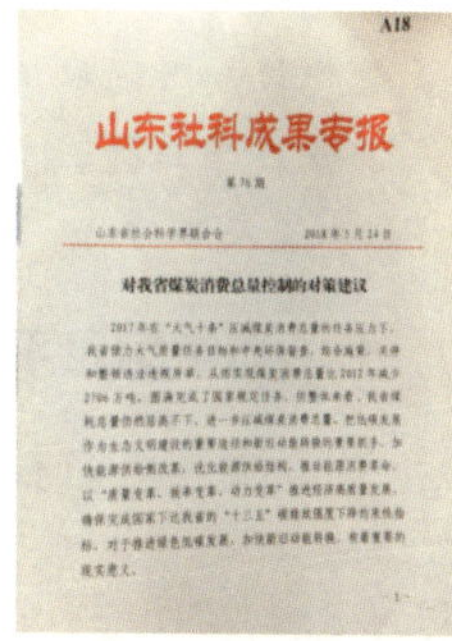
A18
山东社科成果专报
对我省煤炭消费总量控制的对策建议

《对我省煤炭消费总量控制的对策建议》

2020 年 3 月，省社科联面向全省发动应对新冠肺炎疫情对策建议的征集活动，采取省社科联“点题”、专家学者“揭榜”的模式，引导支持广大社科工作者关注疫情防控问题。全省社科界积极响应，形成了《加快山东重大公共安全物资保障和应急物流体系建设的建议对策》《建立以小微金融为主的普惠金融体系解决中小企业融资难问题的建议》等建议稿 5 篇，获省领导批示 3 次。此外，《农村公共政策执行中的农民参与问题》《山东省大学生农村创业现状及对策》等建议，也得到省委、省政府主要领导批示。

经过 10 年的快速发展，《山东社科成果专报》取得显著成效。近年来，半数以上的建议获得省级领导签批，仅 2015 年被省级领导签批的就有 22 次。8 期《专报》曾得到省委书记的重要批示，6 次获得省长批示，成为社科界建言献策、服务社会的重要平台。

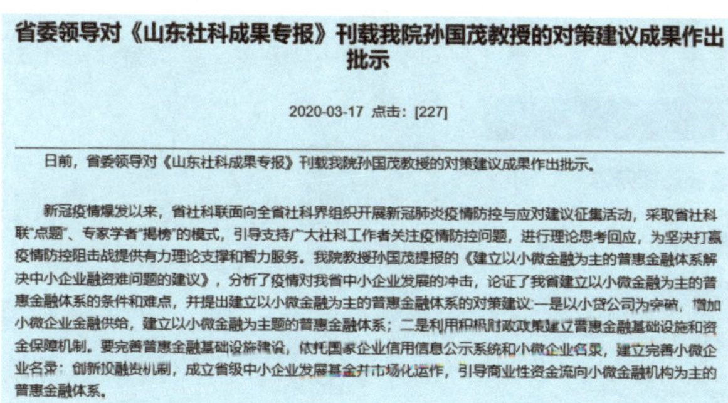
省委领导对《山东社科成果专报》刊载我院孙国茂教授的对策建议成果作出批示

2020-03-17 点击：[227]

日前，省委领导对《山东社科成果专报》刊载我院孙国茂教授的对策建议成果作出批示。

新冠疫情爆发以来，省社科联面向全省社科界组织开展新冠肺炎疫情防控与应对建议征集活动，采取省社科联“点题”、专家学者“揭榜”的模式，引导支持广大社科工作者关注疫情防控问题，进行理论思考回应，为坚决打赢疫情防控阻击战提供有力理论支撑和智力服务。我院教授孙国茂提报的《建立以小微金融为主的普惠金融体系解决中小企业融资难问题的建议》，分析了疫情对我省中小企业发展的冲击，论证了我省建立以小微金融为主的普惠金融体系的条件和难点，并提出建立以小微金融为主的普惠金融体系的对策建议：一是以小贷公司为突破，增加小微企业金融供给，建立以小微金融为主题的普惠金融体系；二是利用积极财政政策建立普惠金融基础设施和资金保障机制。要完善普惠金融基础设施建设，依托国家企业信用信息公示系统和小微企业名录，建立完善小微企业名录；创新投融资机制，成立省级中小企业发展基金并市场化运作，引导商业性资金流向小微金融机构为主的普惠金融体系。

省委领导对《专报》刊载文章作出批示。

2006 年 12 月，省社科联为推动社会科学应用性研究、加大社会科学普及力度和构建“大社科”格局，创办了《社科应用与普及》。以“构建转化应用平台，服务又好又快发展”为宗旨，设置了“决策参考”“热点聚焦”“省外链接”“名家视角”“学界之声”“调查研究”“工作动态”等多个栏目，围绕应用性成果，服务科学决策，交流全省社科普及工作。

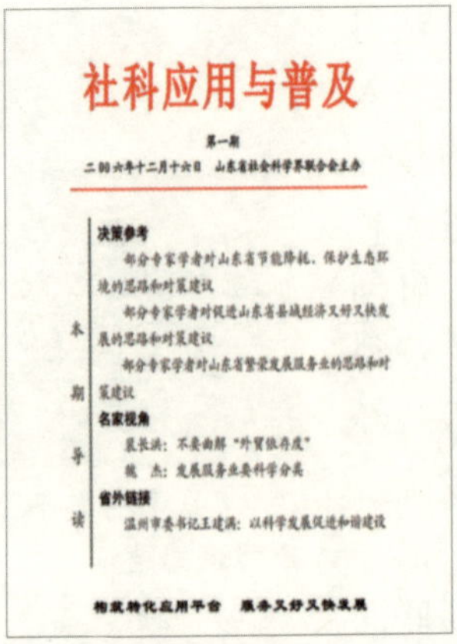

社科应用与普及

第一期

二○○六年十二月十六日　山东省社会科学界联合会主办

本期导读

决策参考

部分专家学者对山东省节能降耗、保护生态环境的思路和对策建议

部分专家学者对促进山东省县域经济又好又快发展的思路和对策建议

部分专家学者对山东省繁荣发展服务业的思路和对策建议

名家视角

裴长洪：不要曲解“外贸依存度”

魏　杰：发展服务业要科学分类

省外链接

温州市委书记王建满：以科学发展促进和谐建设

构筑转化应用平台　服务又好又快发展

《社科应用与普及》2006 第 1 期

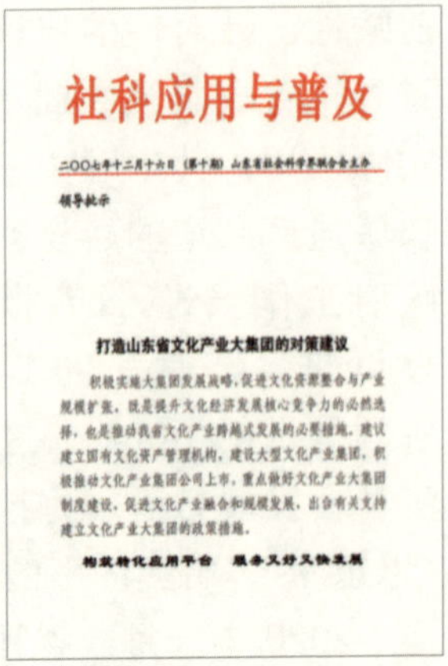

社科应用与普及

二○○七年十二月十六日（第十期）山东省社会科学界联合会主办

领导批示

打造山东省文化产业大集团的对策建议

积极实施大集团发展战略，促进文化资源整合与产业规模扩张，既是提升文化经济发展核心竞争力的必然选择，也是推动我省文化产业跨越式发展的必要措施。建议建立国有文化资产管理机构，建设大型文化产业集团，积极推动文化产业集团公司上市，重点做好文化产业大集团制度建设，促进文化产业融合和规模发展，出台有关支持建立文化产业大集团的政策措施。

构筑转化应用平台　服务又好又快发展

《社科应用与普及》2007 第 10 期

七、网络信息平台

为持续推进省社科联各项事业的发展，充分利用网络提速、移动终端和互联网络普及带来的巨大“红利”，山东省社科联搭建起各类网络信息化平台，注重利用现代信息技术等先进手段提高为科研科普服务的能力，包括全面更新省社科联官网、创建省社科联微信公众号、建成山东省社会科学数据中心等，搭建起资源共享、互动交流、宣传推介的重要平台。

省社科联网络安全与内网应用培训会现场

山东社科网官网

2003 年 9 月，省社科联创建了官方网站。2009 年，省社科联进一步加强了网络信息化建设，成立了网络中心，负责社科联网络信息化、办公自动化工作，建成和开通山东省社科联门户网站、省社会科学成果网上申报展示监督系统、专家管理系统以及齐

鲁大讲坛网、山东社会科学网、领导科学网、部分市社科联网站等 20 多个子网站的网络平台和办公自动化平台，基本完成电子政务 1.0 向电子政务 2.0 的过渡和升级。2010 年，省社科联的“山东省社会科学信息综合服务平台”项目得到“山东省信息化专项资金”的支持，从软件和硬件两部分进行平台的建设工作，并在 2012 年 11 月顺利通过省经信委的验收。同时，省社科联开展网络安全专项检查、网络安全与内网应用培训活动，进一步提高了工作人员的网络安全意识和网络安全防护能力。

2017 年 2 月，省社科联的移动办公系统手机客户端正式上线。2020 年，省社科联对山东社会科学界联合会网等网站进行了整合统一，并命名为“山东社科网”，集中力量做大做强网站阵地，努力打造习近平新时代中国特色社会主义思想学习宣传平台、社会主义核心价值观和社科研究与普及平台、推动社会科学繁荣发展工作平台。

山东省社科联微信

2018 年，山东省社科联紧跟“微时代”潮流又开通了官方“微信公众号”，利用微载体传播社科信息，实现“微”传播。

早在 2015 年 9 月，省委办公厅印发《关于实施山东省理论建设工程推进“四大平台”建设的意见》，明确提出要加强山东省社会科学数据中心建设。2015 年 11 月获得省经信委的批复。从 2016 年 2 月开始，省社科联先后举办了 9 场“大数据与社会科学发展”专家茶座，邀请中国工程院院士邬贺铨等大数据领域专家和有关学者，对数据中心项目进行研讨论证。在此基础上进一步完善项目方案，规划设计了 148 个子项目。

山东省经济和信息化委员会文件

鲁经信政〔2015〕520 号

关于 2016 年基于省级政务云平台新建、迁移和已部署电子政务项目的审核意见

各有关单位：

根据《关于做好 2016 年省级电子政务新建设项目实施方案专家评审工作的通知》（鲁经信政〔2015〕465 号）文件精神，我委组织省电子政务专家咨询委员会专家对通过初审的 2016 年省级电子政务建设项目进行了评审。依据专家评审意见，经研究，形成审核意见如下：

一、我委原则同意 16 家单位所申报的 18 个新建项目作为 2016 年省级电子政务建设项目、8 家单位所申请的 26 个业务系统为 2016 年计划向省级电子政务云平台迁移的项目。对 18 家单位提交的已部署在省级电子政务云平台的 21 个系统的云资源配置方案予以认可。

省经信委（鲁经信政〔2015〕520 号）批复数据中心立项

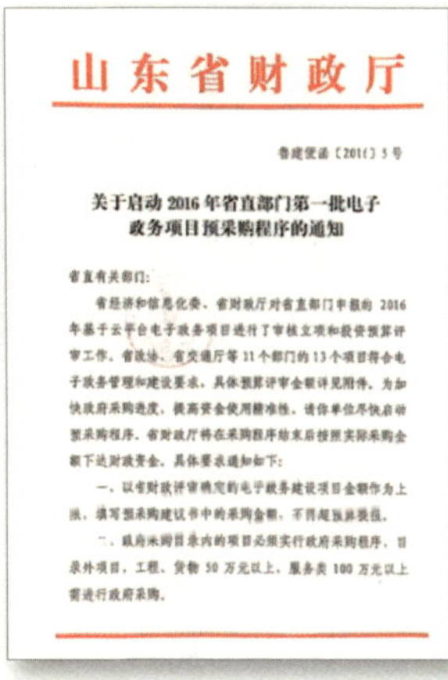

山东省财政厅

关于启动 2016 年省直部门第一批电子政务项目预采购程序的通知

省直有关部门：

省经济和信息化委、省财政厅对省直部门申报的 2016 年基于云平台电子政务项目进行了审核立项和投资预算评审工作。省政法、省交通厅等 11 个部门的 13 个项目符合电子政务管理和建设要求，具体预算评审金额详见附件。为加快政府采购进度，提高资金使用精准性，请你单位尽快启动预采购程序。省财政厅将在采购程序结束后按照实际采购金额下达财政资金。具体要求通知如下：

一、以省财政评审确定的电子政务建设项目金额作为上限，填写预采购建议书中的采购金额，不得超预算报价。

二、政府采购目录内的项目必须实行政府采购程序，目录外项目，工程、货物 50 万元以上，服务类 100 万元以上需进行政府采购。

省财政厅设立数据中心项目专项资金予以支持

2016 年 8 月 30 日，数据中心平台开

2016年2月15日，时任省委常委、宣传部部长、省社科联主席孙守刚会见前来作专题报告的邬贺铨院士。

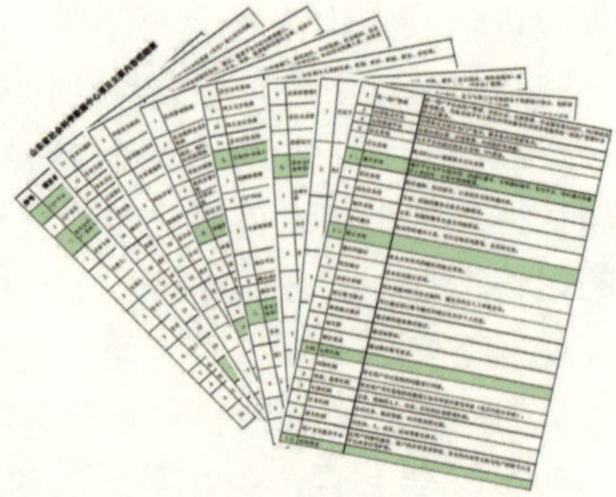

山东省社会科学数据中心项目主要内容明细表

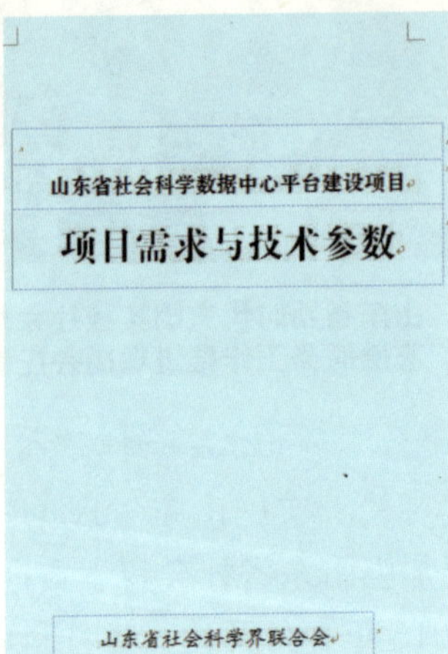

山东省社会科学数据中心平台建设项目

项目需求与技术参数

山东省社会科学界联合会

《山东省社会科学数据中心平台建设项目需求与技术参数》文本

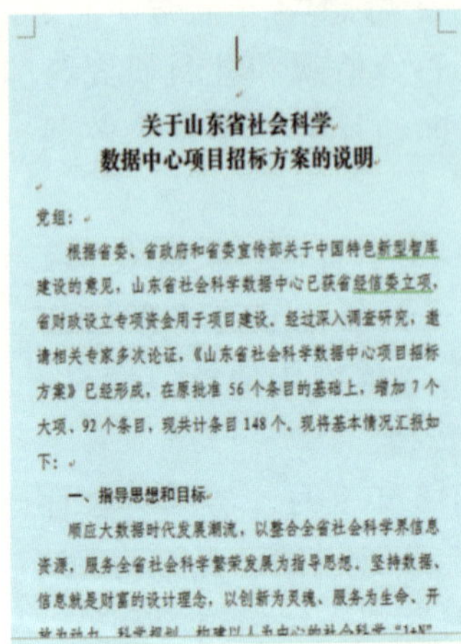

关于山东省社会科学
数据中心项目招标方案的说明

党组：

根据省委、省政府和省委宣传部关于中国特色新型智库建设的意见，山东省社会科学数据中心已获省经信委立项，省财政设立专项资金用于项目建设。经过深入调查研究，邀请相关专家多次论证，《山东省社会科学数据中心项目招标方案》已经形成，在原批准56个条目的基础上，增加7个大项、92个条目，现共计条目148个。现将基本情况汇报如下：

一、指导思想和目标

顺应大数据时代发展潮流，以整合全省社会科学界信息资源，服务全省社会科学繁荣发展为指导思想，坚持数据、信息就是财富的设计理念，以创新为灵魂、服务为生命、开

《关于山东省社会科学数据中心项目招标方案的说明》

发项目经省政府采购招标成功，同年12月正式开始建设。2017年7月9日，山东省社会科学数据中心正式上线使用，并通过省财政厅和省经信委联合组织的省级电子政务信息化项目绩效评价，获得优秀等级。省委常委、宣传部部长、省社科联主席孙守刚等出席启用仪式，同时，邀请了中国工程院院士、国家信息化专家咨询委员会委员沈昌祥作专题报告。

山东省社会科学数据中心力求打破各部门单位之间的数据壁垒，以数据中心为枢纽，通过“大数据”和“互联网+”实现包括高校、党校、社科院所、党政机关研究部门、社科类社会组织中的智库资源为单元的联动，构建“1+N”

山东省社会科学数据中心官网

2017 年 7 月 9 日，时任省委常委、宣传部部长、省社科联主席孙守刚等领导出席数据中心启动仪式并视察数据中心。

国家信息化专家咨询委员会委员沈昌祥作专题报告。

山东省社会科学数据中心智慧展示厅

智库体系。数据中心设置了智库平台、知识交换平台、交流互动平台、普及应用平台和管理平台五大平台，具有社科数据统计、展示宣传推介、数据资源共享、在线互动交流、图文视频直播、社科管理服务和大数据挖掘分析七大功能，拥有容纳 3000 万用户注册、支撑 10 万用户同时在线使用的承载能力。

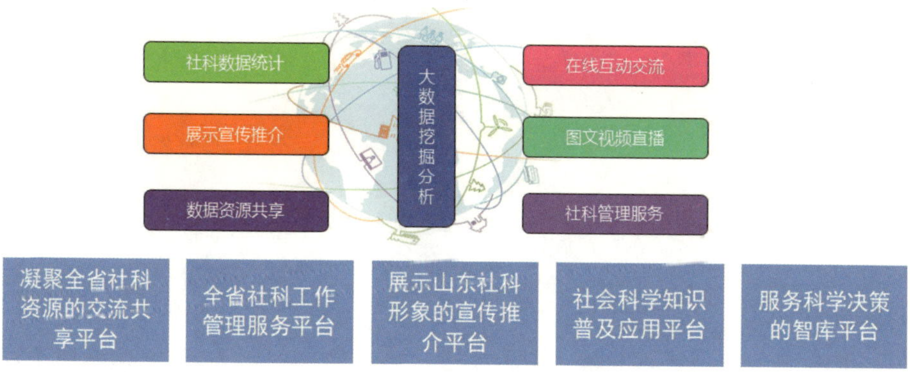

山东省社会科学数据中心组成及功能

八、山东省社会科学发展交流中心

20 世纪 90 年代中期，为改善社会科学发展环境，在省委、省政府关心支持下，省社科联党组积极争取经费建设齐鲁文化会馆。1995 年，省社科联党组发出《关于兴建“齐鲁文化会馆”的请示函》。1996 年 10 月，省社科联向省编办提交《关于申请建立山东省齐鲁文化会馆机构及人员编制的报告》。

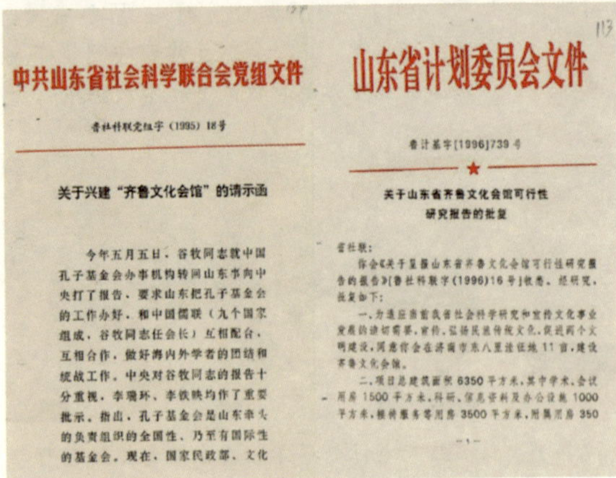

中共山东省社会科学联合会党组文件

鲁社科联党组字（1995）18号

关于兴建“齐鲁文化会馆”的请示函

今年五月五日，谷牧同志就中国孔子基金会办事机构转回山东事向中央打了报告，要求山东把孔子基金会的工作办好，和中国儒联（九个国家组成，谷牧同志任会长）互相配合，互相合作，做好海内外学者的团结和统战工作。中央对谷牧同志的报告十分重视，李瑞环、李铁映均作了重要批示，指出，孔子基金会是山东牵头的负责组织的全国性、乃至有国际性的基金会。现在，国家民政部、文化

山东省计划委员会文件

鲁计基字[1996]739号

关于山东省齐鲁文化会馆可行性研究报告的批复

省社联：

你会《关于呈报山东省齐鲁文化会馆可行性研究报告的报告》[鲁社科联字（1996）16号]收悉。经研究，批复如下：

一、为适应我省社会科学研究和宣传文化事业发展的迫切需要，宣传、弘扬民族传统文化，促进两个文明建设，同意你会在济南市东八里洼征地11亩，建设齐鲁文化会馆。

二、项目总建筑面积6350平方米，其中学术、会议用房1500平方米，科研、信息资料及办公设施1000平方米，后勤服务等用房3500平方米，附属用房350

—1—

《关于兴建“齐鲁文化会馆”的请示函》和《关于山东省齐鲁文化会馆可行性研究报告的批复》

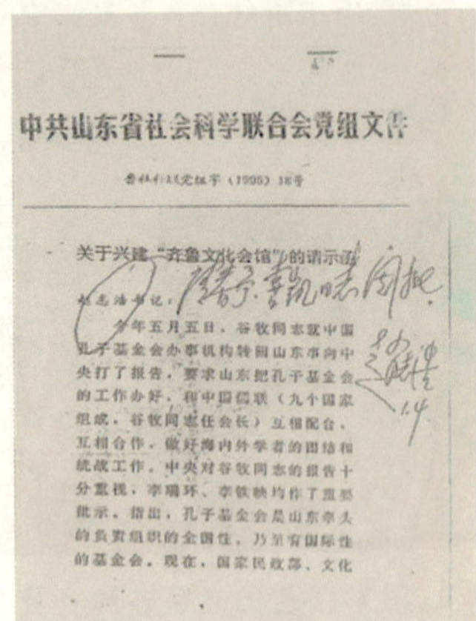

中共山东省社会科学联合会党组文件

鲁社科联党组字（1995）18号

关于兴建“齐鲁文化会馆”的请示函

《关于兴建“齐鲁文化会馆”的请示函》的批示

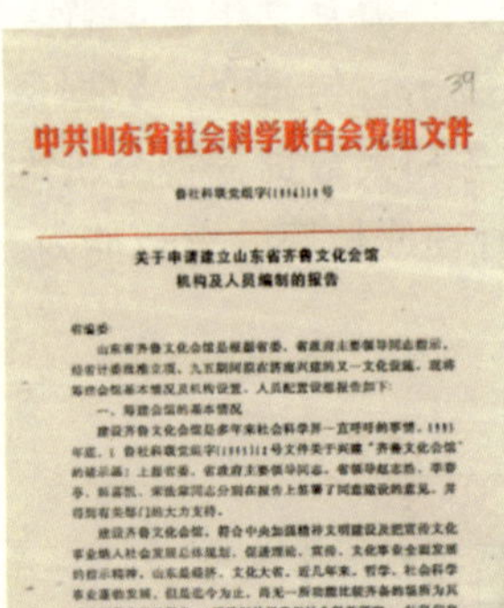

中共山东省社会科学联合会党组文件

关于申请建立山东省齐鲁文化会馆机构及人员编制的报告

《关于申请建立山东省齐鲁文化会馆机构及人员编制的报告》

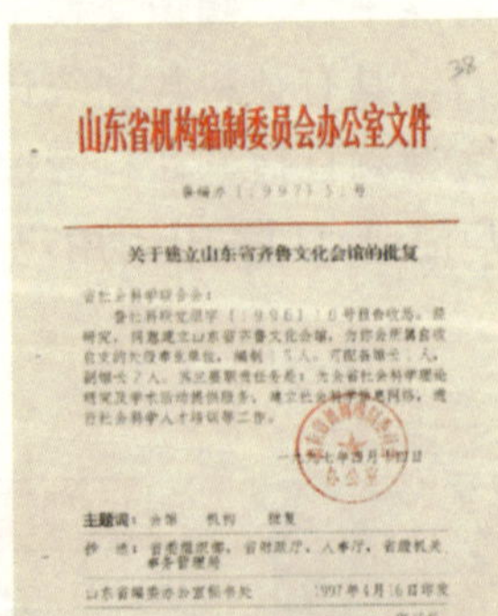

山东省机构编制委员会办公室文件

关于建立山东省齐鲁文化会馆的批复

省编办《关于建立山东省齐鲁文化会馆的批复》

此外，齐鲁文化会馆的兴建被列为山东省哲学社会科学发展“九五”规划中的重要建设项目。1997 年 4 月，省编办下发《关于建立山东省齐鲁文化会馆的批复》，同意成立山东省齐鲁文化会馆，为省社科联所属自收自支的处级事业单位，编制 15 人。同年 12 月，齐鲁文化会馆正式奠基开建。

历经近 3 年的精心准备、精心建设，2001 年 10 月，齐鲁文化会馆顺利竣工并交付使用，总建筑面积为 9727.85 平方米。2002 年 1 月，省编办下发

1997 年 12 月，齐鲁文化会馆奠基。

2001 年 10 月，齐鲁文化会馆建成启用。

《关于山东省齐鲁文化会馆经费形式的批复》，同意齐鲁文化会馆由自收自支事业单位调整为差额预算管理事业单位。

在 2015 年 7 月，根据中央党的群团工作会议精神和省委群团工作会议精神，省社科联党组研究决定，在承包经营合同到期后收回齐鲁文化会馆，回归公益属性，并将其打造成为省级社科研究交流平台和普及宣传阵地。2015 年 10 月 20 日，省编办下发鲁编办〔2015〕183 号文，批准山东省齐鲁文化会馆更名为“山东省社会科学发展交流中心”（以下简称“交流中心”），定为公益一类事业单位，主要职责是承担搭建社会科学宣传交流平台，为全省社会科学研究普及、信息交流、成果展示提供服务。自此，交流中心以全新的定位，紧紧围绕三大职能，开启了助力全省社会科学事业发展的新篇章。

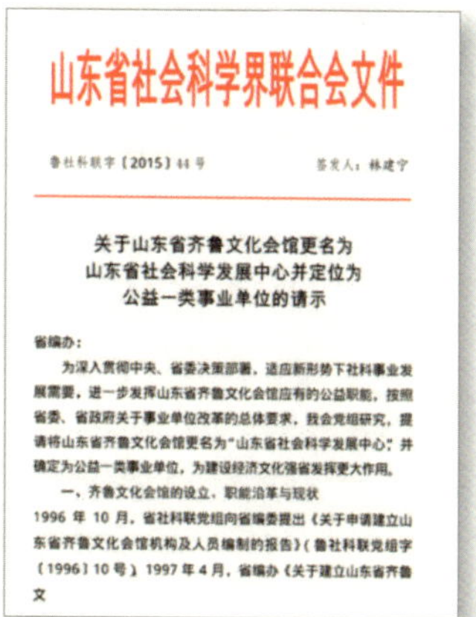

山东省社会科学界联合会文件

鲁社科联字〔2015〕44 号　　签发人：林建宁

关于山东省齐鲁文化会馆更名为
山东省社会科学发展中心并定位为
公益一类事业单位的请示

省编办：

为深入贯彻中央、省委决策部署，适应新形势下社科事业发展需要，进一步发挥山东省齐鲁文化会馆应有的公益职能，按照省委、省政府关于事业单位改革的总体要求，我会党组研究，提请将山东省齐鲁文化会馆更名为“山东省社会科学发展中心”，并确定为公益一类事业单位，为建设经济文化强省发挥更大作用。

一、齐鲁文化会馆的设立、职能沿革与现状

1996 年 10 月，省社科联党组向省编委提出《关于申请建立山东省齐鲁文化会馆机构及人员编制的报告》（鲁社科联党组字〔1996〕10 号）1997 年 4 月，省编办《关于建立山东省齐鲁文

齐鲁文化会馆更名的请示

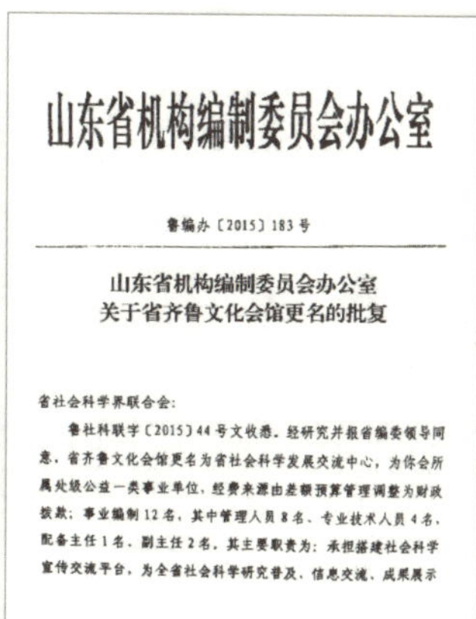

山东省机构编制委员会办公室

鲁编办〔2015〕183 号

山东省机构编制委员会办公室
关于省齐鲁文化会馆更名的批复

省社会科学界联合会：

鲁社科联字〔2015〕44 号文收悉。经研究并报省编委领导同意，省齐鲁文化会馆更名为省社会科学发展交流中心，为你会所属处级公益一类事业单位，经费来源由差额预算管理调整为财政拨款；事业编制 12 名，其中管理人员 8 名、专业技术人员 4 名，配备主任 1 名、副主任 2 名。其主要职责为：承担搭建社会科学宣传交流平台，为全省社会科学研究普及、信息交流、成果展示

齐鲁文化会馆更名的批复

运营 15 年的齐鲁文化会馆商务酒店摘牌。

更名后的交流中心作为我省唯一省级公益性社科平台，原有公益服务设施陈旧老化已不能满足当前社科发展对公益性场馆建设的需求，需要对已运

行16年的办公楼进行水、电、空调、院落、防水、消防设施和电梯等基础设施维修改造。2015年10月，省社科联党组决定成立修缮改造工作小组，按照交流中心新的职能定位，对原有设施进行修缮改造，将原齐鲁文化会馆事业设施改造为集会议、研讨、发布、展示、交流于一体的公益性社会科学服务中心。2016年3月，经省分管领导同意，在省机关事务管理局、省财政厅等部门的支持下，按照规范流程要求，启动修缮改造工程，修缮改造总面积达6700平方米，总投入1500万元。

省社科联党组领导深入交流中心和玉函路办公楼视察修缮情况。

2017年6月，交流中心主体部分的修缮改造工作顺利完工并通过相关部门验收，建成后的发展交流中心，拥有多功能、信息化的社会主义核心价值观报告厅、社科成果发布厅、社科成果展厅、社科成果陈列厅等事业发展设施，建有标准的档案室、机要室、阅览室、机关食堂等配套服务设施。2018年7月，全部完成省社科联挂靠的公司的注销工作。至2019年，完成附属设施的改造安装工作。期间，共拆除、改造面积达13769.88平方米。修缮改造后的交流中心各类设施焕然一新，活动环境不断优化，已建成学术报告厅、多媒体会议室、学术沙龙厅等约1000平方米，展览展示厅（区）等约1200平方米。

经过几年的发展，交流中心的公益服务功能进一步彰显，业务体系逐渐成熟，创新能力不断提升，“社科之家”功能持续扩大。

2019年9月，经省社科联党组同意，报省人社厅（鲁人社字〔2019〕142号）批准，完成了自更名后的第二次岗位聘用工作，进一步明确了交流中心工作职责，设置办公室、业务一科、业务二科，细化了各科室职责和人员分工，同时修订完善了《山东省社会科学发展交流中心规章制度汇编（试行）》，努力为广大社科工作者提供一个空间专属、资源共享、活动互联的新型社科活动场馆。

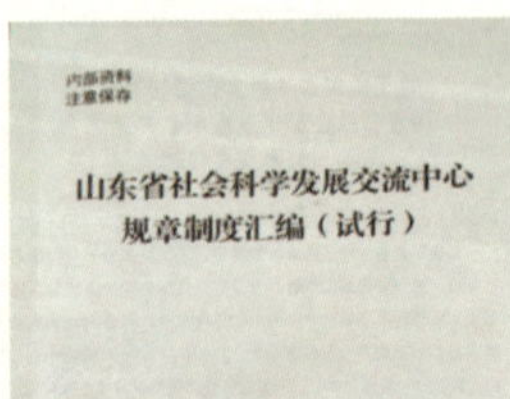

《山东省社会科学发展交流中心规章制度汇编（试行）》

修缮改造前的大楼及院落

修缮改造后的大楼及院落

修缮改造前大楼内部设施

修缮改造后大楼内部设施

修缮改造后的社会主义核心价值观报告厅

修缮改造后的会议休息区

在省社科联党组的正确领导下，交流中心始终坚持把全面深入学习领会习近平新时代中国特色社会主义思想作为首要政治任务，通过抓党建推动全面工作，严格落实《中共山东省社会科学界联合会党组贯彻落实中央八项规定精神实施办法》等规章制度，围绕中心、服务大局，紧扣文化交流、展览展示、保障服务等工作职能，加强思想政治引领，促进履职质量提升，圆满完成了各项任务。

学习习近平总书记
关于哲学社会科学重要论述研讨会
名家

第八章

创新方法 学术文化交流越走越宽

山东是沿海大省、经济大省、文化大省，其独特的地理位置和丰厚的文化资源为其开展对外交流提供了有利条件。省社科联自恢复成立以来，顺应改革开放潮流，在扩大开放上多措并举，组织形式多样的学术文化交流活动，促进互学互鉴，取得了良好的效果。近十几年来，省社科联组织的文化交流活动都坚持“走出去”与“引进来”相结合，在扩大省内外、海内外文化交流圈时，也不断拓宽齐鲁文化的传播路径，推动齐鲁文化走出去，提高齐鲁文化的影响力；积极增加与兄弟省区市社科联之间的互访，借助专题调研、工作座谈会等形式，增进友谊，加强交流与合作，借鉴彼此先进经验，促进社科联工作提质增效。省社科联还通过参加和承办全国和地区社科联协作会议、工作经验交流会，在更大范围内把自己的经验介绍出去，同时能够学到更多的先进经验做法，在深入交流、合作的过程中，取长补短、优势互补，在“你来我往”的交流中互学互鉴，践行“开门办会”的宗旨，进一步提升省社科联的知名度和影响力。近几年来，省社科联还加大了全省社科成果的推介力度，举办了一系列社科成果展览展示活动，成为对外展现全省社科事业繁荣发展的重要窗口。

◎要点推送

学术文化交流；中韩文化交流；鲁台文化交流；“齐鲁文化走出去”；省际社科联协作；国外专题考察交流；社科成果展览展示

功能

★拓视野

省社科联历来重视对外交流，遵循开门办会的原则，通过专项交流等形式，不断扩展对外学术文化交流圈，增加与外界的接触面，了解外地的社会科学发展状况和特色文化，以开阔视野、拓展思维、增长见识，探索出改进、完善工作的新路子。

★学经验

60年来特别是改革开放以来，省社科联积极增强与兄弟省、自治区、直辖市社科联之间的沟通联系，走出去，请进来，与各地社科联组织双向交流活动，并且积极参加“全国社科联协作会议”“全国社会科学普及工作经验交流会”“华东地区社科联社科普及工作经验交流会”等全国性或地区性会议，通过专题调研、工作座谈会等形式，进一步深化了解、加强合作、增进互信，收获很多先进经验、优秀做法和有益启示，在互学互鉴的过程中促进社科事业发展。

★传文化

60年来，省社科联立足齐鲁大地，主动承担起传播齐鲁文化、讲好山东故事的社会责任。省社科联在省内、省际和国际间开展更多层次、更深入系统的文化交流活动，举办齐鲁文化北京行、关东行、宝岛行、陕西行、云南行、浙江行等一系列的“齐鲁文化走出去”交流活动，创办《齐风鲁韵》对外传播项目，并组派代表团赴海外推介“一山一水一圣人”，扮演好齐鲁文化宣讲者、山东故事讲述者的重要角色，推动齐鲁文化走出山东、走出国门、传到国外，使齐鲁优秀文化传得更远、更广、更深。

★展形象

省社科联十分重视全省社科界工作经验的总结和所取得成就的宣传推介，在关键节点和重要时段举办了多场社会科学成果展览展示活动。特别是省社会科学发展交流中心建成之后，设置了专门的陈列展览场所，设计了常态化的大型展览项目，对全省社科事业发展情况、创新发展中的社科联自身情况进行了全方位的展示，不仅成为广大社科工作者和公众了解全省社科事业、社科联发展状况以及社科人不忘初心、锐意进取的形象的重要窗口，而且成为梳理、总结、记录全省社科事业发展历程的大型平台，同时也对外展示了山东社科界在构建中国特色、山东气派、齐鲁风格的哲学社会科学过程中的不懈探索和谱写的光辉篇章。

一、中韩文化交流

中韩两国自 1992 年正式建交以来，友好关系快速发展，各领域交流合作全面推进，成果显著。其中，文化交流是两国沟通的重要渠道之一。

2005 年，山东省社会科学界联合会与韩国世界饮食文化研究院共同发起创办了中韩饮食文化交流活动，双方分别于 2005 年和 2010 年签署了《中韩饮食文化对等交流五年合作备忘录》，并根据协议以每年 2 次的互访频率，先后在山东省的济南、青岛、淄博、东营、烟台、潍坊、济宁、泰安、威海、日照、聊城、滨州和韩国的首尔、仁川、大邱、光州、京畿道、江原道、全罗道、庆尚道等多地组织举办 20 余次文化交流活动，来自鲁韩两地近百家单位约 1000 人次代表参与双向交流访问活动，直接参与者逾万人。

2011 年 5 月 23～28 日，中韩文化交流活动在韩国首尔举行，孟兆祥团长及中韩双方组织者在开幕式现场合影。

2011 年 6 月 26～30 日，中韩文化交流活动在山东潍坊举行，出席开幕式的中韩贵宾合影。

2012 年 9 月 22 日，中韩文化交流活动开幕仪式在日照职业技术学院举行。

中韩文化交流活动中，参与者展示才艺。

2014 年 11 月，中韩文化交流活动中的料理比赛现场。

2015 年 11 月，中韩文化交流活动在济南举行，时任山东省社科联党组书记、副主席林建宁致辞。

作为活动的中方发起人和主办单位，山东省社会科学界联合会始终坚持“请进来”与“走出去”并重原则，引导中方参与活动者既做取经者，更做中国故事讲述者、社科领域“学术外交”践行者和齐鲁文化宣传使者。一方面积极组织参访成员认真学习借鉴韩国文化事业文化产业发展的经验做法；另一方面借助饮食文化交流活动平台，向韩方受众展示中国经济社会发展良好风貌，加强彼此文化交流，促进两地经贸等方面合作，进一步推动鲁韩文化交流互鉴、民心共鸣相通。

中韩文化交流活动坚持以“饮食文化交流”搭台唱戏，为鲁韩文化交流构筑了一个广覆盖、多层次的互动平台与交流渠道。活动参与者既有两国政府官员，也有来自鲁韩两地的社科专家与学者、高校师生、企业家、民间手工艺传承人和媒体记者。随着交流活动的深入，中韩饮食文化交流活动形式得到拓展延伸，逐渐从最初的饮食为主渐次拓展为文化互鉴和社科交流双轴并进，内容囊括饮食文化展、专家学者高层论坛、企业合作交流、民俗文化展、民间手工艺展、传统艺术展演、经贸洽谈、青年料理比赛和文化体验等。其中，文化展先后吸引中方100多个单位共计5000余项、韩方90多个单位3500余项文化作品参展；学术论坛先后组织两地专家围绕“饮食文化与饮食习俗”“中韩饮食文化的异同与发展趋势”“传统文化与饮食文化”“饮食文化与生态文明”“绿色·健康·科学——21世纪饮食新趋势”“饮食文化在现代文化中的发展与趋势”“饮食文化与现代服务业”“中韩饮食文化交流的现在与未来”等开展专题研讨交流。

十年中韩文化交流活动取得丰硕成果。

活动开展期间，受到中韩两国媒体广泛关注，国内媒体如山东电视台、《齐鲁晚报》等，韩国媒体KBS、SBS、MBC、《朝鲜日报》《东亚日报》等均对该活动给予不同侧面的报道。在中韩文化交流的基础上，山东省社会科学界联合会积极牵线搭桥，先后促成济南大学、山东旅游职业学院、山东商业职业技术学院、青岛酒店管理职业技术学院等单位与韩国世界饮食文化研究院、韩国信兴大学在教育和经贸方面的合作交流。

此外，2007年7月13日，山东省社科联还邀请韩国驻华大使金夏中作了题为《共创中韩关系美好未来》的讲座。2009年12月28日，在济南大学举行了“2009韩国跆拳道暨中国民间拳术功夫展演”活动。中韩双方代表团分别展演了各自国家非物质文化遗产项目武术和跆拳道，展演活动进一步扩大了两国体育文化的交流。

二、鲁台文化交流活动

随着海峡两岸经济文化交流活动的展开，鲁台交流也活跃起来。在这种形势之下，省社科联组织了有关海峡两岸的专门会议，如1992年海峡两岸《孙膑兵法》暨马陵之战学术讨论会、1993年的海峡两岸文化艺术讨论会。此外，省社科联组织的一些会议，如1993年的台儿庄大战55周年国际学术讨论会、1994年的甲午战争100周年国际学术讨论会，也邀请了台湾的专家学者参会。省社科联还组织专家赴台交流，特别是21世纪以来，以齐鲁文化为载体，进一步扩大鲁台交流。2009年，省社科联组织的齐鲁文化交流团在台湾进行了为期8天的“齐鲁文化宝岛行”活动，通过学术演讲和民俗文艺表演等形式，宣介齐鲁文化。该活动被省台办评为“2009年度山东省优秀对台交流项目”。2011年举办的“齐鲁文化小使者宝岛行”，被省台办评为“2011年度山东省优秀对台交流项目”。

党的十八大以来，为全面贯彻落实习近平总书记对台工作系列重要讲话精神，认真落实中央办公厅、国务院办公厅《关于进一步加强对外和港澳台文化工作的意见》和省委宣传部、省委台办、省文化厅《关于印发〈山东省文化入岛工作实施意见〉的通知》的文件精神，进一步促进鲁台经济文化交流合作，自2013年以来，省社科联每年都与台湾新人类文明文教基金会举办文化交流活动，成效明显。

鲁台“谁来教育家长——亲职教育的开展”研讨会召开。

鲁台“男性与家庭教育”学术研讨会在济南举行。

鲁台学者就齐鲁文化传承创新研讨交流。

鲁台“家庭教育与优秀家风传承”学术研讨会召开。

交流活动深入贯彻落实“两岸一家亲”的对台工作理念，增进两岸文化认同；贯彻落实省台港澳办“文化入岛”工作理念，突出以儒家文化为核心的学术交流活动。2013 ～ 2019 年，省社科联与台湾新人类文明文教基金会分别以“儒家思想对社会教化的作用”“家庭教育与优秀家风传承”“儒家文化与现代化”“中华文化——儒释道的融合”“中华传统美德与现代文明”“谁来教育家长——亲职教育的开展”“现代青少年德育模式创新与探索”“男性与家庭教育”“学童的生活教养与健康成长”等为主题，紧紧围绕中华优秀传统文化的传播与弘扬，组织鲁台相关专家进行学术交流，受到广泛好评。活动中，大陆学者与台湾学者共同探讨交流，增进了两岸学者之间的互动与对话，推动了鲁台两地社会科学学术交流与合作，增强了文化及民族认同感，为两岸和平发展、炎黄子孙人文素质提升和中华民族伟大复兴做出了贡献。

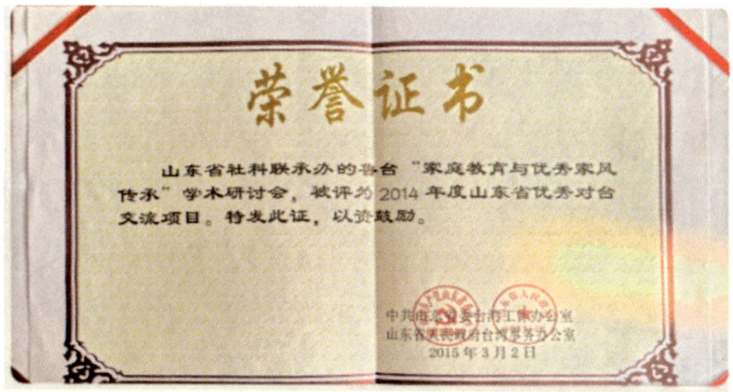

山东省社科联承办的鲁台“家庭教育与优秀家风传承”学术研讨会被评为“2014 年度山东省优秀对台交流项目”。

交流活动以研讨及学术交流为目的，交流团所到之处，通过座谈会、交流会、茶叙等方式进行了广泛交流，既能让大陆学者深入了解台湾社情，感受台湾人文环境；也能让台湾学者近距离地体验齐鲁文化的博大精深，加深了台湾民众对齐鲁文化的认识和向往，对宣传展示山东的文化形象、扩大齐鲁文化影响力、增进山东与台湾两地一家亲的互动交流等都起到了积极的推动作用。

三、“齐鲁文化走出去”系列活动

齐鲁文化包括齐文化和鲁文化，是在山东大地上孕育发展起来的富有特色的传统文化，是中国传统文化的重要组成部分。对齐鲁文化的研究和宣传是山东社会科学界义不容辞的责任，省社科联在推进齐鲁文化研究和交流方面做了大量工作，其中，较有代表性的是“齐鲁文化走出山东”系列交流活动。该活动将学术交流与民间文化艺术、非物质文化遗产展示结合起来，采取“讲、展、演、评”形式宣传齐鲁文化，在全国开创了一条文化传播的新路子，取得了很好的效果。刘德龙等专家学者先后在北京大学、清华大学、哈尔滨师范大学、台湾中国文化大学等几十所高校以及地方机关部门、文化单位、企业、

齐鲁文化进北京大学百周年纪念讲堂。

在北京大学举办《齐鲁文化与好客山东》专题讲座。

时任国家图书馆名誉馆长任继愈、著名书法家欧阳中石等出席捐赠仪式。

部队等作学术讲座和齐鲁文化展示，影响较大。

2005年，省社科联组织省内齐鲁文化专家学者赴京举办“齐鲁文化走进北京大学”专题讲座，引起较大反响。2007年，举办了“齐鲁讲坛——齐鲁文化进北京大学百周年纪念讲堂”系列活动，围绕齐鲁文化与山东人、齐鲁文化与中华孝道、齐鲁文化与山东民俗等专题，通过“讲、展、演、评”的方式，生动宣传了齐鲁文化。该项活动被首都一些专家学者誉为“新时期的徽班进京”，中新社以《“齐鲁讲坛”构建山东文化创新开放新形象》为题刊发了内参，时任省委书记李建国同志对此作出批示：“‘齐鲁讲坛’进京，是宣传、弘扬齐鲁文化的一个重要举措。要总结经验，坚持下去，选准方向，精心部署，使之成为山东文化建设新高潮的一个组成部分。”时任省委常委、宣传部部长李群同志就落实李建国书记批示作了指示，为今后更好开展这一活动指明了方向。2008年4月，省社科联在北京举办了“齐鲁文化走进国家图书馆捐赠图书活动”，将360多套（册）有关齐鲁文化的图书捐赠给国家图书馆，国家图书馆名誉馆长任继愈以及欧阳中石等出席捐赠仪式。5月，在北京大学接连举办了“齐鲁文化与好客山东”“中华泰山与泰山文化”“齐鲁文化与齐鲁兵学”系列专题讲座。为进一步扩大齐鲁文化对外传播，2010年9月，省社科联党组书记、

齐鲁文化走进国家图书馆捐赠图书活动。

副主席刘德龙等一行 5 人，应邀赴澳大利亚和新西兰进行齐鲁文化对外影响力课题的调研访问活动。

A10 文娱

专家讲座+非遗展演

“齐鲁文化陕西行”热动三秦

一路展演　一路采风

“齐鲁文化陕西行”侧记

《齐鲁晚报》报道“齐鲁文化陕西行”。

除了“齐鲁文化北京行”之外，省社科联还组织开展了“齐鲁文化关东行”“齐鲁文化宝岛行”“齐鲁文化陕西行、云南行、浙江行”等系列活动。近几年来，在社会科学发展交流中心的推动下，围绕“齐鲁文化走出去”品牌建设，着力做好“深”“新”“活”“广”的文章，深入发掘齐鲁文化博大精深的思想内涵，努力展现山东当代文化建设的新成就、新气象和新时期山东精神，通过创新齐鲁文化宣传形式来增强活动效果，加大与各方的合作力度，将齐鲁文化“走出去”与其他特色文化“引进来”相结合，加强不同地域文化的双向交流。

“齐鲁文化关东行”系列活动由省社科联、省华夏文化促进会与东北三省社科联共同主办，通过齐鲁讲坛与龙江讲坛、关东讲坛、辽海讲坛等当地知名社科普及品牌嫁接，采取“专家讲座＋山东快书、山东琴书、泰山皮影非物质文化遗产展演

“齐鲁文化关东行”启动活动。

时任山东省华夏文化促进会会长王修智作“齐鲁文化与山东人”的精彩讲座。

时任省社科联党组书记、副主席刘德龙参加“齐鲁文化关东行”活动。

穿插互动”的形式，以“齐鲁文化与山东人”“孔子与齐鲁”“齐鲁文化与山东民俗”“泰山与中国文化”为题，先后在黑龙江省图书馆、长春文庙、沈阳师范大学等开展大型公益讲座，先后共开展学术讲座6 场，山东快书、山东琴书、泰山皮影等展演32场次。交流活动深受欢迎，场场爆满，气氛热烈，掌声不断。

2017年11月23日，山东省社科联受湖北省社科联邀请赴武汉大学开展“齐鲁优秀传统文化走进荆楚大地”活动。

2017年，山东省社科联与湖北省社科联开展“齐鲁优秀传统文化走进荆楚大地”和“荆楚文化交流齐鲁行”活动，在武汉大学举办了“东夷文化与中华文明的几点思考”的专题讲座；在山东师范大学举办“楚文化的正能量”的学术报告。2018年6月，邀请中国孔子研究院院长、教授、博士生导师杨朝明赴新疆大学、新疆艺术学院作专题讲座；11月，邀请山东师范大学特聘教授、博士生导师魏建以“泰山与中国文化”为题，赴陕西省社科联、西安翻译学院和陕西学前师范学院进行传统文化学术交流活动。

“齐风鲁韵——山东社会科学对外传播”项目落地纽约、洛杉矶，通过展示山东文化历史、民俗风情、人文地理，搭建起一条连通中西的文化纽带。

《齐风鲁韵》对外传播项目由山东省社科联主办，山东广播电视台广播生活频道制作播出。这是社科联普及齐鲁文化并使之走出去的重要对外传播项目。始创于2016年4月，每周播出2期（含一期重播），每期时长50分钟。通过合作方美国多元文化传媒集团旗下的当地最大中文电台纽约AM1380中文广播和洛杉矶AM1300中文广播，让海外同胞通过节目更好地了解山东的风貌风情，重温故土乡音，感受家乡发展新风尚及经济文化社会发展新面貌。2018年《齐风鲁韵》项目被山东省人民政府新闻办公室评为“优秀外宜项目”，项目组由此被评为“先进集体”，获得“第十二届山东省对外传播奖（2018）”。

四、省际协作交流

省社科联坚持“走出去”和“引进来”相结合的原则，通过加强与兄弟省、自治区、直辖市社科联之间的互动交流、相互学习和积极参加全国性、地区性工作经验交流会议，传播省社科联的先进经验并借鉴兄弟省、自治区、直辖市的工作经验以促进自身的发展，不断扩大国内学术文化交流圈。

改革开放以来，特别是进入21世纪以来，省社科联不断扩大交流的范围，赴福建省、江苏省、浙江省、上海市、河南省等地社科联考察交流，同时，甘肃省、江西省、安徽省、河南省、天津市、新疆维吾尔自治区等多地的社科联来鲁考察交流。此外，省社科联连续多年参加全国社科联协作会议、全国社会科学普及工作经验交流会、华东地区社科联社科普及工作经验交流会等会议，并圆满承办了“1995年华东地区六省一市社科联年度协作会议”“2009年度全国社科联协作会议”“全国第十七次社会科学普及工作经验交流会”等会议，推进了各省社科联之间的沟通学习和了解。

2010年2月21～26日，山东省社科联考察团11人前往福建省社科联开展考察交流活动。

2010年4月10日，河南省社科联考察团24人来山东省社科联开展社会科学普及工作的调研交流活动。

2010年8月2～8日，全国第十二次社会科学普及理论研讨与经验交流会在宁夏回族自治区召开。省社科联副主席、党组成员薛庆国等同志参加此次会议。在开幕式上，薛庆国副主席作典型发言，对省社科联打造“社科普及周”“齐鲁大讲坛”“调研山东”“省级重点社科普及读物资助”等品牌项目的主要做法进行了重点介绍。

2010年9月13日，山东省社科联考察团26人赴河南省社科联考察社科普及工作。

2011年7月12～17日，西部省区市社科联第四次协作会议暨西部发展能力建设论坛在贵阳召开，省社科联参加了此次会议。

2011年7月19日，重庆市社科联考察团18人来山东省社科联参观考察。

2011年9月21～23日，全国第十三次社会科学普及理论研讨与经验交

2010 年 10 月 11 ～ 17 日，由山东省社会科学界联合会承办的全国社科联工作会议暨华东地区社科联协作会议在济南举行，会议以“优化学术环境，促进学术繁荣”为主题，吸引了来自全国 30 个省（区、市）社科联共 170 多人参加会议。期间，各位学者就学术导向与理论创新、学术规划与学科建设、繁荣学术与强化管理、成果评奖与学术评价、学术研究与成果转化、学术环境与学风建设等六个议题展开研讨并达成若干共识。

流会在北京召开，省社科联受邀参加此次会议。

2011 年 12 月 12 ～ 18 日，省社科联与东营、潍坊、泰安、日照、滨州、临沂等市和大企业社科联组成考察团，赴广西社科联开展“社科联基层组织建设、社科评奖等方面经验”的学习调研活动。

2011 年 10 月 28 ～ 29 日，全国社科联协作会议在广西南宁召开。时任山东省社科联党组书记、副主席刘德龙等同志参加此次会议，重点介绍了山东省社科联着力完善六大机制、构建“大社科”工作格局的经验和做法。

2012 年 9 月，省社科联与青岛、莱芜、济宁、潍坊等有关市社科联组成考察团，赴青海、甘肃考察，学习兄弟省、自治区、直辖市的社科普及工作先进经验、做法。

2012 年 10 月 22 日，安徽省社科联科普处一行 3 人来山东省社科联考察社科普及工作。

2013 年 7 月 17 ～ 22 日，全国第十五次社会科学普及理论研讨与经验交流会在西宁举行。山东省社科联和部分市社科联、省级学会负责同志参加了此次会议。

2014 年 7 月 9 ～ 11 日，全国第十六次社会科学普及工作经验交流会在海口召开，山东省社科联受邀出席会议。

2014 年 8 月 25 日，广西壮族自治区社科联负责同志到山东省社科联考察社科普及立法工作。

2014 年 10 月 9 ～ 11 日，山东省社科联考察团赴辽宁省社科联进行考察调研活动。

2014 年 12 月 12 日和 18 日，江西省社科联科普部和贵州省社科联考察团分别对山东省社科联的社科普及立法工作进行调研。

2015 年 4 月 22 ～ 24 日，山东省社科联参加了“华东地区社科联社科普及工作经验交流暨理论研讨会”。

2015 年 5 月 9 日，山东省社科联召开了鲁青社科联工作座谈会。

2015 年 5 月 13 日和 7 月 28 日，鲁赣两省社科联分别对社会科学普及立法工作和基层社科联组织建设相关工作开展交流活动。

2015 年 8 月 24 日，青海省人大、青海省社科联派代表来山东省考察交流社会科学普及工作。

2015 年 9 月 16 日，由山东省社科联承办的“全国第十七次社会科学普及工作经验交流会”在济南拉开帷幕，会议主题为“加强社会科学普及立法工作，繁荣发展社会科学普及事业”。时任省委常委、宣传部部长、省社科联主席孙守刚出席并致辞。时任省社科联党组书记、副主席林建宁作了大会主题发言。

各省区市参会代表交流传阅社科普及读物。

2015年11月20日，广西壮族自治区人大教科文卫委、广西壮族自治区社科联领导来我省考察交流社会科学普及工作。

2016年5月7日和21日，内蒙古自治区社科联、江苏省社科联考察团分别来山东省社科联开展社科联调研交流活动。

2016年9月20日，华东地区社科联社会科学普及工作经验交流会在济南召开，会议主题为"认真贯彻习近平总书记在哲学社会科学工作座谈会上的重要讲话精神，实施大数据战略，推动社会科学普及事业繁荣发展"。时任山东省社科联党组书记、副主席林建宁对山东省社科联运用大数据、互联网技术普及社会科学知识的主要做法向与会代表作了介绍。

2016年10月23～26日，山东省社科联参加在湖南省长沙市召开的全国第十八次社会科学普及工作经验交流会。

2017年1月9～10日，山东省社科联参加在哈尔滨召开的全国第十九次社会科学普及工作经验交流会。

2018年3月14日和5月31日，四川省社科联和广东省社科联考察团分别来山东省社科联开展调研工作。

2018年9月19日，全国社科联联席会议在甘肃省召开。山东省社科联党组书记、副主席刘致福出席会议，并被推荐为大会发言人作交流发言。

2019年11月，交流中心赴上海社科联交流研讨社科公益场所在社科成果展览展示等方面的作用。

2019年11月7日，全国社科联联席会议在重庆市召开。山东省社科联党组书记、副主席刘致福出席会议并被推选为召集人主持分组讨论。

2019 年 10 月 11 日和 15 日，甘肃省社科联和天津市社科联考察团分别来山东省社科联进行调研。“甘鲁社科联工作座谈会”“津鲁社科联工作座谈会”分别于当日召开。

五、国外学术考察交流

如前所述，省社科联及其所属学会自 20 世纪 90 年代以来，就加强了对外学术文化交流活动，召开了一系列学术交流会，并组织相关人员到国外参加学术会议，进行社会文化考察活动。党的十八以来，为扩大学术文化交流，加强山东学术研究与普及工作同国外社科界的交流互鉴，在总结过去经验的基础上，山东省社科联组织考察团赴瑞典、德国、巴西、智利、英国、爱尔兰、法国、俄罗斯、澳大利亚、新西兰等国进行考察访问、交流调研，不断扩展对外学术文化交流圈，成为社科联工作者扩宽思路、开拓视野以及对外传播齐鲁文化、讲好山东故事的重要路径。

2014 年 11 月 2 ~ 10 日，以时任省社科联党组书记、副主席杨瑛为队长的“文化在国家核心价值观建构中的作用研究”考察团赴巴西、智利进行访问交流。

2015 年 5 月 24 ~ 31 日，由省社科联巡视员李海萍率领的“国家（区域）间人文学术交流路径研究”专题考察团赴英国、爱尔兰进行访问交流。

2015 年 7 月 26 日至 8 月 2 日，由山东省社科联党组副书记、副主席周忠高率领的“一带一路”倡议与山东对外开放研究考察团对莫斯科国立大学进行访问。

2016 年 5 月 3 ~ 12 日，时任省社科联党组书记、副主席林建宁率“国民素质比较研究考察组”赴新西兰和澳大利亚考察，期间与新西兰梅西大学专家学者、澳大利亚社会科学院专家学者就国民素养情况展开交流。

2017 年 1 月 15 ~ 22 日，由山东省社科联副主席张宏明带队的“齐鲁文化国际传播策略与途径研究”课题组赴法国开展考察交流，与华侨华人会就齐鲁文化的传播落地情况展开交流。

2017 年 6 月 18 ~ 25 日，省社科联副主席、党组成员孙淑娜和秘书长张伟红带领“社科类社会组织建设与治理现代化研究”课题组，与悉尼科技大学人文社科系、新西兰社会组织联盟有关专家学者进行交流研讨。

2018 年 10 月 22 ~ 31 日，山东省社科联党组书记、副主席刘致福带领“‘一带一路’沿线国家齐鲁文化传播与交流”课题组部分成员赴波兰、捷克、匈牙利开展专题调研和文化交流。

六、专题展览展示

（一）山东省社会科学成果展

该展览由山东省社科联主办，山东省社会科学发展交流中心承办，2017 年 7 月 9 日在交流中心展厅开展。展览回顾了 1960 年省社科联成立以来 57 年的历史足迹，展示了“十二五”时期和“十三五”以来全省社会科学事业取得的丰硕成果。展览分为“风雨历程”“奋进十二五”“创新十三五”等板块，展出实物类成果 1200 余件，各类文件、图表、照片 4200 余份。

2017 年 7 月 9 日，时任省委常委、宣传部部长、省社科联主席孙守刚，中国工程院院士沈昌祥，省委宣传部副部长徐向红，时任省社科联党组书记、副主席林建宁等参加了开展仪式。

2018 年 12 月 18 日，时任省委常委、宣传部部长王清宪，省委宣传部副部长徐向红，省委讲师团团长孔繁轲，省社科联党组书记、副主席刘致福等参观展览。

（二）创新发展中的山东省社科联专题展

该展览由山东省社科联主办，山东省社会科学发展交流中心承办，2017 年 12 月 20 日在交流中心展厅正式开展。展览介绍了省社科联发展历程，展

创新发展中的山东省社科联专题展场景

示了党的十八大以来，省社科联团结带领全省广大社科工作者，坚持以习近平新时代中国特色社会主义思想为指导，锐意进取、改革创新，推动社科强省建设迈出新步伐的工作历程。

（三）庆祝改革开放40周年——山东社会科学名家名作展

该展览由山东省社科联主办，山东省社会科学发展交流中心承办，2018年12月20日在交流中心展厅正式开展。本次展览是全省庆祝改革开放40周年系列活动之一。经过单位推荐、学术组织推荐和专家学者推荐，综合考虑学术贡献和学术影响，并经政治立场和学术道德考察，入选《山东社会科学名家名作展》的社会科学名家共116人，其中，文学35人，历史学16人，哲学6人，马克思主义理论6人，政治学5人，文化学8人，经济学17人，管理学5人，教育学8人，法学5人，社会学5人。学科分布充分体现了山东社会科学文史见长的特点。

山东社会科学名家名作展现场

（四）庆祝新中国成立70周年——山东社会科学名家名作展、十八大以来山东省社会科学优秀成果奖精品展

这两项展览由山东省社科联主办，山东省社会科学发展交流中心承办，2019年10月20日在山东省博物馆同时开展。这是山东省首次在大型公共场

山东省社会科学名家名作展暨山东省社会科学优秀成果奖精品展现场

馆集中展示社会科学界的代表人物与作品。展览集中展现了全省社科界优秀专家学者为社科强省建设做出的突出贡献，诠释了新时代哲学社会科学工作者的使命与担当。

（五）山东省社会科学优秀成果奖专题展

该展览由山东省社科联主办，山东省社会科学发展交流中心承办。展览回顾了山东省社会科学优秀成果奖（含山东省社会科学突出贡献奖、学科新秀奖）发展历程，重点展示了党的十八大以来改革创新举措，多角度介绍了优秀获奖成果和获奖者。

山东省社会科学优秀成果奖专题展场景

（六）山东省社科界人文艺术作品大赛

2014年以来，由省社科联、省文联主办，省社科发展交流中心、省美协、省书协、省摄协共同承办“山东省社科界人文艺术作品大赛”，每年举办一次，每年一个主题，现已连续举办7届。参赛者主要面向全省社会科学工作者、高校社科类专业在校学生群体，旨在通过开展人文艺术创作活动，推出一批陶冶情操、引领风尚，体现齐鲁风格、社科特点的人文艺术作品，以提升社科工作者、高校社科类专业学生群体的人文素养。

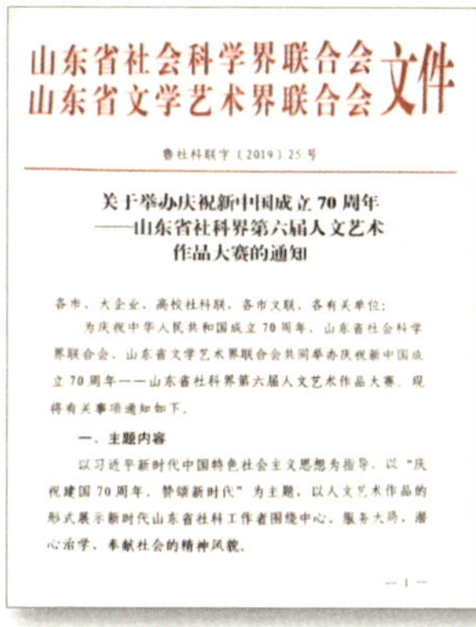

山东省社会科学界联合会
山东省文学艺术界联合会 文件

鲁社科联字〔2019〕25号

关于举办庆祝新中国成立70周年——山东省社科界第六届人文艺术作品大赛的通知

各市、大企业、高校社科联，各市文联，各有关单位：

为庆祝中华人民共和国成立70周年，山东省社会科学界联合会、山东省文学艺术界联合会共同举办庆祝新中国成立70周年——山东省社科界第六届人文艺术作品大赛，现将有关事项通知如下。

一、主题内容

以习近平新时代中国特色社会主义思想为指导，以“庆祝建国70周年，赞颂新时代”为主题，以人文艺术作品的形式展示新时代山东省社科工作者围绕中心、服务大局、潜心治学、奉献社会的精神风貌。

—1—

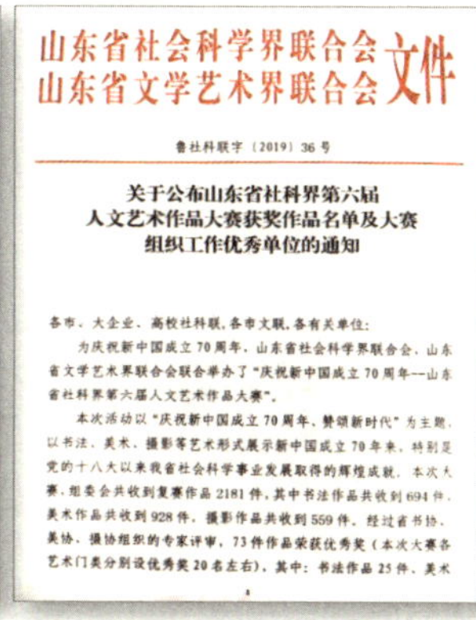

山东省社会科学界联合会
山东省文学艺术界联合会 文件

鲁社科联字〔2019〕36号

关于公布山东省社科界第六届人文艺术作品大赛获奖作品名单及大赛组织工作优秀单位的通知

各市、大企业、高校社科联，各市文联，各有关单位：

为庆祝新中国成立70周年，山东省社会科学界联合会、山东省文学艺术界联合会联合举办了“庆祝新中国成立70周年——山东省社科界第六届人文艺术作品大赛”。

本次活动以“庆祝新中国成立70周年、赞颂新时代”为主题，以书法、美术、摄影等艺术形式展示新中国成立70年来，特别是党的十八大以来我省社会科学事业发展取得的辉煌成就。本次大赛，组委会共收到复赛作品2181件，其中书法作品共收到694件，美术作品共收到928件，摄影作品共收到559件。经过省书协、美协、摄协组织的专家评审，73件作品荣获优秀奖（本次大赛各艺术门类分别设优秀奖20名左右），其中：书法作品25件、美术

山东社科界第六届人文艺术作品大赛相关文件

山东省社科界第六届人文艺术作品大赛获奖作品展

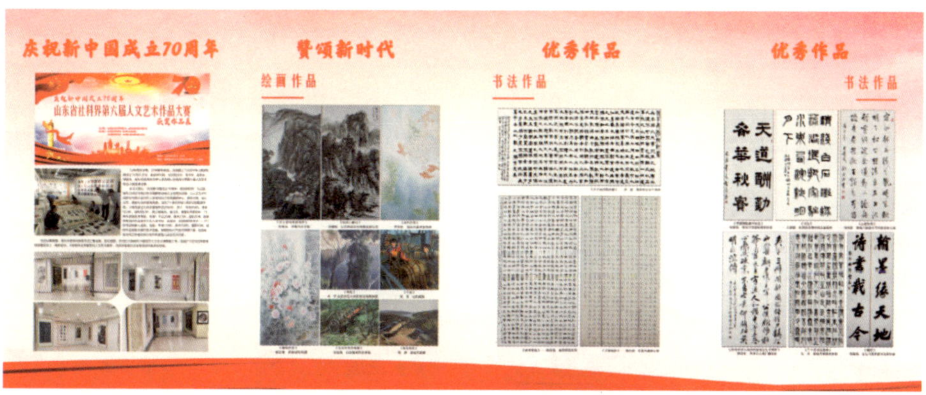

山东省社科界第六届人文艺术作品大赛折页

50
山东省社会科学界联合会
成立50周年纪念大会

第九章

党建引领　自身建设不断加强

山东省社科联自成立以来，始终坚持党的领导，以党建引领自身建设，坚持推动党建工作与社科联业务工作的深度融合，实现了社科联一次又一次质的飞跃。特别是党的十八大以来，省社科联党组认真贯彻新时代党的建设总要求，按照“党建工作全面加强，业务工作走在前列”的总体思路，严格落实全面从严治党主体责任，不断增强“四个意识”，坚定“四个自信”，做到“两个维护”，坚持抓党建促业务、抓班子带队伍、抓作风树形象，党建工作质量和水平明显提升，党建的统领作用得到有力发挥和持续加强。

◎要点推送

党组自身建设；全面从严治党；学习型党组织建设；“最大政绩”理念；建设过硬支部；机关党建；能力建设系统工程；创先争优；道德讲堂；主题教育活动；干部队伍建设；“三项能力”建设；“第一书记”；“对标先进”工作

作为

★**固根本**

坚持党的领导是哲学社会科学事业发展的根本保障，社科联党组织是党引领社科联全部工作的基础，只有把社科联党组织建设好、维护好、发展好，才能使其成为推动社会科学事业发展的坚强战斗堡垒。60年来，省社科联坚持改进和完善党组领导，强化干部队伍建设，落实意识形态工作责任制，在全面从严治党落细落实的过程中推动着社会科学事业在正确道路上不断发展壮大。

★**强担当**

哲学社会科学的大发展大繁荣需要全体党员担当作为，只有广大党员心中有责任、肩上有使命，才能主动扛起繁荣发展哲学社会科学事业的重任。60年来，省社科联高度重视党员教育，坚持以党内集中教育提升全体党员的觉悟。特别是党的十八大以来，深入开展了党的群众路线教育实践活动、“三严三实”专题教育、“两学一做”学习教育、“不忘初心、牢记使命”主题教育，进一步坚定了党员的理想信念，激发广大党员坚守“为人民谋幸福，为民族谋复兴”的初心使命，以实际行动推动着哲学社会科学事业的守正创新。

★**促团结**

团结就是力量，哲学社会科学事业的发展需要团结一切可以团结的力量，首要的是社科联内部心往一处想，劲往一处使，丰富的机关党建活动有助于这一目的的达成。60年来，山东省社科联坚持推动机关党建走深走心走实，拉进了社科联成员间的距离，在强化党内团结的同时进一步增强了社科联的整体凝聚力和向心力，进而团结广大哲学社会科学工作者和人民群众一起为构建中国特色、山东气派、齐鲁风格的哲学社会科学共同奋斗。

★**锻队伍**

统筹推进党的政治建设、思想建设、组织建设、作风建设、纪律建设、制度建设，打造一支政治过硬、素质全面、本领高强、勇于担当、作风优良的社科联干部队伍，有助于加快社科强省建设步伐。60年来，省社科联认真落实干部教育制度，创新干部培养模式，充分运用党课学习、集中研讨、主题教育、轮训培训、社会实践、交流锻炼、制度激励等多样化形式，显著提升了社科联干部队伍的整体素质，为更好地服务于哲学社会科学事业的发展提供了高质量的人才支撑。

一、党组自身建设

党政军民学、东西南北中，党是领导一切的。60 年来，山东省社科联经历了从无到有、从小到大、从不完善到逐渐完善、从“争生存，求发展”到“谋创新，促发展”的风雨历程。其中，完善党组结构，强化党组自身建设，充分发挥党组功能，使党的领导落在实处，是支撑省社科联坚持正确政治方向并不断发展壮大的根本组织保证。

山东省哲学社会科学联合会于 1960 年 8 月成立后，为进一步加强对省社联的组织领导，1961 年 4 月，山东省委常委会会议决定在省社联成立党组，门宏任党组副书记（专职副主席），党组成员有丁学风、王历波、陈锡德、王沂清、段文山。自此，党的领导在社联机构建设和工作推进中发挥着重要作用。1961 ～ 1965 年，党组成员先后有 11 人，包括副书记门宏，成员尹平符、丁学风、王历波、陈锡德、王沂清、段文山、宋毅、亓善清、鲍韶云、丁雨晴。1966 ～ 1970 年，党组成员共 6 人，包括副书记门宏，成员陈锡德、宋毅、亓善清、鲍韶云、丁雨晴。“文革”期间，山东省社联组织遭到解散，党组工作也被迫中断。改革开放后，山东省社联重新恢复并不断壮大，组织建设进入到崭新发展时期。

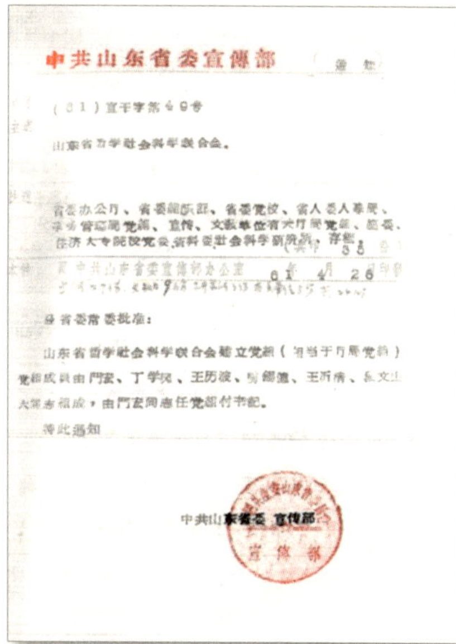
中共山东省委宣傳部

特此通知

1961 年 4 月，山东省委批准在省社联成立党组。

1981 年底，随着第一次山东省社会科学界代表大会的召开，山东省社会科学联合会正式恢复成立。与此同时，社联党组也正式成立，李书厢担任党组书记。1986 年 6 月，省委同意省委宣传部《关于同意省社联与社科院单独成立党组的报告》，自此，省社联党组单独成立，党组成员 3 人，林江为党组书记。此后，在党组的领导和指导下，省社联以 10 年为一个阶段，经过不断地调整、重组、巩固、优化和发展，组织机构不断壮大。在此期间，社联党组成员也在换届更替。其中，1990 年党组成员增至 4 人；1992 年增至 5 人；1996 年增至 6 人；1998 年，随着结构的调整，党组成员减至 4 人；之后，党组成员又重新增加至 5 人并维持在 5 ～ 6 人。

表 9-1 1981 ~ 2017 年山东省社科联党组一览表

届次	党组书记	党组副书记	党组成员
第一届	李书厢(1981.10 ~ 1987.1) 林江(1987.1 ~)		梁自洁(1987.1 ~) 周冀苍(1987.1 ~)
第二届	林江(1987.1 ~ 1990.8) 梁自洁(1990.8 ~ 1992.8) 赵锦良(1992.8)		梁自洁、刘蔚华(1990.8 ~) 周冀苍 张联瑜(1990.5 ~ 1991)
第三届	赵锦良(1992.8 ~ 1995.8) 林兆义(1995.8 ~)		刘蔚华(1990.8 ~ 1998.9) 周冀苍(1987.1 ~ 1995.8) 陶滋年(1992 ~) 刘德龙(1996.12 ~)
第四届	林兆义(1995.8 ~ 1999.12) 陶滋年(1999.12 ~ 2003.4) 刘德龙(2003.4 ~ 2003.11)		陶滋年、刘德龙、包心鉴 李海萍(1999.12 ~) 岳增瑞(1999.12)
第五届	刘德龙	包心鉴 (2007.5 ~ 2009.2)	包心鉴(1998.8 ~ 2009.2) 岳增瑞(1999.12 ~ 2004.12) 李海萍 陈秉山(纪检组长 2003.10 ~ 2009.7) 薛庆国(2004.10 ~)
第六届	刘德龙(2003.4 ~ 2011.12) 杨瑛(2011.12 ~ 2015.5) 林建宁(2015.5 ~)	周忠高 (2015.5 ~)	李海萍(1999.12 ~ 2014.7) 薛庆国(2004.10 ~ 2012.12) 周忠高 高航(纪检组长 2009.8 ~) 张宏明(2012.12 ~) 孙淑娜(2014.7 ~)
第七届	林建宁(2015.5 ~ 2017.11) 刘致福(2017.11 ~)	周忠高	高航(纪检组长 2009.8 ~ 2016.7) 张宏明 孙淑娜(2014.7 ~ 2018.11) 张伟红(2019.2 ~)

省社联党组的最初成立遵循了中央和山东省的文件指示精神。1958 年 2 月 29 日，山东省委在《关于加强党对科学工作的领导和建立各级科学领导组织和研究工作的决定》中要求各单位成立科学领导小组，各级政府设立科学委员会和科学研究机构，并加强领导，促进科学研究工作的发展。在社科联党组的正确领导下，一系列工作顺利实施并取得积极成效。

其一，积极推动社科联内部结构建设。在党组的领导下，山东省社科联各届领导班子认真履行职责，不断完善社科联组织机构建设，充分发挥党的领导的制度优势，自身吸引力、凝聚力和影响力显著提升。

其二，认真组织党组中心组学习，扎实推进学习型党组织建设。自成立以来，社科联党组中心组始终重视理论学习，坚持以理论学习加强和改进党组自身建设，提升党员干部的理论水平。学习活动内容丰富，既有对总书记讲话精神、中央文件精神的系统理论学习，也有结合社科联工作计划、工作内容、工作方法的集中研讨学习。2010年2月，中共中央办公厅正式印发《关于推进学习型党组织建设的意见》。同年4月，山东省委办公厅印发《关于推进全省学习型党组织建设的实施意见》。山东省社科联认真贯彻落实文件精神和要求，结合社科联实际，坚持自学与集体学习相结合、理论与实践学习相结合，积极创新学习内容和形式，主要包括党课、读书会、实践调研、学习考察等。例如，2010年5月，组织全体党员到井冈山、南昌等地学习考察，开展了重走红军路、重唱红歌、瞻仰革命英烈、学习革命文化、赣鲁社科联交流座谈等系列活动。2012年，在蒙阴举行党组理论学习中心组读书会。一系列活动的成功举行，不仅创新了学习型党组织建设内容，进一步提升了党组学习的积极性与实效性，也在活动中有效增强了社科联党组织的凝聚力。

2007年7月19日，省社科联举行党组理论学习中心组读书会。

2011年12月，省社科联召开党组中心组学习会。

2012年8月13～15日，省社科联党组中心组理论学习读书会在蒙阴举行。

其三，积极开展基层调查研究。重视调查研究，实施调查研究，依据调查研究结果推动社科联自身建设是省社科联党组推动社科联创新发展的重要方法。例如，为开展好新中国成立60周年宣传思想文化工作，举行专题调研座谈；为做好全省社科普及周活动总结和社科普及工作经验交流会，到山东行政学院、省行为科学学会进行针对性调研和检查指导工作。

党的十八大以来，省社科联领导班子高度重视强化自身建设，不断加强党组理论学习中心组学习，着力提高政治觉悟与政治站位；认真落实党委（党组）意识形态工作责任制，牢牢把握正确方向导向；牢固树立抓好党建是最

2009 年 6 月，省社科联举行关于开展新中国成立 60 周年宣传思想文化工作研究调研座谈会。

省社科联与德州师范学院进行座谈。

大政绩的理念，切实扛起全面从严治党主体责任；坚决贯彻执行民主集中制，严肃党内政治生活，创造风清气正、担当作为的良好政治生态。

（一）强化理论学习思想锤炼，坚决做到维护核心、对党忠诚

2014 年 8 月 4 ~ 6 日，省社科联举行 2014 年党组中心组理论学习读书会。

2015 年 4 月 29 日，省社科联党组理论学习中心组在认真自学习近平总书记关于“三严三实”重要论述的基础上，专赴兰考焦裕禄同志纪念馆参观学习，深化学习效果。

第一，加强创新理论学习。制定《党组理论学习中心组学习制度》并不断修订完善。每年年初，制订党组理论学习中心组学习计划，以马克思主义基本原理和党的创新理论为重点，读原著、学原文、悟原理，年均开展党组理论学习中心组学习 15 次以上，努力做到学深悟透、融会贯通、真信笃行。积极创新学习形式，开展专题性、研讨式、调研式、观摩式、辅导式等多种形式学习。例如，采取“轮流发言，互相点评，总结讲话”等研讨形式，营造了相互启发、相互促进的浓厚学习气氛，提高了学习质量和实效。再如，组织党组理论学习中心组赴焦裕禄同志纪念馆、孔繁森同志纪念馆等地开展实践学习教育，等等。充分发挥党组领导班子成员示范带学作用，带头强化“两学一做”，

带头制订个人年度自学计划和调研计划，带头弘扬“沂蒙精神”和泰山“挑山工”精神，带头加强学习成果的实践运用。

2018 年 10 月 12 日，为深入学习贯彻《中国共产党纪律处分条例》，进一步加强干部队伍纪律建设，省社科联召开党组中心组理论学习报告会暨 2018 年“道德讲堂”第二讲开讲，邀请省纪委驻省委宣传部纪检组组长关华同志作《中国共产党纪律处分条例》专题辅导报告。

2020 年 4 月 29 日，省社科联党组理论学习中心组召开集体学习会，重点围绕习近平总书记关于贯彻新发展理念、做好经济工作的重要论述进行集中学习研讨。

第二，开展理论宣讲。党组主要负责同志作为省委宣讲团成员，认真做好党的十八大、十九大以及十八届四中、五中、六中全会和十九届四中全会精神宣讲工作，到德州、枣庄等地开展大会宣讲和面对面宣讲 19 场。领导班子成员围绕“全面理解习近平新时代中国特色社会主义思想”“弘扬沂蒙精神”“坚定文化自信”等主题，到企事业单位、高校、社科类社会组织、社科研究机构开展理论宣讲、作形势政策报告、上思想政治理论课 30 余场，发表理论文章 30 余篇，以坚决有力的实际行动，发挥了示范引导作用。

2012 年 12 月 9 日，省委宣讲团成员，时任省社科联党组书记、副主席杨瑛分别到德州市市中区和齐河县作学习党的十八大精神辅导报告。

2016 年 11 月 16 日，时任省社科联党组书记、副主席林建宁到德州宣讲党的十八届六中全会精神。

2019 年 11 月 21 日，根据省委统一部署，省委宣讲团成员，省社科联党组书记、副主席刘致福在枣庄宣讲党的十九届四中全会精神。

第三，强化核心大局意识。坚决贯彻落实习近平总书记关于哲学社会科学工作的重要讲话和指示精神，贯彻落实党中央决策部署和省委工作要求，自觉把社会科学工作放在党委、政府工作大局中来把握和推动，着眼加快构建中国特色哲学社会科学，聚焦服务山东经济社会发展和“走在前列，全面开创”目标定位，组织开展基础理论、应用对策研究和理论政策普及。6 年多来，围绕增强率先发展新动力、加快新旧动能转换、打好脱贫攻坚战、弘扬优秀传统文化和“沂蒙精神”等主题共开展研讨普及活动 1000 多场，近百项成果获得省领导肯定性批示，有力发挥了服务党委、政府决策的“思想库”“智囊团”作用和理论宣传的“先锋队”“轻骑兵”作用。

2018 年 5 月 26 日，由山东省社科联主办、山东理工大学承办的“山东社科论坛——新旧动能转换与管理创新研讨会”在山东理工大学国际学术交流中心举行。

（二）落实党组意识形态工作责任制，牢牢把握正确方向导向

第一，健全完善一体化工作机制。成立省社科联意识形态工作领导小组，制定并修订了《山东省社会科学界联合会党组贯彻落实〈山东省党委（党组）意识形态工作责任制实施细则〉的实施方案》《山东省社会科学界联合会党组落实网络意识形态工作制实施办法》《突发敏感舆情处置工作机制》《意识形态领域安全风险防控工作方案》《省级社会组织管理通则》等制度性文件，科学有效的制度体系更加完备。党组每年开展专题研究意识形态工作 4 次，及时传达中央、省委最新决策部署和情况通报，经常督促指导落实意识形态工作责任制，推动各部门（单位）进一步强化对意识形态工作极端重要性的认识。加强督查考核，将落实意识形态工作责任制情况作为部室、单位向党组报告工作的重要内容，作为党员干部组织生活会和工作总结的重要内容，把意识形态检查考核与干部年度考核相结合，并将考核结果作为干部评价使用和奖惩的重要参考，从根本上形成推动意识形态工作责任制落实落地的长效机制和现实效应。

2019 年 12 月 17 日，省社科联召开年度第四次意识形态工作专题会议。党组书记、副主席刘致福主持会议并讲话，省社科联意识形态工作领导小组成员参加会议。

第二，抓实抓牢社科阵地管理。坚持守土有责、守土负责，加强对主办的学术活动、报刊网站、出版物等社科阵地的管理，切实守好主阵地、掌握主动权、打好主动仗。严把学术活动的主题、内容和导向关，制定山东社科论坛、齐鲁大讲坛等 5 项业务工作意识形态监督管理办法，严格履行审批报备制度，做好发言人背景审查和全过程监督管理工作，绝不给错误思想言论提供传播渠道。加强业务主管社会组织管理，建立健全准入退出机制，确保其依法依章程开展活动。《山东社会科学》规范编辑初审、专家匿名外审、主编终审、分管领导把关的审稿制度，紧扣重大理论和现实问题、学术前沿热点问题设置专栏，阐释理论热点、难点，辨析社会文化思潮。《领导科学报》《山东社科界》、山东社科网、微信公众号严格发稿标准、规范审稿制度，同频同步做实做强社科理论传播。

第三，强化社科工作导向引领。自觉担负起举旗亮剑之责、思想引领之任，先后举行全省社科理论界学习贯彻党的十八大精神座谈会、学习贯彻党的十九大精神和习近平总书记视察山东重要讲话重要指示批示精神座谈会、学习贯彻党的十九大精神研讨会和培训班等活动，通过调研、研讨、座谈、恳谈等渠道，进一步强化领导班子成员与专家学者的联系和沟通，引导专家学者深入研究阐释党的理论创新成果、重大决策部署，加强优秀传统文化研究阐发，拿起马克思主义理论武器批驳错误观点，为实现“两个巩固”根本任务贡献社科力量。

（三）把抓好党建作为“最大政绩”，压紧压实党建主体责任，切实推动基层组织全面进步全面过硬

第一，切实履行第一责任人职责和“一岗双责”。发挥党建工作领导小组作用，坚持党建工作与业务工作同谋划、同部署、同推进、同考核，把实行政治、思想和组织领导贯穿于省社科联各项工作全过程。历任党组书记亲自担任省社科联党建工作领导小组组长、机关党委书记，切实履行第一责任人职责，负总责、负主责、负全责，定期听取机关党建情况汇报、分析形势任务、完善制度措施，层层压实责任、传导压力。其他党组成员认真履行“一岗双责”，经常听取分管部室、单位党支部抓党建情况汇报，指导督促分管部室、单位党支部落实全面从严治党任务。2013年以来，领导班子成员带头讲党课40余次，带头到社区开展“双报到”工作10余次，以身作则、坚定不移地推动全面从严治党向纵深发展。

2016年7月，省社科联召开落实全面从严治党主体责任会议。

2018年7月，中国共产党建党97周年之际，省社科联党组书记、副主席刘致福为全体党员干部上党课。

第二，推动党建压力层层传导到位，建设过硬支部。健全完善党建工作机制，充分吸收中央“八项规定”及实施细则精神和我省的有关制度规定要求，先后制定修订《省社科联党组贯彻落实中央八项规定精神实施办法》《省社科

省社科联认真落实党员“双报到”，与伟东社区共同开展多种形式党日活动。

联党组关于实行党风廉政建设责任制的规定》《省社科联机关党建工作责任清单》《党支部基本工作制度》《党员干部理论学习制度》《省社科联基层党支部标准化建设实施方案》等系列党建工作制度，体现政治性、具有广泛性、彰显实效性的制度体系更加健全。每年年初制订抓党建工作计划，列出任务清单、责任清单，每季度至少研究1次党建工作，每年召开党建工作专题会议2次以上，推动党建工作任务落实落地。创新机关党建内容和形式，开展先进支部、过硬支部创建工作，深化党支部标准化建设梯级提升，推动基层党组织全面进步、全面过硬。深入开展机关、直属事业单位党支部书记抓党建工作述职评议，以考核评价为抓手促进党建工作均衡发展、全面提升。

2020年3月10日，省社科联党组召开党建工作专题会议，梳理总结2019年党建工作，分析党建工作形势，研究部署当年机关党的建设重点任务。

第三，抓好社会组织党委建设管理。调整社会组织党委隶属关系，采取在社团组织中发展党员、举办社会组织党务干部培训班、建设社会组织党建示范点的形式，以点带面，提高社会组织党建工作水平。制定《省社科联社会组织党建工作方案》《关于加强学会规范化管理与建设的意见》《关于加强省级学会党的建设工作的意见》，在业务主管社会组织中党组织建设全覆盖的基础上，推动社会组织党建工作由“有形覆盖”向“有效覆盖”深化拓展。2013年以来共组织培训9次，建立社会组织党建示范点10家，社会组织党建工作经验得到省委组织部认可，并将其作为典型经验进行交流。

2014年12月2～4日，全省社科界社会组织负责人学习宣传贯彻十八届四中全会精神暨工作交流会议在潍坊召开，时任省社科联党组书记、副主席杨瑛出席会议并讲话。

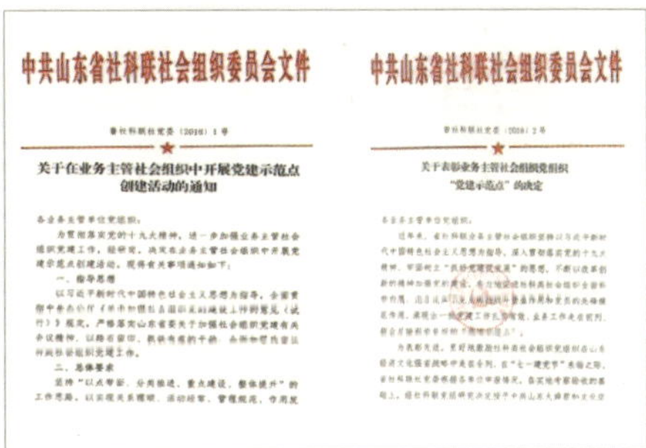
中共山东省社科联社会组织委员会文件

关于在业务主管社会组织中开展党建示范点创建活动的通知

中共山东省社科联社会组织委员会文件

关于表彰业务主管社会组织党组织“党建示范点”的决定

社会组织“党建示范点”创建通知和结果公示

（四）贯彻落实民主集中制，严格党内政治生活，建设团结协作奋进的领导班子

第一，坚持重大事项集体决策。认真贯彻落实《中国共产党党组工作条例（试行）》，严格落实民主集中制原则和“三重一大”集体决策制度，坚持集体领导、民主集中、个别酝酿、会议决定的议事决策程序，科学决策、民主决策能力和水平有了新提升，2013～2019年召开党组会议207次。制定实施《山东省社会科学界联合会党组议事决策规则》，党组作出的重大决策，均经过调查研究、征求意见、充分酝酿等程序，按照规则由集体讨论和决定。历任党组书记带头执行民主集中制，班子成员牢固树立“一盘棋”思想，增强换位补位意识，积极对讨论事项提出意见和建议。建立施行领导班子成员周一工作例会制度、每周工作日程通报制度、部室（单位）工作通报交流制度、个人工作通报交流制度等“四项制度”，及时通报工作安排和工作推进落实情况，重要情况、重要问题和个人重大事项随时报告，大大增强了工作的整体性、协作性。

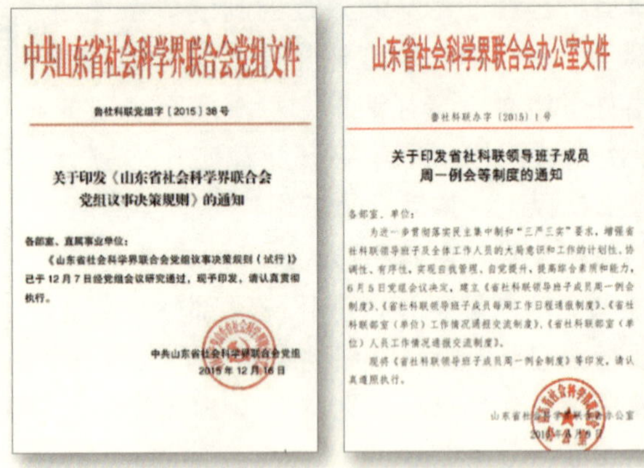
中共山东省社会科学界联合会党组文件

鲁社科联党组字〔2015〕38号

关于印发《山东省社会科学界联合会党组议事决策规则》的通知

各部室、直属事业单位：

《山东省社会科学界联合会党组议事决策规则（试行）》已于12月7日经党组会议研究通过，现予印发，请认真贯彻执行。

中共山东省社会科学界联合会党组
2015年12月16日

山东省社会科学界联合会办公室文件

鲁社科联办字〔2015〕1号

关于印发省社科联领导班子成员周一例会等制度的通知

各部室、单位：

为进一步贯彻落实民主集中制和“三严三实”要求，增强省社科联领导班子及全体工作人员的大局意识和工作的计划性、协调性、有序性，实现自我管理、自觉提升，提高综合素质和能力，6月5日党组会议决定，建立《省社科联领导班子成员周一例会制度》、《省社科联领导班子成员每周工作日程通报制度》、《省社科联部室（单位）工作情况通报交流制度》、《省社科联部室（单位）人员工作情况通报交流制度》。

现将《省社科联领导班子成员周一例会制度》等印发，请认真遵照执行。

山东省社会科学界联合会办公室

关于印发《山东省社会科学界联合会党组议事决策规则》和周一工作例会制度等文件的通知

第二，严格落实组织生活制度。党组成员认真落实《关于新形势下党内政治生活的若干准则》等党内法规，不断增强党的意识、党员意识，时刻牢记自己第一身份是党员，以普通党员身份按时参加所在党支部组织生活平均每年4次以上；自觉履行党员义务，主动定期向党支部汇报思想和工作，推动所在党支部建设并力求使之成为示范支部、过硬支部。2013年以来召开年度民主生活会、专题民主生活会13次，提出相互批评意见300余条。通过深刻的党性分析、对照检查和相互提醒督促，民主生活会质量有了切实提高，党内生活战斗性进一步增强。

省社科联党组书记、副主席以普通党员身份参加支部学习。

第三，提高领导能力和决策水平。带头参加业务学习、实践锻炼，着力增强学习本领、政治领导本领、改革创新本领、科学发展本领、依法执政本领、群众工作本领、狠抓落实本领、驾驭风险本领，切实把学习成果转化为谋划和推动工作的正确思路、政策措施和实际能力。牢固树立战略思维、历史思维、创新思维、辩证思维、法治思维、底线思维，增强“开门决策”意识，重大决策充分征求社科界有关部门单位、社会组织、专家学者和基层群众的意见。在省社科优秀成果奖改革、贯彻落实《山东省社会科学普及条例》、县（市、区）和高校社科联建设等制度方案制定过程中，召开座谈会30余次，调研200余次，征求有关单位意见1000余条。通过调动和发挥各方智慧，增强了决策的规范化、科学化、法制化水平。

二、机关党建规范化建设

在强化党组建设的同时，山东省社科联机关组织机构不断发展，机关部门设置由最初的1个办公室增至现今的7个部、室，机关整体素质和服务能力日渐提升。1992年，成立机关党委，具体负责机关党建工作；1996年，改为组织联络部（机关党委），后又单独设立机关党委。

自成立以来，省社科联高度重视机关党建工作，明确党组书记兼任机关党委书记，亲自负责机关党建工作。党支部书记具体负责工作实施，以党课为切入，以中心组学习、理论研讨、课题研究、实践调研等多元化形式扎实推动机关党建工作走深走实。在省直机关工委和省社科联党组的领导下，机关党委不断加强自身素质建设，充分发挥好党组织的战斗堡垒作用和党员的先锋模范带头作用，团结带领社科联全体党员和干部群众开创党建工作的新局面。

其一，严格规范机关建设。召开党员大会，选举产生机关党委和机关纪委，产生过程严格遵循《中国共产党章程》《中国共产党党和国家机关基层组织

省社科联机关党员大会现场

省社科联第三届机关妇女会议

工作条例》《中共山东省委关于〈中国共产党党和国家机关基层组织工作条例〉实施意见》等相关文件规定。机关党委和机关纪委在加强党的建设、提升党员干部群众素质等方面发挥了重要作用。

其二，以制度形式加强和完善机关党建工作。高度重视制度建设，将制度建设作为转变工作作风、提升执行力、促进社科事业长远发展的重要抓手，先后于 2005 年、2011 年对社科联规章制度进行比较系统的修订完善，确保各项规章制度紧跟省委决策部署和形势发展需要，保证了机关各项日常工作有章可循、有法可依。2011 年修订充实细化的规章制度汇编，共分成了部门职责、党组建设、会议、党群、公文、行政财务、综合管理等 7 个部分 40 项制度。

其三，创新机关群团活动，改善机关成员的整体风貌，不断增强机关的向心力和凝聚力。譬如，为提升党员的思想觉悟、引导党员牢记党的历史，积极组织党员到革命圣地西柏坡考察学习。为增强社科联凝聚力并激励全体成员特别是党员同志再接再厉、奋力拼搏、勇于担当、敢于作为，举行年度总结表彰暨迎新春联欢会。为加强对社科联离退休人员的关心，组织老干部到河南云台山参观考察。为提升干部职工的身体素质，积极组队参加省直机关全面健身登泰山活动。为增强党员的归属感与身份认同意识，使广大党员能够牢记宗旨使命，永葆先锋本色，自 2010 年 3 月 1 日起，为每一位中共党员过好“政治生日”，在“入党纪念日”当天颁发“入党纪念卡”。为庆祝中国共产党成立 90 周年，以“加强学习，转变作风，增强党性”为主题举行系列活动，包括组织机关党员和离退

2004 年 6 月 28 日，省社科联机关党委组织党员到西柏坡考察学习。

2011 年 7 月 1 日，省社科联机关党委举办庆祝建党 90 周年学习考察汇报会暨红歌演唱会。

2011 年 7 月，省社科联机关党委组织部分干部职工参观了由省直机关工委、省委党史研究室、省档案局和齐鲁晚报社联合主办的“红色影像——纪念中国共产党建党 90 周年大型图片实物展”。

休干部赴贵阳、遵义、韶山等地考察学习，组织党员参加庆祝中国共产党成立 90 周年党史知识竞赛，举行庆祝建党 90 周年学习考察汇报会暨红歌演唱会，参观“建党 90 周年图片实物展”，等等。

其四，认真推进机关反腐倡廉教育。在 2011 年年底之前全面开展了廉政风险防控工作，指导不同部门、不同岗位自觉查找潜在的廉政风险点，通过查缺补漏的形式形成山东省社科联廉政风险防控管理的长效机制。

其五，积极配合上级机关党委工作，进一步强化机关党委的执行力。譬如，根据省直机关工委关于在机关党的工作中推进和服务“第一书记”工作的通知要求，按照省社科联机关党委安排，组织领导带队到省社科联第一书记所在地进行看望慰问。再如，主动参与省直机关开展的“能力建设系统工程”，

2012 年 8 月 29 日、9 月 20 日，省社科联副主席、党组成员周忠高与省社科联秘书长孙淑娜，省社科联党组成员、纪检组长高航分别带队到省社科联第一书记所在村调研。

2012 年 10 月，按照省直机关工委《关于在省直机关深入开展“能力年”主题实践活动的实施意见》的总体部署，结合在机关开展岗位练兵、展现开展“能力年”主题实践活动丰硕成果，省社科联机关党委举办了“提升能力、创新工作、争创‘三个一百’展示推荐会”和公文写作竞赛活动。

依据省直机关工委下发的《关于在省直机关深入开展“能力年”主题实践活动的实施意见》要求，举行了“提升能力、创新工作、争创‘三个一百’展示推荐会”、公文写作竞赛、“每月一讲”等系列主题活动。

其六，积极参加创先争优活动。为进一步加强党的基层组织建设，机关党委认真落实省直工委、省社科联党组的系列要求，组织开展党员和基层党组织的创先争优。譬如，制定《省社科联关于深入开展创先争优争做齐鲁服务先锋活动的实施方案》《关于在省社科联业务主管社团中深入开展创先争优 争做齐鲁兴业先锋活动的实施方案》，召开动员大会，全面部署和推动机关党支部、党员创先争优活动实施；在《山东社科界》、省社科联网站设置专栏和网页刊载各支部的工作动态和学习体会；召开专题座谈会，围绕学习型党组织建设交流讨论；召开创先争优推进会暨先进模范人物事迹报告会；鼓励党员以实际行动参与社科联学术调研、齐鲁大讲坛、办报办刊等工作并发挥模范带头作用。

2010年5月14日，省社科联隆重召开动员大会，全面部署在基层党组织和党员中深入开展创先争优、争做齐鲁先锋活动。

2012年6月21日，在全省社会组织创先争优活动表彰会议上，省社科联社会组织党委荣获“山东省社会组织创先争优活动先进单位”荣誉称号。

在省社科联机关党委和全体党员的共同努力下，社科联机关党委有关工作获得了山东省委、省直机关工委的肯定，连续多年获得“省直文明机关”称号，获得“省直机关党建宣传报道先进单位”“先进基层党组织”等荣誉。

党的十八大以来，在习近平新时代中国特色社会主义思想的正确指导下，机关党委认真履行工作职责，积极创新活动形式，开创了机关党建工作的新局面，党的领导作用得到显著彰显与充分发挥。

（一）强化党建统领作用，发挥支部战斗堡垒作用

按照“党建工作全面加强，业务工作走在前列”要求，坚持把党建摆在与业务同等重要的位置一体部署、同步落实、协调推进，进一步强化了党建的统领作用；坚持把理想信念和党性教育作为“第一课”，坚持用党的最新

理论成果武装头脑，以《习近平谈治国理政》第一卷、第二卷和《习近平新时代中国特色社会主义思想三十讲》为重点，深入学习贯彻党的十八大、十九大精神和历届全会精神以及省第十一次党代会精神，安排好机关集体学习、辅导报告等活动，9个支部都开展集体学习研讨、举办培训班，支部书记和普通党员讲党课或微党课；深入扎实开展专题教育，举办专题党课、专题学习研讨、专题民主生活会和组织生活会；坚持开展每月一讲，组织党员干部积极参加齐鲁大讲坛、山东社科论坛、省直机关工委学习系列讲座；以“八有六好两促进”为标准，积极推进社科类社会组织党建示范基地创建；组织开展“新时代、新使命、新形象、新作为”主题教育活动，有效夯实党建工作载体、拓展业务提升渠道、打造作风锤炼平台、筑牢道德涵养阵地，干部队伍作风明显转变；安排专项经费，支持机关党委开展工作，明确机关党委、各党支部党建责任分工，把党支部标准化建设情况纳入党支部书记抓党建工作述职评议考核的重要内容，把党建工作纳入年度工作要点，充分发挥支部战斗堡垒作用和党员先锋模范作用，机关

2020年5月，围绕“决胜全面小康，决战脱贫攻坚”主题，省社科联科普部党支部坚持党建工作与业务工作同部署、同安排、同落实，将主题党日活动与“网上科普”活动结合起来，组织动员支部党员初心不改、使命在肩、步履不停，以花样方式凝聚党员力量，“规定动作”不走样，“自选动作”亮实招，全力打造“科普范儿”的主题党日活动，奋力夺取党建工作和业务工作的“双一流”。

为提高党建工作水平、强化全面从严治党责任，更好地凝聚力量和推动工作，2017年8月2～4日，省社科联在烟台举办机关党务干部红色教育培训班。

利用新建的图书阅览室开展微党课。

2019年7月18日，省社科联办公室和交流中心党支部全体党员赴济南战役纪念馆开展“红心向党，担当为民”主题党日活动。大家带着问题和思考参观了济南战役纪念馆。之后，在庄严肃穆的济南革命烈士纪念塔下，上了一堂互动式党课。互动式党课改变了以往“一人讲众人听”的传统模式，通过由主讲人引出讨论点，让每一位党员都参与进来、互动起来，谈观点、提问题、讲经验、聚共识，有效激发了大家学习参与的积极性。学习强国等媒体和平台对这项活动进行了重点报道。

为进一步落实党要管党、从严治党责任，提高基层党建工作质量，按照省直机关工委部署要求，2020年1月14日，省社科联组织召开2019年度党支部书记抓基层党建述职评议会议。

党建工作质量迈上新台阶。

2020年，面对突发的新冠肺炎疫情，机关党委一方面积极组织各党支部和广大党员干部开展疫情应对工作，号召在新冠肺炎疫情防控中发挥基层党组织战斗堡垒作用和党员先锋模范作用；另一方面，认真贯彻落实省委有关工作要求，组织开展机关党建常态化业务工作，如主题党日活动、党风廉政建设、专项整治等，保证各项工作正常运转。

（二）加强廉政教育和作风建设，坚持用制度管人、管事、管财

机关党委认真落实习近平总书记关于全面从严治党的要求，认真落实中央“八项规定”精神和省委实施办法，认真落实党风廉政建设责任制和反腐败斗争的各项工作部署，按照《关于加强廉政风险防控管理的意见》《关于进一步加强干部日常管理监督的办法》要求，把反腐倡廉纳入日常工作，筑牢拒腐防变的思想防线，树立社科干部队伍的良好形象，推动党支部建设全面进步、全面过硬。一是开展多场警示教育活动，组织党员干部参加廉政教育报告会、参加德廉知识学习测试、开展廉政学习研讨、观看警示教育片，提高思想认识。二是建立纪检监察兼职队伍，每个党支部都配备了纪检委员；

开展党建工作7个突出问题专项检查、7个不到位专项检查、党员违纪情况专项检查；开展述职述廉工作，约谈部室、单位负责人。三是将巡视组反馈的问题和意见建议，细化为具体问题和整改措施，开展巡视反馈问题的整改落实情况“回头看”工作，安排专人负责巡视整改攻坚工作，保持巡视整改高压常态态势。四是以加强机关规范化建设为着眼点，制定或修订落实加强纪律监督、党支部建设、资金管理等各类方案、制度几十项，强化制度执行力和约束力，进一步扎紧了制度的笼子，完善了纪律约束的长效机制，机关建设制度化、规范化水平不断提高。五是大力开展密切联系群众、改进工作作风的宣传教育，制定了有关改进文风、会风、工作作风，三公经费使用与管理，反对铺张浪费、厉行节约的制度与措施，坚决纠正走形式、搞变通的行为，提高办事效率和工作水平，形成了从严从实的工作常态。

山东省社会科学界联合会办公室文件

鲁社科联办字〔2015〕3号

关于印发《山东省社科联机关经费支出管理办法》的通知

各部室：

《山东省社科联机关经费支出管理办法》已经11月9日党组会议研究通过，现予印发，请认真贯彻执行。

山东省社会科学界联合会办公室

2015年11月12日

机关经费支出管理办法施行通知

2019年7月11日，为推进“不忘初心、牢记使命”主题教育深入开展，教育引导党员干部进一步强化纪律意识、廉政意识，保持为民、务实、清廉的政治本色，在省社科联党组书记、副主席刘致福带领下，省社科联全体党员干部赴省廉政教育馆开展廉政警示教育。

2020年5月28日，省社科联召开形式主义、官僚主义突出问题专项整治工作第一次会议，贯彻落实省委关于在全省开展专项整治工作的通知要求，安排部署省社科联专项整治工作任务。会议研究通过了省社科联《关于开展形式主义官僚主义突出问题专项整治工作的实施方案》、配档表和专项整治工作领导小组成员、工作专班成员名单。

（三）注重机关文化建设，形成良好工作氛围

参加省直机关第二届“五一”低碳环保健步走活动。

把创建“过硬支部”与争做合格党员结合起来，印发《省社科联创建“过硬支部”实施方案》，明确党建工作20项具体标准、24项考核指标，采取一季一打分、半年一小结、年底综合考评的办法，推动“三会一课”等制度落到实处，形成了创先争优的党建工作氛围。特别是在创新举措方面，围绕建设“创新务实、团结和谐、健康快乐”机关总目标，把提高机关干部队伍能力建设放在首位，通过组织专题学习、示范讲评、专项竞赛、学习考察、经验交流等活动，在机关形成了用心思考、用心工作、比学赶超、争创一流的良好氛围。以大力弘扬传统美德为切入点，充分发挥

2018年4月8日，为加强机关作风建设，按照省委的统一部署，省社科联召开“大学习、大调研、大改进”推进会，听取相关工作进展情况汇报，安排部署下一步工作任务。

2020年7月15日，省社科联召开模范机关建设暨机关党建工作推进会，深入学习贯彻习近平总书记关于机关党的建设的重要讲话、重要指示精神，传达学习全省模范机关建设暨机关党建工作推进会议精神，对深入推进模范机关建设进行安排部署。省社科联党组书记、副主席刘致福主持会议并讲话，党组副书记、副主席周忠高，党组成员、副主席张宏明，社科发展交流中心主任徐青，秘书长杨宗杰，各党支部书记参加会议。会议强调，要以政治建设为统领，强化理论武装，强化组织建设，加强作风纪律建设，持之以恒地正风肃纪、推进作风转变；要聚焦落实省委“重点工作攻坚年”目标任务，聚焦落实省社科联党组关于“工作创新提升年”的部署要求，促进机关党建与业务工作深度融合，扎实推进党建工作品牌创建，打造体现哲学社会科学特色的党建亮点。各党支部要认真落实好各项措施，把模范机关建设各项工作任务分解到位、落到实处，努力建设“讲政治、守纪律、负责任、有效率”的模范机关。

"道德讲堂"的主阵地作用，深化机关精神文明建设，不断加强干部队伍思想道德建设，积极营造"人人彬彬有礼，处处干干净净，个个力争上游，事事日清日毕"的机关文化，倡导大家努力做一个守规矩的人、干事创业的人、道德高尚的人，机关上下的道德风气愈发浓厚。发挥考核的指挥棒作用，健全完善日常考核与年终考核相结合、班子成员评价与干部职工评议相衔接的考核工作机制，使考核更加科学。

三、重大主题教育

新中国成立以来，中国共产党继续弘扬革命时期的优良传统，以专题教育、主题活动等形式有步骤、有组织地研究解决党内存在的突出问题，有效化解了建设、改革的不同时期、不同阶段制约中国共产党长期执政的关键和要害风险，使中国共产党的执政能力不断增强。

改革开放以后，针对党内存在的身份意识弱化、组织涣散等问题，党中央提出要对党进行有步骤、有计划的整顿，通过的《中共中央关于整党的决定》明确了具体的方向、目标、任务和步骤。1983 年 11 月 2 ～ 7 日，中共山东省委举行全体会议，研究贯彻中央文件精神，讨论通过了《中共山东省委关于整党的方案》，全面部署了整党工作，按照自上而下、分期分批整顿的原则，整党工作从省到基层分两期五批进行，全省共有 320 万名党员参加整党运动。在山东省委的领导下，山东省社联组织全体党员参与其中，认真开展对照检查。通过此次整党运动，极大地提升了社联党组的领导能力。

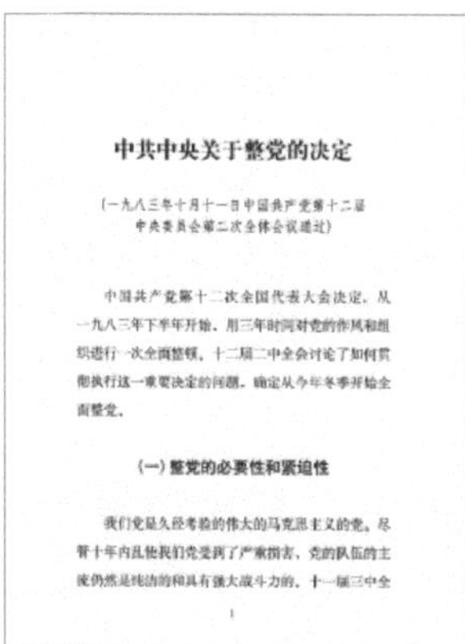

中共中央关于整党的决定

（一九八三年十月十一日中国共产党第十二届中央委员会第二次全体会议通过）

中国共产党第十二次全国代表大会决定，从一九八三年下半年开始，用三年时间对党的作风和组织进行一次全面整顿。十二届二中全会讨论了如何贯彻执行这一重要决定的问题，确定从今年冬季开始全面整党。

（一）整党的必要性和紧迫性

我们党是久经考验的伟大的马克思主义的党。尽管十年内乱使我们党受到了严重损害，党的队伍的主流仍然是纯洁的和具有强大战斗力的。十一届三中全

1

中共中央关于在县级以上党政领导班子、领导干部中深入开展以"讲学习、讲政治、讲正气"为主要内容的党性党风教育的意见

（一九九八年十一月二十一日）

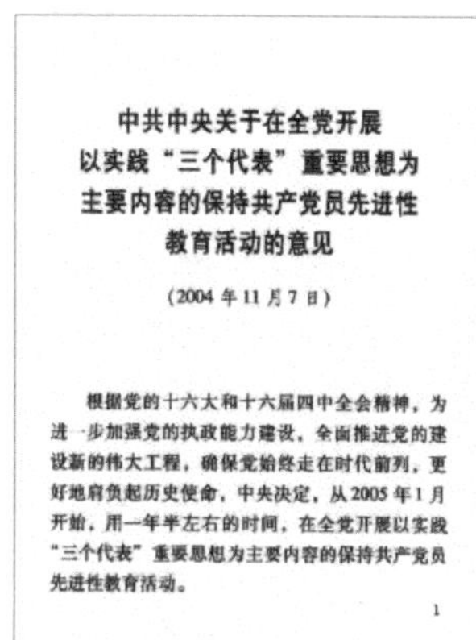

中共中央关于在全党开展以实践"三个代表"重要思想为主要内容的保持共产党员先进性教育活动的意见

（2004 年 11 月 7 日）

根据党的十六大和十六届四中全会精神，为进一步加强党的执政能力建设，全面推进党的建设新的伟大工程，确保党始终走在时代前列，更好地肩负起历史使命，中央决定，从 2005 年 1 月开始，用一年半左右的时间，在全党开展以实践"三个代表"重要思想为主要内容的保持共产党员先进性教育活动。

1

重大专题教育、主题活动文件

20 世纪末，面对复杂的国内外形势，党中央审时度势，提出开展以"讲学习、讲政治、讲正气"为主题的教育实践活动，并下发《中共中央关于在县级以上党政领导班子、领导干部中深入开展以"讲学习、讲政治、讲正气"

为主要内容的党性党风教育的意见》，指导“三讲”教育工作深入实施。山东省作为试点单位，认真推动“三讲”教育落实落细。1997年4月，中共山东省纪律检查委员会、中共山东省委宣传部、中共山东省委组织部联合发出《关于开展以“讲学习、讲政治、讲正气”为主要内容的党性党风党纪教育的意见》，要求在全省党员干部特别是县处级以上领导干部中深入开展教育活动。在山东省委的领导下，山东省社科联在第一时间组织开展“三讲”教育活动并取得良好效果，提升了社科联领导干部的素质和能力。

新世纪，社会主义现代化建设事业进入新时期、新阶段，对党的先进性提出了新的、更高的要求，以胡锦涛为总书记的党中央应时而动，提出在全党开展保持共产党员先进性教育活动，发出《中共中央关于在全党开展以实践“三个代表”重要思想为主要内容的保持共产党员先进性教育活动的意见》。2005年1月10日，山东省委在前期试点工作的基础上召开常委会议，传达学习中央保持共产党员先进性教育活动工作会议精神并研究贯彻落实意见；11日，召开保持共产党员先进性教育动员大会。按照部署，全省保持共产党员先进性教育活动自此分批次展开。在山东省委的领导下，山东省社科联作为第一批次参与到活动中，以先进性教育活动为契机，通过专题学习、批评与自我批评等形式，着力解决了社科联党组在思想、组织、作风等方面存在的问题，切实加强了领导班子和组织队伍建设，使领导班子的创造力、战斗力不断增强，使党员干部在马克思主义理论教育过程中确立起思想上的认同与坚信。

2005年1月15日，省社科联召开保持共产党员先进性教育活动动员大会。

党的十八大以来，立足新的时代方位，以习近平同志为核心的党中央坚持顶层设计，先后开展了4次重大主题教育活动，使党的建设这一新的伟大工程走向深入，使党的创造力、凝聚力、战斗力不断增强，使党的领导的制度优势更大程度、更有效地转化为新时代治国理政的治理效能。在山东省委的领导下，每一次重大活动推出之后，山东省社科联即组织全体干部职工认真学习，深刻领会活动精神、活动内容和活动要求，积极推动活动在社科联内部的纵向贯彻，在社科联所负责的社科类社会组织中的落地实施，确保活动的开展符合党的预期，取得令人满意的活动成效。

（一）党的群众路线教育实践活动

按照党中央和省委部署要求，省社科联党的群众路线教育实践活动自2013年7月开始，到2014年1月底基本结束，领导班子成员、全体党员干部共57人参加活动。活动坚持以为民、务实、清廉为主题，认真贯彻“照镜子、正衣冠、洗洗澡、治治病”的总要求，聚焦反对“四风”，扎实做好“学习教育、征求意见”“查摆问题、开展批评”“整改落实、建章立制”三个环节的各项工作，做到规定动作不走样、自选动作有特色，推动整个活动取得了实实在在的效果，受到了省委督导组的好评。

一是切实做好思想动员，成立了党组书记、副主席杨瑛任组长的省社科联党的群众路线教育实践活动领导小组，召开群众路线教育实践活动动员大会，学习贯彻中央和省委部署要求，对省社科联教育实践活动作出具体安排。二是精心开展学习教育，举行党组理论学习中心组读书会和各党支部专题学习会、领导干部带头讲党课活动，观看专题教育片7部，到孔繁森同志纪念馆等处参观学习2次。三是广泛征求意见，领导班子成员分别到19个单位调研，召开不同层面的座谈会15次，发放征求意见函260多份，共征集意见建议65条。四是深入查摆问题，采取群众提、自己找、上级点、互相帮等方式，深入查摆“四风”方面存在的突出问题，共开展双向约谈186人次，查摆出领导班子问题26条、领导班子成员问题106条。五是开好专题民主生活会，用好批评与自我批评的武器开展积极健康的思想斗争，共提出批评意见60条，达到了“团结—批评—团结”的目的。六是认真抓好整改落实，研究制定《省社科联领导班子整改工作方案》和《省社科联专项整治工作方案》，围绕会风文风学风问题、慵懒散问题、恢复齐鲁文化会馆职能问题、基层社科联组织建设问题、与社科界紧密联系问题、社科联能力建设问题、干部职工队伍建设问题，结合实际，集中进行整治，取得了明显成效。七是搞好建章立制，

党的群众路线教育实践活动期间，省社科联机关干部赴章丘三涧溪村学习。

省社科联群众路线教育活动学习交流会

制定党组理论学习中心组学习、人才队伍建设管理、干部职工绩效考核、领导班子成员联系点制度等13项制度，有力推动“四风”问题解决，促进各项工作开展。

在教育实践活动中，省社科联通过大力解决形式主义方面的问题，求真务实的工作作风得到进一步弘扬；通过有效解决官僚主义方面的问题，马克思主义的群众观点得到进一步强化；通过认真解决享乐主义方面的问题，艰苦奋斗的优良作风得到进一步发扬；通过努力解决奢靡之风方面的问题，勤俭节约的意识更加牢固。通过开展教育实践活动，省社科联领导班子和党员干部经受了一次深刻的党性锻炼和马克思主义群众观教育，理论学习成效实现较大提升，工作抓落实力度明显增强，文风会风得到切实改进，工作效率有了明显提高，为推动全省社科事业繁荣发展提供了有力保障。

（二）“三严三实”专题教育

自2015年4月中央、省委部署在县处级以上领导干部中开展“三严三实”专题教育以来，省社科联认真对照“严以修身、严以用权、严以律己，谋事要实、创业要实、做人要实”要求，聚焦对党忠诚、个人干净、敢于担当，按照讲党课、抓学习、重研讨、促整改的部署安排，着力解决“不严不实”问题，在深化“四风”整治、巩固拓展党的群众路线教育活动成效、建立“严”和“实”的工作常态等方面见到实效。

一是强化组织领导。成立了以党组书记林建宁为组长、党组副书记和纪检组长为副组长的领导小组，制定《关于在省社科联处级以上领导干部中开展“三严三实”专题教育实施方案》和配档表，为专题教育开展提供了坚强保障。二是讲好专题党课。2015年5月19日，党组书记林建宁以《自觉践行“三严三实”要求，争做推动社科事业繁荣发展的表率》为题为全体党员干部讲党课，正式启动省社科联“三严三实”专题教育。周忠高、高航、张宏明、孙淑娜等党组成员以上率下，带头讲了高质量党课，为省社科联各部室、各单位干部做出了表率、树立了标杆。三是紧抓学习教育。制定了《关于进一步深化党组理论学习中心组学习习近平总书记系列重要讲话精神的意见》，深入领

2015年5月19日，省社科联举办“三严三实”专题教育党课，时任省社科联党组书记林建宁为全体党员干部讲党课，标志着省社科联“三严三实”专题教育正式启动。

会习近平总书记关于“三严三实”的新思想、新观点、新要求，做到及时跟进学、专题深入学、全面系统学、联系实际学。各部室、各单位也都制订了学习研讨计划，采取个人自学、集中研讨、专题讲座、观看专题纪录片等形式，抓好“三严三实”学习教育，共举办8场报告会、4次示范讲评，开展警示教育7次。四是真抓专题研讨。按照《省社科联党组理论学习中心组“三严三实”专题学习研讨方案》，开展“严以修身”“严以律己”“严以用权”三个专题的学习研讨共5次，领导班子成员先后发言，说认识、谈体会，其他同志积极主动讨论，进行补充发言，交流思想，形成共识。五是狠抓查摆整改。把发现问题、解决问题作为出发点和落脚点，广泛征求省委宣传部、高校、党校、社科研究机构、社科类社会组织、基层社科联和省社科联离退休老干部的意见建议，班子成员之间、班子成员和其他党员干部之间广泛开展谈心谈话，逐条梳理“不严不实”的问题和具体表现；召开高质量民主生活会和组织生活会，领导班子层面查摆5方面20项问题。强化问题整改跟踪督查，将巩固深化与健全制度相结合，建立《省社科联严格规范党内政治生活制度》等规范性文件，有力推动了践行“三严三实”要求的制度化、常态化、长效化。

通过“三严三实”专题教育，省社科联领导干部在思想、作风、党性上又进行了一次集中“补钙”和“加油”，特别是绷紧了政治纪律和政治规矩这根弦，使深化党风廉政建设有了更加明确的方向，有力提升了领导班子和领导干部自我净化、自我完善、自我革新、自我提高能力，在守纪律、讲规矩和营造良好政治生态等方面见到了实效，在真抓实干和推动改革、发展、稳定上取得了新的进展。

（三）“两学一做”学习教育

2016年4月以来，省社科联按照中央和省委统一部署，在全体党员中开展了“学党章党规，学系列讲话，做合格党员”学习教育，以尊崇党章、遵守党规为基本要求，以用习近平总书记系列重要讲话精神武装全党为根本任务，着力在创新学习方式、注重教育实效上下工夫，着力解决突出问题，取得显著成效。

一是加强组织领导，在压实工作责任、做好结合文章上下功夫。制定印发了《关于在全体党员中开展“学党章党规、学系列讲话，做合格党员”学习教育实施方案》，成立了“两学一做”学习教育领导小组，认真抓好组织计划、协调安排、检查督促等具体工作落实。4月26日，省社科联召开“两学一做”学习教育工作座谈会，传达学习中央和省委的有关部署要求，启动“两学一做”学习教育。省社科联党组书记、副主席林建宁以专题党课的形式，与全体党员干部共同学习交流了开展“两学一做”学习教育的体会和认识，并进行了

2016年4月26日，省社科联召开“两学一做”学习教育工作座谈会，传达学习中央和省委的有关部署要求，就开展“两学一做”学习教育进行动员安排。

动员部署。党组成员坚持学在先、做在前，带头参加学习教育，带头立足岗位作贡献，发挥带学促做作用，形成上行下效、整体联动的工作格局。各党支部紧密联系本部室职责定位、工作实际和党员队伍现状，充分发挥积极性、主动性、创造性，形成了规定动作整齐划一、自选动作亮点纷呈的生动局面。

二是坚持学为基础，在加强理论武装、坚定理想信念上下功夫。强调带着问题学，深学细读党章党规和习近平总书记系列重要讲话，切实在真懂真信真用上下功夫。2016年内举办“两学一做”学习教育工作培训会、党务干部培训班等专题培训3期，开展党性教育活动5次，组织各支部开展党员集体学习80余次、参加省直机关读书活动30人次。领导班子成员带头讲党课9人次，机关党员讲党课44人次。党组围绕“入党为什么，为党做什么”“规矩有哪些，做得怎么样”“差距在哪里，应该怎么改”等专题开展了专题讨论，各党支部也开展了不同形式的研讨。召开“两学一做”学习教育工作推进会，组织支部对照党组要求和计划进度进行自查补课。组织德廉测试等专项考核4次，达标率100%，党员干部的理论素养和政治意识明显增强。

三是坚持做是关键，在查摆整改问题、争做合格党员上求实效。对照党章党规和“四讲四有”标准，深入查找在坚定理想信念、严守政治纪律和政治规矩、树立和落实新发展理念等方面存在的问题。组织各党支部对照山东省委常委、秘书长于晓明同志指出的省直机关党建工作中存在的七个方面问题进行自查，并提出整改措施；结合省委巡视整改，开展党建工作自查整改，着力加强机关党的建设，提高党组织凝聚力、战斗力。按照个人自评、党员互评、民主测评、组织评定程序，扎实开展民主评议党员活动。召开高质量的民主生活会和专题组织生活会，领导班子对照查摆问题(6个方面，共22条)，并制定了具体整改方案。以解决好党员队伍、党的组织生活、党员和党员领导干部教育管理、党支部建设中的突出问题为重点扎实推进问题整改，使学习教育成效体现在做合格党员、建过硬支部的实际行动上，落实到推动社科强省建设的生动实践中。

2017 年 3 月，中央《关于推进“两学一做”学习教育常态化制度化的意见》印发后，省社科联认真贯彻落实意见精神，印发工作方案，制定学习教育配档表，紧密联系单位实际，坚持学思践悟、知行合一，坚持全覆盖、常态化、重创新、求实效，坚持融入日常、抓在经常，不断建立完善理论学习经常化和及时发现、解决问题的有效机制，“两学一做”学习教育常态化、制度化取得重大进展，党员干部思想道德境界进一步提升，干事创业精气神进一步提振，先锋模范作用进一步发挥。

（四）“不忘初心、牢记使命”主题教育

“不忘初心、牢记使命”主题教育开展以来，省社科联认真学习贯彻中央部署和省委要求，聚焦“理论学习有收获，思想政治受洗礼，干事创业敢担当，为民服务解难题，清正廉洁作表率”的目标，坚持把学习教育、调查研究、检视问题、整改落实贯穿主题教育全过程，以饱满的政治热情、严实的工作作风、良好的精神状态推动主题教育深入开展，取得扎实成效。

一是强化组织领导。按照省委部署要求，制定学习、调研、整改等工作方案 20 余项，先后召开 7 次主题教育工作推进会、研判会、专题会调度督导，确保不做虚功、不走过场。

2019 年 6 月 6 日，省社科联党组理论学习中心组集体学习暨“不忘初心、牢记使命”主题教育工作会议召开，深入学习贯彻习近平总书记在“不忘初心、牢记使命”主题教育工作会议上的重要讲话精神和全省主题教育工作会议精神，启动部署省社科联主题教育工作。

二是聚精会神，抓好学习教育。以习近平新时代中国特色社会主义思想、党章党规为重点，主题教育期间党组集体学习 13 次，举行研讨交流 5 次，班子成员讲党课 7 次。举办省社科联主题教育读书班，举行结业研讨、知识竞赛、读书分享等活动 4 场，到济南战役纪念馆、省廉政教育馆等处开展专题教育 3 场。期间，特别邀请“时代楷模”王传喜、焦裕禄干部学院名誉院长焦守云等开展先进模范事迹报告 2 场，将典型精神、榜样力量转化为践行好初心使命的行动自觉。

2019 年 7 月 30 日，为学习先进典型、汲取榜样的力量，省社科联举办“学习先进典型，践行初心使命”主题教育先进典型报告会，邀请“时代楷模”王传喜作专题报告。

省社科联在主题教育中注重发挥科普平台优势，积极开展学习先进典型专题教育，以榜样的精神和力量激励党员干部担当作为，大力营造崇尚典型、学习典型的社会风尚。2019 年 8 月 10 日，为进一步学习和弘扬焦裕禄精神，砥砺党员干部不忘初心、牢记使命，省社科联通过齐鲁大讲坛社科普及平台，邀请焦裕禄干部学院名誉院长、焦裕禄二女儿焦守云做客齐鲁大讲坛，为全体机关党员干部和各界群众代表作“我的父亲焦裕禄”专题讲座。

2019 年 7 月 25 日，省委第六巡回指导组一行，专门到省社科联所属事业单位《山东社会科学》杂志社，指导杂志社党支部主题教育进行第二次集中学习研讨。杂志社党支部此次集中学习研讨的主题是“牢记宗旨性质，践行以人民为中心的发展思想；勇于担当作为，争做新时代泰山‘挑山工’”，学习研讨采取两天时间自学、半天时间集体学习、交流研讨形式开展。

三是深入基层，调查研究。班子成员认真贯彻落实“四不两直”要求，到县区、乡镇街道、高校、社会组织调研 32 次 70 余天，围绕“加强高校社科联建设”“创新学术研讨形式和成果评价机制”“推进新时代文明实践社科普及志愿服务”“推动社科类社会组织加强自身建设”四个重点任务，形成调研报告 7 篇。召开调研成果交流会议，众人拾柴、集思广益，细化、实化、具化对策，依据调研成果研究制定加强高校社科联建设的意见，实施省社科优秀成果奖评选改革。组织全省社科联系统开展“微调研”活动，形成调研报告 61 篇，主题涵盖理论宣讲话语体系创新、社科成果评价机制改革、社会组织法律风险等各方面。

四是不遮不掩，检视查摆。按照“四个对照”“四个找一找”的要求，以巡视巡查、考察考核中反馈的问题为重点查找问题 8 条；对照党章党规、省委确定的专项整治清单查摆问题 9 条；面向群众征求意见建议 28 条，努力把问题找准、找实、找具体。班子成员和各支部主动认领，深挖矛盾症结，提出解决意见。

五是动真碰硬，整改落实。制定问题整改台账、专题民主生活会整改落实方案，明确整改任务 14 项、措施 53 条；班子成员和各支部围绕上述问题分别提交整改任务、整改目标、整改措施、整改时间及整改负责人“五张清单”。建立整改督查机制，区分情况，靶向施策，挂图作战，倒逼落实。顺利完成 3 项任务、7 项具体问题整改，11 项长期坚持的整改任务取得阶段性成效。

主题教育期间，建立了《班子成员联系市、大企业、高校社科联和业务主管社会组织办法》等制度 9 项，精简文件会议比例达到 1/3。通过深入开展主题教育，领导班子的战斗力、号召力、凝聚力得到进一步增强，广大党员干部的素质得到明显提高，干事创业、为民服务成效实现新的较大提升，为新时期社科强省建设提供了有力保障。

四、干部队伍建设

干部队伍能力建设事关党和国家事业兴衰成败，是干部队伍建设的永恒主题。加强社科强省建设，关键在于打造一支政治过硬、素质全面、本领高强、勇于担当、作风优良的社科联干部队伍。60 年来，山东省社科联坚持外树形象、内强素质，不断加强干部队伍的思想建设、能力建设、作风建设，为全省社科事业的发展提供了强劲的人力支撑。

新中国成立初期，百废待兴，为了提升干部队伍的理论素养，机关团体普遍建立学委会并试办政治夜校，以专业和非专业相结合的形式加强干部的理论教育。自 1960 年起，干部的理论教育以学习毛泽东著作为要。山东省委要求广大领导干部（县级以上）要通读《毛泽东选集》，特别是加强对毛泽东哲学著作的研读，下发了《关于学习马克思列宁主义学习毛泽东著作的决定》（1960 年 3 月）、《关于组织干部进一步学习毛泽东著作的决定》（1965 年 8 月）等文件。在文件精神的指导下，山东省社联积极组织干部开展毛泽东著作和相关理论内容的学习与研究。“文革”期间，在“走捷径”“急用先学”等错误理念的指导下，党的干部理论教育工作受到干扰。

党的十一届三中全会以后，在党中央拨乱反正、正确领导与积极推动下，全省干部队伍理论教育工作回归正轨并走向规范化、系统化、常态化，教育

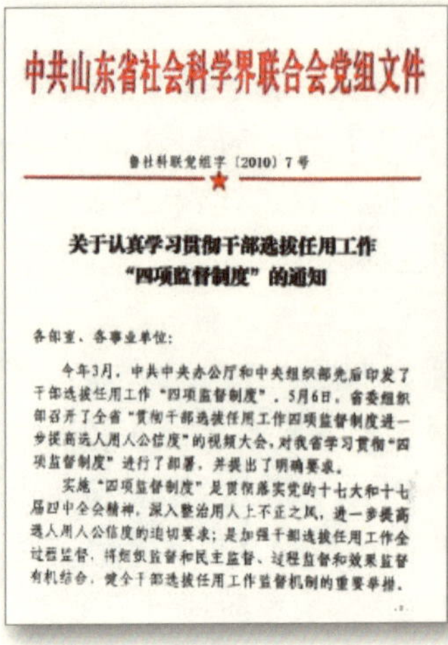

中共山东省社会科学界联合会党组文件

鲁社科联党组字〔2010〕7号

关于认真学习贯彻干部选拔任用工作“四项监督制度”的通知

各部室、各事业单位：

今年3月，中共中央办公厅和中央组织部先后印发了干部选拔任用工作“四项监督制度”。5月6日，省委组织部召开了全省“贯彻干部选拔任用工作四项监督制度进一步提高选人用人公信度”的视频大会，对我省学习贯彻“四项监督制度”进行了部署，并提出了明确要求。

实施“四项监督制度”是贯彻落实党的十七大和十七届四中全会精神，深入整治用人上不正之风，进一步提高选人用人公信度的迫切要求；是加强干部选拔任用工作全过程监督，将组织监督和民主监督、过程监督和效果监督有机结合，健全干部选拔任用工作监督机制的重要举措。

《关于认真学习贯彻干部选拔任用工作“四项监督制度”的通知》

内容和教育形式主动求变，干部队伍学习热情空前提升，山东省社联干部队伍也在系统的理论教育中逐渐成熟并发展壮大。进入新世纪，山东省社科联认真落实《干部教育培训工作条例（试行）》，积极以制度规范、理论学习、实践实训等形式推动和加强干部队伍的规范化建设，运用互联网等新媒介创新和丰富干部队伍的教育形式，极大地改善了社科联干部队伍的整体风貌。例如，2010 年 4 月 1 日，省社科联举办 2010 年党员干部集中学习教育（党课）活动。2010 年 5 月，省社科联党组下发《关于认真学习贯彻干部选拔任用工作“四项监督制度”的通知》，切实规范干部的选拔任用，防止用人失察失误。2012 年 3 月 24 日，召开选派“第一书记”帮包贫困村工作动员大会。2012 年 6 月 28 日，召开党组理论学习中心组集中学习会，学习了《党政领导干部选拔任用工作条例》、“四项监督制度”和换届纪律要求等内容。

与此同时，山东省社科联不断扩容，编制人数显著增加，奠定了社科联干部队伍的基数规模。1960 年 8 月 4 日，山东省人民委员会批准确定山东省哲学社会科学联合会机构编制为 12 人。1981 年 3 月 28 日，山东省编委《关于省社联筹委会办公室人员编制的通知》指出：省委确定成立山东省哲学社会科学学会联合会筹委会，社联筹委会编制 17 人。1986 年，成立《山东社会科学》杂志社，确定编制 8 人。1996 年，山东省社科联机关编制和杂志社编制分别增至 31 人和 18 人。1997 年，增加山东省齐鲁文化会馆编制 15 人。2008 年，机关、杂志社和会馆编制分别是 33 人和 27 人。2010 年，社科联机关编制增至 39 人。2012 年，社科联机关编制增至 41 人。2014 年，精简压缩编制，社科联机关编制缩至 39 人，杂志社、会馆缩至 25 人。2015 年，社科联机关继续压缩至 38 人。随着编制规模的

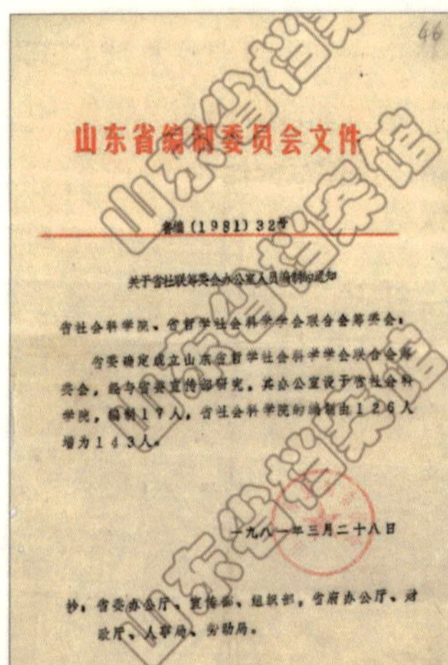

山东省编制委员会文件

鲁编（1981）32号

关于省社联筹委会办公室人员编制的通知

省社会科学院、省哲学社会科学学会联合会筹委会：

省委确定成立山东省哲学社会科学学会联合会筹委会，经与省委宣传部研究，其办公室设于省社会科学院，编制17人，省社会科学院的编制由126人增为143人。

一九八一年三月二十八日

抄：省委办公厅、宣传部、组织部，省府办公厅、财政厅、人事局、劳动局。

1981 年 3 月，省编委《关于省社联筹委会办公室人员编制的通知》指出：省委确定成立山东省哲学社会科学学会联合会筹委会，社联筹委会编制 17 人。

整体性增长和结构的不断调整，山东省社科联机关领导干部的人数和规模也发生了改变。

党的十八大以来，山东省社科联党组高度重视干部队伍能力建设，通过创新载体、丰富形式、完善机制、强化考核等系列举措，着力培养干部队伍过硬的政治素质和业务能力，努力为繁荣社科事业、加快社科强省建设提供坚强组织保证。

（一）聚焦政治过硬，强化理论武装，开展干部系列教育活动

省社科联党组始终把政治建设摆在首位，把党的基本理论教育和党性教育列为重点教育培训内容，通过组织党组理论学习中心组集中学习、支部集体学习研讨、集中分批轮训等方式，组织党员干部全面系统、持久深入地学，教育引导党员干部不断增强“四个意识”，坚定“四个自信”，做到“两个维护”。用好社科资源丰富的优势，通过举办辅导报告、组织专题培训、开展现场教育、观看警示影片等，加强党员干部日常教育，防微杜渐、警钟长鸣。党组主要负责同志和领导班子成员带头上讲台宣讲、作报告、讲党课，处级干部人均脱产培训 130 学时 / 年，科级以下干部人均脱产培训 100 学时 / 年，均圆满完成既定年度培训计划。以 2019 年为例，以习近平新时代中国特色社会主义思想为重点，举行党组中心组学习 19 次、22 天，7 个支部开展集体学习 160 余次、研讨 46 次，开展党性教育活动 11 项。

2018 年 1 月 11 日，省社科联党员干部到山东省党史陈列馆接受革命传统教育。

与此同时，山东省社科联认真组织开展一系列主题教育活动，把坚定理想信念作为加强思想政治建设的首要任务，把党性党风教育作为加强思想政治建设的重要内容，把严肃党内政治生活作为思想政治建设的有力武器，坚持在强化政治训练、党性锤炼和政治历练上精准发力、持续发力、久久为功，有效提高党员干部的政治定力和政治能力。

（二）聚焦本领高强，强化专题培训，举办系列能力提升活动

党的十八大以来，省社科联党组牢牢抓住能力建设这一主题，把培训目标、培训内容、培训方法和干部能力提升紧密结合起来，开展系列能力提升专项行动，切实提高干部教育培训的针对性和实效性。

其一，认真组织年度干部教育培训。省社科联党组把干部教育培训纳入重要议事日程，每年都举办各类培训班和组织调训，精选培训内容，分层分类培训，提升干部专业素质和能力。仅2019年，就举办了全省社科联工作会议、全省社科界学习贯彻习近平总书记在看望参加政协会议的文艺界社科界委员

2019年12月18～19日，全省社科联系统学习贯彻党的十九届四中全会精神暨工作创新发展研讨会在济南召开。会议分专家辅导、授牌颁奖、研讨交流、会议总结4个环节。省社科联党组书记、副主席刘致福出席会议并作总结讲话。

时的重要讲话精神座谈会、全省社科联哲学社会科学工作专题培训班、学习贯彻党的十九届四中全会精神专题辅导报告会、全省社科联系统学习贯彻党的十九届四中全会精神暨工作创新发展研讨会等多场讲座、研讨；组织省管干部、处级干部和科级干部分别参加省直机关工委、省委组织部、省委宣传部、省委党校（山东行政学院）等各类培训活动18人次。

其二，创新开展干部能力提升行动。结合事业发展需求，不断创新载体形式，加强干部业务培训、实践锻炼。2014年8月起，在机关组织开展以文字写作能力、语言表达能力、组织协调能力为主要内容的“三项能力”建设活动，印发《中共山东省社科联党组关于加强“三项能力”建设的实施意见》和《省社科联加强“三项能力”建设任务配档表》，成立省社科联“三项能力”建设领导小组和考核评定小组，统筹推进“三项能力”建设各项工作，通过专题讲座、示范讲评、专项竞赛、考察学习、基层调研等方式，有力提升干部队伍能力素质。2016年4月起，以“家庭美德·孝德、职业道德·诚德、

2017年1月6日，“2017年省社科联‘道德讲堂’第一讲：总结与提升”会议在省社科联举行。时任省社科联党组书记、副主席林建宁出席并讲话，省直机关工委副书记周杰华出席并作辅导报告。

2019 年 8 月 8 日，为深入扎实开展“不忘初心、牢记使命”主题教育，认真贯彻省委关于对标先进、担当作为的部署要求，省社科联党组书记、副主席刘致福带领考察组到对标单位江苏省社科联考察学习。党组副书记、副主席周忠高，党组成员、副主席张宏明参加考察学习活动。

社会公德·爱德、个人品德·仁德”为主题，举办“道德讲堂”系列活动，通过聆听身边的人讲述身边的事，以道德模范为榜样，激励领导干部感悟践行，形成了讲道德、遵道德、守道德的浓厚氛围，不仅正风正气得到有力弘扬，干部职工的道德水平、文明素质、履职能力也不断提高。2018 年 7 月起，开展“新时代、新使命、新形象、新作为”主题教育活动，举办“微调研”评选、述学、征文比赛、道德讲堂、读书分享、知识竞赛、“金点子”评选、“遵规守则”学查改、志愿服务、家风建设等 10 大系列活动，切实提高机关党员干部队伍综合素质，全面推动各项工作水平不断提升。2019 年 2 月起，开展增强“脚力、眼力、脑力、笔力”教育实践，进一步锤炼优良作风，提升干部队伍专业本领。2019 年 5 月，根据省委统一部署，开展“对标先进”工作，在调研基础上确定江苏省社科联为对标对象，制定《省社科联“对标先进”工作方法》和对标工作台账表，确定了年度目标和中长期目标；同时，省社科联班子成员和业务部室负责同志组成考察组赴江苏省社科联考察学习，认真查找工作中的痛点、难点、堵点，发现总结工作中的创新点、提升点，营造担当作为、干事创业的良好氛围。

其三，常态推动干部基层交流锻炼。党的十八大以来，省社科联积极探索干部实践锻炼的创新渠道和形式，推进干部交流轮岗、基层锻炼，进一步

2013 年 5 月下旬，根据省委对省直机关驻村“第一书记”组织村“两委”外出考察学习的工作要求，为了更好地做好帮扶村工作，经省社科联党组同意，省社科联所帮扶的莘县朝城镇江楼、八里铺、程路口三个村“第一书记”带领村两委班子和镇管区干部共 12 人赴菏泽郓城县黄集乡郭庄村、泰安市宁阳县郑龙村和诸城十里社区等新农村建设先进村进行考察学习。

2013 年 9 月 17 日，时任省社科联党组书记、副主席杨瑛及各党支部书记到“第一书记”帮包村聊城莘县朝城镇江楼村、八里铺村、程路口村看望联系的贫困户。期间，对“第一书记”工作情况及三个村生产发展情况进行了座谈调研。

2015 年 3 月 11 日，省社科联副主席、党组成员张宏明、孙淑娜，秘书长张伟红等人，到省社科联新一轮“第一书记”帮包村——聊城莘县朝城镇三里营、五里埙两个村进行走访调研。

拓宽干部视野、丰富干部阅历、提升干部队伍的综合素质与能力。一是积极做好“第一书记”选派驻村工作。2012 年以来，先后 4 轮选派“第一书记”驻村工作，共选派干部 6 批次、16 人次，让第一书记专心开展帮包工作，与单位工作完全脱钩，工作经费和其他待遇全部到位，并持续给予政策、资金和智力扶持，在提拔使用、职级晋升、评先树优、表彰奖励等方面积极营造关心、支持第一书记工作的良好氛围。二是积极做好干部下基层工作。按照省委部署，认真做好“千名干部下基层”和“万名干部下基层”工作，累计选派 2 名副厅级干部、1 名正处级干部参加省民营企业高质量发展服务队，工作经费和其他待遇保障到位，主要负责同志和其他班子成员多次实地调研，帮助开展工作。三是做好服务基层联系点工作。对联系的一个乡镇（聊城市莘县古城镇）、

2015 年 6 月 30 日，时任省社科联党组书记、副主席林建宁慰问五里埙村党员代表孔春莲一家。

2019 年 12 月 16 日，省社科联党组书记、副主席刘致福按照省委“四不两直”要求到基层党建联系点和“第一书记”帮扶村聊城莘县古城镇东小尧村、王庄村实地调研基层党建、脱贫攻坚和新时代文明实践站所建设情况，并深入基层宣讲党的十九届四中全会精神。

2020 年 5 月 28 日，省社科联党组召开"四进"攻坚工作组专题汇报会，听取"四进"攻坚工作组专题汇报，并组织新一轮选派干部集体谈话。

一个村（古城镇王庄村）、一个企业（济南市槐荫区山东开创集团）、一个工程项目（古城镇东小尧村大棚项目），实行点对点帮扶指导，在基层打通政策落地的"最后一公里"。四是做好"四进"攻坚行动。根据省委部署，2020 年 3 月起，选派 3 名干部参加全省"进企业、进项目、进乡村、进社区"攻坚行动，让干部到基层一线抓防控、抓发展、抓民生，推动安全生产和社会稳定。五是做好干部交流轮岗。坚持"人岗相适""按需培养"原则，综合分析轮岗干部专业背景、能力素质、性格特点等情况，有针对性地进行交流轮岗。仅 2019 年，就完成 10 人次的干部轮岗交流，并选派 1 名处级干部到全国哲学社会科学工作办公室挂职锻炼 3 个多月，有效地调动了广大干部特别是优秀年轻干部干事创业积极性，有力提升了干部队伍综合素质能力。

（三）聚焦担当作为，强化管理监督，完善干部激励约束机制

党的十八大以来，省社科联党组坚持以实际业绩为核心，不断完善干部考核评价机制和考评办法，科学考评干部实绩，调动干部加强能力素质的积极性、主动性。

其一，严格任前把关。突出政治标准，严格考核考察，强化党组领导和把关作用，注重选拔政治过硬、历练扎实、表现突出的干部。认真贯彻落实《党政领导干部选拔任用工作条例》等选人用人制度，坚持全面了解干部，把日常了解、民主考察推荐、"凡提四必"结合起来，全面掌握干部情况，严格落实调配、交流、回避等规定，

2018 年 1 月 30 日，省社科联举行 2017 年度工作考核会议。

做到知事识人，当好选人用人制度守门人，真正把德才兼备，想干事、能干事、干成事的好干部选上来。2012 年以来，社科联党组共组织开展干部调整工作约 60 次，涉及干部约 160 人次，均严格按照《党政领导干部选拔任用工作条例》规定的议事规定和决策程序讨论决定任免事项，始终坚持按照规定职数、资格条件和程序选人用人。

其二，完善考评机制。根据《中华人民共和国公务员法》《事业单位人事管理条例》等有关制度精神，按照省委组织部和省人社厅关于开展年度考核工作的具体要求，在适当参照省社科联惯例前提下，严格按照既定标准、程序、办法和比例要求组织开展机关事业单位考核评优工作，以考带干，推动各项工作落实落地落细，更好服务全省社科界、服务广大社科工作者。特别是 2018 年省委部署开展省直机关绩效考核以来，以省直机关绩效考核评价为新契机，广泛学习借鉴省委宣传部、省文化厅、省文联、省科协、省贸促会等兄弟单位经验做法，坚持目标导向、结果导向，着重对省委、省政府部署的重要改革任务进行考核，进一步完善考核标准；经过多轮调查研究修改后，于 2019 年底初步形成融部室绩效考核和工作人员年度考核评优为一体的考核评优机制，倒逼干部队伍干事创业、推动工作创新提升，取得明显成效。在以优异成绩取得 2018 年度、2019 年度省直机关绩效考核良好等次基础上，进一步创新部室和干部考核方式方法，按照“一部室一标准”的原则，为各部室量身打造绩效考核表，以表考事，聚焦工作实绩，改进完善考核程序，把年终考“果”向日常督“事”拓展，把日常“督”事向年终考“果”延伸，加强考察与督查的有效衔接，考实写准各部门工作实绩实效。进一步完善干部年度考评机制，细化量化考核指标，注重在重要关头、关键时刻了解干部，着力考准考实干部，充分发挥考核指挥棒的激励效用。2012 年以来，省社科联机关事业单位先后有 95 人次年度考核优秀，并被予以嘉奖；有 8 人连续三年考核优秀，记三等功；省社科联选派的“第一书记”、挂职县委副书记和“万名干部下基层”民营企业服务队的同志们在派驻服务期间的年度考核等次均被确定为“优秀”；另有多名同志在挂职、派驻、借调或帮助工作期间，因工作作风扎实、实绩突出，被有关单位予以通报表彰。

其三，改革晋升机制。在认真吃透试点政策精神，兼顾社科联干部队伍实际基础上，先后于 2017 年 10 月完成职级套改，于 2017 年 12 月完成首次职级晋升，于 2018 年 1 月完成后续晋升工作，顺利完成职务与职级制度并行试点工作，实现双轨并行。数据显示，2017 年以来，借助试点政策东风，不断强化干部调整力度，渐次释放政策红利，3 年来共推荐或提拔领导干部 13 人次、职级干部 63 人次，内部交流调整 14 人次。

其四，加强管理监督。突出政治监督，督促党员干部严守政治纪律和政治规矩，推动落实“五个必须”，坚决防止“七个有之”。严格正风肃纪，始终把纪律规矩摆在前面，积极支持派驻纪检监察组和机关纪委履行职责，持续保持正风肃纪高压态势，倒逼党员干部不敢腐、不想腐、不能腐。坚持严管厚爱相结合，紧盯关键岗、重点人，主动用好监督执纪“第一种形态”，及时就苗头性、倾向性问题开展谈心谈话，防止小症状变成大病灶，杜绝小隐患酿成大事故。按照省委组织部有关要求，从严从实做好领导干部个人有关事项报告工作，规范开展抽查核实，引导领导干部严肃对待、如实填报。规范领导干部配偶、子女及其配偶经商办企业行为，努力做到常态化管理。认真开展年度干部选拔任用“一报告两评议”工作，从严开展档案管理审核，坚决消化遗留问题。进一步强化部室述职制度，督促干部队伍担当负责、积极作为。加强省直机关绩效考核整改力度，督促各部室树立问题意识和效果导向，压实目标责任，以责任落实倒逼工作创新提升，以工作创新提升推动干部自觉加强能力建设。

其五，推进年轻干部选育管用工作，激发干部干事创业热情。认真贯彻落实省委实施意见，把发现、培养、选拔优秀年轻干部摆上重要议事日程，注重加强对年轻干部的思想淬炼、政治历练、实践锻炼和专业训练，认真组织年轻干部参加主题教育、理论学习、专题培训、“四新”活动，坚持在实践中锻炼干部、砥砺品质、提升能力。认真落实年轻干部配备比例要求，仅2019年提拔调整年轻干部14人次，其中，40岁左右正处级领导干部由1人提高到2人，占比由年初11.11%提高到22%；35岁左右副处级领导干部由1人提高到5人，增幅400%，占比由12.5%提高到55.56%。此外，山东省社科联积极拓宽选人用人渠道，为社科事业注入新鲜血液。充分利用各类选人用人渠道，通过公开招录（招聘）、军转安置、遴选和调用等方式，面向全省党政机关、企事业单位基层一线引进优秀人才，为社科事业发展增添新生力量。2012年以来，省社科联机关先后引进参照公务员法管理工作人员14名，2家直属事业单位先后引进工作人员5名。

回顾山东省社科联党建工作的发展，从被动抓到主动抓，从基础薄弱到基层基础得到巩固提升，从与业务不紧密到与业务相融合进而发挥统领作用，这些都深刻说明：党的政治建设是党的根本性建设，社科联作为学术性群众团体，必须以党的政治建设为统领，严明党的政治纪律和政治规矩，把坚持党的领导作为根本政治原则，贯穿到事业发展的全过程、各领域；加强基层组织建设是夯实党的执政根基的必然要求，省社科联作为省委领导下的学术性群众团体，必须始终坚持加强基层组织建设，充分发挥党组织的战斗堡垒作用和党员的先锋模范作用；打造过硬干部队伍是做好新时代党建工作的需要，必须以党建带业务、以思想强队伍，把纪律规矩挺在前面，用好道德、法治两种手段，把牢事前、事中两个环节，扭住管人、管事两个关键；制度建设是全面从严治党的重要保障，必须始终把加强制度建设作为治本之策，结合实际，切实扎紧制度笼子，发挥好制度的刚性约束作用。总之，只有通过党建引领，把党建资源转化为发展资源，把组织优势转化为发展优势，才能不断提升自身建设的科学化、规范化水平，使社科联各项工作取得实实在在的成效。

附　录

■山东省社科联成立60周年巡礼系列报道之一 · 组织机构篇

把千千万万社科工作者组织起来

——山东省社科联60年组织体系建设侧记

黄建龙

习近平总书记指出，哲学社会科学事业是党和人民的重要事业，哲学社会科学战线是党和人民的重要战线。

社科力量来自组织。做好社会科学工作，必须有坚强有力的组织体系作为保障。作为党委、政府联系广大社会科学工作者的桥梁和纽带，社科联组织体系建设事关大局、至关重要。

山东省社科联成立60年来，团结带领全省广大社科工作者，与时代同步伐，以人民为中心，顺应山东社科事业发展，推动社科联组织机构从无到有、由小到大、自弱向强，走过了一段跌宕起伏、波澜壮阔的发展历程，每一步印痕都格外清晰。

1956～1977年，星星之火

“百花齐放，百家争鸣”，1956年，党中央“双百”方针吹响了繁荣发展社会主义科学文化的雄壮号角。

伴随着新中国文化春天的来临，山东社科事业如沐春风。省哲学研究所和哲学学会、省历史研究所和历史学会、省经济研究所相继成立，拉开了山东社科机构起步建设的历史帷幕。

哲学社会科学工作是一项系统工程，既要“各守一摊”，还得“协调联动”，这就需要加强组织、指导、管理和服务，如此方能高效运转。

事业呼唤，社科联应运而生。1960年8月，为加强对各省级社科研究机构和学会的指导管理，经省人民委研究批准，山东省哲学社会科学学会联合会（简称“山东省社联”）成立。组织机构由此破土而生，开启了山东社科事业全新的发展局面。

1965 年 9 月，为进一步有效整合全省社科力量资源，更好地为经济社会发展提供理论和智力支持，省委决定将省社联与省哲学、经济、历史三个研究所合并为“省哲学社会科学研究所”，编制名额 35 人，与省委党校合署办公，对外保留“山东省社联”名义。一套机构、两个牌子，集学术研究和学会管理于一身，机构建设迈入了协调联动发展的新阶段。

这一时期，历时 20 余年，省社联从无到有，虽有坎坷，却初心不改，团结带领各研究所（室）和学会，扎实开展学术理论研究，积极普及马列主义和毛泽东思想，推动山东社科事业取得丰硕成果。据不完全统计，在此期间，省社联指导省级学会共发展会员 1100 余人，举办研讨会、报告会、座谈会等各类学术活动 50 余场次，组织撰写了农村人民公社农田基本建设中的劳动积累、山东农业典型下丁家大队的先进事迹等一批高质量文章报告，编辑出版了《山东省志资料》《枣庄煤矿史》《胶济铁路史》《辛亥革命五十周年纪念文集》等一批史志著作，为今后山东社科事业的由息而兴点燃了燎原的“星星之火”。

1978 ~ 2011 年，乘风破浪

历史的车轮滚滚向前。1978 年 12 月，党的十一届三中全会胜利召开，引领中国特色社会主义进入了新时期。

“社会大变革的时代，一定是哲学社会科学大发展的时代。”进入改革开放新时期，社科事业在复苏中盎然勃发，步入了开放包容、繁荣发展的新春天。

乘着改革开放的春风，山东社科机构蓬勃发展，省级学会迅速发展到 18 个，会员近 5000 人。恢复省社联组织机构迫在眉睫。

1981 年 10 月，省委批复同意成立山东省社会科学联合会，人员编制 17 人，经费由省财政拨给。消息一经发布，全省社科界欢欣鼓舞。同年 12 月，山东社科联组织体系建设史上具有里程碑意义的重要会议——山东省社会科学界第一次代表大会在济南召开，会议通过了《山东省社会科学联合会章程》，选举出省社联领导机构，成立山东省社会科学联合会（1992 年更名为“山东省社会科学界联合会”，简称“山东省社科联”），机构建设自此迈入了规范化发展、体系化构建的新阶段。

此后，全省社科界历次代表大会相继胜利召开，省委、省政府时任主要领导亲临指导，饱含肯定和期许；全体与会代表凝心聚力，共商山东社科事业发展大计；省社科联主席团换届选举规范有序，党组自身建设持续加强，《山

东省社会科学界联合会章程》日趋完善，推动全省社科事业在接力奋斗中逐浪前行。

这一时期，历时 30 多年，是山东社科联组织体系蓄势成长的重要阶段。一方面，全省经济社会快速发展，学会组织如雨后春笋般兴建起来，急需成立专门组织协调机构以加强对社科事业的指导管理；另一方面，面对组织体系不健全的窘况，省社联的职能发挥受到重重限制，迫切需要作出改变。

面对时代要求和事业呼唤，在省委、省政府正确领导和省委宣传部具体指导下，省社科联顺势而为，及时迈出了组织体系“开枝散叶”的新步伐：1982 年，第一家地市社科联成立；1988 年，第一家县（市、区）社科联成立；1993 年，第一家大企业社科联成立；2002 年，第一家高校社科联成立。

改革开放天地宽。30 多年间，全省社科联系统从小到大，市级社科联实现组织全覆盖，县级社科联达 30 家，高校社科联达 12 家；大企业社科联达 4 家，省社科联团体会员社会组织达 181 家。构建起了上下衔接、有机结合的社科联组织体系，为新时代建设具有中国特色、齐鲁风格的哲学社会科学架构了“四梁八柱”。

2012 ~ 2020 年，千帆竞发

时间进入 2012 年，党的十八大隆重召开，一个崭新的时代阔步到来，引领中国特色哲学社会科学步入了繁荣发展的新时代。

“哪里社科工作者密集，社科联组织就建到哪里。”适逢伟大时代，面对全国社科事业千帆竞发特别是基层社科联加快成立的新态势，山东省社科联一班人清楚地意识到：社科联组织建设不能止步，要进一步“接长手臂”，县级和高校社科联成立必须加速！这是时代的呼唤，是事业永续繁荣的基础，也是更好地把广大社科工作者团结、凝聚在党的周围的需要。

群雁高飞，头雁领。加强社科联系统组织体系建设，必须从省社科联自身建设抓起，“做出样子”。2013 年以来，省社科联以一往无前的奋斗姿态，进入一步不停地不断锻造、淬炼自己的“打铁”状态：2013 年，党的群众路线教育实践活动如火如荼；2014 年，文字写作、语言表达、组织协调“三项能力”建设启动；2015 年，“三严三实”教育深入开展，省社会科学发展交流中心（原齐鲁文化会馆）获批公益一类事业单位；2016 年，“两学一做”学习教育走向常态化，“道德讲堂”连续开讲；2017 年，省社会科学数据中心上线运行；2018 年，“新时代、新使命、新形象、新作为”教育活动启动，《山东社会科学》杂志社获批公益一类事业单位；2019 年，“不忘初心、牢记使命”主题教育影响深远，“党建工作全面加强，业务工作走在前列”的目

标定位正式确立……

一花独放不是春，百花齐放春满园。在加强自身建设的同时，省社科联主动作为、积极协调，一系列加强社科联组织体系建设的重大举措接续出台，利好消息纷至沓来，新时代社科联发展史上多个“首次”集中亮相：《关于加强县（市、区）社科联建设的意见》下发，首次以省委宣传部红头文件形式部署县级社科联加快成立；《山东省社会科学普及条例》颁布，以地方法规形式规定“县级以上社会科学界联合会是社会科学普及工作的主要机构”，首次为成立市、县社科联提供了法律依据;《关于加强高校社科联建设的意见》印发，首次为成立高校社科联提供了有力政策支持；《业务主管省级社会组织管理通则》出台，首次就加强所属社会组织规范化建设作出系统规定……

“软要求”变成了“硬约束”，社科联组织体系建设有了“新动能”，快马加鞭,大步向前。从 30 家到 105 家,县级社科联迅速壮大,实现历史性突破;从 12 家到 71 家，高校社科联加速发展，总数位居全国前列；省社科联团体会员社会组织有 180 家、业务主管社会组织 62 家，总体规模保持稳定……党的十八大以来的八年，山东社科联组织体系越织越密，工作覆盖越来越广，一个上下贯通、左右衔接、覆盖全面、坚强有力的社科联组织体系在山东蔚然成型。

历一甲子的跋涉，积跬步而致千里。60 年来，山东省社科联在磨难中强基固本，于求索中砥砺前行，走过的每一步，镌刻的都是时代丰碑、人民智慧，书写的都是中国故事、齐鲁篇章。如今，这座丰碑愈发耸立壮观，这个故事正在续写新篇，激励着全省社科联人负重加压、埋头苦干，承载着全省社科工作者无限梦想、绚丽明天！

■山东省社科联成立60周年巡礼系列报道之二·工作品牌篇

以品牌建设引领社科事业高质量发展

——山东省社科联60年工作品牌建设侧记

赵晓霞

品牌，是一个国家、地区、行业综合实力的重要标志。身居全国文化大省、学术思想高地，在加快构建中国特色哲学社会科学的伟大征程中，山东省社科联以守正创新、挖潜提质的务实举措，传承发展、孵育催生了一系列工作品牌。以省社科优秀成果奖评选、山东社科论坛、山东社科智库沙龙、省人文社科课题、齐鲁大讲坛、新时代文明实践社科普及志愿服务、社会组织学术月、《山东社会科学》杂志、交流展示信息服务平台为代表的工作品牌矩阵，为新时代社科事业发展注入了丰沛动能、强劲力量。

传承发展，让“老字号”品牌恒久生辉

学术评价，关系学术导向、学术水平、学术生态，历来是学界之公器、重器。科学权威的评价体系和成果导向，是扶掖人才成长、推动学科建设、引领学术发展的强大动力。

山东省社会科学优秀成果奖从1983年开始第一次组织评选，到1987年成为全省社科成果最高奖，发展到今天每年250项成果奖、10项人才奖的规模结构，走过了一条在探索中不断改革完善、在阳光下更加科学权威的进阶之路。

在省评奖委员会的领导下，省社科联与时俱进，多次完善修订评奖文件，促进评奖工作的制度化、科学化发展，推动评奖工作走向成熟稳定。党的十八大以来，在省委宣传部有力指导下，省社科联紧紧围绕习近平总书记“建立科学权威、公开透明的哲学社会科学成果评价体系”目标要求，积极改革完善学术评价标准、成果评价体系、推介转化机制，大力推进“流程再造”，采取定性与定量评价结合、细分学科组、引入外省专家评审、专家接龙打分等形式，借鉴高考监督管理模式，晒成果、晒过程、晒分数、晒监督、晒评委……以全链条阳光化操作破除人情影响、门户之见，铸就了全省专家学者有口皆

碑的一块“老字号”社科工作品牌。

《社会主义国家政党政治百年探索》《环渤海城市与经济区协调发展研究》《杜甫全集校注》等成果不断涌现。观察近年来的获奖成果，普遍呈现出原发刊或出版社层次高、时代价值和实践意义显著、学科“鲁味”特色明显、理论贡献与社会效益突出等特点。特别可喜的是，一大批中青年学者通过评奖脱颖而出，2019 年第三十三届评奖获奖作者中，45 岁以下青年学者占到 46.4%，展现了山东省社科研究后继有人、潜力深厚的可喜局面。

被学术界称作“CSSCI”的中文社科引文索引来源期刊，是另外一个“炙手可热”的追逐对象。《山东社会科学》在一众学术期刊中脱颖而出，绝非偶然，亦非一日之功。

1987 年 5 月创刊的《山东社会科学》，始终秉持关注学科建设前沿问题、经济社会发展重大现实和理论问题的办刊特色，策划了大量具有重大性、当下性、前瞻性、开拓性的学术专题，从当年的“邓小平理论研究”“胜利精神笔谈”到近年来的“马克思主义哲学中国化 100 周年”“构建中国特色哲学社会科学”“中国优秀传统文化研究与阐释”，一大批展现时代风貌、深具社会价值的优秀论文，独树一帜、别开生面。

杂志开门办刊、以文会友，在储备了一个学术名家领衔、名校中青年骨干为主力的高水平专家库的同时，也以“八个不发”的“拒客令”和“匿名外审，主编终审”的“自律书”，将追名逐利者关在门外，使内容得以高质量呈现。目前，《山东社会科学》杂志已获得“国家社科基金资助期刊”“CSSCI 来源期刊”“世界学术影响力 Q2 期刊”等重要荣誉称号，是山东省所有社会科学学术期刊中唯一两次蝉联“RCCSE 中国权威学术期刊（A+）”称号的期刊，2019 年学术影响因子在全国综合类人文社科学术期刊中居第 18 位。

公正、公平、公开、公心，坚守、借鉴、创新、提升，历经岁月打磨、愈发熠熠生辉的“老字号”品牌，见证了省社科联的历史，凝结着社科人的心血，陪伴着专家学人的成长，30 余年一路走来正青春。

守正创新，为“金字”招牌焕活赋能

山东社科论坛、齐鲁大讲坛，一个聚焦学术研究，一个发力社科普及，是专家学者乃至群众百姓耳熟能详的“老朋友”。二者以其强大的思想引领力、社会影响力，被誉为山东社科界闪耀的“双子星”。

山东社科论坛作为全省学术研讨常规性高端平台，其前身是 2003 年成立举办的“21 世纪山东社会科学家论坛”和 2005 年的“山东省社会科学界学术年会”。为了更好地适应经济文化强省建设多领域理论需求，2010 年将

其更名为“山东社科论坛”。10 年来，论坛坚持正确的政治方向和学术导向，紧紧围绕经济社会发展重大理论和现实问题、学科前沿问题开展研讨，逐步形成大型论坛带动，专题论坛、学科论坛、专家茶座补充支撑的研讨机制。聚焦思想与学术前沿，成功举办沂蒙精神与群众路线、打造对外开放新高地、齐文化与稷下学等研讨活动 360 余场，共收到论文 2 万余篇次，依据研讨成果编报的《山东社科成果专报》得到历任省领导批示 150 余次。

诞生于 2005 年的齐鲁大讲坛，是群众口耳相传的文化领域知名品牌。多年来讲坛坚持高端化选人、精准化选题，先后邀请李肇星、赵启正、叶小文、单霁翔、朱永新、高培勇、欧阳志远等知名专家，围绕党的创新理论、优秀传统文化、国际形势和军事外交、新旧动能转换，以及教育、医疗、卫生等群众关心关注的社会热点问题，送上近 200 场精神盛宴。300 余人的报告厅场场爆满，各大媒体争相报道，齐鲁大讲坛由此声名远播。

然而，在全省高质量发展“换挡提速”的大背景下，在信息化、数字化高歌猛进的新态势下，习惯于轻车熟路的老品牌，也遇到了诸多令人困惑彷徨的新问题。有了微博、微信、钉钉，专家学者交流研讨的方式路径多元化，不用再舟车劳顿“开会”了；有了网络公开课、自媒体，各界听众随时能和名家大腕面对面，参与讲座的热情降低了；传统媒体影响力式微，新媒体、自媒体的短视频、推文把持流量排行榜的时代已然到来。

发展如逆水行舟，不进则退，诞生于世纪初的两大品牌，面对变化的世界和“成长的烦恼”，能否顺利实现转型与新生？

针对热点研讨“一拥而上”、过后“一哄而散”的问题，以及“一挥而就”的阶段性成果多、“一炮而红”的精品力作少的遗憾，山东社科论坛抓住重大时间节点、紧扣党委政府中心工作，在系列化延伸上进行了探索，2019 年以来精心策划组织举办了新中国成立 70 周年、高质量发展、乡村振兴、文化教育等 4 个系列 22 场学科论坛，通过多维聚焦、多点切入，持续、梯度培育精品研究成果，在思想性、学术性、应用性上实现了全新提升。

新冠肺炎疫情背景下，齐鲁大讲坛一度举步维艰。社科联人危中求机、变中求新，精心筹谋策划的“云科普”工作体系应时而生，“线上讲坛”“微课堂”齐头并进，全员全媒的科普新机制格局初现。以抗疫精神、制度自信、高质量发展为主题，制作齐鲁大讲坛线上讲坛，擢用山东本土专家唱主角，培育“红色大 V”，打造“网红”节目，在线观看人数超过 600 万，观众弹幕纷纷、点赞频频，有力发挥了凝聚人心、坚定信心、鼓舞民心的重要作用。

从思危、到思进、到思变，“双子星”在省思、探索、改革中实现了华丽转身，正以前所未有的昂扬姿态，勇立时代潮头，乘风破浪前行。

挖潜提质，促创新品牌矩阵加速成形

凡益之道，与时偕行。在加快构建中国特色哲学社会科学、建设新时代经济文化强省的使命召唤中，省社科联坚持围绕中心、服务大局，以构建社科研究与中心工作对接机制为着力点，以创新谋提升、向品牌要效益，一系列创新品牌迅速生根发芽、开疆拓土。

山东社科智库沙龙锋芒初现。社科联联系面广、平台完善、组织动员能力强，在联系党委政府和专家学者、推动理论创新和实践创新方面具有显著优势。2019年以来，省社科联发挥合纵连横优势，抢滩布局高水平智库平台建设，采取社科联点题、专家团队揭榜、首席专家组阁等形式，打造服务决策的创新“策源地”。聚焦省“八大发展战略”“九大攻坚行动”和山东高质量发展中的重大现实问题开展调查研究，举行短实新、小而精的研讨活动，山东实施流程再造的策略路径、黄河流域生态建设与高质量发展、“十四五”期间山东经济发展的重点问题及策略路径、乡村振兴背景下的美丽宜居乡村建设研究等6场沙龙，主要观点获得省领导肯定性批示17次，有的成果直接进入省委、省政府文件。

省人文社会科学课题率正标新。山东拥有数量位列全国前三的社科专家学者队伍，而每年的省级课题数量不过数百项，为许多青年学者所“望尘莫及”。青年人要历练成才，需要更广阔的“练兵场”。正是在这种情况下，省人文社科课题应运而生。课题成立10年来，以正方向、树导向、出成果、育人才为旨归，把好立结项“出入口”，先后设立经济社会发展委托课题、习近平新时代中国特色社会主义思想研究、弘扬传承优秀传统文化和红色文化研究等专项课题和年度课题1500余项，在创新理论阐释、应用对策研究、文化传承弘扬等方面成就斐然，在引领学科发展、推动学术创新、培育青年人才方面发挥了不可替代的作用。

社科普及志愿服务开枝散叶。提升理论服务群众成效，必须占领“下沉市场”。社科普及“沉下去”，难就难在最后一公里路不通，难在专家学者没人引领，难在文不对题又不解渴。正视这一难点、堵点，省社科联将新时代文明实践社科普及志愿服务作为破题之策，率先组建市社科联、高校社科联、社科类社会组织、社科普及教育基地四个方面160支服务队，注册志愿者25300余人，采取“群众点单，社科联派件，专家接单”的形式，带领志愿专家学者深入社区、村镇、学校，举行理论传播、政策解读、主流价值观弘扬、文化涵育、移风易俗等“上接天线、下接地气”的志愿服务项目1500余项。优良家风、和睦乡邻、红色基因、时代榜样等，一时成为群众百姓街谈巷议，

立德树人、成风化俗的社会效应得到有力发挥。

社会组织学术月众星拱月。社会组织的优势在于“活”，弱点在于“散”，如何将“各自为战”的社会组织聚拢起来，激发正能量，唱响主旋律，服务经济社会发展主战场，考验智慧也考验定力。为此，省社科联坚持既“把关定向”，又“穿针引线”，每年聚焦一个总主题，组织173家社科类社会组织团体会员举办省级社科类社会组织学术月活动，两年来举行“沂蒙精神的昨天、今天与明天”学术年会、“一带一路”与炎黄文化高端论坛、绿色金融改革创新研讨会等学术活动50余场。探索采取重点资助等形式强化正向激励，解决“没钱迈不开腿”的问题，有效提高了社会组织发展能力、活动质量，促进了社会智库作用的发挥。

交流展示信息服务平台固本强基。作为社科工作者之家，组织向心力就是社科联生命力，专家学者归属感就是社科联价值感。围绕这个问题，省社科联持之以恒地围绕“搭舞台、推前台、建枢纽”发力。2015年，原齐鲁文化会馆更名为“山东省社会科学发展交流中心”，获批为公益一类事业单位。几经波折、破旧立新，建成集会议、讲坛、沙龙、展览、陈列于一体的综合性社科之家，面向全省社科界免费开放，一系列学术会议、论坛讲坛在这里举办。庆祝改革开放40周年、庆祝新中国成立70周年——山东社会科学名家名作展，首次在大型公共场馆向社会各界公众展示全省社科界“最美阵容”，引导广大社科工作者见贤思齐、奋发作为，收获热烈社会反响。省社会科学数据中心建成多元一体化工作平台和独有资源库，注册用户达36000余人，服务社科工作的枢纽功能不断拓展。

赤橙黄绿青蓝紫，谁持彩练当空舞？站在成立60年时间节点，省社科联孕育的独具特色的工作品牌矩阵正在加速形成，以品牌建设引领社科事业高质量发展的作用已经显现。提质增容、开疆扩土的九大工作品牌，为事业发展提供了全新引擎和澎湃动力，正在构建中国特色社会科学、建设社科强省的征途上步履铿锵，奋勇向前。

■山东省社科联成立60周年巡礼系列报道之三·人才发展篇

为社科人才发展赋能

——山东省社科联在改革创新中推进社科人才队伍建设侧记

曹守新

习近平总书记深刻指出，人是事业发展最关键的因素。社科事业要实现繁荣发展，就必须培养人才、发现人才、凝聚人才。

“从人才抓起，久久为功”，省社科联成立60年来，始终把育人才、出成果作为初心与使命，将其作为“硬核”任务紧紧抓在手上，以识才的慧眼、爱才的诚意、聚才的良方，勇于改革、敢于创新、善于担当，聚力打造评奖、论坛、课题、展览、阵地等特色品牌矩阵，为社科工作者成长成才铺路搭桥，引领广大哲学社会科学工作者成为先进思想的倡导者、学术研究的开拓者、社会风尚的引领者、党执政的坚定支持者。

评奖“指挥棒”

“真的不敢相信”，2019年，时年31岁的中国石油大学（华东）王辉，一举摘得山东省社会科学研究成果最高奖——社会科学优秀成果奖一等奖！刚过而立之年的王辉“受宠若惊”。这在山东乃至全国都是很少见的。

这样的“少见”源自评奖改革的“远见”。“没有改革，绝不会有像我这样的年轻人崭露头角的机会，改革营造了公平竞争的评奖生态”，谈起当年的获奖，王辉如是总结。在山东社科界，提起社科评奖，大家说得最多的就是改革，“是改革成就了这个奖”，这已经成为社科工作者的共识。

如今家喻户晓、声名远扬的社科评奖肇始于1983年，至今已经走过了近40年历程，是省社科联60年发展历程中匠心打造的品牌。“为社科事业育人才”，这是评奖的初心。践行初心，没有坦途，需要破除一切不合时宜的思想观念和体制机制弊端。改革者进，创新者强。“不改革，人才出不来，评奖就没有活路”，基于这样的远见卓识，省社科联顺时代潮流而动，一场“摸着石头过河”的改革拉开了大幕。评奖是指挥棒，必须“科学权威，公开透明”，这是改革咬定的目标。

近年来特别是党的十八大以来，在习近平新时代中国特色社会主义思想指引下，评奖改革一路高歌、阔步前进。从引入高考监督管理模式到授权客观赋分与申报者直接见面，从引入省外专家参与同行评价到实行专家“背对背”接龙打分，从 11 个学科组细分为更多个学科组，从单纯评成果到评成果与评人结合……一路改革，蹄疾步稳。与此同时，参评成果形式日趋多样，成果申报渠道不断拓展。历经 34 届改进完善、7600 余项获奖成果检验，公平、公正、公开的评价导向愈发鲜明，一以贯之的改革步伐铿锵有力，评奖迈向制度化、科学化、规范化的新时代。

一部社科评奖发展史，也是一部评奖改革史。评奖，在一路改革中迸发出活力、散发着魅力。不论单位，不看背景，不问资历，不图虚名……在评奖引擎的拉动下，一切执着于社科研究事业的奋斗者看到了希望、尝到了甜头，也催生了人才辈出、硕果累累的喜人变化。

据不完全统计，自 1983 年以来，社科奖申报数量逐年增多，获奖成果“水涨船高”，尤其是十八大以来持续高位攀升，2013 年申报量首次逾千，至 2019 年创历史新高，达到 1589 项；截至 2019 年，共评出优秀成果 7438 项。申报量越来越多的背后，是社科人才的充分涌流、科研活力的竞相迸发。更为重要的是，打破条条框框“不拘一格降人才”的评奖，为中青年优秀社科人才脱颖而出创造了机会。以 2019 年第三十三届评选为例，40 岁（含）以下获奖者 130 名，占 52%；一等奖获奖者 45 岁以下 10 人，占 33.3%，最年轻的 31 岁。至今，授予 62 位德高望重、笔耕不辍的老专家“突出贡献奖”，发挥其传帮带作用；授予 63 位年富力强、躬耕学术的后起者“学科新秀奖”，扶持其崭露头角，德才兼备、学贯中西的高端人才队伍持续壮大。

论坛“能量场”

2019 年 10 月 22 日，围绕“新时代社会科学工作者的使命和担当”，几位社科界专家大咖，你一言我一语，在轻松的氛围中以“唠嗑”的形式交流切磋、分享共享，这是省社科联组织举办的一场山东社科学术沙龙上的一幕。

人才需要磨炼，学术需要交流。为了促进“思想交流，智慧碰撞”，省社科联开动脑筋搭建平台。举办学术年会，这是省社科联一开始的选择，也是学术界普遍采用的交流形式。但其局限性，显而易见，一年一次会，主题单打一，交流不够“味”，学者都喊“渴”，更重要的是研讨内容远远跟不上日新月异的发展节奏。

回应社科工作者的期盼和需求，省社科联拓展思路，创新举措，进一步发挥“联”的优势，瞄准选题更广、周期更短的“打擂台”。经过多方学习取经、反复调研论证，省社科联于2010年趟出了一条新路子，探索推出“学术年会+专题论坛”模式，即年内先分别举行12次“山东社科年会专题论坛”，在此基础上再召开学术年会。通过专题论坛发现优秀人才和优秀成果，汇聚到年会上交流，形成分散与集中研讨交流相互补充、相辅相成、相互促进的良好局面。自此，山东社科论坛应运而生，“聚焦学术前沿，推动理论创新，培养社科人才，服务改革发展”，被逐步打造成为一个多层次、常规性、社会化的大型公共学术交流平台。

省社科联并未就此止步，探索的脚步始终向前，论坛“家族”越来越大。近年来，论坛逐步形成大型论坛带动，专题论坛、学科论坛、学术沙龙、社科理论专家茶座相互补充、相互支撑的研讨机制。截至目前，已成功举办论坛360余场，来自中央党校、中国社科院、中国科学院、北京大学等400多名省内外知名专家和近40个国家和地区的专家参加研讨，共收到论文20000余篇次，出版山东社会科学研究文集8部。论坛编报的《山东社科成果专报》先后得到历任省领导批示150余次，《光明日报》7次开辟专版刊发论坛创新观点，中央和省内各大主流媒体对论坛给予报道。

课题“孵化器”

课题，在社科研究中发挥着引领学术、带动研究、锻炼人才的引擎作用。

课题来自问题。一个有价值的课题研究，能够发挥杠杆“支点”作用，撬动理论与实践问题的解决。在山东，10万余名社科大军分布在不同地域、众多领域，已有社科课题项目远远不能满足庞大且多元化的需求。作为广大社科工作者“娘家人”的省社科联的决策者们，看在眼里，记在心里，一直在思考、探索。

千方百计增设新的课题项目，在增加课题数量的同时丰富课题体系，满足广大社科工作者多样化、多层次需求，推动课题项目普惠、共享发展。这是省社科联回应社科工作者心声的行动“响声”。多年来，省社科联通过课题这一强有力抓手，凝聚全省基层社会科学工作者，围绕经济社会发展中的重大理论和实践问题开展研究，课题工作不断创新，课题项目从最初的“独角戏”发展到现在的“大合唱”，呈现出良好的发展局面。

——设立山东经济社会发展课题，围绕山东经济社会发展中亟待解决的重大理论和现实问题，组织专家开展研究，为省委、省政府提供决策参考；

——设立省社科联人文社会科学课题年度课题、专项课题，及时针对重点热点问题开展研究；

——与省社科规划办联合设立“山东省社科规划青年学者重点培养计划

专项课题”，着力加强对青年社科人才的支持和引导；

——设立山东省社会科学普及应用研究项目，坚持问题导向，坚持宣传普及和决策应用研究并重，精心策划选题，不断创新形式，贴近实际、贴近生活、贴近群众，社会效益显著；

——设立山东省金融应用重点研究项目，以深入研究当前经济金融领域出现的重大理论和实际问题为重点，为山东省金融事业健康发展提供理论和决策支持。

“打开一扇窗，学者沐阳光”，山东省社科联设立的课题，让众多怀揣梦想、渴望进步的社科工作者获得了舞台、得到了历练、实现了成长，因课题而出彩。

展览“群英汇”

社科史海，群星闪耀。

2018 年 12 月 21 日，济南市舜耕路 46 号，一场特别的展览——“庆祝改革开放四十周年——山东社会科学名家名作展”，在省社科联办公大楼内布置一新的展厅开展了。消息不胫而走，在社科界引起极大反响。往日一向安静的大院一下子变得热闹起来。

新中国成立以来特别是改革开放以来，山东广大社会科学工作者以强烈的理论自觉和学术担当，积极弘扬齐鲁优良学风、深耕思想理论园地、服务经济社会发展，涌现出了一批名师大家、中坚骨干、青年翘楚，推出了一大批扛鼎之作。长期以来，他们淡泊自守、潜心治学，以著述贡献于时代，自己却鲜少立于聚光灯下，因此可能并不为社会公众所熟悉。

“讲好山东社科人才故事”，这是党的十八大以来省社科联摆上重要日程、奋力探索推进的工作。举办此次展览，就是对这些成果卓著却又“寂寂无名”的专家学者的一次隆重“曝光”，旨在推动更多优秀社科人才和成果走进公众视野，为在全社会营造尊重知识、尊重人才、尊重创造的氛围增添一抹社科亮色。本次展览作为山东省庆祝改革开放 40 周年系列活动之一，评出社科名家 116 名，集中展示了改革开放 40 年来山东社会科学研究取得的丰硕成果和社会科学名家围绕中心、服务大局、潜心治学、奉献社会的可贵品质和精神风貌，进一步激发了广大社会科学工作者见贤思齐、积极进取，多出成果、出好成果的内生动力、奋斗活力。

这次评选绝对是一次挑战，“再难也要啃下这块‘硬骨头’”，为了这份“光鲜亮丽”的呈现，省社科联为此付出了艰辛的努力。社会科学学科众多、评选时间跨度大、类似综合推选没有先例可循，如何确定入选名家的标准？如何广泛推选？如何准确评选？如何确保公平公正？如何展览展示？如何扩大影响？一连串的问题成为必须思考和解决的难题。“这是我们的使命”，省社科联下定决心破解这一个个难题，成立了工作专班和项目组，按照目标要高、标准要硬、覆盖要广、渠道要宽、程序要明、效果要好的原则，有序展开，扎实推进，经过“千锤百炼”，最终形成了经得起检验的116人“硬核”名单，赢得全省社科界及有关各方的肯定与赞誉。

2019年10月，新中国成立70周年之际，展览走出省社科联大院，走进山东博物馆展厅，在更广阔的舞台闪亮登场。“史无前例！”这是山东省首次在大型公共场馆集中展示全省社科界的代表人物与作品，集中展现了山东社科界“最美阵容”，生动诠释了新时代社科工作者的使命与担当。

立足于“全方位展示，立体式呈现”，省社科联还组织编写出版了《山东社会科学名家》，制作了《山东社会科学名家》《创新发展中的山东省社科联》专题片，在展览现场循环播放，为参观者提供鲜活的学术之旅、社科盛宴，并从中更加形象、直观地感悟社科工作者的担当与贡献。

“非常震撼”，参观展览的群众纷纷表示，第一次看到这么多名家大家、精品力作在一起集中展示，深切体会到了他们上下求索、十年磨一剑的精神境界和学以致用、士以弘道的责任担当，很受教育。“榜样的力量是无穷的”，参观展览的社科工作者一致表示，将以社科名家们为榜样，坚定信念、担当作为，践行为时代立言、为时代明德的使命责任，为加快推进新时代现代化强省建设、实现中华民族伟大复兴的中国梦贡献智慧和力量。

阵地“大平台”

“一路走来，《山东社会科学》始终是我的良师益友”，作为《山东社会科学》的“铁杆”作者，黄少安教授对杂志情有独钟。像黄教授一样，对杂志“有情有义”的专家学者不在少数，其中很多人都是伴随刊物成长起来的，从名不见经传走向大名鼎鼎。

《山东社会科学》是省社科联倾力打造的学术交流阵地，是山东社科界公认的名片。1987年创刊以来，一代代办刊人坚守初心、担当使命，始终以服务学科建设、繁荣社会科学、回应重大问题为宗旨，质量兴刊的发展理念贯彻始终，尤其是近年来以“八个不发”为代表的办刊“硬杠杠”“铁规矩”保障了杂志高质量运行。据粗略统计，创刊至今约刊发高质量理论文章11000余篇，在育人才、兴学术、促发展方面发挥着独特的作用。

无独有偶。创办于1988年的《领导科学报》，在省社科联大家庭中不断成长，为省内外领导科学研究人才提供了仅有的一份专业化报纸交流平台，在推动理论研究的同时，为领导人才成长成才注入别样动力，成为基层领导干部群体的“案头读物”，为他们当好领导干部、做好领导工作提供着有益养料。

“山东社科网”，彰显“社科”特色，发挥“联合”优势，着力打造习近平新时代中国特色社会主义思想学习宣传平台、社会主义核心价值观和社会科学研究普及平台、社会科学事业繁荣发展服务平台，努力建设一流的社会主义核心价值观微平台和门户网站；“山东省社会科学数据中心”，顺应信息化时代学术研究新变化，汇聚超大容量社科资源，为社科工作者带来海量资讯，推动交流共享;《山东社科界》始终坚持政治性、学术性、服务性办刊方向，交流工作经验的平台作用、展示理论成果的窗口作用、服务事业发展的参谋作用发挥更加到位……

一“联”群贤聚，一“合”事业兴。60 年来，省社科联不断强化桥梁纽带作用，彰显社科之家功能，全省 350 多家科研单位，900 多家省级社科类社会组织勠力同心，汇聚 10 余万社科工作者潜心学术、以文化人，实力雄厚、人才济济的社科方阵力量体系蔚为壮观。

薪火相传，社科强省的征途上，一辈辈山东学人与时代共进，为时代画像，为时代立传，为时代明德。

“与君同行，为君赋能”，面向新时代，省社科联将一如既往地与广大社科工作者一路同行，为社科工作者成长成才搭建更广阔舞台！

后 记

为了更全面地回顾发展历程，总结历史经验，推动创新发展，在省社科联成立60年之际，省社科联党组决定编辑出版《守正·创新·发展——山东省社会科学界联合会60年》。由于时间跨度大，人员变动频繁，不同时期的工作重点和要求又各不相同，加之资料留存不全面，因而，如何更广泛地收集资料，如何更准确地厘清发展脉络，如何更系统地反映工作成就，是编写过程中要面对的难题。省社科联党组对此给予高度重视，成立工作专班；省社科联各部室、直属事业单位积极参与，提供了大量翔实资料；全省社科联系统有关单位也给予了大力支持。

为更好地做好编写工作，省社科联将其中的重要部分作为经济社会发展委托课题，由山东大学教授、博士生导师高奇同志领衔组成课题组，对省社科联成立60年来的发展历程，特别是过去几十年的工作和取得的成就进行资料收集、整理和研究，在编写过程中与省社科联工作专班密切配合，同时得到了社科界许多专家学者的支持和帮助，才使这一任务得以完成。

山东大学出版社对本书的编辑出版高度重视，李孝德、谭学秋同志对全部内容进行审改校正。在此，本书编写组向所有给予关心支持和大力帮助的领导、专家学者、同事，致以诚挚的感谢！

尽管我们作出了很多努力，但由于多种因素的限制，加之编写组能力水平有限，书中仍有许多不尽人意之处，疏漏和错误在所难免，敬请广大读者批评指正。

编 者

2020年8月